一本書讀懂資治通鑑故事

讀書人一定要讀 張靈慧/著

Chinese story

紀｜秦紀｜漢紀｜魏紀｜晉紀｜宋紀｜齊紀｜梁紀｜陳紀

紀｜唐紀｜後梁紀｜後唐紀｜後晉紀｜後漢紀｜後周紀

一目了然，給記憶一個重要的位址

最短的時間領悟文化精髓

中國人不可不讀的文化寶典

前言

中華文明璀璨奪目，中華民族智慧偉大，中國歷史源遠流長，在這片古老的華夏大地上，演繹了一幕幕激動人心的故事，湧現出一個個叱吒風雲的歷史人物，留下了許多可歌可泣的豐功偉績。逝者已矣，風雲變幻，留給後人的只有紀念。所幸，這些歷史的泥沙都被沉澱在了史學家的文字中，讓我們這些後人還可以一解究竟。

在浩如煙海的史書中，《資治通鑑》以它獨特的光芒閃耀在歷史的星空中，無比璀璨。

《資治通鑑》寫於北宋神宗年間，是北宋名臣司馬光組織編纂的一部多卷本的編年體史書，歷時十九年完成。所謂編年體，就是按照時間順序來記載歷史事件。《資治通鑑》記錄了從周威烈王二十三年，也就是西元前403年到五代後周世宗顯德六年，即西元959年的歷史，記錄範圍涵蓋了十六個王朝共1363年的歷史，規模宏大，影響深遠。

《資治通鑑》共二百九十四卷、三百多萬字，結構嚴謹、語言精練，史料價值極高，在我國官方編纂的史書上有著極其重要的地位，同時對後世史學的發展也產生了極大的影響。宋神宗熙寧年間，北宋政壇上發生了一件大事，那就是宋神宗決定支持王安石變法。保守派大臣司馬光堅決反對，但不被重視。司馬光於是自請外放，到洛陽做御史臺去

了。在洛陽的這段歲月，司馬光過起了不問政事的日子，帶著自己的助手劉恕、范祖禹、司馬康等，開始了《資治通鑑》的編纂工作。

北宋神宗年間，以王安石為首的改革派日益強勢，北宋王朝站在了時代的十字路口。為了給統治者提供治世的方案，司馬光遂下定決心開始了這項浩大的工程，並為此付出了自己畢生的精力。他在給皇帝的奏章中曾說到：「臣今筋骨臞瘁，目視昏近，齒牙無幾，神識衰耗，目前所謂，旋踵而忘。臣之精力，盡於此書。」宋神宗閱書後很是喜歡，認為此書「鑑於往事，資於治道」，親自賜名為《資治通鑑》，希望可以借鑑歷史上的得失來鞏固自己的統治。

自《資治通鑑》橫空出世以後，成為歷史上很多君王枕邊的必備書，書中對政治、軍事、少數民族關係的描寫，對經濟、文化政策以及歷史人物的評價，都發人深省，被推崇至極。清代著名學者王鳴盛曾評價此書道：「此天地間必不可無之書，亦學者必不可不讀之書。」他在肯定《資治通鑑》歷史價值的同時，也極高地評價了它的文學價值。

我們從《資治通鑑》中選取了一百多個經典故事並編纂成書，希望能夠給讀者打開一扇觀照歷史的窗戶。讀史使人明志，願我們的努力能為您帶來些許收穫。

目 錄

漢紀

目
錄

一次讀完資治通鑑故事

目錄

《資治通鑑》的本意是「鑑於往事，有資於治道」，是司馬光根據大量的史料編纂而成的一部編年體史書，記載了上起周威烈王二十三年（西元前403年），下終後周世宗顯德六年（西元959年）共1362年的歷史。其內容以政治、軍事和民族關係方面的重要史實為主，兼及經濟、文化和歷史人物評價，有「網羅宏富，體大思精，為前古之所未有」的美譽。

周紀

三家分晉

晉國是春秋時期的強國，曾在晉文公時成為春秋霸主，但之後王權旁落，內亂不斷。春秋末期，智趙韓魏四大家族逐漸把持了晉國的大權，其中尤以智氏勢力最大。

智氏當時的族長叫智宣子，他想立自己的兒子智瑤當接班人。消息傳出後，有個叫智果的族人前去規勸智宣子：「智瑤雖然能文能武，各方面都很優秀，但是他有一個致命的缺點，就是心胸狹窄，剛愎自用。這樣的性格如果去當一族之長，肯定會給我們家族招來滅門之禍。所以我認為不如改立智宵。」智宣子聽後，覺得智果的話實在有點杞人憂天，所以並沒有往心裡去，智果只能無奈地離去。回到家裡後，智果立馬改了姓氏，成了輔氏家族的一員。

智宣子死後，智瑤果然繼承了族長之位。掌權以後的智瑤顯示了他的才幹，使得智氏家族的勢力越來越大，壓過了其他三家，智瑤本人也變得越來越狂傲。有一次，

智瑤在藍台設宴款待眾人。席間，酒喝多了的智瑤拿韓氏族長韓虎開起了玩笑。韓虎的家臣段規看不下去了，說了幾句讓智瑤尊重自己主人的話，結果智瑤又拿段規的身高差辱了他一頓。主僕二人嘴上沒說什麼，心裡早已氣得不行了。宴會結束後，智瑤的謀士智國告誡他說：「主上您既然已經這樣得罪了他們，還是趁早做好準備，以防他們報復。」智瑤剛剛奪取了鄭國的許多土地，正覺得自己厲害得不得了，哪裡又會把一個韓虎放在眼裡，冷冷地說出一句話來：「我不去找他的麻煩，他就該謝天謝地了。」

智瑤為了擴大自己的勢力範圍，以進獻國君的名義要求晉國各大家族奉出一塊土地。他首先拿力量最弱小的韓氏開刀，韓虎心裡清楚自己這塊地交出去肯定就落在了智瑤的口袋裡。他並不想做這個冤大頭，但又不敢得罪智瑤，就找來了自己的家臣段規。段規聽完韓虎的擔憂，不假思索地說道：「給！一定要給！主上您想想，咱們現在的實力，是智氏的對手嗎？」韓虎

搖搖頭，段規接著說道：「如果不給，智瑤就有藉口來攻打我們了，說不定會招致滅族之禍。如果現在忍得一時之氣，痛痛快快地把地交出去，一定會助長智瑤的貪心和傲氣，人心不足蛇吞象，他貪的越多，得罪的人就越多，等到人們都反對他時，那就是他的滅亡之日。」韓虎一聽覺得很對，於是專門挑了一塊好地給了智瑤。

智瑤一看這麼容易就把地拿到手了，胃口大增，又向魏氏的首領魏駒伸了手。魏駒剛開始也是不想給，這時候他手下一個叫任章的站出來說：「為什麼不給呢？槍打出頭鳥，現在智瑤已經得罪了不少人，如果我們第一個站出來反對他，肯定會吃不了兜著走。不如給了他，讓他變得更加驕縱輕敵，等他再向別人要更大的利益時，一定會有人先反抗他。到那個時候我們再行動，得到的就不是這一塊地了。」魏駒聽了很高興，也挑了一塊很好的地給了智瑤。

智瑤拿到地後更得意了，這次他把目光投向了趙氏。趙氏的族長趙無恤一向跟智瑤不合，智瑤

很看不起他，覺得這個人既無能又無勇，不堪大用。膨脹起來的智瑤這次也不讓人家自己挑好了地再送了，直接向趙無恤提出了要求：「把你們家蔡、皋狼兩塊地送給我。」趙無恤氣壞了，心想這兩塊地是我們老祖宗的發祥地，給了你我以後還怎麼混？於是就跟智瑤說：「土地是我們趙氏祖先給後輩留下來的，我把它給了你，以後的子子孫孫都會罵我的。」智瑤一聽大怒：「別人二話不說都給了，你個膽小鬼，竟然敢不給我面子！」於是聯合了韓魏兩家一起去攻打趙國。

　　趙襄子一看形勢不妙，就率軍退守到了晉陽。晉陽城的守城尹鐸一向奉行輕徭薄稅政策，在城中軍民中很有威望。智瑤帶著大軍包圍了晉陽城，但始終攻不下來。有一次智瑤視察軍情時看見了城外的汾水，靈光一閃想出了一個點子——用水淹城。於是他下令士兵將汾水掘開了一個口子，將水引向晉陽城。一時間波濤洶湧，整個晉陽城陷入一片汪洋之中。城中百姓的生活可就不好過了，甚至到了易子而

食的地步，但沒有一個人生出投降的意念。有一次智瑤帶著韓虎和魏駒去巡查水勢，看著晉陽城中的慘狀，他得意洋洋地說道：「我今天才知道，原來水也可以滅了一個國家。」說者無意聽者有心，本來就不大情願跟著智瑤來打仗的韓虎魏駒心裡都一激靈：「誰能保證自己將來不是這個下場呢？」這個細節沒有逃過智瑤的家臣疵的眼睛，等到韓魏兩人離開，他立馬跟智瑤說道：「主上一定要提防這兩個人。」智瑤奇道：「這兩個人都對我絕對服從，有什麼要提防的？」疵說道：「主人您和他們一塊攻打晉陽城三年了，現在眼看就要成功，按理說他們應該高興才是，可是我現在從他們的臉上卻看出了憂慮之色，所以，他們心裡一定起了反意。」沒想到智瑤把這話當笑話聽了，第二天就轉述給了韓虎和魏駒聽。這兩人聽後嚇壞了，急忙辯解道：「疵一定是趙國派來的奸細，他這用的是反間計啊，您千萬不能被他騙了。您想啊，我們馬上就要攻下趙國分他的土地了，為這個都打了三年了，怎麼會在這個時

候放著到手的肉不吃去吃撈不著的東西呢？」智瑤哈哈笑道：「我本來就把他這話當笑話聽的，告訴你們就是想讓你們也樂樂。至於疵這個人，就是太敏感了點，說他是奸細就言重了。你們倆先下去吧。」兩人一聽如遇大赦，匆匆忙忙就走了。不一會兒，只見疵滿臉憂色地進來了，見了智瑤就說：「主上您是不是把我跟您說的話告訴韓虎和魏駒了？」智瑤奇道：「你怎麼會知道？」疵沒好氣地說道：「我剛才來的路上碰到了他倆，這兩人一見我就趕緊躲開。我一猜肯定是您說給他們聽了。」智瑤不屑地說：「就憑他們倆，也敢反我？你太杞人憂天了。」疵見智瑤如此不聽勸諫，料到他日後一定會失敗，於是找了個藉口出使到齊國去了。

晉陽城內又是另一番景象。眼看城內難以為繼，趙無恤急得跟熱鍋上的螞蟻一樣團團轉。這時他的謀臣張孟談給他出主意說：「智瑤這個人貪得無厭不得人心，眼下只有從韓魏兩家找突破口了。我請求您派我出城去跟韓虎和魏駒這兩個人談談。」趙無恤心想也只有這個

辦法了，於是在晚上偷偷派人把張孟談送出了城。張孟談對韓虎和魏駒說道：「福禍相依，唇亡齒寒，這個道理相信二位都懂。智瑤是什麼明主嗎？只不過是個自私狂妄的小人罷了。你們今天跟著他滅了趙國，明天他滅的就會是你們！不如我們三家聯合起來，把智氏滅了，以絕後患。」韓虎和魏駒本來就起了反叛智瑤的心思，於是三個人一拍即合，暗自定下了計畫。

一天晚上，智瑤還在睡夢之中，只聽得外面哭聲喊聲震天。原來韓趙魏三家聯合起來，引著汾水淹了智瑤軍隊的駐地。智瑤最後被抓住砍了頭，智氏一族也被滅了族，只剩下改了族姓的智果。

韓趙魏三家瓜分了智氏的領土，整個晉國也被他們瓜分完畢。掌握了實權的三家並不滿足，派出了使臣前往洛陽去面見周威烈王，要求將自己封為諸侯。早已成為擺設的周天子只能做個順水人情成全了這三家，從此以後，晉國分成了韓趙魏三個國家。這就是歷史上有名的三家分晉。

一次讀完資治通鑑故事

豫讓行刺趙襄子

豫讓，春秋戰國時期晉國人，最初輾轉在范氏、中行氏家中做事，但並沒有受到重用。智瑤滅了中行氏後，發現豫讓是個有才之人，於是就留在了自己身邊，並按照國士的規格對待他。豫讓鬱鬱不得志許多年後終於揚眉吐氣了一把。但好景不長，不久後智氏一族就被韓趙魏三家聯合起來打敗了，並慘遭滅族之禍。豫讓覺得，士當為知己者死，智瑤對我那麼好，現在他死了，我要給他報仇。但一個人的力量是有限的，豫讓思前想後，決定刺殺趙襄子，也就是趙無恤。

趙襄子和智瑤積怨已久，曾經被智瑤罵過膽小鬼，還在喝酒時被智瑤潑了一臉的酒。趙襄子這個人最大的優點就是特別能忍，當時都克制了下來。現在他打敗了智氏，殺了智瑤，還是覺得不夠解恨。也不知道是誰出的點子，把智瑤的頭割了下來，剝了皮、去了肉，留下個頭蓋骨洗乾淨用來做了酒杯。這事傳了出去，就不難理解豫讓怎麼會找上趙襄子了。

豫讓開始了自己的復仇計畫，他偽裝成犯人，混進了趙襄子的宮裡去做苦役。為了接近趙襄子，他主動要求去廁所打掃衛生。終於有一天，趙襄子打算去豫讓工作的廁所方便一下，豫讓偷偷藏在廁所裡，聽著趙襄子的腳步聲越來越近，他感覺懷裡的匕首都要被自己的心跳聲震出來了。可能是天命如此吧，偏偏這時候趙襄子心下一陣不安，便派人到廁所去搜查，果然搜到了一個人。趙襄子看著眼前的刺客問道：「你為什麼要殺我？」豫讓憤憤地答道：「我要替死去的智瑤報仇！」趙襄子的保鏢們都建議把豫讓殺了，趙襄子卻不以為然：「智瑤已經死了，他的族人也全部被殺了，整個智氏家族都不會再有東山再起的那天了，這個人卻肯為他報仇，可見他不是為了什麼回報才這樣做的。這是一個真正的義士，我不能殺他。你們把他放

了，我以後避開他就是了。」

撿回了一條命的豫讓並沒有就此甘休。他心想既然已經暴露了身分，只有弄得自己誰也認不出來才好辦事。想到這裡，說幹就幹。豫讓找到了一種可以讓皮膚腐爛的漆並塗滿了自己的全身，使自己的身體長滿了爛瘡，流膿不止，渾身散發出臭味。為了防止別人從聲音上辨認出自己，他又吞下了一塊黑炭來讓自己的聲音變啞。改造後的豫讓撿了個破碗，找了身破爛衣服開始沿街乞討。有一次他在街上碰見了自己的妻子，可憐找不到丈夫的豫妻還以為眼前這個怪人只是個令人作嘔的乞丐，遠遠地就避開了。豫讓心下一陣安慰，覺得自己的辛苦並沒有白費。從此，豫讓開始偽裝成乞丐在街上出沒，以摸清趙襄子的活動規律。某天，豫讓正在街上乞討，不想碰上了自己的一個朋友，就是這個朋友竟然認出了他。看著眼前的豫讓，朋友淚如雨下：「你又何苦這麼糟蹋自己呢？憑你的才華，想在趙襄子手下混個一官半職的，是件很容易的事。只要你投靠了趙襄子，很快就能獲得他的

信任，到時候你想殺他不是容易得多嗎？」豫讓搖搖頭：「我如果投靠了趙襄子再想去殺他，這就是對主人的不忠，是會被後人罵的。我現在做的雖然對自己很殘忍，但總好過死後身背罵名。」朋友見勸不了他，只能流著淚離開了。

日子就這樣一天天過去了，豫讓終於找到了一個機會。他算好趙襄子今天會從城裡的一座橋上路過，就早早地在橋下埋伏好。趙襄子的車隊果然浩浩蕩蕩地向著豫讓埋伏的橋進發了。就在馬車即將踏上橋頭時，又出現了一幅詭異的場景，趙襄子的馬受了驚，狂躁不安，就是不往橋上走。趙襄子何等人物，立刻嗅出了一股危險的味道，於是派人把橋仔仔細細地搜了一遍。這次，豫讓又被搜了出來。趙襄子看著眼前這個陌生人奇道：「你為什麼要殺我？」豫讓見事已敗露，便不再偽裝：「我就是之前刺殺你的豫讓。你這次最好殺了我，否則日後你永遠不得安寧。」趙襄子大吃一驚，他沒想到豫讓竟會有如此大的魄力，知道此人留不得，但又不忍心背上一個殺害義士

的罵名。豫讓又說道：「你已經饒過我一次，顯示過你為君的仁義了，這次殺了我，就算成全我為知己而死的美名吧。」趙襄子看豫讓死意已決，自己又實在不想過著提心吊膽的日子，便下令殺了他。

賢君魏文侯

魏文侯，名斯，魏桓子的孫子，是戰國時期繼趙襄子之後的又一個叱吒風雲的人物。他在位時，任用了一大批出身低微的有才之士，開始施行了一系列變法措施，在中國封建社會發展史上影響深遠。魏文侯本身是一個特別有名的賢君，他禮賢下士，知錯能改，知人善用，是古代明君的楷模。

魏國有個特別有賢名的人名叫段干木，是孔子的再傳弟子。魏文侯聽說他的賢名之後，親自到他家裡去請他出來做官，段干木聽說後連忙翻牆跑了。本來這是給魏文侯碰了個大釘子，可他以後每次路過段干木家時，都要停車對著段家的房子行個大禮。魏文侯的從人看不下去了，憤憤不平地說：「他段干木不就是個小老百姓嗎，您這又是何必呢？」魏文侯說道：「段先生身為一介布衣，但名揚海外，憑的就是他的才能和賢德；我雖然富有四海，被人敬仰，靠的也不過是個國君的頭銜。這樣比下來，段先生才是真正值得尊敬的人啊！」普天之下的有志之士聽說魏文侯如此地禮賢下士，都投奔魏國去了。魏文侯身邊的有才之人越來越多，國家也越來越強盛。

魏文侯之所以被稱為賢君，有一個很重要的原因就是他特別講信譽，不管對方是誰，都能嚴守承諾。有一次，魏文侯跟群臣在一塊喝酒，正喝得高興時，忽然雷電交加，下起雨來。這雷聲一下子把魏文侯的醉意打沒了，他猛然間想起自己今天本來約了管山林的小官虞人期一塊去打獵。這下酒也不喝了，命令車夫趕緊備車，自己要到郊外去。大臣們都以為這國君喝多

了，拉著不讓走：「主上，咱們正喝得高興呢，外面還下著這麼大的雨，您這會兒出去是要幹嘛？」魏文侯說道：「我今天約了虞人期去打獵，雖然現在下著雨，但答應別人的事一定要遵守承諾，我必須去一趟。」說完就坐車走了。大臣們心想，虞人期這麼一個不算官的官，國君都這麼尊重他，自己實在是遇上了明主，以後更要好好幹了。事情傳出之後，魏文侯賢名更重。

三家分晉之後，趙國獲利最大，得到了智氏的大部分土地。魏文侯知道，要想讓魏國強大起來，就暫時不能捲入兵革之禍。有一回，韓國和趙國打了起來，兩國誰都不能打敗誰，就都派了使者到魏國去尋求幫助。

魏文侯兩邊都回絕了，說道：「雙方都是我的兄弟，打誰我都不忍心。」兩國使者憤憤而去。後來，魏文侯把韓國和趙國的國君請到一起喝酒。酒桌上，魏文侯語重心長地說：「咱們三家本來就是一家人，現在雖然分別成立了自己的國家，但還是像兄弟一樣的關係。

互相爭鬥只能兩敗俱傷，把誰消滅了都會破壞現在的這種均勢，到時候爭鬥更多，國家更不得安寧。」韓國和趙國的國君聽後都覺得很有道理，於是都對魏文侯十分佩服。從此之後，魏文侯的名聲在諸侯國中響亮了起來，魏國也漸漸成了強國。

魏國強大之後，魏文侯也漸漸地走上了擴張的道路。有一次，魏文侯派大將樂羊攻打中山國。魏軍苦戰三年，終於取得了勝利。之後魏文侯就把這塊土地封給了自己的兒子魏擊。

有一次，魏文侯召集群臣開會，會上問道：「大夥兒覺得我是個怎樣的國君呢？」下面的人都說道：「您絕對是個千古難逢的聖主啊！」魏文侯正樂著呢，忽然見任座從人堆裡走出來。魏文侯想他肯定又是給自己戴高帽的，不妨聽聽他怎麼說。任座開口了：「我提個反對意見。主上您確實是個賢君，但有件事辦得不地道。」魏文侯聽了很不高興，板著臉問道：「什麼事？你說。」任座滔滔不絕地說：「主上，您把中山國封給自己的兒

子，我覺得欠考慮。太子是國家的儲君，將來整個國家都是他的。您現在卻又單獨給了他一塊封地，這是不是太自私了？」魏文侯的臉色越來越難看，心想自己這些年來勤勤懇懇盡心盡力，沒有不說我好的，你任座現在當著這麼多人的面讓我下不來臺，不收拾你一下，這口氣實在嚥不下去。任座多麼聰明一個人啊，看著情形不對，藉口有事先溜了。魏文侯越想越氣，點了翟璜的名跟自己單獨談話。

魏文侯又把那個問題很嚴肅地問了一遍：「你說我到底算不算個仁君啊？」翟璜說：「算啊，當然算。」魏文侯又問了：「你從哪裡判斷出來的，不會是敷衍我吧？」翟璜答道：「臣下聽人說，只有賢德之君，人們才敢於向他直言進諫，國家才會出現忠臣。剛才任座那些話要是換了別的國君，早把他殺了也說不定。主上您還放他走，這絕對是一個賢德之君的辦事標準。」魏文侯聽完就明白過來了，趕緊派人去把任座追了回來，自己還親自走到門口去迎他回來。

魏文侯還特別知人善用。歷史上著名的吳起就是他發掘出來的一塊金子。吳起是個著名的大將，雖然打仗很有一套，但人品確實不怎麼樣。當初他從魯國來到魏國投奔魏文侯，魏文侯問大臣李克：「吳起是個什麼樣的人啊？」

李克想了想說：「這個人很複雜。但從人品說，說他是個小人也不為過。他母親死了他也沒有回去奔喪。為了自己的前程，竟然把結髮妻子也殺了。但如果說起帶兵打仗，就是齊國的名將司馬穰苴也比不上他。」

魏文侯哈哈一笑說：「只要是有才之人，我就能讓他發揮出自己最大的作用。我們又不是找好好先生，這些毛病也算不上什麼。」於是任命吳起為大將軍。吳起果然不負所望，在和秦國的戰爭中，帶著魏軍所向披靡，一舉奪取了秦國的五座城池。

千百年過去了，魏文侯作為歷史上著名的君王，一直都是歷代帝王的楷模。

商鞅變法

商鞅，戰國時期衛國人，原名衛鞅，也叫公孫鞅，後因封於商地而被稱為商鞅。商鞅從小便志向遠大，愛好刑名之法，渴望開創一番事業。他最初在魏國的相國公叔痤手下辦事，公叔痤很賞識他的才華，但還沒來得及將商鞅舉薦給魏惠王他自己先病倒了。

魏惠王來看望病重的公叔痤，詢問道：「如果您有個什麼三長兩短，國家該交給誰呢？」

公叔痤答道：「臣家中有個叫商鞅的，是個絕世奇才，可以把國家交給他。如果國君你不重用他，就請你一定把他殺了。」魏惠王心想這個公叔痤肯定是病糊塗了，一會兒讓我重用商鞅一會兒又讓我殺了他，於是也沒放在心上。商鞅在魏國始終鬱鬱不得志，適逢秦孝公廣納賢士，他抱著試試看的心理來到了秦國，從此開始了他傳奇的一生。

來到秦國後，商鞅先是取得了秦孝公寵臣景監的信任。景監對商鞅佩服得不得了，一個勁地向秦孝公推薦，秦孝公剛剛登基，正想做出一番事業，正是求賢若渴的時候。看到景監這麼誇這個叫商鞅的，就想著先見見吧。兩個血氣方剛的年輕人就這麼見面了，這一見改變了中國後面兩千多年的歷史發展軌跡。秦孝公和商鞅一見如故，相談甚歡，商鞅的許多主張也得到了秦孝公的支持和贊同。商鞅認為，國家想要富強，必須要變法，但變法勢必會觸動一些貴族的利益，招來很大的阻力。他請求秦孝公給予自己足夠的權力，秦孝公答應了，任命他為左庶長。商鞅開始了他的變法行動。

秦國的王公貴族不樂意了，大臣甘龍找到秦孝公說：「主上您怎麼能聽那個叫商鞅的一面之詞就讓他去搞什麼變法呢？祖宗之法是絕對不能變的，否則整個國家都會亂了，官員不知道怎麼去管理百姓，老百姓也不知道怎麼好好過日子了。我堅決反對！」商鞅答道：

「世界上有兩種人，一種人制定規則，另一種人遵守規則。只有制定規則的人才是成大事的人。現在國家正處於特殊時期，只有變法革新才能走出一條路來。您的思想太守舊了。」秦孝公覺得商鞅說得很有道理，更加堅定了決心。

商鞅開始著手變法的工作。他首先把自己的想法寫下來，接著制定了一套變法法令。變法法令上規定，將百姓五家編為一伍，十家編為一什，互相監督，有一個人犯法其餘的人都要連坐。告發他人犯罪行為的將受到和上戰場殺敵同樣的獎賞，不告發的人則要受到同降敵一樣的處罰。有軍功的人，不管什麼出身，都可以封官晉爵。私下鬥毆者，按照情節輕重處以不同的刑罰。兢兢業業於本職工作、耕織俱佳的人可以免除勞役之苦。懶惰而不思進取的人則要被罰為奴隸。宗室之人如果沒有軍功，將要被開除出宗籍。整個社會等級森嚴，依次按層級享有資源。

商鞅怕民眾不重視新法，在正式頒布之前搞了個預熱。他讓人在國都的南城門口立了一根三丈長的木頭，許諾只要有人願意將這根木頭搬到北門就給他十金。百姓都覺得這事很無厘頭，沒有一個人去試。木頭放了幾天後，商鞅又說：「誰搬了它就給他五十金。」所謂重賞之下必有勇夫，何況只是搬一根木頭，終於有人去搬了，商鞅馬上給了他五十金。百姓們從此對政府的言行產生了信賴，商鞅這才開始正式發布變法法令。

新法施行的一年裡，各地前往國都訴說新法不好的人數以千計。適逢太子犯法，商鞅說：「新法之所以不能順利施行，很大的原因是上層人物不夠重視。太子既然是國家儲君不能施行，那就罰他的師傅公子虔和公孫康吧。」於是把公子虔處了刑，又在公孫康的臉上刺了字。這件事之後，秦國人都對新法敬畏起來。等到新法施行十年之後，秦國已經是路不拾遺夜不閉戶，一片盛世景象。當初那些說新法不好的人又反過來說新法好。商鞅說：「這些都是擾亂法紀的賤民！」於是把他們全都發配到了邊疆。從此，百姓們再也不敢詆毀新法了。

後來商鞅又出臺了許多新的政策，在他的治理下，秦國日益成為一個強大的國家，為日後統一六國打下了堅實的基礎。

孫臏擒龐涓

孫臏是中國古代著名的兵法家，他曾和龐涓一起拜師於鬼谷子門下。龐涓後來去魏國做了大將軍，但他自知才華不及孫臏，擔心日後孫臏危及自己的成就，於是設計陷害孫臏。可憐的孫臏被削去了兩個膝蓋骨，臉上也給刺了字。

齊國使者出使魏國時，孫臏想辦法偷偷見了齊使並說動他帶自己離開。使者把孫臏藏在車中偷偷地帶回了齊國。齊國大將田忌十分賞識孫臏，用貴賓之禮對待他，並把他推薦給了齊威王。齊威王向孫臏求教兵法，孫臏回答得頭頭是道，齊威王十分喜歡，便拜他做了老師。

這時魏國正攻打趙國，齊威王打算救助趙國，於是封孫臏為大將軍率軍前往。孫臏以自己受過刑罰為由堅辭不受。齊威王只好改封田忌為大將，封孫臏為軍師，為田忌出謀劃策。田忌原主張直接率兵到趙國去，孫臏勸他道：「現在趙魏開戰，魏國一定將他們的精銳之師全部帶到了前線，國內剩下的都是些老弱病殘。我們不如直接帶兵去魏國的國都大梁。魏軍聽到消息，一定會急速回國。我們趁勢殺他個出其不意，這樣，趙國的危險也就解除了。」田忌聽從了他的建議。到十月份時，趙國投降，此時卻傳來了魏國國都被齊兵攻打的消息，魏軍火速班師回朝，到達桂陵時遭到齊軍的伏擊，大敗而歸。

幾年後，魏國派龐涓去攻打韓國。韓國也向齊國求救。齊威王召集大臣商量這件事：「咱們是早點去救呢，還是晚點去？」成侯說道：「還是不去救的好。」田忌說：「如果不救，韓國一定會被魏國滅了，魏國將變得更強大，還是早點去救吧。」孫臏想了想說道：

一次讀完資治通鑑故事

「現在兩國剛剛開戰，士氣正旺，如果我們現在就去，豈不是替韓國白白犧牲。魏國既然一心想滅掉韓國，一定會下大力氣。等到韓國支持不住的時候肯定會再來懇求我們。到那個時候再出兵，既可以獲得韓國的擁護，又能趁著魏軍疲憊收穫勝利，一舉兩得。」

齊威王聽後大喜，連連點頭道：「對，對！」於是暗中答應了韓使並送他回去。韓國以為有了齊國的支持，便拼盡全力抗擊魏兵，但五戰五敗，只好苦苦支撐來等待齊國的援兵。齊國看時機成熟，便派田忌、田嬰、田盼為大將，孫臏為軍師，率兵前去韓國支援。這次孫臏故技重施，直接去攻打大梁。

龐涓聽到消息後，果然帶兵離開了韓國，星夜返程。魏國人也都被召集起來，在太子申的帶領下來抵禦齊師。

孫臏對田忌說：「韓、魏、趙這三國的士兵以驍勇善戰著稱，一向瞧不起我們齊兵，認為齊兵都是膽小鬼。善於打仗的人要抓住一切有利因素並利用好，我們正好利用他們的這種心理來做些文章。」於是傳令下去，在齊軍進入魏地後修建十萬個灶臺，第二天減為五萬，第三天再減為兩萬。龐涓追著齊軍跑了三天，看到這種情形後大喜，說道：「我本來就知道齊兵膽小，現在看來果然不錯。才到我的地盤三天就少了一多半人。」

於是他甩開大部隊，只帶領精銳之師繼續追趕。孫臏暗自計算龐涓的行程，知道他傍晚的時候會到達馬陵。馬陵地形十分狹窄，而且險隘很多，是個設伏兵的好地方。孫臏派人在馬陵找到一棵大樹，除去樹皮，在上面寫上「龐涓死此樹下」六個大字。接著選取了軍中萬名優秀的弓箭手埋伏在道路兩側，約定只要見到火光就萬箭齊發。

龐涓果然在傍晚時分到達這棵樹下，隱約看見樹上有字，就命人掌燈。兩邊的伏兵一見火光立刻動手，頓時漫天箭雨，魏軍大亂，死傷無數。龐涓自知無法挽回，只能拔劍自刎，死前留下一句話：「讓孫臏這小子成名了！」齊軍趁勢大敗魏軍，俘虜了太子申。

蘇秦促合縱

蘇秦，戰國時期洛陽人。蘇秦拜師於鬼谷先生，學成之後到秦國向秦王進獻自己吞併天下的計謀，怎奈秦王完全沒有興趣。

蘇秦只好離開，走上了一條完全不同的道路。離開秦國後，蘇秦來到了燕國，見到燕王后提出了著名的縱約主張。

蘇秦對燕王說：「燕國之所以不被侵犯，是因為趙國在南邊形成了一道屏障。秦國在燕國千里之外，趙國卻近在咫尺，國君您不擔心眼前的危險卻憂慮千里之外的敵人，實在錯得不能再錯了。我建議大王和趙國聯合，這樣燕國就沒有憂患了。」

燕文公聽從了他的建議，資助他車馬前去趙國遊說。蘇秦見到趙肅侯後對他說：「當今世界，山東的國家沒有強過趙國的，秦國最擔心的也是趙國。現在秦國之所以不敢舉兵伐趙，是害怕韓國和魏國在後面有所行動。秦國如果攻打韓魏，這兩個國家都沒有大山大河這些自然屏障，很容易就能打下他們的國都。這兩國支持不住自然會對秦國俯首稱臣。這時候秦國再想攻打趙國就沒有後顧之憂了。我觀察天下大勢，發現秦以外六國的土地是秦國的五倍，士兵是秦國的十倍。只要六國聯合起來，向西進軍，一定可以打敗秦國。那些主張連橫的人只是想讓諸侯國割地給秦國來使自己升官發財，至於國家遭受的患難，他們就不管不顧了。所以這些人天天誇大秦國的強大來恐嚇眾位諸侯，使各國割地給秦國。希望大王您仔細考慮。我認為大王不如聯合韓、魏、齊、楚、燕五國來共同抗秦，盟會於洹水之上，互換人質，規定如果秦國攻打任何一國，其餘五國都要各自派出精銳之師，或者牽制秦國，或者直接救援。如果有不遵從約定的，其他五國當共同討伐它！只要各國諸侯聯合起來共同對付秦國，秦國的軍隊就不敢出函谷關來侵犯山東之地了。」趙肅侯聽了蘇秦的話很是高

興，賞賜給他很多東西，將他待為上賓，派他去聯合各諸侯。

蘇秦首先來到了韓國。他對韓宣惠王說道：「韓國的土地方圓九百餘里，軍隊數十萬，普天之下的武器，諸如弓箭、利刃都產自這裡。憑藉士兵的勇猛、盔甲的堅硬、弓箭的有力、武器的鋒利，每個人都能以一當百。在這種條件下，大王如果還臣服於秦國之下，秦國一定會對韓國提出土地要求，今天割這裡，明天割那裡，什麼時候才是個頭？如果不割了，還會把秦國惹惱，給自己招來兵戎之禍，之前割的那些土地也白割了。況且大王的土地也是有限的，怎麼能滿足秦國的貪欲，如果就這樣侍奉秦國，還沒開始打仗，韓國就被割完了。以大王您的聰明才智，又擁有這樣勇敢的士兵，如果只是跟在秦國的後面唯唯諾諾，我私下也會替您感到羞愧。」韓王聽從了蘇秦的建議。

蘇秦接著來到了魏國。他對魏王說道：「大王，咱們魏國國土一千餘里，雖然跟秦趙這些強國比小了些，可是我們人口稠密，沒有一寸土地是荒廢不用的。照這樣算下來，您的國力絕對不在任何國家之下。我還聽說，大王您很重視軍隊建設，訓練了二十萬武士、二十萬蒼頭軍、二十萬突擊隊、十萬後勤人員；戰車有六百輛之多、戰馬有五千匹。這麼強大的實力，我怎麼聽您的大臣們說您打算去臣服於秦國呢？現在趙王正打算召集六國之眾來對抗強秦，只要咱們聯合起來，何愁大事不成呢？您好好考慮考慮，是要加入我們呢，還是要繼續侍奉秦國。」魏王聽後連連點頭稱是。蘇秦又成功地說動了一個人。

信心大增的蘇秦來到了齊國。齊國是當時東方的大國，但迫於秦國的國力也是屈身侍秦。蘇秦見了齊王，對他說道：「都說齊國是富庶之地，果然所說非虛。別的不說，單說臨淄城，走在街上到處都是人挨人人擠人，每個人揮一把汗下來都能夠下一場雨，把大家的袖子連起來都能搭成一頂大帳篷了。如果打起仗來，不用動用別的地方的軍隊，單單臨淄城保守估計就能招來二十一萬兵員，更別說整個國

家了。再看咱的地理位置，四面都是要塞，易守難攻，國土面積足足有兩千餘里。訓練有素的精兵有數十萬，倉庫裡的糧食堆積如山。士兵們打起仗來個個以一當十，勇猛無比。秦國雖然強大，但是現在想要攻打齊國，那是很不現實的事情。魏國和韓國之所以害怕秦國，天天給人家割地送禮，那是因為他們兩國跟秦國接壤，秦國要搞擴張，第一個就要找上他們，一旦打了敗仗，就會給整個國家帶來滅頂之災。所以韓魏很注意避免跟秦國打仗，即使受點委屈也忍了。但齊國就不一樣了，秦國在西齊國在東，中間隔著韓魏這些國家。秦國對齊國是有賊心沒賊膽啊，一旦大軍浩浩蕩蕩地開過來，只要韓魏在背後給他搞個小突襲，秦軍就完了。所以秦國現在是絕對不敢對齊國下手的。大王您現在卻聽信群臣的話，一味地屈從於秦國，這也太杞人憂天了。不如還是跟我們一塊去攻打齊國吧。」齊王一聽還真是

這麼個道理，於是也加入了。

蘇秦最後來到了南方的楚國。他對楚王說道：「楚國是諸侯國中唯一能和秦國抗衡的，秦國唯一忌憚的也是楚國。但一山不容二虎，你們兩國的關係只能是此消彼長。秦國強大了，楚國必定會被削弱。大王您富有六千餘里國土，百萬大軍、千輛戰車、萬匹戰馬，足夠軍隊吃十年的糧食，這是成就霸業天大的資本啊。我現在正在聯合六國攻打秦國，如果大王您加入，憑藉楚國的實力，一定可以坐上盟主的位置。到時候率領六國之兵是件多麼愜意的事。如果您還是像以前那樣，委身事秦，除了多給秦國割點地出去，又能有什麼收穫呢？您好好想想吧。」楚王也聽從了蘇秦的建議，加入了合縱的隊伍。

於是蘇秦自然而然地成了六國的「縱約長」，並兼任六國聯軍的「首相」。蘇秦返回趙國時，隨行的隊伍浩浩蕩蕩，不比任何一個國王遜色。

張儀連橫破合縱

張儀是戰國時期魏國人，早年和蘇秦一起拜師於鬼谷子門下，張儀自幼家貧，但聰敏好學。他早年曾試圖在楚國做出一番成就，但因為被楚王懷疑偷了和氏璧，被打了個半死。妻子看到他不住地掉眼淚，張儀卻說：「只要我的舌頭還在，總有一天我會出人頭地的。」果然，張儀憑藉著自己的三寸不爛之舌，在戰國這個亂世的舞臺寫下了濃重的一筆。

秦惠文王九年，張儀來到秦國，憑藉出眾的才華很快得到了秦王的賞識，拜為秦相。當時諸侯國中秦國最強，各國為了自保，在蘇秦的遊說下實行合縱政策，聯合起來反對秦國。秦王問張儀：「我們現在四面樹敵，應該怎麼辦？」張儀笑笑：「不過是一群烏合之眾罷了。您把這件事交給我，不用擔心。」六國聯盟，該從哪兒下手把他們分了呢？張儀把目光投向了自己的老家──魏國。

魏國自馬陵之戰後就一蹶不振，一天天的衰敗下去。秦王派張儀、嬴華率軍攻打魏國，奪取了蒲陽。張儀對秦王說：「常言道『捨不得孩子套不著狼』。大王您要是想獲得更多的土地，就把蒲陽交給我去生蛋吧。」秦王答應了。張儀去見魏王說：「秦王將您看成是自己的兄弟一般，得了蒲陽又派我給您送了回來。這還不算，又把嬴繇送過來當人質，希望和貴國做好鄰居，互愛互助。來而不往非禮也，大王您是不是也應該有點表示？」魏王以為強秦這是真心要跟他和平共處，於是，他狠狠心把上郡的十五個縣都給了秦國。秦王從此對張儀更加器重。

為了把魏國完全拉攏過來當秦國的小弟，張儀和秦王使了一齣苦肉計，秦王免去了張儀的相位把他趕走了。這時候魏國正無人可用，就讓張儀做了魏相。張儀做了魏相後，天天在魏王耳邊嘮叨：「咱魏國小國寡民，本來在列強之間就很難生存下去。大王您現在完

全不顧國情跟別人搞什麼合縱，一旦真打起來，我國肯定是要作為戰場的，人家打完架拍拍屁股走了，咱們呢，只能重整山河待後生了。而且您別看現在六國聯合起來搞什麼聯盟，看起來很厲害，但說實話，親兄弟還明算帳呢，何況是些各懷心思的國家呢？出力的時候咱們不少出，分東西的時候咱們腰板可硬不起來。照我說，還不如歸順了秦國，有秦國這個保護傘，有誰還敢欺負咱們呢？到時候您就高枕無憂了。我這樣說可不是為了一己私利。為了表示我的熱忱，我請求辭去相位。」魏王被張儀說動了，於是背叛了盟軍，撲到秦國的懷抱裡去了。張儀辭去相位後又回到了秦國，秦王又讓他官復原職做了相國。

張儀成功地離間了魏國跟其他國家的關係後，又來到了楚國。由於之前被楚王揍過一頓，張儀心裡早就憋著一股勁了。他見了楚王，許諾說：「聽說您現在跟齊國聯合在一起了？我們大王說了，只要您解除跟齊國的盟約，我們就把商於方圓六百里的土地獻給您。」

楚王是個短視的人，一聽張儀這樣說，頓時樂壞了，這不是天上掉餡餅嗎？想都不想就答應了。這時候有個叫陳軫的大臣勸楚王道：「大王您要三思啊！秦國就跟一頭餓狼似的天天想吃別人家的地，怎麼會這麼好心給我們送地來呢？他就是怕我們跟齊國聯合起來啊！如果我們背離了齊國，秦國再跟齊國搞同盟，到時候後悔都來不及了！」楚王哪裡聽得進去，立馬派人去跟齊國解約，又派了一個人跟張儀回秦國去辦過繼土地的手續。

張儀剛一回國，便很詭異地從馬車上摔了下來，這一摔他休息了長達三個月之久。跟他一起回來的楚國大使急壞了，捎信給楚王。楚王一想，秦國肯定是覺得我跟齊國斷得不乾淨，於是楚王派了一個口才特別好的人到齊國把齊王狠狠地罵了一頓。齊王這下也惱了，心下盤算著，你想跟秦國好，我就偏偏往中間插一腳。於是齊王也派了使者到秦國去搞睦鄰友好，秦王很樂意地接受了。張儀的腿腳終於好利索了，楚國的大使好容易見了張儀，急急忙忙地問：「大人，您許

諾給我們楚國的六百里土地什麼時候給啊？」張儀一臉迷茫：「六百里？什麼六百里？你是不是腦子不好使記錯了？我明明是跟你們大王說如果他答應我的要求，我就自己掏腰包把我的封地送給他，可是我的封地只有六里啊。」大使先生哪裡說得過張儀，悻悻地回國覆命去了。楚王一聽彙報，氣得火冒三丈：「張儀這個王八蛋，我好歹也算一國之君，他卻拿我當猴耍！太過分了！」於是調兵十萬就要去跟秦國拼命。陳軫這時候又出來說話了：「大王您已經錯一次了，這次可不能再錯了。我們已經把齊國得罪了，現在要是去跟秦國打架，那又把秦國得罪了。後果就是這兩家要聯合起來對付我們。還是忍忍算了。」氣頭上的楚王哪裡聽得進去勸，帶著軍隊就去了，結果大敗而歸。

過了些時候，秦國出於戰略考慮，打算用武關以東的土地跟楚國的黔中之地做交換。楚王這時候的強脾氣又上來了，跟秦國來的人說：「回去告訴你們大王，我不要什麼土地。只要他把張儀交給我，

我就把黔中的土地交給他。」秦王聽了很為難，倒是張儀自己站出來說：「我去。」秦王感動地一把抓住張儀的手說：「先生您真是忠肝義膽啊！您這麼有情有義，我又怎麼忍心您去冒險呢？楚王已經恨透你了，你去了就不能活著回來了！」張儀只是笑了笑：「你放心，我有辦法。」於是張儀帶了一堆金銀財寶就去了楚國。到楚國後，張儀先是把自己帶來的寶貝都送給了楚王的寵臣靳尚，靳尚又搞定了楚王的寵姬鄭袖。這樣張儀才放心地去見楚王了。楚王一看見張儀就恨得牙癢癢，立馬叫人把他關了起來，準備擇日處斬。鄭袖和靳尚一個內一個外，天天在楚王面前說這個張儀殺不得，楚王本來就是個沒頭腦的人，聽得多了氣也消了，並且還覺得張儀這人是個人才，可以替自己辦事，於是下令放了他。張儀對楚王說道：「現在你們搞合縱去跟秦國作對，就好比是一群羊想吃掉一頭狼。這可能嗎？秦國如果真的要攻打楚國，三個月就可以決定勝負，而您的那些盟國呢？沒有六個月的時間是趕不到

的。您現在把希望寄託在一群弱小的羊身上，自己卻和那頭狼作對，您自己說危險不危險？我願意到秦國去給您拉拉關係，以報答大王您的不殺之恩。」楚王已經把張儀放了，又不想白白地交出黔中的土地，就答應了。這樣，楚國也從合縱的隊伍中被拉了出來。

接著，張儀又分別出使了齊燕韓趙，憑著自己的舌頭，硬是瓦解了六國聯盟，使秦國在統一的道路上更近了一步。

孟嘗君養士

戰國時期，諸侯混戰，各國對人才的需求都十分強烈，於是出現了很多專門招攬人才的貴族，這其中最著名的要數信陵君魏無忌、孟嘗君田文、平原君趙勝、春申君黃歇，人稱戰國四公子。

孟嘗君田文是齊國的宗室大臣，他為齊相時，號稱有食客三千，聲名遠揚。孟嘗君對自己的門客不分尊卑貴賤，一視同仁，只要有一技之長，都會以禮相待。漸漸地，孟嘗君的名聲越來越大，在諸侯國間傳播開來。

秦昭襄王聽說了孟嘗君的賢明，很想讓他替自己辦事。思來想去想到了一個主意，他決定把自己的弟弟嬴悝當做人質送到齊國去和孟嘗君交換。秦國是當時最強大的國家，能得到秦王的賞識，孟嘗君自己也覺得臉上很有光，決定答應下來。這時候他門下一個叫蘇代的人勸他說：「秦國可是個虎狼之地，秦王更是個殘暴的人。您這樣去了萬一發生點什麼事怎麼辦。雖說秦王把自己的弟弟派了過來當人質，可憑他們現在的實力，如果真的殺了您，齊王也不敢把嬴悝怎麼樣。您這樣做值得嗎？」孟嘗君一聽，覺得很有道理，於是打消了這個念頭。

秦王見孟嘗君遲遲不來，就向齊王施壓。齊王扛不住，就下令讓孟嘗君過去。君命不可違，孟嘗君只得帶了幾個心腹懷著一顆忐忑

一次讀完資治通鑑故事

的心出發到秦國去了。秦王果然很看好他，立馬封了個丞相給他當。孟嘗君見秦王這樣對自己，感動地把唯一的一件白色狐裘皮獻給了秦王當見面禮，以增進彼此之間的感情。

可惜好景不長。秦王身邊的大臣見國王如此盛情對待一個外國人，心裡都不大服氣。有好事的就跑到秦王身邊說道：「大王，孟嘗君雖然很有才幹，但他畢竟是個外國人。如果將來齊秦兩國開戰，他把我們賣了都有可能。」秦王一想是啊，這年頭亂的什麼事沒有啊，我是想得太簡單了。就這麼快，秦王的態度立馬來了個一百八十度的大轉彎，讓一個叫樓緩的接替孟嘗君做了丞相，還把孟嘗君軟禁了起來。都說伴君如伴虎，孟嘗君這次可是真正懂得這句話的意思了。跟著孟嘗君一塊到秦國來的那些門客出主意說：「公子，看來秦王是想殺了你啊！現在唯一的辦法就是買通秦王的寵妾燕妃，讓他給秦王吹吹枕邊風放了你。」孟嘗君點頭道：「為今之計，只能這麼辦了。」於是他偷偷派人帶了很多貴重的禮品去見燕妃。這個燕妃倒是個爽快人，見了孟嘗君的人說道：「我可以幫忙讓大王放了孟嘗君，但是我有一個條件，就是孟嘗君必須送我一件和大王一樣的白色狐裘皮，否則咱們什麼都免談。」這下孟嘗君可犯了難了，這狐皮倒也不是什麼太貴重的東西，但普天之下只有那一件，已經送給秦王了，這可怎麼辦呢？這時有個人站出來了：「公子您放心，這件事包在我身上。我以前經常半夜學狗叫混進有錢人家裡取些東西玩的。」孟嘗君一聽喜出望外。到了晚上，這位仁兄就偷偷地溜進了秦宮的倉庫把那件狐裘皮偷了出來。燕妃得到了朝思暮想的東西後果然很講信用，不停地在秦王面前說孟嘗君的好話，終於是軟磨硬泡的讓秦王答應放孟嘗君了。孟嘗君被釋放後，他的門客建議道：「秦王是一時脾氣放了公子，誰知道他會不會反悔，咱們還是抓緊時間趕緊離開這裡的好。」於是一夥人收拾好行李向秦國的城門跑去。這時候天還沒亮，到了守城軍那裡人家死活不給開門，說是秦國的規定：天不亮不能

開門。這可把孟嘗君一夥人急壞了，他們的擔心是有道理的，因為這時候秦王已經回過神來了，派了一隊人馬來追他們。就在這時候，門客中有一個人學起雞叫來，秦國的公雞一聽有同伴開始工作了，就一窩蜂地都叫了起來。守城的一聽以為是天亮了，就把門打開了，孟嘗君這群人終於平安地離開了秦國。

從這以後，孟嘗君更加重視每一個門客，誰知道哪裡就又能用上誰的某項絕技呢？

樂毅伐齊

燕昭王繼位時，燕國剛剛經歷了一場大的內亂，齊國趁著燕國內亂攻破了燕國的都城，還搶走了很多寶貝。燕昭王是個有著雄才大略的君主，一上任就心心念念想著有一天能摁著齊國猛揍一頓來報仇。為了盡快恢復國家的元氣，燕昭王建了個黃金臺，用重金來招聘人才。燕昭王本身也很放得下身段，對待有才之人那是謙恭得不得了，一時之間很多人都投奔了燕國，我們大家都知道的就有後來率五國之師伐齊的樂毅。

齊國這時候的國王叫田地，人稱齊湣王。齊湣王人如其名，對土地非常有興趣。在南邊跟楚國打，在西邊跟趙魏韓掐，一會兒又聯合了三晉去騷擾秦國，一會兒又幫助趙國打中山國，自己又去把宋國滅了，搞得整個世界是烏煙瘴氣，不得安寧，把周圍的諸侯國都得罪了。齊湣王把自己的國土擴大了千餘畝之後就開始洋洋得意了。老百姓們天天幫著國王打仗，完了自己一點好處都撈不著，還要交這個稅那個賦的，於是對齊湣王也很不滿意。

燕昭王一看機會來了，找來樂毅想讓他帶兵去攻打齊國。樂毅想了想，說道：「齊國雖然把周圍的國家得罪光了，他們自己的百姓也不待見齊王，但齊國還是一個

一次讀完資治通鑑故事

大國，一個強國，實力擺在那呢。我們就這樣貿然去跟人家打仗，贏的可能性並不是很大。」燕昭王鬱悶地說：「我想著報仇都想了很久了，好不容易覺得機會來了，你還給我潑冷水。」樂毅接著說道：「齊國並不是不能打，我覺得我們可以拉上別的國家一起去。這樣，齊國就是再強大也擋不住。」燕昭王這才舒展開眉頭，笑著說：「先生說得很對，就這麼辦。」其他諸侯國聽說有人要領頭去找齊國的麻煩，都興奮得不得了。於是秦、韓、趙、魏都派了部隊過來，樂毅就帶著燕、秦、韓、趙、魏五國的軍隊浩浩蕩蕩地出發了。

齊湣王接到信後不敢怠慢，親自率領齊國的主力部隊去迎戰。雙方在一個叫濟水的地方遇上火拼了一場，結果齊湣王大敗而歸。樂毅一看齊國的主力被消滅得差不多了，又想到秦國、韓國跟齊國本沒有多大的仇，就給秦韓兩國分了些土地財產後把他們的軍隊遣散回去了。接著樂毅又讓魏國去攻打宋國，讓趙國去收復自己的河間之地，自己則率領著燕國軍隊向齊都臨淄出發。

樂毅手下有個謀士叫劇辛，他很不理解樂毅的行為，就去問道：「將軍做事太欠考慮。齊國是強國，燕國是小國，我們能打敗齊國是靠大家聯合的力量。現在我們已經打敗了齊國，就應該趁這個機會多吃掉齊國一些邊界的城池來壯大自己的力量。像您這樣，路過這些城池連看都不多看一眼，一門心思地往齊國內部走，這樣下去對齊國是一點壞處都沒有，對我們燕國來說則是一點好處也沒有。」樂毅回答說：「現在是滅掉齊國千載難逢的機會。齊湣王這個人，好大喜功又不體恤百姓，搞得怨聲載道的，人品已經敗光了。不趁著這個機會一舉拿下齊國更待何時。照你的說法，掠奪完幾座城池又回家去，等到齊國強大了，人家就又搶了回去，到時候還不知道要怎麼報復我們呢。」劇辛自知理虧，就不再說什麼了。

樂毅帶著燕軍長驅直入，直搗黃龍。齊湣王一看臨淄已然成為一座孤城，就帶著手下逃跑了。燕軍占領了齊都，大肆劫掠了一番。燕

昭王很高興，覺得這才算報了當年的仇，還親自跑到前線去給士兵們鼓氣加油，然後又把昌國封給了樂毅，樂毅被稱為昌國君。

樂毅率領燕軍用了半年的時間攻下了齊國七十餘座城池，僅僅剩下聊城、莒城、即墨三座城市還在負隅頑抗。燕國前所未有地強盛了起來，而齊國遭到了致命的打擊後，從此一蹶不振。

將相和

周赧王三十二年，趙國得到了和氏璧。秦王對和氏璧心儀已久，得到這個消息後就派人去跟趙王說：「我們秦王願意拿十五座城池來交換這塊和氏璧。」明眼人一看就知道這是個陰謀，和氏璧再珍貴也不可能值十五座城池。可秦王既然這樣說了，如果不給，那就是不給他面子，說不定會把強大的秦兵招來搶和氏璧；但是如果給了，秦王再耍起無賴來，和氏璧就白白搭了進去。就在趙王左右為難的時候，一個叫藺相如的人被推薦給趙王。藺相如見了趙王，說道：「大王如果您放心，就請把和氏璧交給我，我保證完好無損地給您帶回來。」趙王雖然不大信得過藺相如，可眼下也沒有什麼更好的辦法，只能死馬當活馬醫了。藺相如見了秦王，把和氏璧交了出去。秦王拿到和氏璧後愛不釋手，眼都看花了，自己看完還不算，又命人把宮裡的娘娘王子公主什麼的都叫了出來挨個欣賞。秦王別說是提那十五座城池的事了，好像把站在堂下的藺相如都給忘了。藺相如一看這情況，心裡明白秦王果然不是誠心換玉，於是他走上前去說：「大王，和氏璧雖好，但也不是完美無缺的。我現在就把它的瑕疵指給您看。」秦王一聽就把和氏璧遞給了藺相如。藺相如拿著和氏璧走到了一根柱子旁邊，義正詞嚴地對秦王說：「大王，我看您根本沒有誠意跟我們趙國做這個交換。反正我來也沒打算活著回去，您要是敢耍

一次讀完資治通鑑故事

賴，我現在就抱著這塊玉一起撞死在這！」秦王一聽慌了：「別這樣啊藺先生，有什麼話咱們好好坐下來談談，別磕著了和氏璧。」藺相如問：「你是不是真心實意地想拿土地換寶玉？」秦王猛點頭：「當然啊！您不信我現在就把那十五座城指給你看。」秦王忙不迭地命人把地圖拿過來，劃了十五座城池給藺相如看。藺相如又說：「我出門之前，我們趙王可是沐浴更衣齋戒了五天後才把和氏璧交到我手上的，您是不是也得搞點什麼儀式？」秦王心裡把藺相如罵了個半死，嘴上又不敢惹了他，連連稱是。於是秦王派人送藺相如回驛館休息，答應五天後再來取玉。藺相如看出秦王只不過是在敷衍自己，於是命人偷偷地帶著和氏璧回國去了。五天以後，秦王派人召藺相如進宮，藺相如見了秦王就說：「大王，和氏璧我已經派人送回趙國去了，您如果真的想要，現在就把那十五座城的事先辦了，我們馬上派人把和氏璧送回來。」秦王這才知道自己被耍了，可是他又不想真的拿土地去換一件玩物，自己現在又

理虧，只能作罷。藺相如回國後，趙王立馬封他做了上大夫。

又過了些時候，秦王又派人過來了，這次是要請趙王陪他到一個叫澠池的地方喝兩杯。澠池是秦國的地盤，趙王怕自己去了就回不來了，有點不想去。這時候他身邊的重臣武有廉頗文有藺相如，可這兩個大臣都異口同聲地勸趙王一定要去，如果連人家請喝酒都不敢去，趙國以後還怎麼混啊！趙王一想也是，狠狠心咬咬牙就決定去了。趙王出行，藺相如陪駕，廉頗在邊境按兵靜觀其變。廉頗把趙王送到邊境線上時說：「大王，我算了算您的行程，如果一個月以後您還沒有回來，估計是秦王把您扣下了。為了國家大計，我們只好改立太子為君，這樣趙國就不會受秦國脅迫了。」一個臣子敢對著自己的主子說出這種話，主子還覺得臣子考慮周到，可見那個時候就是國王也是個危險的職業。趙王帶著藺相如來到澠池，秦王早就在那等著了，一看見趙王就拉著他喝酒。喝了幾杯之後，秦王不懷好意地說道：「我聽說兄弟你鼓瑟鼓得不錯，趁今天

咱們喝得高興，不如來一段。」趙王心想：「我堂堂一國之君，怎能在人前幹這種伶人幹的活呢？可如果不聽話把秦王惹了，萬一招來了殺身之禍這就不值當了。」於是趙王硬著頭皮鼓了兩下。趙王能忍，藺相如可忍不了，只見他快步向秦王走了過去，義正詞嚴地開口了：「我請求大王您給我們趙王擊缶！」秦王一看，這不是上次那小子嗎？這個人可不好惹，我得當心點。秦王看著藺相如問道：「我如果不幹呢？」藺相如冷笑兩聲答道：「我現在離您只有五步的距離，一個身子撲過去咱倆就都活不了了，您的衛兵都離得很遠，就是想救您也來不及。」秦王知道眼前的這個人可是說得出做得到，擊缶就擊缶吧。於是也象徵性地敲了兩下。秦王戲弄不成反被戲弄，長了記性，一直到宴會結束也沒有再出什麼花招了。酒會結束了，趙王起身要告辭。秦王這次沒占到什麼便宜，心裡鬱悶得很，就盤算著要不要把趙王扣下來。藺相如此時又開口了：「大王您是不是想讓我們跟您回去住幾天啊？我們倒是很想

去，可是廉頗將軍還在邊境那兒等著我們呢。如果我們不按時回去，他可是要帶著軍隊打過來的。為了這麼個事兩國打一仗實在是沒意思，您說是不是？」秦王只能笑著說：「怎麼會，我已經吩咐下去讓士兵們一路護送你們回去呢。」於是，趙王和藺相如回到了趙國。趙王心裡感激藺相如，回去後就封他做了上卿。

藺相如做了上卿，風光無限，那邊廉頗心裡不樂意了。廉頗心裡想：「我廉頗出生入死多少次了，他藺相如只不過憑一時的口舌之快，就這樣騎到我頭上了？」廉頗越想越生氣，讓人放出話說：「以後藺相如那小子看見我最好躲遠點，不然我見他一次揍他一次。」這話傳到藺相如耳朵裡，藺相如果然很聽話，稱病不上朝了，路上見了廉頗也躲開走。廉頗見藺相如這麼慫，更看不起他了，說的話也更難聽了。藺相如的門客看不下去了，便跑去對藺相如說：「您怎麼這麼害怕廉頗啊？外面現在說什麼難聽話的都有，您太讓我們失望了。」藺相如問他的門客們：

「你們說廉頗跟秦王比起來誰厲害？」門客都說：「那當然是秦王厲害！」藺相如說：「我連秦王都不怕，又怎麼會怕廉頗。我這麼做，都是為了趙國好啊！秦國現在勢大，對我們是虎視眈眈，就因為趙國有我和廉將軍，他們才不敢貿然發動戰爭。如果我現在跟廉將軍比高低，秦國就有可乘之機了。」門客都低下了頭，心裡對藺相如更加佩服。廉頗知道這件事後很慚愧，於是光著上身，身上還綁了根荊條去見藺相如。藺相如聽說廉頗來了，趕忙迎了出去。廉頗一見藺相如，撲通跪了下去：「先生，您實在是個寬宏大量的人，我不如您。今天我特來請罪，您用我背上的荊條打我吧，這樣我才會覺得好受點。」藺相如見廉頗如此直率，心裡也十分感動，趕忙上前扶起廉頗說道：「我們以後一起好好侍奉大王，把國家管理好，這才是最重要的啊！」於是兩人心中都十分佩服對方，結成了生死之交，並為趙國立下了汗馬功勞。

▌田單巧擺火牛陣

樂毅率軍攻齊，一口氣拿下了齊國七十多座城池。最後只剩下了莒城、即墨兩座城市久攻不下。樂毅見一時難以得手，乾脆叫人在城外蓋起了房子，打算打持久戰。三年過去了，雙方還是保持原樣。不過三年裡也發生了一些事情，比如，樂毅的伯樂燕昭王過世了，他的兒子繼位，稱作燕惠王；齊國方面，即墨的守城將領在一次戰鬥中被殺了，現在的頭是一個叫田單的人。

田單本來是齊國安平縣管理市場的一個小官，機緣巧合就當了即墨的守城官。雖說發達的路上有運氣的成分，但田單是真有才的一個人。他聽說燕國換了當家人，立馬派人去打聽情況。探子回來報告說，新的燕王跟樂毅關係一直不好。田單一聽，知道機會來了。他

派人到燕國去對燕王說：「樂毅用了半年的時間奪取了齊國七十餘座城池，就剩下這麼兩座城卻花了三年的時間還沒有攻下來。很明顯，樂毅並不是真的攻不下來，他這樣做只是想在外面擁兵自重，培養自己的勢力，一旦時機成熟，恐怕就要自己做起齊國之主了。」燕惠王本來就已經對樂毅遲遲攻不下莒城、即墨意見很大，聽了這話更是坐立不安，即刻派人去把樂毅叫了回來，讓一個叫騎劫的將軍接替樂毅的職位繼續攻打齊國。

田單最為忌憚的就是樂毅，現在用反間計解除了樂毅的職位，他知道，反攻的機會就要來了。騎劫上任後一改樂毅的懷柔政策，改用強攻手段，但還是久攻不下。田單放出話來說：「我們最擔心的就是燕兵把俘虜我們士兵的鼻子割下來，如果他們這樣做了，大夥兒一定會嚇得投降的。」這話傳到騎劫耳朵裡，他果然把俘虜的齊兵都割去了鼻子。齊兵知道後心想：燕國人實在是太殘忍了，我就是戰死也不能落在他們手裡，於是打起仗來更勇敢了。田單又想了一個辦法，

讓人在燕軍裡宣揚：「燕兵可千萬別把我們的祖墳給挖了，如果挖了我們的祖墳，我們就沒心思打仗了。」騎劫果然又上鉤了，派人把城外的墳都給刨了。齊國人更是恨得牙癢癢：「燕國人太不是東西了！連死人都不放過！不打敗燕軍，我們怎麼有臉面對自己的先人啊！」於是一個個的跑到田單面前，哭著喊著要出城去跟燕兵決一死戰。田單覺得火候還不到，又讓城中的富人們去賄賂燕國的將領，跟他們說：「城裡的齊軍已經快扛不住了，你們馬上就能攻下即墨了。我請求你們占領即墨以後能夠放過我們的族人。」就這樣，燕軍上上下下裡裡外外都開始相信齊軍投降那是早晚的事，他們已經沒有對抗下去的能力了，於是都鬆懈了下來。

田單這才認為時機成熟了。他讓人在城裡搜集了一千頭牛，給這些牛每頭都穿上了一件塗滿各種顏色的花衣服，又給每頭牛角上綁了兩把尖刀，尾巴上繫上浸過油的蘆葦葉。安排妥當，田單就等天黑了。

一次讀完資治通鑑故事

當天夜裡，風高月黑，萬籟俱寂，燕兵陣營裡看上去一片和諧。齊兵這邊氣氛可是相當熱烈，大夥兒都等著看田將軍這葫蘆裡賣的是什麼藥，一個個不安地等待著反攻總號角的吹響。田單站在城頭，抬頭望望天，心裡覺得夜黑得差不多了，就下令打開城門，又命人將牛尾巴都點著。可憐的牛，尾巴上繫著那麼個玩意，一下子又都給點燃了，一個個嚎叫著就往門口衝。在這牛隊的後面，田單還安排了五千個敢死隊員，可謂奇兵後面還是奇兵。一時之間，齊兵殺聲震天，還在睡夢中的燕兵慌忙爬起來，抄起武器去迎敵。結果一看全蒙了，那麼多的牛，頭上還頂著把刀，身上披著花花綠綠的牛衣，齊國人這搞的是什麼啊？他們愣神了，這些牛可都活力十足，不管三七二十一就衝了上去，尖刀所到之處橫屍一片。牛剛衝過去，燕軍還沒緩過一口氣，藏在牛群後面的敢死隊又衝出來猛殺了一陣。最後，燕兵死的死傷的傷，哀鴻遍野，連騎劫也被殺了。

憑著這次的勝利，田單率軍乘勝追擊，把燕軍一直趕到國界線以外，一舉收復了被燕國占領的七十多座城池。

▌ 范雎投秦

范雎，戰國時期魏國人。范雎是秦國統一道路上的一位關鍵人物，他對秦昭王提出了遠交近攻、強幹弱枝等一系列正確措施，是秦國繼商鞅、張儀之後的又一位名相。但是范雎當初投秦卻是一個非常機緣巧合的事情。

范雎年輕的時候投靠在魏國的一個中大夫須賈門下。須賈有一次被魏王派到齊國去做友好訪問，范雎跟著一塊去了。樂毅伐齊的時候，魏國也是聯軍的一分子，現在齊國又強大了起來，自然要拿魏國撒撒氣了。齊襄王在招待宴會上問須賈說：「你們魏國還有信用嗎？昨天還跟別人合著夥來打我們呢，

今天又來跟我們套近乎，翻臉比翻書還快呢，你們難道就不覺得尷尬嗎？先王說起來也是被你們害死的，你讓我怎麼跟你們心平氣和地坐在一起喝酒啊？」須賈聽到齊襄王這樣說，臉色早已嚇得慘白，只有唯唯稱是，氣都不敢大聲出。范雎見齊襄王這樣羞辱魏國的大使，實在是看不下去了，義正詞嚴地說道：「想當初，齊湣王對內狂征暴斂，對外窮兵黷武，搞得天下都不太平，民怨沸騰。說句不好聽的話，我們這也是幫你們齊國推倒了一個昏君而已。而且，五國伐齊，燕國才是主導者，您現在偏偏拿我們魏國說事，實在是有點說不過去。而且大王您即位以來，齊國大有中興之勢，我一直認為您是可以跟齊桓公那樣的聖主相提並論的人物，如今卻發現您是這麼斤斤計較的一個人，太讓人失望了！」范雎說完這番話，須賈的臉變得更加慘白了，他不知道齊襄王接下來會把他們怎麼樣。沒想到的是，剛才還咄咄逼人的齊襄王卻哈哈大笑了起來，對范雎說道：「你說得很對，是我錯了。」主客這才放鬆起來，

宴席上觥籌交錯，好不熱鬧。按說范雎為須賈解了圍，應該被好好獎賞一番才對，誰知道須賈卻給了范雎一張黑臉，心裡還埋怨范雎好事話多。齊襄王雖然被搶白了一頓，但心裡實在覺得這個范雎是個人才，如果能留下來輔佐自己那就好了，於是晚上偷偷派人把好多金銀珠寶給范雎送了過去，懇求他留下來。范雎當時可能還覺得自己這次算露了一把臉，回去魏王肯定要重用自己，齊國雖好，終究不是自己的祖國，於是就拒絕了。這事被須賈知道後，他心裡更不是滋味了。回國後，須賈馬上去見了魏相魏齊，如此這般的說了好多話。某日，范雎正在家中讀書，外面來了一群人說是丞相叫你去問話。范雎以為是須賈向丞相舉薦了自己，興沖沖地就去了。誰知道，這一去差點送了命。原來須賈告訴魏齊說，范雎向齊王洩露了魏國的秘密，齊王還送給范雎很多財寶來賄賂他。魏齊聽信了須賈的一面之詞，讓人用鞭子把范雎抽了個半死，肋骨都打斷了好幾根，牙也給打得沒剩下幾顆。范雎為了活命，只能裝死。

一次讀完資治通鑑故事

哪知道死了也安生不了，魏齊讓人用席子把范雎的屍體捲起來扔進了廁所，還讓他的賓客們在上面撒尿，以儆效尤。有一天趁著四下無人，范雎偷偷地跟看守說：「求求你救我出去，我一定會重重答謝你的！」看守一看死人開口說話了，魂都嚇掉了一半，仔細一看這人確實還活著，思量半天就答應了。有一次，魏齊酒喝多了，看守一看時機來了，就跑過去對魏齊說：「丞相啊，廁所裡那個死人都發黴了，實在是太難聞了。還是把他拋屍荒外的好。」魏齊腦子正暈乎呢，想都沒想就答應了，范雎這才算撿了一條命。范雎逃出來後，去投奔了自己的朋友鄭安平，還改了名叫張祿。

秦國派使者王稽出使魏國，鄭安平知道後，就安排范雎跟王稽見了一面。一番交談之後，王稽深深地感到范雎是個人才，這樣的人才魏國不但不好好對待，反而把他害得這麼慘，實在是愚蠢之極。王稽對范雎說：「我們秦國雖然地處蠻夷之地，但我們的國王對人才是十分尊重的，先生您如果跟我走，

一定能夠施展自己的才華。」於是兩人約定好一起離開。後來，王稽把范雎藏在了自己的車上帶回了秦國。

回國後，王稽去向秦昭王覆命。秦昭王問道：「此行可有什麼收穫？」王稽說道：「臣此次在魏國遇見了一位奇才，相信大王您一定會喜歡他的。」秦昭王說道：「那就讓他來離宮見駕吧。」范雎來到宮裡，故意裝作走錯路跑到了永巷，藉機接近秦王。秦王果然從這路過，范雎卻連個禮也不行，好也不問，秦王的隨從怒喝道：「大膽！見了大王竟然還不跪下！」范雎大聲答道：「什麼大王？我在家裡的時候就只知道秦國有太后、有穰侯，可從沒聽過什麼秦王。」當時的秦昭王雖然貴為一國之君，但朝政都被他的母親宣太后和舅舅穰侯把持，遭人掣肘的感覺可是很不爽的，特別是對於一個有志向的人。所以秦昭王聽了這話不由得心裡一動，把左右都摒退了，自己走到范雎面前就跪了下去：「還請先生您教教我該怎麼做！」范雎裝傻推辭了一番後，知道秦王是真的在

求自己，這才細細地對秦王講起了自己的主張。秦王一聽，大有相見恨晚之感，於是，讓范雎做了客卿，軍國大事都聽從他的意見。

秦國將要攻打魏國，魏王知道後派須賈到秦國來求和。范雎故意穿得破破爛爛的去見須賈，須賈見范雎沒有死但混得這麼慘，心裡也不是個滋味，於是就給了范雎一件新衣服，還留他吃了飯。須賈問范雎說：「你在秦國這麼多年，認識的人肯定比我多，能不能想想辦法讓我見見秦相張祿？」范雎說：「這個沒問題，我一會兒就帶你去。」於是范雎親自駕車帶須賈來到了相府，范雎說：「你先在外面等著，我去通報一聲。」說完就進

去了。須賈在外面左等右等就是不見人出來，就問門口站崗的人說：「剛才進去那個是我的老朋友范雎，他為什麼現在還不出來，您能不能幫我進去問問？」站崗的人奇道：「剛才那個是我們丞相啊，什麼范雎？」須賈這才回過神來，知道自己麻煩大了，趕緊在門外跪了下來。范雎終於出來了，他看著嚇得發抖的須賈說：「我這個人一向恩怨分明，看在你還有點良心的分上我就不殺你了，但是你回去跟你們大王說，要想不打仗，就把魏齊的頭砍下來給我送來。」魏齊知道後，趕緊跑到趙國的平原君家裡藏了起來，最後自刎而亡。

▌ 觸龍勸趙太后

周赧王四十九年，秦國派兵攻打趙國，一連攻下了三座城池。趙國抵擋不住，只好派人向齊國求救。但是大夥都知道，戰國時期各國的關係跟過家家似的，今天好了明天就又鬧翻了。齊國可不想當

冤大頭，幫了人家的忙再被人家賣了，於是要求趙國把長安君送過來當人質。長安君何許人也？趙太后的小兒子啊，平時趙太后是捧在手裡怕摔著，含在口裡怕化了，疼都不知道怎麼疼，又怎麼會忍心把他

送到異國他鄉去當人質呢？那是說什麼也不能答應的。趙國的大臣都急了，長安君一日不去齊國，齊國就一日不發兵，趙國可就危險了，於是一個接一個的去勸趙太后答應下來。趙太后越聽越生氣，誰的孩子誰心疼啊，你們現在說的慷慨激昂的，換了你們的孩子去看你們還這樣不？於是喝止道：「都別說了，這件事我無論如何是不會答應的，誰要再說看我不一口唾沫星子噴死他！」說完就氣沖沖地回宮了。大臣們一看太后是真急了，也只能就此作罷。

太后剛回宮沒多大會兒，就聽人進來稟告：「左師公觸龍先生來了。」太后知道這又是來勸諫的，氣呼呼地等著觸龍進來。觸龍慢慢地走了進來，見了太后忙道歉說：「老臣早就該來看望太后的，可是現在年紀大了，腿腳不大好使了，還請太后見諒。」趙太后見觸龍沒有提長安君的事，臉色這才好看了些，說道：「沒有關係，年紀大了都這樣，我現在出門都坐車，自己也走不了多少路。」觸龍又問道：「太后您的飲食品質還行吧？」太后歎口氣說：「每天就只喝點粥，別的也吃不下什麼。」觸龍見太后氣消了，話鋒一轉說道：「老臣有個小兒子，名叫舒祺，現在在家沒事幹，我想向太后求個賞，安排犬子到宮裡當個差。」太后說：「這個沒問題。他多大了？」觸龍答道：「今年十五了。年紀是小了點，但是我這把老骨頭不知道什麼時候就過去了，還是趁早為他打算好。」趙太后感歎道：「我以為只有我們女人才會對小兒子特別疼愛，原來你們男人也會這樣。」觸龍道：「我們男人疼愛小兒子比你們女人更厲害呢！」趙太后笑道：「不可能，這點還是女人更甚一點。」觸龍知道機會來了，不緊不慢地說道：「我怎麼覺得太后您疼愛燕后比疼愛長安君更甚呢？」趙太后心裡覺得好笑，搖了搖頭說：「這你可就錯了，我疼愛燕后遠遠不如疼愛長安君多。」觸龍又說：「咱們做父母的，只有替孩子的長遠打算好，才是真的對他們好。我記得燕后出嫁時，您哭得像個淚人似的，逢年過節的時候想得厲害，可是您每次祭祀時都會說，保佑燕

后千萬不要回來。這不就是為了她和她的後代能在燕國過得好，為她的前途著想嗎？」趙太后點點頭說：「是這樣。」觸龍接著說道：「再說咱們趙國吧，從現在起往上數三代，當時作為趙王子孫被封地賜爵的，現在還有傳承下來的嗎？」趙太后答道：「這個還真沒有聽說過。」觸龍又問：「那別的諸侯國呢？」趙太后說：「這個好像也沒有。」觸龍這才開始切入正題：「太后您疼愛長安君的心情我可以理解，但是您用這種方式對待他，就好比在溫室裡栽花，是經不起折騰的。即使您現在賜給他再多的地，再多的財富，若干年後，他能保存得下來嗎？為什麼不趁您還在位的時候，多給他些為國出力的機會，為日後的長遠幸福打下基礎呢？」趙太后這才恍然大悟：「先生您說得極是，真是太感激您了，今天要不是您，我險些辦錯一件大事。」

觸龍走後，趙太后立刻下令派人送長安君到齊國去。齊國見趙國把長安君送來了，知道了趙國的誠意，立刻發兵救趙。秦國一看援兵到了，只好先撤了。

長平之戰

周赧王五十三年，秦昭王派武安君白起率兵攻打韓國，白起很快就打到了軍事重地上黨。上黨的郡守叫馮亭，這個馮亭自知抵擋不了秦國的虎狼之師，就把城裡的人召集起來商量說：「韓野王已經投降了，我們現在已經被秦軍包圍，沒有退路。為今之計，只有去歸順趙國了。我們白白地把上黨獻給趙王，他肯定會樂顛顛地收下來，這樣秦國再來攻打我們，趙國就一定會插手，我們幾家聯合起來，何愁強秦不敗？」大夥兒一聽覺得有道理，於是，馮亭就派了使者去邯鄲見趙王。使者見了趙王說道：「暴秦無道，我們全城的百姓都心向趙國，不願意做秦國人的俘虜，所以派我來將上黨獻給大王。」趙王聽

了心裡美得不得了，不管這使臣說的理由是真是假，平白占有了上黨，這絕對是天上掉餡餅的美事啊。送走了使臣，趙王迫不及待地問大臣平陽君：「你覺得我們應不應該答應下來呢？」平陽君答道：「臣認為，這是一個圈套。天下沒有白吃的午餐，韓國人這樣做，只不過想讓我們幫助他們對付秦國罷了。大王您千萬不能收下。」趙王聽了心裡有點不高興，說道：「人家是因為我們的聲望來投靠我們的，你怎麼能說是無緣無故找上門來的呢？」平陽君離開後，趙王又派人把平原君找了來問他的意見，平原君說道：「人家白給的東西我們如果都不敢要，還說什麼開疆闢土呢？大王您一定要收下。」這話說到趙王心裡去了，於是他就派平原君到上黨去辦了交接手續。秦國費了這麼大的勁，眼看上黨就要到手了，誰想到趙國從半路殺了出來，只能悻悻而歸。秦國上上下下自然也都把趙國恨透了。

過了些時候，秦王又派左庶長王齕攻打上黨，而且很快就攻破了。上黨的百姓都逃到了趙國，趙王一看這情況，心想上黨已經是我們趙國的地盤了，你秦國還這麼肆無忌憚地來搶，實在是太不給面子了。於是趙王任命廉頗為大將軍，屯重兵於長平以抗拒秦軍。秦王也惱了，上次就是你趙國從中作梗，這次我還沒找你算帳，你自己又貼上來了，不打你實在說不過去。於是秦王下令讓王齕向趙國挺進，兩軍在長平形成對峙之勢，時不時的打上一小仗，雖然都沒有形成壓倒性的優勢，但是趙軍吃敗仗卻成了家常便飯，還死了一個裨將和四個尉官。趙王這下子坐不住了，叫來樓昌、虞卿商量對策。樓昌建議派人去向秦國求和，虞卿卻堅決不同意，他的理由是秦國這次是鐵了心要跟趙國決一死戰了，我們就是去求和，他們也不會同意的。不如派人去別的諸侯國請求支援，秦國知道我們有後援，自然就會有所收斂，這時候再求和也不遲。趙王沒有聽從虞卿的意見，派了趙國一個很有威望的叫鄭朱的到秦國去求和，秦國接待了鄭朱，規格還搞得很高。趙王問虞卿：「你不是說秦國不會接受和談嗎，現在他們怎麼

又會對鄭朱這麼客氣呢？」

虞卿回答道：「秦國當然要好好地對鄭朱了，他們不但要好好地對他，更要把他們對鄭朱的好宣揚得遠遠的，這樣，其他國家都以為兩國已經和解了，自然就不會有人來幫我們的忙了，秦國沒有了後顧之憂，就會更加肆無忌憚了，議和只不過是個幌子罷了。」趙王聽了不屑一顧，誰知道最後秦國果然沒有同意議和，趙王後悔不已。

趙軍吃了幾次敗仗，廉頗命令趙軍堅守城門，不要跟秦兵交鋒。秦軍不管在城外怎麼叫囂謾罵，趙軍都不搭理，秦軍硬是一點辦法也沒有。秦國的宰相張祿范雎想出了一條反間之計，他派間諜到趙國去大肆宣揚說，廉頗早給秦軍打得嚇破了膽，心裡早就生了投降之意，所以再也不敢跟秦軍打仗了。秦國人看廉頗根本就不算什麼，秦兵真正害怕的是趙奢的兒子趙括，如果趙括來當大將軍，秦國一定會大敗而歸。趙王本來就對廉頗心生不滿了，聽了這些話更加堅定了換帥的心思。藺相如聽到消息後來勸趙王：「趙括雖然很有軍事才華，但沒有實戰經驗，現在一下子讓他指揮這麼大的戰鬥，實在是太冒險了。」趙王此時正求勝心切，哪裡聽得進去，於是下令讓趙括去前線接替廉頗。趙括的母親對這一突來的榮譽卻並不熱心，她找到趙王說道：「大王，我請求您收回成命。」趙王奇道：「這是為什麼？」趙母解釋道：「您任命趙括為大將，肯定是覺得虎父無犬子，但現在趙括跟他父親的作風完全不一樣。他父親在世的時候就對我說過，趙括兵書是讀得滾瓜爛熟，但他沒有實戰經驗，心裡沒有對戰爭的敬畏感，沒有對生命的責任感，這樣的人去打仗是很危險的。」趙王說道：「我已經決定了，您就不要再勸我了。」趙母只好退一步說：「那好吧，但是我求您一件事，如果趙括打敗了，您不能降罪於我們趙家。」趙王答應了。於是趙括走馬上任，歷史上著名的長平決戰即將上演。

趙括上任後，首先撤換了許多將領。臨陣換將本來就是兵家之大忌，趙兵軍中人心出現了浮動。秦王聽說趙國果然中計，派趙括去

替代了廉頗，就偷偷地派白起去軍中主持大局，還下令如有洩漏消息者，斬立決！趙括這個書呆子哪裡是白起這隻老狐狸的對手，很快就中了圈套被秦軍包圍，後勤供給也被切斷。趙國向齊國請求糧食支援，齊王死活不給。結果趙軍被困了整整四十六天，什麼都吃光了，趙括沒辦法，下令把那些老弱病殘殺了來充饑。最後實在是撐不下去了，趙括打算帶兵突圍，可是趙軍將士餓都快餓死了，哪裡來的戰鬥力，不但沒突圍成功，反而主帥被秦軍射殺。趙括一死，趙軍一下子沒了主心骨，於是四十萬人都降了秦。白起怕日後這些降軍造反，就下令把趙軍都坑殺了，只留下了二百四十個年齡小的回到了趙國。

經此一役，趙國實力大損，再也無力阻擋秦國東進的步伐了。

▌ 毛遂自薦

長平之戰後，趙國元氣大傷，秦國趁機派兵攻打邯鄲，企圖滅掉趙國，趙國形勢危急。趙王找來平原君商量道：「現在該怎麼辦呢？」平原君說：「為今之計，只有去別國求救了。」君臣兩個商量好後，平原君急忙趕回了家，他把門下的賓客全都召集了起來，打算從中挑選出二十個出眾的跟自己一起到楚國去求救。誰知道挑來挑去只挑出了十九個，剩下那一個死活選不出來，急得平原君團團轉。這時候只聽一個人說道：「公子，讓我毛遂跟您一起去吧，我一定不會讓您失望的。」平原君見是毛遂，有些洩氣地說道：「我這是出去辦正事，不是遊山玩水，需要的是傑出的人才。一個人的才華就像是個錐子，只要把它放在布袋裡，錐子就一定會顯露出來。但是先生您已經在我家待了三年之久，在這期間我從來沒有發現您有什麼出眾之處，我身邊的人也沒有發現。所以，您還是別去了。」毛遂回答道：「錐子雖然鋒芒畢露，但也需要有人把它放在布袋裡才能顯露出

來。我雖然才華橫溢，卻奈何無人發現。您為什麼不相信我呢？如果我沒什麼才幹，對您也沒什麼損失；如果我確實是個人才，您的損失可就大了。」平原君心想，這個人倒是有些膽量，反正現在人數也湊不夠，不如帶他去算了。於是一行人出發了。

到了楚國見了楚王，平原君讓這二十個門客在堂下等著，自己跟楚王一二三地講了起來。從早上一直講到中午，平原君的口水都講乾了，楚王還是模棱兩可支支吾吾不給句痛快話。那些賓客都等得不耐煩了，就起哄說：「毛遂你不是說自己是把很厲害的錐子嗎？你倒是上去把楚王勸下來啊！」誰知道這個毛遂還真的就按著自己腰上的寶劍走了過去。

毛遂上去就衝著平原君說：「這麼簡單的一件事，你們兩位怎麼說了這麼半天還沒談攏？」楚王見突然出來這麼個人，嚇了一跳，喝斥道：「你是誰啊？竟敢在我面前放肆！」平原君趕緊解釋說：「大王，您別生氣，這是我的門客毛遂。」毛遂說話可沒這麼客氣，

嗓門一點沒降：「我為什麼不敢在你面前說話？就因為你是楚王，你有廣大的國土、龐大的軍隊，所以我就該怕你嗎？想當初商湯和周文王開創帝業，憑的是他們地廣人多嗎？不過話又說回來了，大王有這麼大的本錢，卻被秦國那個叫白起的小人帶著幾萬兵馬奪去了兩個城池，而且祖墳也讓人燒了。這是多大的恥辱啊！您將來怎麼去面對您的列祖列宗？這事提起來，連我們趙國人都替您感到沒面子，您自己就這麼看得開？反正現在擺在您面前的就是兩條路，要麼跟我們一起對付秦國，要麼您就繼續被人背後罵沒種，您自己看著辦吧。」

這席話把楚王說得是熱血沸騰，立馬說道：「先生說的是，燒墳之仇不報，我誓不為人！」毛遂趁熱打鐵地說：「那好，咱們就來個歃血為盟。您第一個來滴血，我們家公子第二個，我第三個。至於下邊那十九個人，只不過都是些順勢的無用之人罷了，他們就免了吧。」於是趙國拉到了楚國這個大幫手。

平原君回國後對身邊的人說：

「我以後再也不敢說自己識辨天下的人才了，毛遂先生不是就差點被我埋沒了嗎？」從此，平原君拜毛遂為上賓，對他十分尊重。毛遂憑藉著自己的勇敢終於也施展了自己的才華。

信陵君竊符救趙

信陵君魏無忌，戰國四公子之一，魏王的異母弟弟。信陵君禮賢下士，謙恭大度，天下賢士都歸順於他，一時間信陵君門下賓客三千，蔚為壯觀。

有一次，信陵君大宴賓客，可就在所有的人都到了宴會即將開始時，主人卻要出門了。大夥兒不解地問：「您這是要去哪兒啊？」信陵君神秘地笑笑說：「去接一個世外高人。」說完他坐上馬車就走了。馬車一直走到大梁城門口，信陵君命令停車，他下車後整了整衣衫，恭恭敬敬地向一個守門的老人走過去。這個老人叫侯嬴，已經七十多歲了，是個很有才能的隱士。信陵君平時有事沒事都會來拜訪一下侯嬴，不過侯嬴好像對這個名揚天下的公子並不怎麼熱心。信陵君對著侯嬴拜了拜，這才開口道：「我今天在家裡搞了個宴會，想請先生您過去熱鬧熱鬧。」侯嬴一聽，二話不說就走到馬車前，然後在信陵君的位置上坐了下來。信陵君也不生氣，自己還親自當起了車夫，給侯嬴開路。車走到菜市場的時候，侯嬴開口了：「你先停一下車，我有個朋友叫朱亥在這裡賣肉，我要去看看他和他聊聊天。」信陵君答道：「好。」他立刻停了車，侯嬴大搖大擺地走到一個屠夫面前有一搭沒一搭地聊起天來。眼看飯點都過去好大會兒了，侯嬴還是沒有一點要走的意思，他斜眼偷瞄了一眼信陵君，好傢伙，這個貴公子自己拿著馬鞭還在馬車旁恭恭敬敬地站著呢！侯嬴這才相信信陵君並不像別的人那樣裝模作樣，他是真心地對待每一個賢士的。回到信陵君府上時，信陵君親自上前攙

扶侯嬴下車，還在所有的賓客面前把侯嬴誇得天上有地上無的。侯嬴坐在上座，卻是一副事不關己的樣子，只是不停地吃菜喝酒。在座的人見信陵君對這麼一個奇怪的老頭都這麼恭敬有禮，心裡對信陵君的敬重又增加了一分。

當時，秦國與趙國的戰爭還在繼續，秦將王齕包圍了邯鄲，趙國危在旦夕。趙王向魏王求救，魏王答應了派大將晉鄙帶領十萬大軍前去支援。就在大軍要出發時，秦王派人來送話了：「誰敢去救趙國，我滅了趙國之後就滅他！」魏王本就是個膽小之人，一聽這話立刻慫了下來，跟晉鄙說：「先不去了。」趙王一連派了許多人來催，魏王只是敷衍。趙國的平原君趙勝一向跟魏公子無忌關係很好，還娶了他的姐姐做老婆。平原君一看指望魏王是不行了，就派人去求信陵君，讓他幫忙。信陵君這個人，只要是別人託他辦的事，每次都義不容辭。可是魏王一向忌憚信陵君的威望，並沒有給他什麼實權，信陵君只能進宮去勸魏王早日發兵。來來回回勸了幾次一點用也沒有，那

邊平原君早急了，讓人撂了狠話給信陵君聽：「我一直以為你是個有擔當的大丈夫，敬重你，仰慕你，甚至還娶了你的姐姐。現在用到你的時候，你卻唯唯諾諾的像個懦夫一樣，算我趙勝瞎了眼了！我們以後路上遇見就互相當不認識算了！」信陵君哪裡被人這樣罵過，一激動上火就打算帶著自己手下的百十號人到趙國去。出行前信陵君想，去跟侯嬴道個別吧。到了侯嬴家信陵君說明來意，沒想到侯嬴只是淡淡地說了一句：「既然這樣，那公子您保重了，我這把老骨頭就不跟您去了。」信陵君雖然沒有真想讓侯嬴跟著自己去送死，但聽了這話心裡還是很不舒服，悻悻地走了。走到半路，信陵君越想越不對，侯嬴不是那種貪生怕死的人，他這樣做一定是有深意的。想到這裡，又命人拐了回去。侯嬴見信陵君又回來了似乎一點也不奇怪，只是淡淡地說了句：「我就知道公子您會回來的。」信陵君連忙請求道：「請先生教我。」侯嬴說：「您帶著這麼點人過去，死是免不了的，可是這麼死有什麼意義嗎？

只不過給秦軍多送了塊肥肉罷了。您自己覺得這樣很英雄，是嗎？那些跟著你一起死的人呢？他們連個名都沒留下就這麼莫名其妙地沒了。」信陵君慚愧地說道：「我知道錯了，自己這樣做實在太衝動了。可是趙國眼看就要被秦國吞了，我又不能坐視不管。」侯嬴這才說道：「我聽說，想要調兵必須有虎符。這個虎符現在就在魏王的臥室裡，只要把虎符偷出來，一切就好辦了。」信陵君歎氣道：「這可難辦了。」侯嬴接著說道：「公子您忘了嗎，魏王現在最寵幸的如姬，您曾經幫助她報過殺父之仇啊，她自己也說過願意為您去死，如果您讓她去把虎符偷出來，她肯定會幫這個忙。」信陵君照著侯嬴的話去做，果然拿到了虎符。信陵君出發前來見侯嬴，侯嬴告誡他說：「將在外，君命有所不受，晉鄙見了虎符也難保他就一定會聽您的話。您還記得我那個叫朱亥的朋友嗎？此人力大無比，您把他帶去，如果晉鄙不從，就讓朱亥殺了他。我侯嬴受公子恩德，無以為報，只能幫您這麼多了。等到大軍出行之日，我當自刎以謝公子。」

信陵君帶著虎符和朱亥去見晉鄙，晉鄙果然懷疑起來，朱亥見狀，上前用鐵錘殺了晉鄙。信陵君於是掌握了軍隊，他下令：「有父子都在軍中的，父親回家去；兄弟都在的，兄長回去；有獨生子女的，回家奉養父母。」最後挑出了八萬人向趙國進發。秦國久攻不下邯鄲城早已兵疲將乏，見魏兵殺了過來就撤了，邯鄲之危終解。

▌ 呂不韋居奇貨

秦莊襄王子楚，原名異人。異人是秦昭王的孫子，安國君的兒子。這個安國君可不得了，光兒子就有二十多個，異人的母親夏姬不受安國君待見，異人既非長子又非嫡子，更不被重視。所以在向趙國交換人質時，異人就被選上了。遠走他鄉的異人在趙國過得並不如

意，秦國多次攻打趙國，趙國自然不會對異人以禮相待，給他住破爛的房子，出去也沒有馬車坐，那過得叫一個慘澹。

趙國有個大商人叫呂不韋，這個人很有野心，不甘心一輩子只是賺點錢這樣生活。有一次呂不韋到邯鄲做生意，剛好碰到了異人，呂不韋並沒有像別人那樣對待異人，而是用他特有的商人的眼光仔仔細細地把這個落魄的秦國公子打量了一下，心裡暗自說道：「此人是件稀世珍寶，如果我把他囤積起來，一定會有不可估量的回報。」於是呂不韋帶了禮物前去拜訪異人，他對異人說：「我可以讓你發達。」異人在趙國受盡了屈辱，自己都不知道自己能不能活到明天，聽了這話覺得很好笑，嗤之以鼻地說道：「你還是先把你自己弄發達吧。」呂不韋笑笑說：「我如果想要發達，就必須先讓你發達。」異人聽到這裡就明白了，拉著呂不韋的手坐下來仔細地交談了起來。呂不韋對異人說：「您的父親安國君身為秦國太子，遲早是要當秦王的。安國君的正室華陽夫人雖然很受寵，

但是不能生孩子，也就是說，你們這二十多個兄弟中間每個人都有可能成為未來的太子。現在看來，子傒是最有可能的那個人，又有倉土輔佐他，如果你不抓緊時間，這輩子估計就要被人遺忘在趙國當人質了。」異人問道：「我該怎麼辦呢？」呂不韋說：「現在唯一能決定立嗣的人，就是華陽夫人。只要把她搞定了，這件事就算辦成了。我雖然沒什麼大本事，拿出個千兒八百的來為你辦事還是可以的。」異人在趙國這麼多年，何曾被人這樣待過，感動地許諾到：「如果將來我真的成了秦王，我一定會拿出秦國一半的財富分給先生。」

於是呂不韋拿出五百金給異人，讓他廣交賓客，先把自己的名聲打出去；自己又拿出五百金買了好些寶貝到秦國去了。到了秦國以後，呂不韋先去見了華陽夫人的姐姐，並送了她很多東西，這樣才得以見到了華陽夫人。呂不韋對華陽夫人說異人在趙國多麼賢明，將來一定會有大出息的。又說異人很是思念安國君和華陽夫人，每到晚上常常一個人流淚為他們祝福。華陽

夫人聽了以後很高興，對異人留下了很好的印象。呂不韋又讓華陽夫人的姐姐對她說：「我們女人爭寵靠的就是姿色，一旦年老色衰，青春不再，那就危險了。我說你呀，還是趁早做打算的好。你現在沒有孩子，等到日後安國君不在了，你還會有好日子過嗎？我看這個異人不錯，不如收他做兒子，這樣將來異人做了國王，你就是太后了。」華陽夫人本來就在為這事擔心，聽到這裡立刻答應了。晚上見了安國君，華陽夫人哭訴了起來：「我是個不幸的人，雖然受到您的寵愛，卻沒有子嗣。我現在請求您把異人立為子嗣，讓我將來也有個依靠。」安國君對華陽夫人的話一向是言聽計從，就答應了下來，還派人給異人送去了好些東西，又封呂不韋做了異人的老師。

呂不韋有一個很漂亮的小妾叫趙姬，當時已經懷孕了。有一次呂不韋跟異人在一起喝酒，讓趙姬出來跳舞助興。異人一看到趙姬心裡就很喜歡，向呂不韋討要。呂不韋當時故意裝出很生氣的樣子，後來又把趙姬送給了異人，異人心裡對呂不韋更是感激。趙姬後來生下了一個兒子，取名政，就是後來的秦始皇。

後來異人在呂不韋的幫助下逃回了秦國，因為華陽夫人是楚國人，異人改名子楚，就是後來的秦莊襄王。呂不韋因為擁立有功，被拜為丞相，權傾一時。

周紀

秦紀

李斯諫逐客書

李斯，戰國末期楚國人。李斯早年曾做過一個文書之類的小官，但他胸懷大志，不甘屈人之下，不久就辭了官跑到齊國去做了荀子的學生。學成後的李斯考慮天下大勢，認為秦統一天下是必然之事，於是就投靠了秦相呂不韋。

就在李斯渴望在秦國幹出一番事業時，秦國出了一件事。原來韓國怕秦國滅了自己，想了一個主意，讓韓國著名的水利專家到秦國去，勸說秦王修建一條人工渠。

韓國的想法很簡單，修渠是件費時費力的大工程，秦國人忙著修渠，就沒工夫打仗了。先不說這個想法是多麼單純，反正韓國人是這麼幹了。鄭國是個人才，修渠很有一套。鄭國到了秦國，沒費多少口舌就搞定了秦王，修渠工程轟轟烈烈地開始了。誰知道，渠還沒修完，韓國的秘密就洩露了。秦王很生氣，覺得自己被人耍了，就派人把鄭國抓了起來打算殺掉。

秦國那些王公大臣趁機對秦

王說：「這些外國人跑到我們秦國來，說是來幫我們的，其實都是他們國家派過來害我們秦國的。鄭國的事不就說明了嗎？大王不如下道命令，把那些外國人都趕走吧。」秦王正在氣頭上，覺得還真是這樣，於是就下了道命令，驅逐一切外國人。我們上面說到的李斯也在被驅逐的隊伍中。李斯不想走，可又不敢不走，怎麼辦呢？他在走之前給秦王上了一道書，這道書就是後來很有名的《諫逐客書》。

　　文章大意是這樣的：想當年，秦國是個邊陲小國，國貧民弱，無力爭霸。秦穆公為了使秦國強大起來，尋遍天下來找尋有才之人，先後得到了由余、百里奚、蹇叔、公孫支這些人，才得以連併二十國，成為春秋一霸。秦孝公時，重用商鞅，實行改革，秦國這才先進起來，形成了一系列完整的規章制度，這些制度一直沿用到了今天，為秦國的強大打下了堅實的基礎。再說惠文王，他是因為聽從了張儀的建議，破縱連橫，才使得六國聯盟瓦解，再也無力抗秦。秦昭王也是因為得到了范雎，聽從了他強幹弱枝的建議，才加強了中央集權，使王室的統治更加強勢。這四位先王，都是因為重用了外國人才成功的。這樣看來，我們這些客卿有什麼對不起秦國的呢？再看看大王您現在穿的用的玩的、後宮的妃子宮女，難道他們都是出自秦國本土嗎？用這些玩物不論出身，用起人來卻不分青紅皂白，只要是外國的一律驅逐。這是不是說大王您心裡對那些玩樂之物比對人才更重視呢？我聽說大海之所以廣闊，是因為它容納百川；山峰之所以巍峨，是因為它不拒絕每一寸土壤；君王不講究出身，才能找到真正有用的人。這也是五帝、三王這些聖主成功的原因。您現在把我們這些客卿都趕走，這就相當於把自己的百姓都送給敵對的國家，把自己的棟樑之才都驅趕到別國去讓別人成就霸業，拿著自己的糧食去資助盜賊。怎麼評價這種做法呢？您自己想想吧。

　　秦王是個聰明人，下令驅逐外來之人只是一時氣憤之舉，看了李斯的文章後立刻明白了自己的決定是多麼愚蠢，於是趕緊派人去把李

斯他們追了回來。李斯也憑著這篇千古文章被秦王重視起來，最終位極人臣，權重一時，為秦國的統一大業做出了巨大的貢獻。

李斯嫉妒害韓非

韓非，戰國時期韓國宗室公子，是法家的集大成者。韓非雖然有濟世之才，但當時韓國已經是一個爛攤子了，韓王寵幸小人，疏遠賢士，國家一天天走向滅亡。身為韓國王室後代的韓非看在眼裡記在心裡，他屢屢上書韓王，陳述自己的治國方略，奈何韓王始終不予理會。為排遣心中的鬱悶，韓非只有著書洩憤，他先後寫了《五蠹》《孤憤》等共五十六篇文章，十餘萬字。

當時秦始皇已經當上了秦國國王，他重用李斯等一批有才之人，國家日益強盛。秦始皇偶然間看了韓非寫的書，十分欣賞，很想見他一面。是時，秦始皇打算派兵攻韓，韓王知道後嚇得半死，決定投降。韓王派韓非為使者，讓他告訴秦王，韓國願意把土地玉璽都交出來，並甘心做秦國的附屬國。這種拉下臉向人求和的事，韓非心裡自然不願意去，但王命又不可違抗。

在去秦國的路上，韓非暗自想：韓國本來就弱小，現在國王又是個昏君。我韓非空有治國之才，難道就這樣虛度下去？聽說秦王是個雄才大略之人，一向求賢若渴，不如我改投秦國吧。到了秦國後，韓非就給秦王上了一道書，書裡寫道：「如今的秦國已經成為七國裡力量最強大的，國土數千里，軍隊上百萬。而且各項制度都很健全，賞罰分明，欣欣向榮，這正是圖謀大業的最好時機。臣韓非今天冒昧向大王上這道書，是因為我可以幫您完成統一大業。我今天在這裡向您做出保證，如果您重用了我，我卻沒有幫您使六國臣服，就請您殺了我，來告誡世人一定要盡忠報主。」

秦王本來就對韓非很感興趣，

看了這道奏章之後，更是覺得韓非這個人是個濟世之才，就拍著桌子說道：「此人好大的口氣，不見見倒顯得我沒眼光了！」於是派人把韓非請了過來。韓非雖然文章寫得很厲害，卻有口吃的毛病。一般人跟口吃者說話肯定都著急，而秦王卻和韓非相談甚歡，相見恨晚，一直談到深夜才分手。秦王很開心，韓非也很興奮，但有人不樂意了，此人就是秦國的丞相、韓非的同學——李斯。李斯曾和韓非一起在荀子門下學習，自知韓非的才華強過自己，現在韓非被秦王賞識，誰知道日後會不會騎在自己頭上作威作福呢？想到這裡，李斯心裡出現了一個念頭——殺了韓非！

怎麼才能除去韓非呢？李斯想來想去，決定拿韓非的出身說事。他跑到秦王身邊說道：「大王，我跟韓非是多年的老同學，很瞭解他。您現在想要重用他，我能不能說兩句？」秦王對李斯還是十分信任的，說道：「正好，我正想向丞相請教呢。」李斯接著說道：「韓非確實是個奇才，治國理事相當有一套。但是大王您別忘了，他是韓

國人啊！而且他不僅僅是個普通的韓國人，還是王室的人啊！誰能保證他不是韓王派來的間諜呢？還請大王三思啊！」

秦王本就是個多疑之人，聽李斯這麼一說，心裡也有些動搖。李斯見秦王臉上有猶豫之色，又說道：「寧可錯殺一千，不可放過一個。依我看，還是先抓起來的好，以除後患。」秦王考慮半天，終於點頭答應。

韓非跟秦王道別的時候還滿懷憧憬，想在秦國幹出一番事業，誰知道沒過多久就被抓進了大牢，心裡那叫一個鬱悶。在牢裡的韓非也沒閑著，寫了好多信託人帶給秦王，希望能夠見一面。可惜這些信都落到了李斯的手裡。李斯怕夜長夢多，偷偷派人給韓非送去了毒藥，謊稱是秦王給的，讓韓非趁早自盡。韓非雖有大才，但對於鈎心鬥角這種事可不是李斯的對手，長歎一聲，無奈自盡。

秦王在把韓非關起來後，越想越後悔。等到他想通以後打算放韓非出來時，韓非早已經遭了李斯的毒手，魂魄歸天了。

荊軻刺秦王

燕太子丹，早年曾被送往秦國當人質。燕國弱小，秦國自然不會把這個太子放在眼裡，所以燕丹在秦國過得並不如意。最後，燕丹實在受不了這種日子，就偷偷地跑回了燕國。

回國後的太子丹對秦王十分嫉恨，適逢秦國陳兵易水，對燕國虎視眈眈。太子丹向太傅鞠武詢問對策，鞠武說道：「為今之計，只有聯合其他五國，再和北方的匈奴和談，大家聯合起來一起對付秦國。」太子丹聽了直搖頭：「先生的計策雖好，但一時半會兒是辦不成的。我現在等不了那麼久，秦國都已經到家門口了。」

沒過多久，秦國大將樊於期獲罪出逃，跑到了燕國去投奔太子丹。太子丹熱情地接待了樊於期，還安排好了他的起居生活。鞠武勸他說：「秦國現在就是個饑餓的老虎，咱們躲還來不及呢，您怎麼能自己往虎口裡送呢？如果因為樊於期把秦王得罪了，給燕國招來禍患，這就太不值了。還是趁秦王沒發現之前，趕緊送樊將軍去匈奴吧。」太子丹說：「樊將軍走投無路來投奔我，我怎麼能背棄他呢？您還是想想其他辦法吧！」鞠武歎了口氣說：「您做出這樣危險的事情來求取安穩，製造禍患來追求幸福，考慮的不周全而結下仇怨，為了一個無關痛癢的人拿整個國家來冒險，實在是太不應該了！」鞠武一片拳拳之心，奈何太子卻聽不進去。

太子聽說有個叫荊軻的衛國人，很是賢能，就帶了很豐厚的禮物去拜訪他。太子丹對荊軻傾訴道：「現在秦國已經滅了韓國，俘虜了韓王，又發兵南下攻打楚國，北上滅趙，趙國已經撐不住，下一個就輪到燕國了。燕國本來就是個小國，又數度遭遇兵禍，拿什麼來抵抗強秦？現在各國都被秦國嚇破了膽，不敢搞合縱了。我想了很久，想到了一個辦法。我的辦法就是選出一個天下數一數二的勇士，

到秦國去劫持秦王，讓秦王把侵吞各國的土地還給各國，就像當年齊桓公那樣。如果能這樣，那是最好。如果不行，就把秦王殺了。山中無老虎，秦國肯定會大亂，到時候我們再聯合其他國家抗秦，秦國一定會被打敗的。我想來想去，能夠完成這個任務的，普天之下就只有先生你一個。請先生一定要答應我的請求。」

荊軻感激太子丹的知遇之恩，於是答應了。太子丹大喜，把荊軻安排住進了高級賓館裡，還天天去看望他，可謂關懷備至。沒過多久傳來消息說，趙國被秦國滅了。太子丹這下坐不住了，想要荊軻立即動身前往秦國。荊軻說道：「我就是現在去了，也沒有辦法見到秦王。這些日子我思來想去，實在想不出更好的主意，所以斗膽向太子索要兩樣東西。」太子丹急道：「你需要什麼儘管說，只要我有的，一定給你。」荊軻緩緩地說道：「這兩樣東西，就是燕國督亢的地圖和樊於期的人頭。」太子為難地說道：「土地的事好說，可是樊將軍來投奔我，我實在不忍心殺

他。這件事還是算了，我們再想想其他辦法。」

荊軻知道太子不忍心殺樊於期，就自己上門去談了。見到樊於期後，荊軻問道：「秦王殺害了您的家人，還派人追殺將軍您，您恨他嗎？」樊於期憤憤地說道：「我每次想起這件事來就恨得牙癢癢！」荊軻又說道：「我現在願意去秦國刺殺秦王，但是需要將軍的人頭。太子宅心仁厚，不忍心加害將軍，將軍您的意思呢？」樊於期說道：「太好了！先生您要做的這件事，正是我日日夜夜想做卻不能做的啊！只要能殺了秦王，要我做什麼都可以。」

荊軻離開後，樊於期就舉劍自殺了。太子見事已至此，只好派人去取了樊於期的人頭，裝在盒子裡給荊軻送了過去，同時還給了荊軻督亢的地圖。太子問荊軻：「先生計畫怎樣行事呢？」荊軻答道：「我帶著這兩樣東西去見秦王，秦王一定很高興，我就有機會與他近距離接觸了。到時候我把匕首藏在地圖裡，伺機把秦王殺了。」太子丹聽後大聲叫好。為了確保萬無一

失，太子丹早就派人尋到了一把天下最鋒利的匕首，又讓工匠用毒藥來浸淬它。弄好後用人來試，發現只要刀尖碰到血，人就必死無疑。太子丹把這把匕首也送給了荊軻。準備妥當後，荊軻就啟程了，太子丹還派了一個叫秦舞陽的燕國勇士來給他當副手。

荊軻到了秦國，先買通了秦王的寵臣蒙嘉，求他帶自己去見秦王。秦王聽說燕國派使者帶了樊於期的人頭和督亢的地圖來求和，很是高興，搞了個很隆重的儀式來接見荊軻。荊軻趁著給秦王看地圖的機會，到了秦王的身邊，慢慢地打開了地圖，等到地圖完全打開時，那把匕首就出現了，原來荊軻把它捲在了圖裡。荊軻拿了匕首就向秦王刺去。秦王大驚，趕緊起身，袖子也被割斷了。兩人圍著殿上的柱子周旋起來。大臣們都嚇呆了，一個個不知道怎麼辦才好。當時秦國的法律規定，除了秦王，任何人不能帶武器上殿。大臣們只好徒手跑上去，拉著荊軻扭打起來。有個機靈的大臣對秦王喊道：「大王，趕緊拔出你的劍來！」秦王這才稍稍定了定神，拔出腰間的劍，一下子砍斷了荊軻的左腿。荊軻的腿被砍斷了，就用匕首投向秦王，可惜投到了銅柱上。荊軻知道刺殺這件事辦不了了，就開始大罵：「我今天之所以沒殺了你，是因為我一開始想活捉你。既然事已至此，我只有一死以謝燕太子了。」

秦王下令將荊軻分屍示眾，又氣燕國竟然派刺客來行刺，於是下令王翦攻打燕國，結果燕國大敗。

王翦伐楚

秦將王賁率兵攻楚，一連拿下了好幾個城池。秦王覺得是時候滅楚了，就問將軍李信：「寡人想取荊楚，將軍你覺得派多少兵馬可以完成任務？」李信少年英雄，又剛跟著王賁滅了燕，正是意氣風發的時候，爽快地跟秦王說：「二十萬就夠了。」秦王聽後點點頭，又

問老將王翦：「老將軍，你覺得呢？」王翦淡淡地答道：「這件事沒有六十萬兵馬是辦不成的。」

秦王一聽，六十萬，這可是三個二十萬啊，王翦真是越老膽子越小，該回去養老了。於是下令，派李信、蒙恬為大將，帶領二十萬秦軍攻打楚國。王翦也因此假稱自己生病，回老家頻陽去了。

到了楚國，李信跟蒙恬商量，一個去攻打平輿，另一個去攻打寢。結果兩邊都取得了勝利，殺了很多楚軍。李信拿下平輿後又去攻鄢郢，結果又勝了。李信於是打算去跟蒙恬會師，就帶著自己手下的兵往西邊去了。誰知道沒走多久，楚國人就跟上了李信，一直追了三天三夜，最後終於追上了。這次李信是大敗而歸，被楚軍奪去了兩座城，還死了七個都尉。

李信這一敗，秦王是又氣又悔。氣的是打了敗仗，悔的是當初沒有聽王翦的。秦王這才知道，什麼叫薑還是老的辣，於是打算還是讓王翦去。王翦這會兒還在家養病呢，秦王就親自跑到頻陽去了。

到了王翦家，秦王一個勁地認錯：「老將軍，都是寡人的錯啊！我沒有採納將軍您的意見，聽信了李信那小子的豪言壯語，結果吃了個大敗仗。這實在是我們秦國一個天大的污點。將軍雖然身體不舒服，但是您忍心就這麼不管寡人嗎？」

王翦說：「不是老臣不想盡力，實在是身體不好，上不了戰場。」

其實這兩個人心裡都跟明鏡似的，秦王知道這隻老狐狸是想跟自己講價錢呢，於是說道：「將軍不要再說了，寡人已經決定了。」

王翦這才說道：「如果大王非要老臣去，必須答應我一個條件，就是那六十萬人一個都不能少。」秦王爽快地說道：「一切都聽老將軍您的。」

於是王翦帶著六十萬秦兵出發了，秦王親自送到霸上。王翦對秦王說：「老臣走之前想跟大王要些良田美宅。」秦王哈哈大笑：「老將軍您這麼大的功勞，還擔心將來餓著嗎？」王翦一本正經地答道：「過去那些有功之人，最後沒有封侯的多著呢。我還是趁著大王您寵

著我的時候多撈些資本的好，這樣子孫後代也不會埋怨我。」秦王一聽更樂了，笑著說道：「老將軍，你就放心去吧，寡人知道了。這件事一定辦得讓你滿意。」

王翦這才心滿意足地上路了。等走到楚國的時候，王翦已經派了五撥人回去催秦王給田宅了。王翦身邊的人都鬧糊塗了，將軍現在怎麼變得這麼貪心了，難道真是人老了？有的人實在看不下去了，跑去跟王翦說：「將軍您是不是催得太勤了點？這不是顯得您太貪心了嗎？萬一把大王惹急了怎麼辦？」王翦聽後哈哈一笑：「我越是催得緊，咱們大王心裡越高興呢。你想啊，這次出來，我幾乎把全國的兵都帶出來了，大王是個疑心很重的人，他心裡能踏實嗎？我這樣一再向他討要田宅，就是讓他明白，我是絕對忠心的。你以為我真的稀罕那些土地房子啊？」

楚國人聽說王翦帶著舉國之兵來伐楚，趕緊把自己的兵力也集中了起來，準備跟秦兵決一死戰。王翦命令士兵待在營壘裡，就是不出去跟楚軍開戰。楚國人急了，跑到我的地盤上，又不跟我打仗，這玩的什麼花樣啊？於是楚兵天天在秦軍門口叫罵，可是不管他們罵得再怎麼難聽，秦兵都不搭理。

王翦讓士兵們天天好吃好喝好玩好樂地養著，自己跟他們一起吃飯聊天。好像他們不是來打仗而是來休假的。時間久了，秦兵也放鬆了起來，小日子過得舒舒服服的。

過了很久，王翦問手下：「大家現在都在幹嘛呢？」手下人答道：「就是玩玩投石子啊、比賽跳遠之類的。」王翦點點頭說：「嗯，可以打仗了。」

楚軍等著秦軍出來等了很長時間，實在沒耐心等下去了，就往東邊去了。王翦命令秦軍追擊楚軍，結果殺了對手一個措手不及。王翦帶兵乘勝追擊，殺了楚軍的大將項燕，楚軍潰敗逃走，王翦趁機攻破了楚國。

秦始皇統一天下

西元前221年，秦將王賁率兵滅了六國中僅存的齊國，秦國終於完成了統一大業。此時已經三十九歲的秦王政覺得自己的功勳震古鑠今，開始了一系列統一後的變革。

秦王第一件要做的事，就是重新幫自己取個稱號。他覺得自己德兼三皇，功過五帝，乾脆就叫皇帝吧。皇帝這個詞的意思，既有統治者的涵義，又帶了些神話色彩，一直被中國的封建統治者沿用了兩千多年。秦王又規定，皇帝發布的命令叫做「制」「詔」，皇帝自稱要用「朕」。又追封自己的父親莊襄王子楚為太上皇。秦始皇接著就發了一道制，內容是：以前帝王們死後，後人會根據他生前的德行取諡號，這就使得兒子議論父親，大臣議論君主，實在是對先主的大不敬。從今以後，諡號這個東西就被取消了。朕是始皇帝，朕的後世就成為二世、三世、四世……直到萬世，無窮無盡。

齊威王、齊宣王時期，鄒衍著五德之說，認為朝代更替是五德相生相剋的原因。五德就是金德、木德、水德、火德、土德。等到秦始皇統一天下之後，齊國有人把這個說法告訴了他。秦始皇採納了五德之說，他認為，周朝是火德，秦代周，那秦就是水德了。於是下令更改年曆，規定朝賀之事從十月初一開始；衣服、旌旄、令旗這些東西都崇尚黑色，計數則用六來做單位。

丞相王綰等一些大臣建議道：「燕、齊、荊楚這些地方，離我們都實在是太遠了。如果不在那些地方設立諸侯國，肯定會引起禍亂的。陛下應該把各位皇子分封到各地去。」秦始皇讓眾臣商議這件事，廷尉李斯說道：「周文王、周武王就是這麼幹的，結果呢？這些諸侯王本來是兄弟，最後卻越來越疏遠，甚至鬧得戰禍不斷，周王子也不能禁止。現在天下靠著陛下的英明神武，好不容易統一了，就不能再重蹈覆轍了。我建議向下設立

郡縣兩級行政單位，受中央管轄。至於各位皇子和功勳之臣，可以多賜給他們些錢，封大點的官來獎賞，這樣就能很好地控制他們了。天下一統，萬民歸心，這才是定國的良策啊！如果分封諸侯，定會產生諸多不便。」

秦始皇讚賞地點點頭道：「天下之所以戰亂不止，就是因為有太多的諸侯王。朕靠著祖宗保佑，好不容易平定了天下，又怎麼能再分封諸侯呢？這不是給自己留後患嗎？就按廷尉的意思辦。」

於是將全國劃分為三十六個郡，每個郡設郡守、郡尉和監察使。郡下面又設數量不等的縣，縣下面又有鄉，鄉下面設里。如此層層管理，郡縣的主要官員都由中央任命，使得中央的權力空前加強。

為了更好地控制全國，秦始皇又下令，將全國的兵器都收集到咸陽來。又讓人把這些兵器都銷毀，然後重新熔煉，煉成了十二金人。這些金人每個都重達千石，分別安置在宮廷中。

為了加強統治，增加國民的歸屬感，方便管理，秦始皇又命令李斯統一了文字、法制、度量衡，從此以後，全國車同軌，行同倫，書同文，法同制，人民從內心日益接受了統一的事實。

秦始皇又下令將天下的豪傑之士召集起來，統一遷到了咸陽城，來防止他們興風作浪。

就這樣，秦始皇設立了一整套的國家制度，這些制度成了中國封建社會的統治範本，一直沿用了下去。

焚書坑儒

秦始皇統一全國後，實施了一系列加強思想統治的措施。

西元前213年，博士淳于越在一次宮廷宴會上主張廢除郡縣制，改行古制，分封諸侯。丞相李斯就此事上了一道奏章給秦始皇。

李斯的奏章寫道：過去諸侯混戰，為了擴大勢力，各國都開出

優厚的條件來招徠遊學之人，以致百家爭鳴，各種思想大行其道。現如今天下已經歸為一統，法令都從中央發出，各地就應該統一思想。老百姓就好好種自己的地，讀書人就努力學習法令制度。但實際情況卻不是這樣。如今這些讀書人，不好好學習國家的制度，反而一味地要求效法古代的制度，還對新法指指點點，議論不斷。如果任由這樣下去，老百姓就會被他們蠱惑煽動起來，那時候就難辦了。現在中央只要發布一道命令，各家學派就會按照自己的觀點議論一番。大家在朝堂上各執一詞，在街頭巷尾也是議論不斷。那些讀書人，總是靠給君主拍馬屁來抬高自己的聲望，又靠發表一些奇談怪論來顯示自己的高明，鼓動下面的人造謠誹謗朝政。如果不早點禁止這種行為，對上來說有損陛下您的威望，對下會造成群黨之爭。所以，臣大膽建議：禁書！天下的史書，除了秦史之外，一律焚毀；除了博士，天下凡是私藏《詩》、《書》、諸子百家言論的，都要把書交到郡守、郡尉那裡統一銷毀；有敢在民間談論

《詩》、《書》的，一律處死；有敢借古代之事非議當今政治的，一律滅族；官員遇見這種情況卻不舉報的，和當事人同罪。命令下達三十日後，有不聽從膽敢保留下來這些書的，就被抓去修長城。醫藥、卜筮、種樹這一類的書可以保留下來。如果有想學習法令的，可以拜官吏為老師。

　　秦始皇採納了李斯的建議，遍取天下之書，燒了個乾淨。

　　在焚書後的第二年，又發生了一件事。原來秦始皇當上皇上以後，越來越貪圖享受，也越來越害怕死亡。於是秦始皇開始遍尋天下方士來為自己尋求長生不老之術。有兩個方士分別叫做盧生、侯生的，他們騙秦始皇說，自己可以和神靈溝通，然後來求取不死藥。秦始皇很高興，賜了好多東西給他們。誰知道這兩人都是騙子，騙了錢之後就跑了，逃跑前還說了秦始皇好多壞話。

　　秦始皇發現被騙後，龍顏大怒道：「盧生這些人，朕對他們那麼好，他們竟敢騙朕，還造謠誹謗朕！是可忍孰不可忍！現在這些在

咸陽城裡的方士，挨個查一遍，有妖言惑眾的立刻抓起來！」

於是御史開始調查咸陽城裡的方士。最後一共抓了四百六十多個人，全部活埋。秦始皇讓人把這個消息告知全國，以儆效尤。後人常把這兩件事合起來稱為「焚書坑儒」。但實際上，秦始皇這次坑殺的人中，絕大多數都是方士，儒生的數量很少。

■ 蒙恬獲難

西元前210年的十月，秦始皇打算出去巡遊，左丞相李斯隨駕前往，右丞相馮去疾留守咸陽。秦始皇一共有二十多個兒子，他最喜歡的就是小兒子胡亥。胡亥請求跟著一起去，秦始皇答應了。

巡遊隊伍走到平原津的時候，秦始皇病倒了。由於秦始皇很討厭聽到關於「死」的問題，所以群臣都不敢在他面前說什麼。等到秦始皇的病越來越嚴重，他才自知不起，叫當時任中書令的趙高過來擬了一道傳位詔書給長子扶蘇，詔書上寫道：「立即趕來發喪，到咸陽後安葬。」詔書封好後，趙高並沒有按照秦始皇的意思給扶蘇送過去，而是自己藏了起來。

這個趙高何許人也？他就是中國歷史上第一個著名的宦官。趙高小時候就被送到宮裡做了太監，秦始皇聽說這個人力大無比，而且通曉律法，很是喜歡，就封他做了中車府令，還讓他給小兒子胡亥當老師。這個趙高把胡亥伺候得舒舒服服，胡亥也十分寵幸他。

有一次趙高犯了罪，秦始皇讓大臣蒙毅來處罰他。蒙毅是秦國名將蒙武的兒子，蒙恬的弟弟。當時蒙恬在北邊鎮守邊關，蒙毅在內廷擔任重臣，蒙氏一族在朝廷有著舉足輕重的地位。蒙毅本來就看不慣趙高的所作所為，於是判了他死刑。秦始皇知道後，憐惜趙高是個聰明人，很會辦事，就下令赦免了他，還讓他官復原職。從此，趙高恨透了蒙家的人。

秦始皇不久後在沙丘去世。因為是死在外地，丞相李斯怕有人趁此機會興風作浪，搞得國家大亂，所以秘不發喪。秦始皇的棺木被放在一個涼車裡，他生前寵幸的宦官跟在一旁。每到一個地方，照常吃飯、處理政務。這件事只有胡亥、趙高和其他幾個宦官知道。

趙高為什麼扣著秦始皇的遺詔不給扶蘇呢？扶蘇這個人，跟秦始皇很不一樣，他剛正不阿，為人也很平易，曾多次勸秦始皇削減稅賦，體察民情，為此惹惱了秦始皇，被派到北邊協助蒙恬抵禦匈奴。扶蘇和蒙家人的關係自然很好，趙高心裡明白，如果扶蘇繼位，自己的死期就不遠了。他只能冒險拼一次。

趙高對胡亥說：「皇子您現在過得這麼開心，是因為有父親寵著。現在皇上去世了，而且留下了詔書讓您的哥哥扶蘇來繼承皇位。扶蘇要是當了皇上，您就不能這麼自由，想幹什麼就幹什麼了。」胡亥本來就是個草包，一向對趙高言聽計從，聽了這話急道：「老師您有什麼辦法沒有？」趙高說道：

「辦法倒是有，那就是你來做皇帝。皇帝是這個世界上權力最大的人。只要你當了皇帝，誰都管不了你。」胡亥同意了。

於是趙高又找來李斯商量。趙高對李斯說：「皇上把遺詔和玉璽都放在了胡亥公子那裡。立太子這件事，還不是咱們說了算，您打算怎麼辦呢？」李斯聽了這話嚇得魂飛魄散，忙道：「你怎麼能說出這種亡國之論呢！這絕不是我們為人臣子應該談論的事情！」

趙高看了李斯一眼，問道：「我請問丞相，論才能、謀略、功勞、德行、跟長公子親密的程度，這幾樣有哪一樣你比得過蒙恬的？」李斯答道：「這些我都比不上。」趙高接著說道：「所以說，扶蘇繼位後，一定會封蒙恬為丞相。丞相您想想，到時候您的位子還保得住嗎？如果您現在跟我聯合起來，幫助胡亥公子坐上龍椅，那將來就是大功臣啊。胡亥這個人，為人單純，宅心仁厚，希望丞相您仔細考慮一下。」說完就走了。

趙高這番話是說到李斯心裡去了，做官做久的人，對權勢都會變

得特別眷戀。李斯為了一己私利，最終和趙高沆瀣一氣，改立公子胡亥為太子，還偽造了一封給公子扶蘇的詔書。詔書上寫道：「公子扶蘇駐守邊關多年，不但寸功未建，還折損了大量兵力；幾度上書誹謗聖上，妄論朝政，論罪當誅。將軍蒙恬，輔佐不力，一併賜死。」

扶蘇接到詔書後，如五雷轟頂，一下子就懵了。他哭著走到內室，拔出劍就要自殺。蒙恬到底是久經沙場的老將，覺出事發有異，勸道：「陛下一直都在外巡遊，從來沒說過要立太子的事；他讓臣手握三十萬重兵戍守邊關，又讓公子前來監軍，這是平定天下的重任啊，說明皇上對咱們是信任的。現在就憑一個使者的一面之詞，公子您就要自殺，您怎麼知道這裡面沒有問題呢？等到我們親自向皇上確認後，再死也不遲啊！」

扶蘇流著淚說道：「君叫臣死臣不得不死，父讓子亡子不得不亡。現在父皇的詔書已經到了，我怎麼能不死呢，還請示什麼。」說完就自殺了。使者又一個勁地催蒙恬自殺，蒙恬就是不從。使者沒辦法，就把他交給了治罪的官吏，囚禁在了陽周，自己回去覆命了。

胡亥得知扶蘇已經死了，就想放了蒙恬。當時蒙毅出去替秦始皇向山川禱告，剛好在這時回來。趙高對胡亥說：「先帝當初想要立您當太子，就是這個蒙毅一直在旁邊說您的壞話，先帝這才作罷。這人實在是太壞了，還是殺了他的好。」胡亥於是將蒙毅也抓了起來，囚禁在了代郡。

胡亥一行從井陘抵達九原。此時正值盛夏，秦始皇的屍體都腐爛了，發出一陣陣惡臭。胡亥下令讓人在車上裝了一石重的鮑魚，想讓這股魚味掩蓋屍體的臭味，就這樣一直到了咸陽城，才開始發喪。太子胡亥繼位，是為秦二世。

秦二世想殺了蒙氏兄弟，他哥哥的兒子子嬰勸他說：「趙王殺了李牧，齊王殺了前代的忠臣，最後這兩個國家都被滅了。蒙氏一族三代忠臣，盡忠報國，如果現在殺了他們，會讓世人心寒的。」秦二世哪裡聽得進去，還是下令殺了蒙毅和蒙恬。

蒙恬臨死前曾悲憤地說道：

「想我蒙恬，英雄一世，現在雖然被關在牢裡，但我的勢力還是在的。如果我想造反，也不是件難事。但是，我們一家深受先王大恩，說什麼也不能做出這種事。我只有一死來解脫了。」說完就喝毒藥自盡了。

陳勝吳廣起義

胡亥繼位後，其殘暴驕奢，比起秦始皇有過之而無不及。就在秦二世元年，爆發了中國歷史上第一次大規模的農民起義——陳勝、吳廣起義，也叫大澤鄉起義。

陳勝原本是個貧苦的百姓，曾給地主當過長工。有一次，在田間休息時，陳勝對著他的夥伴們說：「如果將來誰富貴了，千萬不要忘了彼此。」這話引得眾人一陣大笑，有人就揶揄陳勝說：「我們這些人，生來就是做奴才，替有錢人幹活的，怎麼可能會有富貴的那天？你別白日做夢了。」陳勝望著眼前這些人，歎氣道：「小小的燕雀又怎麼會知道鴻鵠的志向呢？」

西元前209年，秦朝廷徵發九百名勞動力到漁陽去戍守，陳勝也在被徵發的隊伍中間，還被選作了屯長。這群人走到一個叫大澤鄉的地方時，天忽然下起了大雨。這雨一下就停不住似地，等得陳勝他們是提心吊膽。按照當時的秦令，如果不能按時到達目的地，這些人都會被處死。這雨如果不停，就等於說是要了他們的命。

陳勝可不是坐以待斃的人，眼見是沒有活路了，就找到另一個屯長——吳廣來商量。陳勝對吳廣說：「兄弟，我們大好的青春，難道就這樣去送死嗎？」吳廣也是個有想法的人，聽陳勝這麼一說，立馬也說道：「要不然咱們逃了吧？」陳勝一聽，覺得吳廣這個人可以一起辦大事，就接著說道：「逃跑要是被抓回來，還是個死。反正現在怎麼都是個死，還不如賭一把——反了吧！」吳廣本來就有

這個想法，聽了這話立馬同意了。

當時的百姓對神靈都很敬畏，陳勝吳廣就打算從靈異之事著手掀起波瀾。他們先是抓到了一條魚，把一塊寫了「陳勝王」三個朱砂大字的白紗塞進了魚肚子裡，又把魚放回水裡。士兵們吃魚的時候發現了這塊布，都大吃一驚。當時他們駐紮的營地附近有一座荒廢的寺廟，吳廣半夜不睡覺，偷偷地跑到寺廟裡，一會兒學狐狸叫，一會兒又捏著嗓子喊道：「大楚興，陳勝王！」第二天起來時，大夥兒紛紛議論的都是這件事。

陳勝、吳廣見前期的準備工作做得差不多了，就打算立即實施兵變。有一天，押送他們的兩個軍官喝了酒回來，吳廣故意跑到他們面前說一些挑釁的話。兩個軍官果然生了氣，拿起軍棍就揍吳廣。陳勝在旁邊煽風點火，激得大夥兒都對這兩個軍官產生了怨氣，上去推搡起來。吳廣趁亂殺了一個軍官，陳勝把另一個也送去見閻王了。

大夥兒見殺了朝廷的人，都驚慌失措不知道怎麼辦才好。陳勝這時候站出來說道：「鄉親父老們，我們本來已經延誤了日期，不可能按時到達漁陽，這本來已經是死罪了。現在又殺了軍官，更是難逃一死。就算咱們中間有人命大，僥倖逃過了，可是戍守邊關的人，十個裡面也要死九個。橫豎是個死，還不如起來造反呢！現在皇帝昏庸殘暴，就知道享樂殺人，我們這麼活著，真是比老鼠都不如。大丈夫死則死了，但是一定要死得有價值！那些王侯將相，難道天生就該比我們富貴嗎？命運是掌握在自己手裡的！」

陳勝這一番演講，鼓動得下面的人熱血沸騰，他們紛紛喊道：「我們願意跟著將軍你！」於是，陳勝就率領著這九百多人，在大澤鄉揭竿而起了。為了發動更多的人加入起義的隊伍，陳勝跟吳廣商量說：「我聽說始皇帝本來是要把皇位傳給公子扶蘇的，扶蘇公子宅心仁厚，在民間很有威望，有人說他死了，有人說他是藏起來了；還有楚國的大將項燕，名氣也很大。我們現在只是無名小卒，不如把他們的旗號打出去，這樣肯定會吸引很多人。」吳廣十分贊同。

於是起義軍打出了扶蘇、項燕的旗號，陳勝自立為將軍，又封吳廣為都尉，一舉攻占了大澤鄉。起義軍隊伍不斷壯大、奪取的地盤不斷擴增，可謂星星之火形成了燎原之勢，沉重地打擊了當時的統治者。

趙高設計殺李斯

秦二世即位後，只顧自己享樂，有一次他對趙高說：「人生在世，如白駒過隙，很快就過完了。朕既然已經君臨天下，做了皇帝，就該由著自己的性子來，挖空心思來玩樂，直到我老死。你說我這樣想對不對？」

趙高知道，自己的勢力現在還不大，必須借助秦二世來剷除異己，於是說道：「您想的很對。聖明的君主就應該講究享受，昏昧的人才不會這樣想呢。但是皇上，我們現在的位子還沒有坐牢啊。好多王公大臣都對您繼承皇位這件事有所懷疑，臣想起這件事來常常心中不安，更何況陛下您呢。」

秦二世問趙高：「那愛卿你說該怎麼辦呢？」趙高回答說：「陛下您應該制定更嚴苛的法令，讓有罪之人的株連面積更大，這樣就可以趁機除去很多人。所謂一朝天子一朝臣，為了扶植自己的勢力，我們應該搞個大變革，使得原來貧窮的人變得富有，富有的人變得貧窮。這樣，天下就在您的掌控之中了。」

秦二世聽從了趙高的意見，施行的政策比他父親秦始皇還要嚴苛。百姓忍受不了，紛紛揭竿而起。趙高為了控制皇上，又對秦二世說：「皇帝之所以無比尊貴，是因為您是天子，具有神秘感。如果陛下您天天都去見那些大臣，這種神秘感就沒有了。而且陛下還年輕，很多事情不是很清楚，少跟大臣見面，也能少暴露些自己的缺點。」秦二世覺得很有道理，就一心在後宮玩樂，連朝也不上了。

在趙高一步步走上高位的路上，李斯自然也成了他的絆腳石。為了除掉李斯，趙高開始了自己的計畫。

趙高到李斯府上拜訪他，裝作很痛心的樣子說道：「關東現在群盜並起，皇上聽說後不但沒有收斂，還命人加緊修建阿房宮，搜集馬啊、狗啊這些無用之物。我想要冒死進諫，可是我只是個宦官，人微言輕啊！丞相您身居高位，威望比我大多了，為什麼不勸勸皇上呢？」

李斯歎口氣說道：「我何嘗不想去勸勸皇上呢，但是皇上現在深居宮中，我根本見不到他啊！」

趙高見李斯已經上鉤，就一副很熱心的樣子說：「這個好辦，等到皇上空閒的時候，我就派人來通知丞相。」李斯聽到這裡，心裡很感動。

趙高哪有那麼好心，他回去後就專門在皇帝玩興正濃的時候派人去通知李斯，說皇上這會兒正閑著呢，丞相您趕緊過來吧。如此反復幾次，秦二世不耐煩了，跟趙高說：「這個丞相是怎麼回事啊，老是在朕玩得高興的時候過來壞事？是不是看朕年紀小，好欺負啊！」

趙高趁機在秦二世面前污蔑李斯：「陛下您沒聽說嗎？李斯仗著自己擁立有功，想著裂土封王呢。他沒有獲得自己想要的，心裡自然不樂意。陛下如果不問臣，臣還不敢說呢。聽說，丞相長子李由勾結了盜賊，意圖謀反呢！」

秦二世一直很相信趙高，聽他這麼說，心裡自然相信了。想要審問李斯，又沒有證據，於是就派人到李由鎮守的三川郡去調查。

李斯聽說這件事後，給秦二世上了一道書揭發趙高：「趙高現在已經隻手遮天，快和陛下平起平坐了。從前齊國的丞相田常，就是蒙蔽了齊簡公，上得群臣，下得百姓，最後殺了齊簡公奪取了政權。現在趙高幹的這些事，和田常已經沒有區別了。陛下如果不防著點他，臣擔心他會做出田常那樣的事來。」

秦二世看了奏摺，很不以為然，他覺得趙高是個太監，就是想奪位，奪了又沒有傳人，何苦來呢。而且趙高這個人實在是個人

一次讀完資治通鑑 故事

才，對他又很忠心，怎麼都不像會謀反的人。秦二世對趙高實在是很好，他怕趙高被李斯算計了，就把這件事告訴了趙高。趙高聽後，痛哭不止：「陛下您實在英明啊！李斯他自己才想當田常呢！他之所以現在還不敢有所行動，只是忌憚臣啊，如果您聽信了他的讒言，把臣也除了，那他就更肆無忌憚了。」從此，秦二世更疏遠李斯了。

有一次，左丞相李斯、右丞相馮去疾和將軍馮劫聯合上奏，要求秦二世削減稅賦，停止修建阿房宮。秦二世看了以後很生氣，說道：「皇帝之所以是天下最尊貴的人，就是因為他能為所欲為。我說什麼，你們只能聽從，不能非議，如果不這樣，那天下還不大亂了，我還怎麼治理國家？而且阿房宮是先帝下令修建的，我才繼位兩年，天下就大亂，現在要是再停止修建阿房宮，你們這些人上對不起先帝，下對不起朕，還有什麼臉面身居高位？」於是把這三個人全抓進了牢裡。

馮去疾、馮劫見事已至此，只好自殺。李斯想著自己生了一張三寸不爛之舌，死的也能說成活的，就想著得到機會見皇上一面，還有生還的可能。秦二世把審理李斯的案子交給了趙高處理，趙高以李斯和李由謀反為由，把李氏一族、李斯的門客全都抓了起來。趙高又派人對李斯用酷刑，李斯扛不住，屈打成招。

李斯在牢裡給秦二世又寫了一道泣血長文，細數自己這些年來的功勞，說自己輔佐秦始皇統一了天下，又實施了一系列措施來加強秦朝的統治，現在皇上您卻要殺了我，我實在是冤啊，希望您能夠明察。信寫得雖好，卻落在了趙高的手裡，趙高冷笑道：「一個囚犯，還想給皇上寫信，真是笑死人了。」順手就給撕了。

趙高又讓自己門下的賓客裝作皇上派來的人審訊李斯。李斯果然上當，把之前招供的內容全否認了，結果被一陣毒打。如此幾次，李斯早已死心了。等到皇上真的派人來時，李斯還以為又是趙高搞的鬼，就把自己造反的話又說了一遍。

秦二世聽到來人稟報後，高興

地說：「虧了趙高，不然朕就被李斯給騙了。」於是下令將李斯腰斬於咸陽城，滅他三族。

李斯在去刑場的路上，對自己的兒子說道：「我想要再和你一起牽著狗，在上蔡的東門捕兔子，恐怕是再也不能夠了。」於是父子倆抱頭痛哭。

李斯死後，秦二世任命趙高為丞相，朝中不管大事小事，都由趙高處理。

劉邦、項羽興起

陳勝吳廣起義拉開了反抗暴秦的序幕，各地起義呈燎原之勢。這其中，最有名的當屬後來影響了歷史走向的劉邦、項羽起義。

劉邦，字季，沛縣人。劉邦年輕的時候，整天遊手好閒，不好好幹活，很多人都把他看做是無賴。劉邦雖然人品不怎麼樣，模樣卻長得很富態，方臉大眼，很有威嚴感。據說，劉邦的屁股左邊還長了七十二個黑痣。除了長相出眾外，這個人還很大方，經常送別人錢花，心胸也很豁達，所以人緣不錯，混了個泗水亭長的小官當。單父縣的呂公因為避禍逃到了沛縣，見了劉邦之後很是喜歡，就把自己的女兒呂雉嫁給了他。

有一次，劉邦以亭長的身分押送沛縣的囚犯到驪山去服役。走到半路時，人已經跑得差不多了。劉邦知道，自己作為負責人，肯定逃不了關係，橫豎是個死，不如死前做次好人。想到這裡，劉邦把剩下的人都叫了來，給他們一個個都鬆了綁，揮揮手說：「你們都逃命去吧，我從今開始，也要開始流亡生涯了。」這些人裡有敬佩劉邦的為人的，就留下來追隨了他。劉邦就帶著這十多個人開始了新的人生。

劉邦有一回喝酒喝得有點醉，當時天已經黑了，他藉著酒勁想穿過一塊沼澤地。走著走著，忽然一條大白蛇擋住了去路。劉邦拔出劍就把這條蛇劈成了兩半。這時，不

知道從哪裡走出來一個老婦人，哭哭啼啼地說道：「這條蛇是我的兒子，他本是白帝的兒子，現在被赤帝的兒子殺了！」說完人就不見了。劉邦在芒、碭一帶活動的時候，經常發生這種奇怪的事情，沛縣的子弟聽說後，都認為劉邦不是個尋常之人，於是就去投奔他。這樣，劉邦的隊伍日益壯大起來。

當時，陳勝的勢力很大，沛縣的縣令覺得秦王朝快不行了，就打算回應陳勝。沛縣的縣掾蕭何、主吏曹參都建議縣令說：「大人您作為秦朝的官吏，現在想反叛朝廷，如果就這樣貿然起事，咱們縣裡的年輕小夥子們恐怕不會聽您的。不如把逃亡在外的那些人叫回來，用他們來威脅城裡的人，這樣大家就不敢不聽話了。」

縣令聽了覺得很有道理，就叫手下一個叫樊噲的去找劉邦。劉邦聽了樊噲的介紹，高興得很，當下就帶著手下的人馬去了。這時候劉邦手底下已經有一百來號人，個個都生就一副彪悍之相。沛縣縣令一看這架勢，馬上後悔找他們過來了，心想，別是我想利用人家，卻被人家給利用了。於是趕緊讓人把城門關了，把劉邦擋在了城外。縣令心裡好容易踏實了點，忽然又想起了給自己出主意的蕭何、曹參，心裡暗罵：「這兩個人都不是什麼好東西，給我出的什麼餿主意！要不是我機靈，現在不定怎麼著了呢！」縣令越想越害怕，就想把他們倆一起殺了。蕭何、曹參知道後，害怕得很，連夜就翻牆投奔劉邦去了。

劉邦既然來到城門口了，又怎麼會輕易離開呢？他讓人找了很多塊白布，把種種利害關係一一寫在這些布上，再讓手下人用箭把布射進城去。城裡的人看到後，權衡利弊，就把縣令殺了，迎接劉邦入城，擁立他做了「沛公」。蕭何、曹參替劉邦召集沛縣的年輕人參軍，最後收編了兩三千人，壯大了隊伍，和各路諸侯相互回應抗秦。

項羽，字籍，是楚國大將項梁的孫子。他的叔叔項梁，早年因為殺了人，帶著他一塊逃到了吳中之地。項羽小的時候，項梁曾教他讀書寫字，項羽學了兩天就死活不學了；項梁於是又教他學劍，結果

項羽又是沒學兩天就厭倦了。項梁見這孩子這麼吃不了苦，學什麼都不成，很是生氣。項羽卻說：「學會讀書寫字，只不過能記記姓名罷了；學劍，也只能跟人打打架。這些都不值得我費工夫去學。男子漢大丈夫，要學就學那些能夠抵抗萬人的學問！」項梁聽後，對這個侄子刮目相看，覺得他日後必成大器，於是開始教他學習兵法。誰知道項羽這次還是沒有什麼長進，沒學多久就又不願意繼續了。

項羽身長八尺有餘，力大無比，能夠一個人舉起一口鼎，人也很聰明，氣宇軒昂的，不似平常人。當時的會稽太守是殷通，殷通一聽說陳勝起事的消息，就想讓項梁和桓楚帶著自己手下的兵馬去回應。當時，桓楚還在澤中一帶逃亡，殷通跟他聯繫不上。項梁對殷通說：「桓楚在外逃亡多年，沒有人知道他在哪，不過項羽卻知道。我把他叫過來跟您說說吧。」殷通聽了大喜，當下就讓項梁去把項羽找來。

項梁找來項羽，讓他帶著劍在外面站著等會兒，自己又進去見殷通。項梁對殷通說：「項羽我已經給您找來了，就在外面。您可以派他去找桓楚。」殷通就命人傳項羽進來。項羽進來跟殷通說了會兒話，項梁就給他使眼色說道：「可以辦事了。」項羽會意，立刻動手，手起刀落，斬下了殷通的人頭。

項梁手上拿著殷通的人頭，身上佩戴著太守的印綬，站在了太守府門口。太守府的人都大驚，一時間混亂不堪。項羽一口氣擊殺了一百來號人，嚇得剩下的人都趴在地上不敢起來。項梁這才召集來會稽郡的富豪官吏們，告訴他們說，自己這樣做是要起兵反秦，實屬不得已而為之。眾人見項羽這麼威武，都不敢有異議。於是項梁命人徵集吳中的兵員，最後得了八千精兵。項梁自任為會稽太守，又封項羽做了裨將，鎮壓下面不肯服從的縣城。這時候，項羽年僅二十四歲。

一次讀完資治通鑑 故事

鉅鹿之戰

秦朝末年，群雄並起，局勢動盪。秦二世任命少府章邯為上將軍，率軍平叛。

章邯很有將才，一連打了好幾個勝仗，還殺了項梁，軍威正盛。章邯在打敗楚軍之後，覺得楚地的叛軍沒什麼威脅了，於是就率兵渡過了黃河，向北攻打趙國，結果大敗趙軍。章邯帶著秦兵到了邯鄲，把那裡的百姓都遷到了河內，然後毀了邯鄲城。趙王歇和趙相張耳逃到了鉅鹿城，秦將王離率軍包圍了他們。趙將陳餘在常山收集部隊，得到了幾萬人，駐紮在鉅鹿北面。章邯帶著軍隊駐紮在了鉅鹿南面的荊原。秦國實力強大，眼看鉅鹿城就保不住了，趙王急忙向各路諸侯求救。

趙王的使者到楚國時，齊國的高陵君顯剛好也在，他對楚王說：「貴國的宋義是個人才啊！他曾經預言過項梁的失敗，事實證明果然如此。仗還沒有打，就能夠知道勝負，可見他對打仗還是很在行的。」楚王果然召見了宋義，結果兩人相談甚歡，於是楚王拜宋義為上將軍，率軍援趙，又封項羽為次將軍，范增為末將，輔助宋義。

宋義帶著楚軍到了安陽就不走了，一連停留了四十六天。項羽去見宋義，說道：「秦國眼看就要攻破鉅鹿，我們應該趕緊渡過黃河去支援他們，跟趙軍裡應外合，一定可以打敗秦軍的。」宋義不緊不慢地說道：「你說得不對。現在秦軍攻打趙軍，如果贏了，秦兵就會疲憊，我們正好趁這個機會偷襲；如果輸了，我們就帶兵往西追趕他們，一定可以打敗他們。所以，我們最好還是先按兵不動，讓他們兩家先鬥著。說到興兵打仗，我可能比不上將軍你；可是要說到運籌帷幄，將軍就比不上宋義我了。」拒絕了項羽的請求後，宋義又下了一道命令：「軍中如果有恃強好勝、不聽指揮的人，一律處斬。」

宋義送他的兒子宋襄到齊國出任丞相，親自送到了無鹽這個地

方，還大宴賓客，弄得很奢侈。當時天氣十分嚴寒，又下起了大雨，士兵們又餓又冷，疲憊不堪。項羽看在眼裡急在心裡，對手下人說：「我們本是來增援趙軍，和秦軍決一死戰的，現在在這個鬼地方待了這麼久什麼都沒幹。軍中缺衣少穿，糧食又匱乏，士兵們過著貧苦的日子，我們的上將軍卻大宴賓客，好酒好肉吃著喝著。現在只有趕緊打敗秦兵，攻下趙地，才能獲得糧食，養活我們自己啊！宋義這個人卻說什麼要等到秦軍跟趙軍打過一仗疲憊時再進攻。憑著秦軍的強大，如果再讓他們滅了趙，那士氣該多旺，那時候再想打敗他們，就更難了，能有什麼機會？而且，大王把舉國之兵交給了宋義，就是想讓他保護國家，眼看秦國就要威脅到我們，成敗就在此一戰了。這種情況下，他不但不體恤士兵，為國分憂，反而只顧自己的私事，這絕不是一個有擔當的人，遲早會壞事的。」

到十一月的一天，項羽早上起來去見宋義，等到出來的時候，他的手裡已經提著宋義的人頭了。項羽對楚軍宣布：「宋義勾結齊國，意圖謀反，楚王私下裡命令我殺了他！」諸將本來就很敬畏項羽，聽他這麼說，誰敢不信，都說道：「楚王本來就是將軍你們家立起來的，現在將軍又為大王誅滅了叛臣，真是功勞顯著。」於是共同推舉項羽為代理上將軍。項羽又派人去追殺宋義的兒子宋襄，一直追到了齊國才追上。項羽讓桓楚回去向楚懷王報告情況，楚懷王見事已至此，就封了項羽做上將軍。

當時各路諸侯都派了兵去救援，但被秦軍威懾不敢有所行動。項羽殺了宋義後，威震楚國，立即著手攻秦事宜。他派當陽君、薄將軍兩人率軍兩萬，作為先頭部隊率先渡過黃河，破壞了秦軍的輸糧通道，秦兵也開始缺糧。項羽這才帶領主力部隊渡河，等到上岸後，他下令毀掉所有的船隻，又讓每個人帶夠三天的乾糧，把鍋碗瓢勺、營寨這些東西摔的摔、燒的燒。項羽對楚軍說：「我們現在已經沒有退路了，成敗在此一舉，如果打勝了，以後都有好日子過；可要是打敗了，就只能一死！」楚兵於是群

情激昂，都等著跟秦兵決一死戰。

項羽帶著楚軍包圍了王離的部隊，雙方大戰了九場，秦兵大敗。章邯見敗局已定，就帶著自己的部隊撤走了。到了這時候，其他諸侯國的軍隊才敢出來跟秦軍一戰，俘虜了王離；秦將涉間誓死不降，自焚身亡。

項羽一戰成名，楚兵的英勇也一時冠絕天下，各諸侯國的部隊見了項羽和楚兵，都是戰戰兢兢，不敢抬頭直視。項羽從此成為諸侯聯軍的上將軍，各路諸侯都歸他指揮。

趙高專權殺二世

趙高設計除掉李斯之後，大權獨攬，但他的野心還遠不止這些。為了進一步培植自己的勢力，為將來奪權打下基礎，他又想出了一個主意。

有一天正上朝呢，趙高讓人牽了一頭鹿過來，他指著這頭鹿對秦二世說：「陛下，您看這匹馬多神勇啊！」秦二世聽了樂得合不攏嘴，笑道：「丞相你沒事吧？這明明是頭鹿，你怎麼說是馬呢？」趙高可是一副很認真的樣子，半點不像開玩笑，他看著秦二世，說道：「陛下，是您錯了。這確確實實是一匹馬。不信我們可以問問諸位大臣。」大臣們都不知道趙高葫蘆裡賣的什麼藥，有說是馬的，有說是鹿的，還有不說話的。趙高偷偷地記下了眾大臣的反應，對於那些說是鹿的人，隨便安了個罪名就把他們殺了。從此以後，朝中再沒有人敢說趙高的壞話了。

之前趙高一直跟秦二世說：「關中那些盜匪都是些烏合之眾，成不了什麼大氣候，皇上您只管放心玩樂。」等到鉅鹿之戰後，秦軍已成潰敗之勢，趙高見瞞不住了，就上書請求援助。當時函谷關以東的郡縣，幾乎都已經脫離了秦朝的統治。各路諸侯也聚集起來，一同向西進軍。秦二世三年八月，劉邦率軍攻下了武關。趙高害怕秦二

世降罪於他，就謊稱有病，不再上朝。

秦二世有一天晚上做了一個夢，他夢見一隻猛虎咬死了自己的駿馬，心裡很不爽，就去問占夢師。占夢師卜了一卦後說道：「陛下，這是涇水神在作怪。」秦二世雖然荒淫無道，對於鬼神還是很敬畏的。趕忙讓人在望夷宮實行齋戒，又派人帶了四匹白馬到涇水，將馬殺了後拋到涇水裡去。做完這些後，秦二世心裡還是不踏實，他想，會不會是上天責怪朕剿寇不力啊？想到這裡，秦二世又派人到趙高府上把趙高責備了一通。

趙高這下坐不住了。他知道這個皇上是個陰晴不定的人，殺起人來跟玩似的。自己只要一天在他手底下當差，就沒有一天安穩日子過。於是他偷偷地把他的女婿——咸陽令閻樂和弟弟趙成找過來商量道：「我早就跟皇上說要重視那些叛賊，皇上他不聽啊！現在形勢危急了，他就想把剿匪不力的罪名安在我頭上，實在是太過分了！他當初能當上這個皇上，還不是靠我？我既然有能力立他，就也能廢了

他。」這兩人平時都是唯趙高馬首是瞻的，聽趙高這樣說，就一個勁地附和。趙高接著說道：「我現在想廢了當今皇上，改立子嬰為帝。子嬰這個人平時仁義勤儉，老百姓都很愛戴他。你們覺得怎麼樣？」於是三人就這樣定下了弒主的驚天陰謀。

趙高勾結了郎中令作為內應，謊報宮裡有刺客，讓閻樂帶著一千多名士兵進宮去搜捕。為了防止閻樂背叛自己，趙高又把他的母親接到了自己家裡，閻樂只能硬著頭皮去做了。

閻樂帶兵來到秦二世住的望夷宮門口，讓人把守衛的侍衛都抓了起來，大聲訓斥道：「刺客都跑到皇上寢宮去了，你們為什麼不攔著？」守衛無辜地回答說：「皇宮裡守備森嚴，怎麼可能會跑進來刺客呢？」閻樂哪管這些，下令將這些守衛都殺了，接著就衝進望夷宮，一路上看見人就立刻射殺。秦二世宮裡的那些宦官、宮女、守衛，死的死，跑的跑，最後只剩下了一個老太監還留在秦二世身邊。

秦二世看著眼前的不速之客，

十分氣憤，質問那個老宦官說：「趙高都猖狂到這個地步了，你怎麼不早告訴朕！」宦官哭著說道：「我要是早告訴陛下，早就沒命了。」閻樂走到秦二世面前，數落他道：「皇上您驕奢淫逸，殘害忠良，現在所有的人都背叛了您，您還是自己想想該怎麼辦吧！」秦二世問道：「我可以見見丞相嗎？」閻樂回答說：「不可以。」

秦二世默默想了會兒，對閻樂說：「我願意劃地為王。」閻樂拒絕了。秦二世又說：「我願意當個萬戶侯。」閻樂還是不答應。秦二世最後沒辦法，只好說：「我願意跟妻子孩子一起去民間做個普通百姓，這樣總行了吧？」閻樂不耐煩地說：「臣奉丞相之命前來，就是要為天下殺了您。您提的這些要求，我不敢答應。」秦二世走投無路，只好自殺。

趙高於是召集大臣公子，細數秦二世的罪狀，擁立子嬰做了秦王。不過趙高也沒有得意多久，沒過幾天就被子嬰殺了。

漢紀

冒頓興起

在中國北方的大地上，有一個古老的遊牧民族——匈奴。秦始皇時，曾派大將蒙恬大敗匈奴，還修築了舉世聞名的萬里長城，匈奴只能在漠北一帶活動。

匈奴當時的單于叫頭曼。頭曼娶了一個年輕貌美的閼氏，對她很是喜愛。這個閼氏後來生了一個兒子，頭曼單于愛屋及烏，就想廢了太子冒頓，改立小兒子為儲。廢儲可是件大事，冒頓很有才幹，也沒犯過什麼大錯，頭曼實在想不出什麼理由來。當時匈奴有個鄰居月氏，十分強大，兩國訂立了盟約，互不侵犯。為了表示誠意，頭曼趁機派冒頓到月氏去做人質。結果冒頓到月氏沒兩天，他老爹就帶兵去攻打月氏，月氏人大怒，想把冒頓殺了解恨。冒頓得知消息後，偷了一匹馬，偷偷地跑回了匈奴。

頭曼一看冒頓竟然活著回來了，心裡對他也是十分欽佩，就給了他一萬騎兵，讓他統領。冒頓雖然僥倖撿回了一條命，又獲得了封

賞，但仇恨的種子已經種下，他已經開始盤算著怎麼奪權了。

冒頓讓人做了很多帶鈴鐺的箭，命令手下的人都用這種箭來練習騎射。冒頓還下令：「從今以後，我的箭往哪射，你們就必須都跟著射，有敢不聽命令的，殺無赦！」一場弒父奪權的大戲就此拉開。

冒頓有一次拉弓射向自己的愛馬，手下的人有跟著射的，也有心裡害怕不敢射的，冒頓就把那些不跟著射的人殺了。又有一次，冒頓正帶著手下訓練，他的妻子忽然走了過來，冒頓二話不說，拉起弓就去射自己的妻子，手下的人有的跟著射了，有的猶豫了一下還是不敢下手。冒頓把那些沒有射箭的人都殺了。從這以後，他的士兵再也不敢不聽從命令了。有一次，冒頓對著單于的坐騎射箭，手下的人全部都跟著射了，冒頓很高興，他知道自己的計畫就要成功了。

有一次，單于出去打獵，冒頓帶著自己的人一起去了。走到一處，冒頓忽然對著頭曼射了一箭，手下的人想都沒想就都跟著射了過去。頭曼死的時候估計都不明白是怎麼回事。頭曼一死，冒頓把他的後母跟弟弟，還有一些不聽話的大臣都給殺了，自己坐上了單于的寶座。

匈奴的另一個鄰居東胡聽說冒頓自立之後，就派使者過來祝賀，使者還提了一個要求，想要頭曼的千里馬。冒頓問大臣們該怎麼辦，大臣們都很生氣地回答說：「那匹馬是我們匈奴的寶貝，說什麼也不能給！」冒頓卻笑笑說：「不就是一匹馬嗎，給他就是了。」東胡人見這麼容易就得到了寶馬，心裡對冒頓輕視起來，沒過多久又派了人過去。這次東胡人提的要求是，想領一個冒頓的老婆走。冒頓又問大臣們的意見，大臣們一個個氣得不得了，答道：「東胡實在是太過分了，竟敢來要我們的王后！是可忍孰不可忍，大王，不教訓教訓他們實在是嚥不下這口氣！」冒頓還是笑著說：「不就是一個女人嗎，不值得得罪鄰居，大打出手。」於是選了一個自己最喜歡的妻子送給了東胡。東胡王更得意了。當時，東胡和匈奴中間有一塊地，雙方都

想要，互不相讓。東胡王覺得冒頓實在是個懦夫，絲毫沒把他放在心上，就派人去跟冒頓要這塊地。

冒頓還是先把大臣叫到一塊商量怎麼辦，有人說：「不過是塊鳥不拉屎的地方，給他們算了。」冒頓大怒，吼道：「土地是國家的根本，怎麼能隨便送給別人！」立刻把說話的人殺了，並且下達命令討伐東胡。

東胡根本就沒把匈奴放在眼裡，自然也不會做什麼準備，結果被打得大敗。冒頓又率兵西征月氏、南併樓煩，還收復了被蒙恬奪走的河套之地，使得匈奴再次強盛起來，對中原地區形成強大威脅。

劉邦約法三章

當初，楚懷王為了鼓舞士氣，曾立下誓言：「誰先進入關中，就封誰做關中王。」當時有人對楚懷王說：「項羽這個人自大狂傲，不如劉邦寬厚待人，還是讓劉邦去攻打關中吧。」楚懷王聽從了，就派項羽北上救趙，讓劉邦攻打關中。項羽在鉅鹿一戰消滅了秦朝的主力部隊，給劉邦創造了有利條件，劉邦沒費工夫就進入了關中，駐軍霸上。

秦王子嬰知道不是劉邦的對手，就帶著傳國玉璽，坐著素車，駕著白馬去向劉邦投降。手下有人勸劉邦殺了子嬰，劉邦不同意，說道：「當初懷王之所以讓我來攻打關中，就是因為我為人寬厚。子嬰是自己過來投降的，殺了他恐怕不好。」遂將子嬰交給了官吏處置。

劉邦率軍進入咸陽城後，他軍中的那些官兵四處燒殺搶掠，搞得人心惶惶。只有蕭何不理會這些，他一進城就先到丞相府去，將府中的地圖、文書、戶籍等國家資料都收集起來放好，劉邦這才知道天下的各處關塞、人口數量、強弱分布，為日後奪取天下作了很好的準備。

劉邦本也是個酒色之徒，進到秦宮，一下子見了那麼多的金銀

一次讀完資治通鑑故事

財寶、如花美眷，恨不能全都裝進自己的腰包裡。虧了他身邊有一群賢臣，正是他們的輪番勸諫，才有了日後的大漢江山。其中有個著名的將領叫樊噲，他對劉邦說：「沛公您是想擁有整個天下呢，還是只想做個富家翁？秦王就是貪戀這些東西，才搞得國破家亡，您還要它們幹什麼呀！咱們還是趕緊回到霸上，別在宮裡待了。」劉邦不聽。

樊噲剛走，張良又來了。張良見了劉邦，語重心長地說道：「秦朝殘暴荒淫，沛公您現在才有機會到了這裡。我們是為天下百姓除害的，就應該遠離這些糖衣炮彈，表明我們跟秦王朝是不一樣的。現在您才剛剛進到關中，就貪圖享樂，這就是人們常常說的『助紂為虐』啊！忠言逆耳利於行，良藥苦口利於病，希望您能夠聽從樊噲的建議。」劉邦對張良的話還是很重視的，雖然心裡不太願意，但還是回到了霸上。

到了十一月，劉邦召集來咸陽城附近郡縣的地主鄉紳、各級官吏，宣布：「父老鄉親們，大家都被秦朝的苛政刑律害苦了！我跟眾位諸侯約定，誰先進入關中，誰就做這關中之主，現在我僥倖先到了這裡，就理應好好治理此地。現在，咱們大家來個約法三章：第一條，凡是殺人的，一律抵命；第二條，傷人者，都要根據罪行輕重判處刑罰；第三條，偷盜搶劫，也要被施以處罰。秦朝的那一套東西，統統廢除。至於各級官吏和百姓，一切都照舊，我們不會干涉。我劉邦這次來，就是替大家除害的，並不是自己有什麼圖謀，所以大家不要擔心。現在，我之所以回到霸上駐軍，只是為了等待其他諸侯到來，一塊訂立規章制度罷了。」

劉邦演講完畢，又派人跟著秦朝留下來的官員，分別到各個郡縣去向老百姓宣傳。民眾都高興得不得了，爭先恐後的殺豬宰羊來犒勞劉邦的軍隊。劉邦堅辭不受，說道：「軍中的糧食還很充足，我實在不願意用老百姓的東西。」老百姓一聽，更高興了，心裡對劉邦敬愛有加，唯恐他走掉不做這個關中王。

憑著約法三章，劉邦收復了民心，自己的名聲也就從此傳開了。

鴻門宴

劉邦在關中安定下來後，有人對他說：「關中這塊地方，比其他地方都要富裕，地勢又險要，是稱霸天下的資本。現在聽說項羽已經封了章邯為雍王，這不是擺明他要讓章邯做關中王嗎？章邯如果來了，還有沛公您什麼事啊？所以，我建議派重兵駐守函谷關，不放任何人進來；然後再徵召關中士兵加強實力，以抵抗其他對手。」劉邦覺得很有道理，就這樣做了。

項羽來到函谷關，發現關門緊閉，還有重兵把守，一打聽，原來劉邦已經平定了關中，當了關中王了。項羽大怒，派大將黥布攻破了函谷關。不久，項羽就到達了戲這個地方。

劉邦的左司馬曹無傷跑來對項羽說：「劉邦想在關中稱王，讓子嬰做丞相，秦宮裡的寶貝都被他搶完了。」項羽更生氣了，吩咐犒勞士兵，選個好日子就去攻打劉邦。當時，項羽擁兵四十萬，號稱百萬之師，駐紮在新豐鴻門；劉邦只有十萬人馬，號稱二十萬，屯紮在霸上。項羽的謀士范增說：「劉邦在山東混的時候，貪財又好色。現在入了關，面對秦王朝留下來的那麼多的財富美女，竟然一點沒動，可見此人是個做大事的。我讓人觀察他那邊的雲氣，發現都呈現出五彩龍虎狀，這是天子之氣，還是趁機會先除掉他吧。」

項羽有個叔叔叫項伯，和劉邦的謀士張良關係很好，他不忍心看著張良跟著劉邦一塊送死，就趁天黑偷偷地跑到劉邦軍中去見張良。張良聽項伯說清來龍去脈，答道：「我奉韓王之命，送沛公入關。現在沛公有難，我怎麼能不告訴他自己跑了呢？這樣做太不仁義了。」於是，張良就把這件事告訴了劉邦。

劉邦嚇了一大跳，不知道該怎麼辦。張良問道：「您覺得可以打得過項羽嗎？」劉邦沉默了一會兒，說道：「不能。現在該怎麼辦呢？」張良說道：「我現在去見項

一次讀完資治通鑑 故事

伯，就說您絕對不敢背叛項羽。」劉邦奇道：「先生您怎麼會跟他有交情？」張良解釋道：「項伯以前殺了人，要被處死時，是我救了他。現在事情緊急，幸虧他念舊情前來相告。」劉邦又問：「您跟他誰年長一些？」張良說：「他比我大些。」劉邦說：「您替我把項伯請進來，我會像對待兄長那樣對待他。」

張良出去見項伯，非讓他進來見劉邦一面。項伯推不過，就進去了。劉邦一見項伯，熱情得不得了，一口一個大哥，又是敬酒，又是結親，把項伯奉承得舒舒服服的。劉邦這才開口道：「我入關以後，自己什麼東西都沒拿，登記百姓、封存府庫，就是為了等項將軍到來。為此我才特意派兵守住了函谷關，就是怕出現盜賊和叛亂。我日日夜夜盼望項將軍到來的心，蒼天可表，怎麼會謀反呢？大哥您一定要在項將軍面前替我解釋清楚。」

項伯早被劉邦恭維得分不清東南西北了，便一口答應，說道：「我回去就跟將軍說，但是你明天一定要早點過去謝罪。」劉邦只好答應了。項伯回去後，立刻去見項羽，把劉邦說的那些話轉述了一遍，又說道：「如果不是劉邦先攻下了關中，我們怎麼會這麼容易就進來！如今人家立了大功，您不但不獎賞他，反而還要除掉他，這是不義之舉。劉邦如果來請罪，您應該好好地對待他。」項羽答應了。

第二天早上，劉邦果然帶著一百來號人到了鴻門，見了項羽就一個勁地道歉：「臣和將軍合力抗秦，將軍在河北作戰，臣在河南。誰知道竟然僥倖先攻破了關中，能夠在這裡跟您再見面。但現在有小人造謠誹謗臣，想讓將軍跟臣產生隔閡。」項羽大手一揮，說道：「還不是你那個左司馬曹無傷造的謠，要不然我怎麼會誤會你呢？」說完就拉著劉邦進去喝酒。

酒過半巡，范增一個勁地給項羽使眼色，舉起自己的玉玦，示意殺了劉邦，項羽都裝作沒看見。范增見項羽如此優柔寡斷，起身出門找到了項莊，說道：「大王心太軟，不忍心殺劉邦。你現在藉口進去舞劍助興，伺機殺了劉邦。如果

讓劉邦活著回去，我們今後一定都會做他的俘虜的。」於是項莊就請命到宴席上舞劍，項羽答應了。項莊拔劍起舞，每每差點刺到劉邦。項伯看出項莊的用意，也起來舞劍，用身體護住了劉邦，項莊就是得不了手。

張良見情況危急，趕忙出去見樊噲。樊噲一見張良，急道：「情況怎麼樣了？」張良歎氣道：「那個項莊在裡面拿著劍揮來揮去的，想要殺了沛公。」樊噲說：「那可危險了，我現在跟你一起進去，大不了跟他們拼了！」說完就帶著劍、盾衝了進去。

樊噲見了項羽，怒目而視，眼睛像是要裂開一樣。項羽見闖進來一個不速之客，趕緊握住了劍問道：「你是誰？」張良說道：「這是沛公的參乘樊噲。」項羽見樊噲孔武有力，讚歎道：「果然是一條好漢！來人，賜他一杯酒！」樊噲謝過項羽，接過酒一飲而盡。項羽又說：「再給他一塊豬腿。」樊噲把盾放在地上，接過豬腿放在盾上，拿起佩劍就割肉吃起來。項羽很喜歡，又問：「壯士還能再喝點

嗎？」樊噲答道：「大丈夫死都不怕，還怕喝幾杯酒？不過我今天不是來喝酒，而是來講道理的。秦朝因為荒淫無道，暴虐不堪，使得天下人都群起抗爭。楚懷王曾經跟大家約定，先進入咸陽城的就可以稱王。現在沛公率先拿下了咸陽，秋毫無犯，在霸上等待著將軍的到來。如此勞苦功高，將軍不但不封賞，反而聽信讒言，想要誅殺有功之人，這跟暴秦又有什麼區別？」項羽無言以對，讓樊噲先坐下了。

過了一會兒，劉邦起身上廁所，樊噲趁機跟了出去。劉邦問樊噲：「我想趁機回去，但這樣不辭而別好像也不太好，該怎麼辦呢？」樊噲說：「我們現在就跟放在案板上的魚肉一樣，只能任人宰割，還告什麼辭啊！」於是兩人就偷偷地溜了，只留下張良來跟項羽道別。兩軍相距大概有四十里路，劉邦車也不坐了，騎著馬抄小路就跑，樊噲、夏侯嬰、靳強、紀信四個人護送一路。張良估摸他們回到了軍中，這才進去見項羽。張良道歉道：「沛公不勝酒力，所以不能親自來跟將軍辭別了。他讓臣把這

一雙白璧獻給將軍，還有一雙玉斗，獻給亞父范增先生。」項羽問道：「沛公人呢？」張良說：「他聽說將軍要責備他，已經走了，這會兒應該已經回到軍中了。」項羽只好收了玉璧，不再說什麼了。范增拿著給自己的那對玉斗，氣得摔在了地上，大聲歎息道：「唉！你這小子真是成不了大事啊！將來從你手中奪取天下的，一定是劉邦！」

劉邦一回到軍中，立刻就下令殺了曹無傷。

韓信忍辱終拜將

漢朝的開國功勳韓信，出生於江蘇淮陰。韓信年輕的時候，家裡十分貧窮，他自己也沒什麼本事，既當不了官，也不會做生意，經常到別人家裡蹭飯吃，很不招人待見。有一次，韓信到城外去釣魚充飢，釣了一整天也沒有一條魚上鉤。有一個在河邊洗衣服的老婦看見韓信餓得厲害，就給了他一碗飯吃。韓信很感動，對這個洗衣婦說：「大媽，我將來一定會報答你的。」老婦人很生氣，罵道：「你一個大男人，連自己都養活不了，怎麼報答我？我是可憐你才給你飯吃，誰要你報答了？」淮陰城裡有個賣肉的年輕人，很看不起韓信。他有一次在大街上碰見韓信，說道：「你小子雖然長得一表人才，出門還喜歡帶刀帶劍，但卻是個膽小的人。」韓信不說話，只是聽著，年輕人更得意了，當著眾人面說：「你要是不怕死，現在就殺了我；要是怕死，就從我胯下鑽過去！」韓信看了這個人很久，終於俯下身子，從他胯下鑽了過去。街上的人都大笑起來，認為韓信是個膽小鬼。

項梁渡過淮河北上以後，韓信帶著自己的劍就去投靠了他。在項梁手下的時候，韓信默默無聞，不被人所知。項梁死後，韓信又歸屬了項羽，項羽讓他做了郎中。

韓信數次向項羽獻策，項羽都不採納。劉邦進入蜀中後，韓信就從楚國跑到了劉邦的地盤，剛開始也沒有被賞識。有一次韓信犯了罪，要被處斬。當時跟他一起的十三個人都被殺了頭，輪到韓信時，他抬頭一看，剛好看見了滕公夏侯嬰，於是大喊：「難道漢王不想平定天下嗎？為什麼要殺害人才呢？」夏侯嬰仔細打量了他幾眼，覺得此人氣宇軒昂，談吐不俗，就下令放了他。夏侯嬰後來發現韓信確實是個人才，就推薦給了劉邦。劉邦當時並沒有重視他，只封韓信當了個管糧食的都尉。

倒是蕭何跟韓信談了幾次後，特別欣賞他，覺得此人真是奇才。當時劉邦已經帶著軍隊到達了南鄭，軍中有很多將領、士兵因為思念家鄉都逃跑了。韓信心裡估摸這蕭何可能已經向劉邦推薦自己好多次了，到這會兒都沒動靜，肯定是劉邦不肯用我。人家既然不用我，我留在這裡也沒有什麼意思了。想到這裡，韓信就收拾行李離開了。蕭何聽說韓信跑了，也來不及向劉邦報告，自己騎了匹馬就追韓信去了。別人不知道是怎麼回事，就跑去跟劉邦說：「丞相跑了！」劉邦一聽，氣得不得了，好像自己的左右手都被人砍了一樣。

過了兩天，蕭何回來去見劉邦。劉邦又氣又喜，張口就罵：「你跑什麼呀？」蕭何說：「臣怎麼敢跑呢，臣是去追趕逃跑的人了。」劉邦問：「你追誰去了？」蕭何如實回答道：「韓信。」劉邦又開始罵了：「放屁！跑了那麼多人你不去追，去追什麼韓信，編謊話也不會編，還敢來騙我？」蕭何說：「別的將領，就是跑再多也不用著急，但是韓信，普天之下就只有這一個天才！大王您如果只是想在這蜀中安安穩穩當一輩子的漢王，用不用韓信都沒關係；但是您如果想統一天下，除了韓信沒有別人可以做到。看您怎麼選擇了。」劉邦說：「我當然想離開這個鬼地方了，怎麼可能一輩子都待在這裡。」蕭何說：「想要東進，如果您能夠重用韓信，他就會留下來；如果您不重用他，他終究還是要跑的。」劉邦想了想說：「那我就封他做將軍吧。」蕭何搖搖頭說：

「即使是做將軍，韓信也不會留下來的。」劉邦只好不情願地說：「那就讓他做大將軍吧。」蕭何這才滿意地點點頭說：「這樣就太好了。」

劉邦想要派人去把韓信請過來，直接拜他做大將軍。蕭何勸他說：「大王您平素就愛怠慢人沒禮貌，現在任命大將軍，也弄得跟叫小孩子來玩似的，這樣韓信怎麼會不跑呢？大王如果真心想要拜韓信做大將軍，就應該選個良辰吉日，齋戒沐浴，布置會場，搞得隆重些，這樣才像話。」劉邦答應了。劉邦手下的一群大將聽說漢王要拜大將軍了，都以為是自己，一個個都十分興奮。等到最後，發現竟然是一個聽都沒聽說過的人，全軍大驚。

儀式完畢之後，劉邦找韓信談話。劉邦問韓信：「丞相多次向我推薦將軍，說將軍有平定天下之才。將軍您願意替我出出主意嗎？」韓信謙虛了幾句後問劉邦：「大王您想向東發展，最大的敵人不就是項羽嗎？」劉邦點頭稱是。韓信接著問道：「您現在各方面的實力跟項羽比，誰更強些？」劉邦沉默了很久後說道：「我比不上他。」

韓信起來對著劉邦拜了兩拜，接著說道：「我也認為大王現在還比不過項羽。項羽這個人，我也在他手下辦過事，此人雖然勇冠三軍，但身邊沒有賢臣良將，不過是逞一時匹夫之勇罷了。項羽待人很親切慈愛，言語溫柔，看見別人生病甚至會掉眼淚，也會把自己的食物分給別人吃；但是如果有人立了功，需要封賞時，他能把刻好的印信在手裡把玩得沒有了稜角，也下不了決心給人家。這就是人們說的婦人之仁。項羽雖然現在雄霸天下，諸侯都向他稱臣，但是他目光短淺，竟然離開關中回到江東去；分封諸王，不封王室後人，而是大封自己的親信，又把義帝趕跑了；項羽所到之處，燒殺搶掠，無惡不作，搞得百姓人心惶惶，恨透了他。所以，現在看來他名義上是天下之主，但已經失去了民心，只是外強中乾罷了。大王您如果真的能反其道而行，任用天下的勇武之人，又有什麼人不能打敗呢？把天

下之地分封給有功之臣，有誰會不服從您呢？順應士兵思念家鄉的心情向東進軍，有什麼能阻擋您呢？況且現在秦地的三個王都是秦朝的舊將，他們帶領秦兵打仗多年，不知道死了多少人，投降項羽後，又被坑殺了二十萬人之多，只剩下他們三個，秦地的百姓恨透了他們。現在項羽把這三個人封在關中，那裡的百姓心裡沒有願意的。大王您就不一樣了，您進入關中之後，跟老百姓約法三章，秋毫無犯，還廢除了秦朝的苛政屬法，深得民心。當初諸侯約定，先入關者稱王，大王您本來就應該是關中王，這是大家都知道的事。所以，我們如果要攻打秦地，只需要發一道征討的檄文就可以搞定了。」

劉邦聽了以後，心花怒放，後悔怎麼沒有早點見到韓信。於是，他採納了韓信的意見，部署部隊攻打秦地，留下蕭何徵收巴蜀的賦稅，為大軍提供後勤保障。

■ 陳平拜相

陽武人陳平，小時候家裡很窮，但是很喜歡讀書，人又聰明伶俐。有一次，村裡搞祭祀，就讓陳平承擔了分發祭肉的任務。陳平把肉分得特別公平，父老鄉親都誇讚他道：「陳家這孩子分肉分得真是好！」陳平說道：「唉，如果有一天讓我來治理天下，我會像現在分肉一樣，做到最好。」

諸侯都起來反抗暴秦後，陳平跑到臨濟去投奔了魏王咎，魏王封他做了太僕，但是並沒有重用他，對於陳平的計策也不採納。有人對魏王誹謗陳平，陳平只好逃跑了。出師不利的陳平又去投靠了項羽，項羽比魏王對他好點，封他做了卿級別的官，還讓他去平定殷王的叛亂。陳平果然不負所托，打敗了殷王。等他回來後，項羽就給他升官做了都尉，還賞了他二十鎰黃金。可惜好景不長，劉邦攻打殷地，殷王又投降了。項羽知道後，大發雷

霆，揚言要把當初平定殷王的那些人全殺了。陳平害怕了，把項羽賜給自己的金子連同自己的官印封存好，派人送還給了項羽，自己走小路日夜兼程渡過黃河，投奔劉邦去了。

當時劉邦駐紮在修武，陳平到了修武，找到自己的故交魏無知，請求他把自己引薦給劉邦。魏無知深知陳平的才華，於是極力向劉邦舉薦。劉邦召陳平來見面，賜給了他一些食物，就想讓他回去睡覺。陳平是個聰明人，知道見劉邦一次不容易，哪會輕易離開，於是故弄玄虛地說：「臣之所以來，是有重要的話要跟您說，而且必須是今天說。」劉邦一聽，想著會不會是什麼機密，就留下陳平跟自己談。陳平抓住機會，侃侃而談。劉邦聽了很是滿意，知道陳平是個人才，就問他：「你之前在楚軍中擔任什麼職務？」陳平回答說：「都尉。」

劉邦二話不說就封陳平做了都尉，還讓他兼任自己的參乘，都護三軍。一直跟隨劉邦的那些軍官都不服氣，跑到劉邦那裡告狀：「大王您才認識這個楚國的逃犯一天，連他什麼來頭都沒摸清楚，就封他做了都尉，天天跟您乘坐一輛馬車，這還不算，還讓他監督比他有威望的人，真是太冒險了！」誰知道劉邦聽他們這樣一說，從此更寵幸陳平了。

時間久了，連周勃、灌嬰這些老將也不高興了，跟劉邦打小報告說：「陳平雖然長了一副正人君子的樣子，但未必就人如其貌。我們聽說，他當初在家的時候就跟他嫂子有染；他在魏王手下做官時，不被人所容，最終逃走；到了楚國，沒幹出什麼好事，就又跑了。現在大王您給他這麼大的官做，他不但不心存感激，盡心盡力為大王辦事，反而收受賄賂，貪得無厭。我們還聽說，那些給他送錢多的人就會受到很好的待遇，送的錢少就會得到不好的待遇。陳平，他真不是什麼好人，希望大王多留心一下。」

劉邦這時心裡也有些懷疑了，派人去找魏無知過來詢問。魏無知倒是坦誠，說道：「我給陛下推薦的是有才之人，陛下卻問他的德行如何。現在如果有像尾生、孝己那

樣賢德的人，但是對兼併天下沒有一點幫助，您願意重用他們嗎？現在楚漢相爭，臣為了國家大計，向陛下舉薦有才能的人，這有什麼不對的？至於說跟嫂子有染、收點黃金，有那麼重要嗎？您懷疑這個幹什麼？」

魏無知走後，劉邦又讓人找來了陳平，問他說：「先生您最開始是侍奉魏王的，後來又去投奔了項羽，現在又跟著我，守信義的人都是像您這麼三心二意的嗎？」陳平回答說：「我侍奉魏王的時候，他不採納我的意見，我只能離開；在項羽身邊的時候，項羽多疑，重用的都是些自己的親信，我空有一肚子學問，沒有施展的空間，只能走了。我聽人說，漢王劉邦最會用人，所以就來投奔您了。我空著兩手來投奔您，不收點錢，怎麼生活下去啊！如果您覺得我的計謀中有可以採納的，就請您採納；如果您認為我只是個無用之人，就請您放我回去養老，我收的那些金子都還在家裡放著，連同我的官印，您都可以收回去。」

這一席話把劉邦說清醒了，他深知得人才者得天下，即使有些瑕疵也不能掩蓋金子的光芒。劉邦連忙向陳平道歉，又賜給他很多東西，還封了護軍中尉，監督各級將官。從此下面的人再也不敢說陳平的壞話了。陳平靠著自己的聰明才智，最後一直坐上了丞相的位置，成為西漢的開國功臣，一代名相。

陳平施計除范增

楚漢相爭，互有勝負，雙方糾纏不休。漢王劉邦見仗打了幾年，還是一點眉目都沒有，有些灰心了。他有一次跟陳平抱怨道：「天下紛亂不斷，我雖然心懷大志，但什麼時候才能夠實現啊？」陳平安慰他說：「項羽雖然很勇敢，但終究只是匹夫之勇，他身邊真正能成事的人，只有范增、鍾離眛、龍且、周殷這幾個。只要把他們從項

羽身邊弄走，事情就好辦了。」劉邦問：「你有什麼主意嗎？」陳平笑了笑說：「這要看您捨不捨得出錢了。」劉邦笑罵道：「老子滅了項羽，整個天下都是老子的，還會在乎這幾個小錢？你要多少，隨便開口。」陳平這才講出了自己的計畫：「項羽這個人，疑心最重。我們現在只要花點大錢，收買些楚軍的將領，讓他們在楚軍中散布謠言，離間范增他們跟項羽的關係，項羽一定會中計。只要這些人離開了項羽，我們就可以一舉攻下楚地了。」劉邦高興地拍手稱讚：「好辦法！就這麼辦！」

於是劉邦一下子拿出了四萬兩黃金給陳平。陳平用這筆錢收買了很多楚軍的官兵，讓他們散布流言說：「亞父范增和鍾離眛將軍，一直跟隨項王征戰，功勳卓著，卻沒有裂土封王，他們心裡早就不樂意了，暗地裡跟漢軍勾結了起來，意圖滅了項王，來分割他的封地。」項羽的疑心病本來就很重，聽了這些流言，果然不再信任范增他們。

西元前204年的夏天，項羽帶兵在滎陽包圍了劉邦。情況緊急，劉邦立刻派人去求和，願意割地求饒。項羽有些心動，但范增在旁邊一個勁地催促他盡快攻下滎陽城。劉邦從此對范增更是憂心，這讓陳平更加快了除去范增的步伐。

項羽有一次派使者到劉邦那裡去，陳平負責接待。陳平見了使者，很是熱情，搞了一個豐盛的宴席，酒桌上的餐具、菜色都十分考究。陳平向使者不住地敬酒，席間問道：「您是亞父派來的使者還是項王派來的？」使者覺得很奇怪，又不知道陳平葫蘆裡賣的什麼藥，只好如實地回答說：「是項王派我來的。」陳平一聽，臉色立刻變了，繃著臉說道：「我還以為是亞父派來的，原來不是。」馬上讓人撤換了酒席，換了一桌粗茶淡飯上來，自己也不陪酒了，大模大樣地就離開了。使者氣得不行，飯沒吃就回去覆命了。

項羽聽了使者的回報，從今以後更加不信任范增。當時范增還是天天催著項羽攻打滎陽，項羽害怕這是他和劉邦的陰謀，就是按兵不動。范增這才明白項羽已經不信任自己了，憤怒地說道：「天下大勢

已定，大王您自己保重吧，我請求回家養老去。」項羽巴不得是這個結果呢，立刻同意了。

范增當時已經是七十多歲的老人了，哪裡受得了這個冤枉，路上越想越氣，還沒有回到家，背上就長了一個疽去世了。從此，項羽身邊再也沒有可以制定計謀的人了，這為項羽的失敗也埋下了伏筆。

楚河漢界

劉邦被封蜀中之地後，心中氣憤難耐，聽從了韓信的計謀，明修棧道暗渡陳倉，引兵向東，楚漢之爭打響。

項羽帶兵拿下成皋後，想要繼續向西前進，但始終沒有機會。這時候，漢將彭越率軍攻打梁地，一連占領了睢陽、外黃等十七座城池，項羽大驚。漢高祖三年九月，項羽領兵欲收復梁地，走之前對大司馬曹咎說：「你的任務就是好好守著成皋，不管劉邦再怎麼叫囂、招惹，都不要跟他開戰，千萬不能讓他再向東進。我現在去梁地平叛，大概半個月就能回來。」

項羽帶著部隊走了，到梁地之後勢如破竹，收回了許多城池。劉邦在成皋城外天天派人罵曹咎，什麼話難聽罵什麼。曹咎的脾氣也不怎麼好，最後實在是不堪忍受，項羽的叮囑也不顧了，開了城門跟漢軍打了起來。結果漢軍大勝，攻下了成皋，駐軍廣武，控制了楚軍的糧倉敖倉。

項羽那邊正打得順風順水，一聽說成皋沒了，連忙帶著兵往回趕。失了成皋，就意味著失了敖倉，以後楚軍就要過上吃不飽的日子了，項羽怎麼能不急呢。項羽帶兵到了廣武，和漢軍形成對峙之勢。幾個月過去了，項羽撐不住了，因為糧食快沒了。這時候，劉邦派去接他父親劉太公和妻子呂雉的人，不知道什麼原因被項羽截住了。項羽派人做了一個大案板，把劉邦的老爹放在案板上，對劉邦

說：「你投不投降？你爹在我手上呢，你要是敢不投降，我就煮了他吃！」劉邦笑哈哈地說：「想當初，我跟你都在楚懷王手下辦事，那時候我們還義結金蘭了呢，所以，我的父親就是你的父親。現在你要煮了自己的父親，我也不能攔著。不過希望你煮熟之後，能夠分我一碗吃。」這番話把項羽氣得半死，拿著劍就要把劉太公劈了。項伯勸他說：「現在局勢不明朗，劉邦為了得到天下，是不會管家人死活的，現在就算你殺了他爹，對咱們也沒什麼好處，只不過白白地增加仇恨罷了。」劉太公這才僥倖活了下來。

一計不成，項羽又想出一個主意。他對劉邦喊話道：「現在天下之所以不太平，都是咱們兩個鬧的。我願意跟你單挑，一決勝負，這樣就可以免去天下百姓的痛苦了。」劉邦笑著拒絕說：「我還是想跟你鬥智，鬥力就算了吧。」項羽沒辦法，就叫三個將士到漢軍面前去挑戰，劉邦也不搭理，叫軍中一個射箭很準的樓煩把三個人都解決了。項羽大怒，自己穿上鎧甲拿著武器就上去了。樓煩又想發箭，被項羽狠狠地瞪了一眼，結果嚇得趕緊回去了。劉邦問左右：「來者何人？」下面的人說是項羽，劉邦大吃一驚，出去跟項羽見了一面。

項羽見了劉邦，又提出要跟他單打獨鬥。項羽天生神力，誰能打得過他，劉邦又不傻，自然不答應，又不能明說。劉邦想了會兒，對項羽說：「項羽你聽著，你有十大罪狀。第一條，我們約好了先拿下關中的稱王，你卻把我封到了蜀漢之地，背信棄義；第二條，你矯詔殺了宋義；第三條，你救了趙國後不但不向楚王覆命，反而私自帶著各路諸侯入關；第四條，你火燒秦朝宮殿，挖了秦始皇的墳，還掠奪百姓；第五條，子嬰已經投降，你卻把他殺了；第六條，你欺騙秦兵，坑殺了他們二十萬人；第七條，你把自己的親信分封在各地，卻把六國的舊主殺的殺、流放的流放；第八條，你把義帝趕出彭城，自己占了，又搶了韓王的地盤，還把楚、梁這些地方也占了，你太貪了；第九條，你趕走了義帝還不夠，又偷偷派人把他殺了；第十

條，你處事不公，不守約定，整個天下都容不下你，你實在是大逆不道。你這麼個不忠不孝、不仁不義的人，我要帶領天下的正義之師討伐你，又何苦親自動手？」

項羽一向自視甚高，怎能受得了人家這麼說他，拿起弓就射了劉邦一箭，剛好射中了胸口。劉邦為了穩定軍心，抱著自己的腳大叫：「你這個卑鄙小人，竟敢偷射我的腳！」然後他忍著疼痛回軍中修養去了。張良擔心軍心動搖，又堅持要求劉邦去慰勞軍隊，免得楚軍得到消息，趁機偷襲。劉邦只好去

了，回來後傷勢更加嚴重，只好回成皋養傷。

當時，劉邦派韓信攻打齊國。韓信一路勢如破竹，殺了齊王，又斬殺了前來援齊的楚將龍且。項羽更擔心了，派人去遊說韓信自立，形成三足鼎立之勢，被韓信拒絕。眼看軍中的糧食越來越少，項羽急得像熱鍋上的螞蟻。正在一籌莫展之際，劉邦派人來求項羽放了他一家老小。項羽趁勢向劉邦請和，劉邦答應了。於是雙方約定，以洪溝為界，劉邦在西，項羽在東，互不侵犯。這就是楚河漢界的由來。

▊ 垓下之圍

西元前202年十二月，項羽被劉邦大軍圍困在垓下，兵少糧盡，一敗再敗，只好堅守不出。

漢軍大將韓信想出一個辦法，讓漢軍在晚上都唱起楚地之歌。項羽聽見後，果然大驚，問身邊的人說：「漢軍是不是已經把楚國的土地都占領了？如果不是，怎麼會有這麼多的楚人在唱歌？」左右都不

搭腔。項羽心裡難受，覺也睡不著了，起來跟身邊的人喝酒。借酒澆愁愁更愁，末路英雄項羽也唱起了歌，歌唱完時自己早已哭成了淚人一般。項羽一哭，下面的人也都跟著哭起來，場面很是淒涼。

項羽對手下人說：「大丈夫死也要死得壯烈，我們不能在這裡坐以待斃，有不怕死的就跟著我一塊

衝出去！」於是，項羽騎著他的烏騅馬，帶著八百多人，趁著天黑，從南邊打開一個缺口逃了出去。

天亮以後，漢軍才發現項羽跑了，趕緊向劉邦報告。劉邦立刻派大將灌嬰率領五千騎兵前去追趕。項羽渡過淮河後清點人數，發現只剩下了一百來人。一眾人馬逃到陰陵後迷了路，剛好碰見一個種地的老伯，老伯騙項羽往左走，結果項羽陷入一片沼澤地中，被漢軍追上。項羽沒辦法，只好帶著兵馬往北跑，等到達東城的時候，手下只剩下二十八個人了，而追在後面的漢軍有幾千人之多。

項羽知道自己是逃不掉了，憤憤不平地對手下的人說道：「我從起兵到現在，整整八年了，打了七十多場仗，從來沒有輸過，所以才稱雄天下。沒想到今天落到這個地步。這是上天不給我活路啊，並不是我有什麼過錯。今天橫豎是個死，就帶著你們痛痛快快地打一仗。我一定要突破重圍，斬殺漢將，奪取漢軍的旗幟，殺他們個落花流水，好讓你們相信我的才能，知道我今天的失敗都是老天的意思。」於是，項羽將這二十八個人分成了四隊，分別從東南西北四個方向突圍。當時漢軍把他們圍了好幾圈，兵力強大，項羽跨上戰馬大聲喊道：「讓我先來殺一個漢將！」命令四隊人馬一起出擊，到山的東面匯合。

項羽自己騎著烏騅馬衝向漢軍，一路所向披靡，最終還斬下了一個漢將的頭顱。當時，郎中騎楊喜也在追殺項羽的隊伍中，項羽對著他怒目而視，楊喜嚇得從馬上摔了下去，往後退了好幾里，不敢向前。項羽跟手下的人匯合在了三個地方，漢軍不知道項羽到底在哪裡，就把人馬也分為三隊，各個包圍。項羽又衝了出去，殺了一個漢軍的都尉，還殺了百十來個士兵。等到再聚集起手下人馬時，發現只少了兩個人。項羽問左右：「我說的話怎麼樣？」手下的人都拜倒在地，說道：「就像大王剛才所說的那樣，確實不是您的錯，是上天要滅我大楚。」

項羽帶著兵馬來到烏江，烏江亭長已經撐好船在江邊等著了。烏江亭長對項羽說：「江東之地雖然

小，但也有千里之廣，幾十萬的人口，足夠稱王了。大王您抓緊時間渡江吧！現在只有臣有船，漢軍過不去的。」項羽一聽到江東這兩個字，心裡一陣疼痛，仰天大笑道：「是老天爺不讓我活，我還過江幹什麼？我出來的時候，是帶著八千江東子弟來的，現在一個人回去，即使父老鄉親可憐我讓我做江東之主，我自己又怎麼好意思呢？」於是，項羽把所騎的烏騅馬送給了亭長，自己帶著手下的人跟趕來的漢軍又廝殺了一陣。

項羽一個人就殺了漢軍幾百號人，自己身上也受了十多處傷。廝殺中，項羽看見了漢騎司馬呂馬童，問他說：「你不是我的老朋友呂馬童嗎？」呂馬童一看是項羽，指著他對中郎騎王翳說：「這個人就是項羽！」項羽歎息一聲，又說道：「我聽說劉邦要花一千金來買我的人頭，殺我的人還可以封萬戶侯，我反正要死了，就送你件大禮吧。」說完自刎而死。大家一看項羽死了，爭相去搶他的屍體，為此還死了幾十個人。最後楊喜、呂馬童、呂勝、楊武、王翳五個人各自搶到一處屍體，這五個人最終都被封侯。

一代梟雄項羽就這麼死了，留下後事被後人評說至今。

▌田橫與五百壯士

田橫，齊國貴族。秦滅六國後田橫跟隨兩個哥哥田儋、田榮在狄縣生活。陳勝吳廣起義後，天下群雄並起，田橫跟著哥哥一起殺了狄縣縣令，舉起了反秦的大旗。後來，田儋和田榮先後戰死。田橫改立田榮的兒子田廣為齊王，封自己為齊相，總攬大局。

當時劉邦已經勝利在望了，他手下有個叫酈食其的謀士，對他獻策說：「我願意獨自到齊國去，憑藉著三寸不爛之舌，勸說田橫歸降。」劉邦同意了。酈食其果然很厲害，真的把齊王和田橫都勸服

了。田橫通知守城的將士等待漢兵的到來，不用再兵戎相見。

當時，韓信奉命攻打齊國。得知雙方已經議和的情況下，韓信打算撤兵，這時候他的謀士蒯通勸他說：「漢王給我們的命令是攻打齊國，現在並沒有收回成命啊！現在酈食其奉的不過是密令，我們就推說不知道。酈食其不過一介儒生，就憑著一張嘴，一夜之間拿下了齊國七十多座城池；將軍您帶領這數十萬的兵馬，花費了一年的時間，才攻取了五十多座城池。如果真讓酈食其成功，以後您怎麼立足啊？」

韓信聽從了蒯通的建議，繼續攻打齊國。齊國上上下下都以為議和這件事都板上釘釘了，所以都放棄了備戰，結果被韓信一路勢如破竹，很快打到了齊國都城臨淄。齊王田廣和田橫都以為是酈食其出賣了自己，下令烹殺了他。齊軍節節敗退，齊王田廣也被殺害。田橫自立為齊王，後來又歸順了彭越。

彭越降漢後，田橫怕劉邦報復自己，帶了五百多個忠義之士逃到了一個小島上。劉邦知道以後，害怕田橫掀起什麼風浪，就派使者前去勸降。田橫對使者說：「我是個罪人，曾經因為誤會錯殺了陛下的謀士酈食其。聽說酈食其的弟弟酈商現在在朝廷為將，他一定會找我報仇的。請您轉告陛下，我田橫只想做個本本分分的老百姓，在這荒島之上了此殘生，還請陛下恩准。」

使者回去跟劉邦一說，劉邦立刻給酈商下了一道旨：「朕已經派人去請田橫回來。如果有人敢對田橫或者他手下的人不利，朕就滅他的族！」接著，劉邦又讓使者去接田橫。使者勸田橫說：「您現在回去，運氣好的話可以封個王當當，就是再不濟，也能當個侯爵。如果執意不跟我走，恐怕這一島之人都會因你而死。」田橫沒有辦法，只好帶了兩個侍從，跟著使者回洛陽見劉邦去了。

在離洛陽三十里的地方，有個叫屍鄉的驛站。一行人到達驛站後，田橫請求道：「為人臣子的，在面見聖駕之前，應該沐浴以示尊重。」使者覺得有理，就同意了。田橫趁機對手下的人說道：「我

田橫英雄一世，想當初，他劉邦也不過和我平起平坐。現在他當了皇上，讓我去侍奉他，這實在是恥辱啊！況且，我曾烹殺了酈食其，就算酈商懾於皇命，不敢對我怎麼樣，可是我如果跟他同朝為官，天天抬頭不見低頭見，自己心裡說什麼也沒法承受。當今皇上召見我，不過就是想見見我的相貌罷了。這個地方距洛陽不過三十里路，我現在自殺的話，你們快點把我的人頭送過去，應該還不會改變。」說完就自殺了。兩個侍從哭得淚人一般，只能帶著田橫的人頭去見劉邦，以完成他的心願。

劉邦見了田橫的人頭，大吃一驚，流著淚說道：「田橫兄弟三個，也算白手起家，三個人依次稱王，都得到齊人的擁護，可見都是賢德之人啊！」於是下令以王侯之禮厚葬田橫，又將田橫的兩個侍從封為都尉。誰知道這兩個侍從卻在田橫安葬後，各自在墓地旁挖了個坑，自殺而亡。

劉邦聽說這件事後，甚為震驚，覺得田橫手下之人皆為義士，於是下令派人過去把剩下的五百人全接過來，好替自己辦事。使者到達島上後，先是傳達了劉邦的命令，接著告知了田橫的死訊，誰知道這五百個人聽到田橫已經死了的消息後，都淚流不止，接著全部自殺了。

■ 韓信被貶

漢高祖六年，即西元前201年，有人給劉邦上書告發楚王韓信謀反。韓信功勳卓著，大漢朝的大半江山都可以說是他打下來的，劉邦早就對他不放心了。加上韓信脅迫劉邦立他為齊王一事，劉邦心裡對他更是忌憚，只是苦於沒有理由收拾他。只能靠著近乎無賴的手段，趁著韓信不注意，偷走了兵印，改立他為楚王。

劉邦收到舉報後，聚集眾臣商議。大夥兒都義憤填膺地說：

「皇上您應該立刻發兵攻楚,抓住韓信這小子,把他活埋了!」劉邦聽後默不作聲,接著又問陳平怎麼想。陳平問道:「有人舉報韓信謀反這件事,韓信自己知道嗎?」劉邦搖搖頭說:「不知道。」陳平又問道:「陛下,您的兵力跟韓信的兵力比起來,誰更強?」劉邦說:「我比不上他。」陳平再問:「陛下手下的將軍,有誰打仗打得過韓信?」劉邦道:「沒有一個。」陳平這才說道:「論兵馬,我們比不上他;論將領,我們也比不上他。如果就這樣去攻打韓信,韓信就是不想反也得反,而我們能有勝算嗎?這件事實在是欠考慮。」

這番話說得劉邦是一點脾氣都沒有,他不甘心地問道:「那該怎麼辦?如果韓信真的要造反,難道我就只能坐以待斃?」陳平腦筋一轉,想出一個主意,對劉邦說:「古代的君主總是喜歡私下裡到各個諸侯國去巡視,然後命令各位諸侯前去面聖。陛下您可以仿效他們,假裝出去巡視。等到陳縣(今河南淮陽)那個地方後就停下來,下令讓各位諸侯王前去拜見。陳縣就在楚國的邊界,韓信一定不會認為我們敢在他的勢力範圍內拿他開刀,到時候肯定沒有防備,拿下他就很容易了。」劉邦聽後大喜,立刻讓人到各個諸侯國去傳信,說自己要出去巡視,讓大家到陳縣集合。傳令的人剛走,劉邦就跟著出發了。

韓信這時候也聽到了一點風聲,知道劉邦這次出來是衝著自己,但是自己確實沒幹什麼造反的事,去吧,萬一被抓起來怎麼辦?不去吧,不是擺明了要造反嗎?就在韓信猶豫不決的時候,他手下的人勸他說:「大王,皇上現在之所以猜疑你,都是因為鍾離昧的關係啊!鍾離昧可是項羽的大將,您現在卻不顧情況地收留他,這不是明擺著跟皇上對著幹嗎?」韓信覺得也是,就去跟鍾離昧商量。鍾離昧聽明白韓信的意思後,仰天大笑:「沒想到你竟然是這樣一個人!算我瞎了眼!我只說一句話,我死之後,下一個死的人就是你!」說完自刎而死。

於是,韓信帶著鍾離昧的人頭去見劉邦了。為了表示誠意,一個

手下都沒帶就過去了。誰知道劉邦連看都沒有看鍾離眛一眼，見韓信一個人來的，就讓埋伏好的大力士出來把他給綁了起來扔到了車上。韓信長歎一聲，對著劉邦憤憤地說道：「我以前常聽人說，獵人抓到了狡猾的兔子後，就會殺了捕獵的狗煮著吃；天上的鳥被捕光後，那些好弓也要被藏起來不見天日了；敵國被滅以後，功臣就該被清除殆盡了。這話說得實在是太對了，現在天下已定，我也該被烹殺了。」劉邦冷笑兩聲道：「你以為我是那麼心胸狹窄的人嗎？現在是有人告你謀反，我能不抓你嗎？」

為了安撫韓信的手下，平定人心，劉邦下令大赦天下。韓信跟著劉邦回到洛陽以後，劉邦處於種種考慮，赦免了他，改封為淮陰侯。韓信實際上從此也被監視起來。

白登之圍

當劉邦和項羽打得難解難分的時候，冒頓單于逐漸在北方強盛起來，收復了被蒙恬奪去的河套地區，擁兵三十萬，對中原形成威脅之勢。

漢高祖七年的秋天，匈奴軍把韓王信圍困於馬邑。馬邑是韓王信封地的都城，情況危急，韓王信多次向匈奴求和。劉邦聽說了北方的險情之後，打算派兵前去支援，又聽說韓王信多次派人去跟匈奴求和，心裡擔心他會對自己不忠，於是派人去馬邑把韓王信責備了一通。韓王信擔心劉邦藉機殺了自己，在九月份的時候，把馬邑獻給冒頓，投降了匈奴。匈奴趁機南下奪取了太原，到達了晉陽。

劉邦大怒，御駕親征去攻打韓王信。雙方在銅鞮打了一場遭遇戰，結果漢軍大勝，還殺了韓王信手下的大將王喜。韓王信逃到了匈奴，勾結白土人曼丘臣、王黃等，擁立趙國的後裔趙利為王，招集起來被漢軍大敗的殘兵敗將，和匈奴密謀一起攻漢。

冒頓先派左、右賢王率領一

萬多騎兵，和王黃他們一塊兒屯兵於廣武以南，準備攻打晉陽。劉邦率兵攻打，匈奴大敗，漢軍乘勝追擊，守住了晉陽。當時天氣十分寒冷，雨雪交加，漢軍大都忍受不了北方的嚴寒，有些人的手指都被凍掉了。

劉邦打了幾次勝仗後，就開始變得輕敵起來。到了晉陽後，探子來報說冒頓現在在代谷，劉邦想出兵攻打。出發前，劉邦派了很多情報員去前方打探消息。冒頓故意把自己的精銳部隊藏起來，使劉邦的密探看見的都是些老弱病殘。十來撥打探消息的人回去後都跟劉邦說，匈奴軍中都是些羸弱之士，不足為慮，應盡快發兵攻打。劉邦還不放心，又派劉敬去打探。還沒等劉敬回來，劉邦已經等不及帶著全部大軍向北進發了，很快越過了句注山。

就在劉邦打算繼續前行時，劉敬回來了，他擔心地說道：「按照常理來說，兩軍交戰，雙方一定會想盡辦法來展示自己的長處，達到不戰而屈人之兵的目的。現在匈奴展現出來的卻都是自己的弱點，

這裡面肯定有陰謀。臣私下揣測，匈奴一定設下了埋伏等著咱們去鑽呢，陛下切不可貿然出兵。」當時漢軍已經出發上路，劉邦擔心劉敬這席話會動搖軍心，氣得大罵：「你原本是齊國的敗軍之將，不過憑著一張嘴才混了個官當當，現在竟敢胡說八道，妄想動搖我大漢的軍威，實在是居心叵測！」於是下令把劉敬抓了起來，押送到廣武，準備打完仗後再處置。

劉邦拒敵心切，自己帶著先頭部隊出發了。到達平城後，主力部隊還沒有趕到。冒頓單于趁機帶著四十萬精兵，把劉邦層層包圍在了白登山。劉邦想要帶兵突圍，但經過幾次浴血奮戰，都沒有成功。七天過去了，漢軍中缺乏禦寒之資，糧食也快吃完了，而外面的漢軍也無法施救，情況十分危急。

劉邦的謀臣陳平建議他說：「現在情況緊急，只能用非常之法了。」劉邦說：「這個時候了，只要能逃出去就行。」於是陳平派人送了很多貴重的禮物和幾張美女圖給冒頓的妻子閼氏。使者對冒頓的妻子閼氏說：「這畫上所畫，都

是我們漢朝的美女。如果單于繼續圍困白登，我們只好把這些美女都獻給他。到時候，您的處境就會變困難了。如果現在放人，我們還趕得上把去找美女的使者追回來。」闕氏既收了漢人的重禮，又擔心漢女來了後會跟自己爭寵，於是日夜在冒頓耳邊規勸道：「您和劉邦都是一國之主，不應該這麼互相難為對方才是。現在即使我們攻下了漢地，單于您也不能在這裡住下啊。況且漢主身為一國之尊，也是有神靈庇護的，萬一衝撞了神靈，豈不是得不償失。單于您還是仔細考慮一下吧。」

當時冒頓已經跟王黃、趙利約好一起行動，王黃、趙利兩個人卻遲遲不來，於是冒頓擔心這兩個人私下跟漢軍有勾結，心裡正狐疑不定，聽了闕氏的話後，就打算放劉邦一條生路。

冒頓命人將包圍圈鬆開一個缺口，當時適逢天降大霧，劉邦帶著漢軍突出重圍，匈奴兵都沒注意到。劉邦一出包圍圈就下令快跑，太僕滕公勸道：「跑得太快不是擺明了告訴匈奴人我們心虛嗎？陛下還是慢些走，越慢越好，這樣匈奴就會擔心我們設有伏兵，不會貿然追趕。」劉邦採納了滕公的建議。

到達平城後，漢軍的主力部隊也趕到了，匈奴兵見占不到便宜，就撤軍了。漢軍也罷兵而歸，留下樊噲鎮守代地。劉邦到了廣武後，親自赦免了劉敬，對他道歉說：「我因為沒有聽您的話，才會被圍困於白登，我已經把之前的那些探子都殺了。」於是封劉敬為兩千戶之侯，號為建信侯。

韓信之死

韓信被漢高祖貶為淮陰侯後，終日鬱鬱不樂。他知道漢高祖還是對他放心不下，就常常稱病不去上朝。在韓信心裡，和周勃、灌嬰這樣的人平起平坐，實在是奇恥大辱。他有一次路過樊噲的府邸，就

進去喝了杯茶。樊噲對韓信行跪拜之禮，自稱為臣，說道：「真是榮幸啊，大王您竟然屈駕至此！」韓信出門後，苦笑著說：「沒想到我竟然會跟樊噲這種人為伍！」

有次劉邦跟韓信閒聊，討論諸將能帶多少兵的問題。劉邦問道：「像我這樣的，能帶多少兵？」韓信回答說：「陛下您最多能帶十萬兵馬。」劉邦一聽，十萬也不少了，又問道：「你呢？」韓信實話實說道：「對臣來說，上不封頂，多多益善。」劉邦有些不高興了，冷笑著說：「你既然這麼厲害，怎麼還會被我抓住？」韓信這才意識到自己說錯話了，趕緊解釋道：「陛下雖然不善於帶兵，但是善於任用將領，所以臣才會被陛下擒獲。陛下，您的權力是上天賜予的，非人力所能及啊！」

劉邦任命夏陽侯陳豨為趙國的相國，去監督趙國、代國兩地的軍隊，陳豨離開前，去找淮陰侯韓信道別。韓信屏退左右後，拉著陳豨的手，仰天歎息，說道：「我可以放心地對你說出心裡話嗎？」陳豨回答道：「將軍有什麼話只管吩咐。」

韓信思量再三，最終還是開口了：「將軍所將之兵，乃是天下精兵；將軍也是陛下寵幸的對象。如果現在有人跟陛下說將軍您要造反，陛下肯定不相信；再有人說的時候，陛下就該懷疑了；等到說的次數多了，陛下不信也得信了。我就是活生生的例子啊！如果我們倆聯合起來，天下就是我們的了！」陳豨知道韓信的本事，也害怕劉邦哪天翻臉不認人了，就答應了，說道：「一切都聽將軍您的。」

陳豨到達趙國後不久，果然舉兵造反。他聯合了韓王信的舊將王黃等人，自立為代王，占領了趙、代兩國的地盤。劉邦得知消息後，決定親自前去平定。他本來想帶上韓信一起去，可是韓信推說自己有病，沒有成行。劉邦走後，韓信偷偷地派人去給陳豨通信，雙方約定，陳豨吸引劉邦的軍隊，韓信在長安城裡舉事，裡應外合，殺他個措手不及。

韓信和手下的人商量，準備到晚上矯詔放出長安城裡的囚徒奴隸，將他們收編起來，發動政變，

攻入皇宮，殺了呂后和太子。部署妥當後，靜待陳豨的消息。當時，韓信府上有一個舍人得罪了韓信，韓信就把他關了起來，準備殺掉。這個舍人有個弟弟，為了救哥哥，就跑去跟呂后告狀。呂后知道韓信要謀反的消息後，一時擔心的不知道該怎麼辦才好，就派人找來了相國蕭何。蕭何最後想出了一個辦法，他派人去通知韓信說，皇上已經殺了陳豨，平叛歸來，在宮裡設宴慶祝，請諸位王公大臣前去赴宴。蕭何怕韓信稱病不來，還特意交代說：「將軍您雖然身體不好，

可是這麼大的事不來實在不合適，勉強來一趟吧。」

韓信哪裡知道自己的計畫已經敗露，況且蕭何還是自己的好友，怎麼也沒有想到等待自己的會是一場多大的災難。韓信一進宮，呂后就命令埋伏好的武士把他抓住五花大綁了起來，在長樂宮的鐘室裡殺害了這名千古名將。韓信死前留下一句話：「我真後悔沒有聽從蒯通的建議，以至於今天被女子小孩所殺，這難道不是天命嗎？」

呂后殺了韓信後，還不放心，又下令誅殺了韓信的三族。

惡毒的呂后

西元前195年，做了十二年皇帝的劉邦在長樂宮駕崩，太子劉盈即位，是為漢惠帝，尊呂雉為皇太后。是年，劉盈只有十六歲，呂后趁機奪取了大權，開始了臨朝稱制的時代。

呂雉雖然是劉邦的結髮妻子，但兩人並沒有多少幸福的日子。結婚三年後，劉邦起兵造反，開始了

逃亡的日子。呂雉先是受劉邦牽連被關進監獄，受盡虐待，後又被項羽抓去做了人質。好不容易等到劉邦平定了天下，自己也坐上了皇后的寶座，但此時的劉邦身邊早就圍滿了美女，對她是日益冷淡。

劉邦最寵愛的妃子叫戚夫人，戚夫人為劉邦生了一個兒子，就是劉如意。劉邦很喜歡這個兒子，封

他做了趙王，但始終捨不得他，一直讓這個兒子待在京城。劉邦討伐關東之地時，戚夫人陪著去了。結果這個戚夫人不分白天夜晚，一個勁地在劉邦跟前哭訴，要求立自己的兒子為太子。當時呂后早已年老色衰，常常幹一些留守之類的活兒，劉邦跟她越來越疏遠。劉邦對太子也一直不太滿意，他覺得太子太過軟弱，一點也不像自己。反而趙王如意簡直跟年輕時的自己一模一樣，再加上戚夫人在旁邊煽風點火，劉邦就生了改立太子的主意。

回到京都的漢高祖把這件事拿出來跟大臣們商量，大臣們的反對意見出乎意料的大，一致認為這件事絕對不可以。怎奈劉邦主意已定，誰的話都聽不進去。御史大夫周昌有口吃的毛病，但他一聽說廢立太子這件事，很是生氣，對漢高祖說道：「臣雖然患有口吃，不大會說話，但還是要說上一句。這件事萬萬不可，臣說什麼也不能答應。」周昌這段結結巴巴的話把劉邦逗樂了，就沒有再堅持。當時，呂后就藏在東廂房偷聽這次談話，心裡很是感激周昌。劉邦散會後，

呂后跑到周昌面前，跪著感謝他說：「如果沒有您，太子今天幾乎就要被廢了！」從此以後，呂后的心裡也種下了仇恨的種子。

劉邦親征鯨布時，不小心被流箭射中，自知不起。四月劉邦駕崩於長樂宮中，呂后治喪，大赦天下。劉邦死前怕呂后找趙王的麻煩，就派周昌去趙國做了丞相，因為呂后絕不敢跟周昌為難。事實證明，劉邦的擔心是必要的，但是他的布置過於簡單，甚至忘記了還有一個戚夫人。

劉邦剛一過世，呂后就把戚夫人囚禁在了永巷，還讓人把她的頭髮都剃了，用鐵鉗束住了她的脖子，讓她穿著囚犯的衣服天天舂米。整完戚夫人，呂后又開始盤算著怎麼整劉如意了。她三番五次派人到趙國去召趙王回京，都被趙相周昌攔了下來。周昌知道趙王只要落到呂后手裡，絕對沒有好下場，就對呂后的使者說道：「先帝因為趙王年少，特意派我來輔佐他。我私下裡聽說，太后十分怨恨趙王的生母戚夫人，現在想要把趙王叫回去一併誅殺，我深受先帝重托，實

在不敢答應您的要求。而且，趙王現在正生著病，身體不舒服，恐怕不能奉召前往了。」

使者回去稟報了呂后，呂后大怒。她先是找了個理由把周昌召回了京城，接著又去請趙王。趙王失去了保護傘，懾於呂后的淫威，只好前來。呂后的兒子劉盈，即現在的皇上漢惠帝，對這個弟弟很是喜愛。他知道母親想要殺害趙王，就親自到霸上去迎接進京的趙王。從此以後，不管漢惠帝走到哪兒，都要帶上這個弟弟，上廁所也不例外，不給呂后一點下手的機會。呂后雖然生氣，但並沒有死心，還是密切關注著趙王的舉動。

還真是皇天不負有心人，漢惠帝百密一疏，還是被呂后抓住了機會。漢惠帝元年十二月，皇上早晨起來要去打獵，趙王因為年紀小，喜歡睡懶覺，就沒跟著去。呂后得知皇上出宮的消息後，立刻命人拿著毒酒去給趙王喝。等到皇上回來的時候，趙王的屍體都涼了。

殺了趙王之後，呂太后更加肆無忌憚了。她聽說戚夫人在永巷並沒有安生，而是整日唱歌發牢騷，十分生氣。她派人砍斷了戚夫人的手腳，又挖去了眼睛，弄聾了耳朵，還給她喝了啞藥，然後扔在廁所裡，稱之為「人彘」。

呂后對自己的這一傑作很是得意，不光自己常去欣賞戚夫人現在的慘狀，有一次還帶上了漢惠帝一塊去。劉盈得知眼前這個怪物就是戚夫人之後，大哭不止，回去就病了。漢惠帝派人對呂后說：「這不是人幹的事。我作為太后的兒子，不能再治理天下了。」從此，漢惠帝終日在後宮廝混，不再聽政。

▎蕭規曹隨

漢惠帝二年，蕭何病重，漢惠帝親自前往探視。漢惠帝問蕭何說：「丞相百年之後，誰可以代替您呢？」蕭何答道：「知臣莫若主，陛下您的心裡應該早就有合適的人選了吧。」漢惠帝又問：「您

110

看曹參怎麼樣呢？」蕭何點點頭說：「陛下果然讓曹參接任相位，臣就是死了也會瞑目了。」

這年秋天，一代賢相蕭何過世。遠在齊國為相的曹參得知消息後，對府上的人說：「趕緊給我收拾行李，我馬上就要進京當丞相去了。」過了沒幾天，朝中果然來人了，徵召曹參立刻赴京為相。

曹參沒有發跡前，曾經和蕭何一起在沛縣當小吏，兩個人關係很好。後來，兩個人都跟隨了劉邦，成為大漢王朝的開創者，但關係反而淡下來，相互間產生了矛盾。但是到了蕭何辭世前，皇帝問他治國人選的時候，他推薦的只有曹參。

曹參當了丞相之後，並沒有如人們想像的那樣，來個大刀闊斧的改革，反而一切都照著蕭何定下來的規矩辦。他挑選出那些不善於言談但是為人忠厚老實的長者來做丞相府的官吏；對那些喜歡故意拽文、注重虛名的人，一律趕走。辦完這些事後，曹參就大手一撒，什麼都不管了，開始日夜飲酒為樂。

那些大臣們和曹參的門客，見曹參整天無所事事，就知道喝酒，都看不下去了，就商量著去曹參府上勸勸他。可是每去一個人，曹參二話不說，就拉著人家開始喝酒。勸說的人喝完一杯，剛想開口，曹參的第二杯就又遞過來了。到最後，個個都喝得大醉而歸，連自己是來幹嘛的都忘了。久而久之，大家也習慣了，知道沒有人勸得下來，只好作罷。曹參為人很大度，一般人如果犯的只是小錯，他不但不懲罰，還會幫著掩蓋錯誤，所以府中一向太平無事。

曹參的兒子曹窋在朝中做中大夫。漢惠帝見曹參做了丞相後無所事事，心裡很不高興，就對曹窋說：「你回去問問你父親，他為什麼不管朝政？是不是看朕年輕，不願意輔佐朕？不過你千萬別說是我讓你這麼問的。」曹窋回家後，就照漢惠帝交代的那樣去問曹參。結果曹參大怒，用鞭子抽了曹窋兩百下，又罵他說：「你趕緊給我回去好好侍奉陛下！天下大事不是你能談論的！」

曹窋一肚子鬱悶地回去跟漢惠帝覆命了，漢惠帝聽了以後更加生氣，心想，既然你不做長者應該

做的事，那我也不對你客氣了。到了第二天上朝的時候，漢惠帝直接跟曹參說道：「是我讓曹窋去問你的，丞相怎麼生了那麼大的氣？」曹參一聽，知道皇上對自己很不滿，趕緊跪下來謝罪說：「臣實在不知道是陛下的意思。臣有一句話想問問陛下。」漢惠帝說：「你問吧。」曹參說道：「陛下您跟高祖皇帝比起來，誰更英明神武呢？」漢惠帝回答說：「當然是先帝了，朕怎麼會比得上。」曹參又問：「臣跟蕭丞相相比，又是誰更勝一籌呢？」漢惠帝答道：「恐怕是愛卿你稍遜一籌。」曹參說：「對呀！既然我們的德行才幹都比不上

先人，那他們定下來的政策制度，我們只要遵守下來就好了，幹嘛要再花費大力氣去折騰呢？天下人都遵守政令，各人做好各人的事，國家自然就強盛了，我這個相國自然就無事可做了。」漢惠帝這才明白曹參的行為，點頭稱讚他說：「丞相說得很對。」

曹參做了相國三年以後，百姓的生活越來越好，大夥兒還為他寫了一首歌，歌是這麼唱的：「蕭何為法，較若畫一；曹參代之，守而勿失。載其清淨，民以寧壹。」大家把曹參的這種行為叫做「蕭規曹隨」，並作為美談流傳了下來。

周亞夫平叛

漢文帝六年，匈奴單于率三萬鐵騎攻占上郡，一路上燒殺搶掠，無所不為，戰火一度燒到甘泉、長安。漢文帝為保京師安危，命中大夫令免為車騎將軍，駐兵飛狐；命原來的楚國丞相蘇意為將軍，駐紮在句注；命將軍張武鎮守北地；又

命河內太守周亞夫為將軍，屯兵細柳；任命宗正劉禮為將軍，守衛霸上；祝茲侯徐厲也被封為將軍，駐守棘門。各路大軍互為犄角之勢，以抗拒匈奴的侵襲。

有一次漢文帝親自到各處去慰勞軍隊，在霸上和棘門時，都是

直接駕著車進去，將領還帶著手下的人迎來送往，好不熱鬧。等皇帝一行來到細柳時，卻被士兵攔了下來。漢文帝仔細觀察了一番，發現這裡的氣氛跟之前那些地方完全不一樣，充滿緊張、嚴肅的味道。士兵個個披堅執銳，蓄勢待發，好像隨時都要開戰一樣，看到這裡，漢文帝心裡不禁對周亞夫刮目相看。皇帝的隨行都很生氣，訓斥士兵說：「皇上要進軍營勞軍，你們竟敢攔著？」士兵答道：「在軍中，我們只聽周將軍的號令，天子的命令對我們來說沒有用。」於是漢文帝派人拿著符節去見周亞夫說：「朕想要進軍營來犒勞士兵。」周亞夫這才傳令讓士兵把壁門打開，放漢文帝一行進來。

進門前，壁門的守衛又對皇帝的車夫說：「周將軍有令：軍營之中不能疾馳。」車夫只好按著馬鬃緩緩而行。好不容易到了營中，見到了周亞夫，周亞夫也是一身戎裝，見了皇帝，立刻按住腰間懸掛的寶劍，作了一個揖說：「請陛下恕罪，臣現在穿著盔甲，不便下拜，只能按照軍禮來參見。」漢文帝聽後心中對周亞夫的行為更為感動，覺得這個人竟然不因為自己是天子就壞了軍中的規矩，實在是難得。想到這裡，漢文帝也改變了儀容，像個軍人一樣向周亞夫回禮，並派人對周亞夫道歉說：「陛下前來勞軍，給將軍添麻煩了。」

犒勞完士兵，漢文帝心滿意足地離開了。等到走出軍營的大門後，群臣都對剛才的事情甚為驚訝，議論紛紛。漢文帝感慨地說道：「哎呀，周亞夫才是真正的將軍啊！像霸上、棘門那些守軍，弄得跟兒戲似的，這樣的軍隊怎麼能夠抵禦匈奴啊！而像周亞夫這樣的，又有誰能夠打敗他呢？」就這樣，漢文帝把周亞夫誇了好久，天下人都聽說了周亞夫的美名。等到後來匈奴撤兵，漢文帝就封周亞夫做了中尉，拱衛京師。

漢文帝死後，他的兒子劉啟即位，就是漢景帝。漢景帝當政後，重用晁錯，並聽從了晁錯的建議，打算削藩。這下把諸侯王都逼急了，他們聯合起來，打出「清君側，除晁錯」的旗號，起兵造反，七國之亂爆發。

漢紀

漢景帝想起父親去世前交代自己的話：「國家如果有危險，可以信任周亞夫。」於是任命周亞夫為太尉，率領其他三十六員大將前去平叛。周亞夫對漢景帝說：「楚地的士兵大都英勇善戰，別的軍隊很難和他們爭鋒。所以我建議，先讓梁國來抵抗楚兵，我再去切斷他們的糧道，這樣就可以取勝了。」漢文帝同意了。

吳王劉濞帶兵攻打梁國，梁王損失嚴重，眼看就支援不住了，於是向周亞夫求救，周亞夫沒有同意。梁王大怒，又派人到漢景帝面前告周亞夫的狀。梁王可是漢景帝的親弟弟，漢景帝下令讓周亞夫前去支援，周亞夫還是不理會。周亞夫暗中派兵切斷了叛軍的輸糧道路，叛軍沒有糧食，鬥志全無。周亞夫趁機大舉進攻，結果大敗叛軍。最後只花了三個月的時間，就平定了叛亂。

七國之亂平定後，周亞夫因功被封為丞相。周亞夫雖然打仗很有一手，但政治智商實在低得離譜，先是惹了梁王，接著又得罪了太后和皇上。有一次，漢景帝讓周亞夫進宮一塊兒吃飯。周亞夫到了位置上後，發現眼前只有一大塊肉，肉既沒有切好，桌上也沒有擺餐具。周亞夫有些不滿意了，扭頭就讓侍從去給自己拿筷子。漢景帝笑著對周亞夫說：「這些還不能滿足你嗎？」周亞夫就是再沒心眼，也能聽出這句話不是什麼好話，可又不知道自己哪裡得罪了皇上，只好謝罪離去。漢景帝看著周亞夫離去的背影，對身邊的人說：「這種人怎麼可以輔佐少主呢？」從此有了除掉周亞夫之心。

周亞夫的兒子看父親年紀大了，就私下裡買了五百副盔甲，打算給他殉葬用。可是這個兒子竟然苛扣搬運這些物品工人的工錢。工人裡有氣不過的就跑去告發了這件事，當時，私買盔甲是不被允許的。最後這件事牽連出了周亞夫，周亞夫不願意被刀筆吏羞辱，當時就想自殺，被妻子勸住。

漢景帝派廷尉審訊周亞夫。廷尉問道：「將軍為什麼要造反呢？」周亞夫氣憤地說：「那些東西都是打算陪葬用的，怎麼能說是要造反呢？」廷尉冷笑道：「你即

使現在不反，也是想死後造反。」

周亞夫堂堂血性男兒，哪裡受過這個氣，最後竟絕食五天，吐血而亡。

▍ 飛將軍李廣

李廣，是秦國名將李信之後。李廣出身名門，騎射在當時堪稱翹楚，從軍多年，很有威望。奈何時運不濟，最終也沒有被封侯，成為後世感慨的對象。

李廣臂力驚人，箭術更是百發百中。有一回他到山上打獵，看見草叢裡臥著一頭老虎，就拉滿弓用力射向它。結果走過去一看，哪裡有什麼老虎，只是一塊石頭罷了。但令人驚奇的是，李廣竟然把箭射進了石頭裡。這件事傳開後，大家都對李廣十分佩服。

李廣對待部下十分愛護，治軍也很隨便，沒有嚴苛的律令。士兵們很擁護他，也都願意跟著他打仗。李廣不僅有勇，也很講謀略。有一次，當時身為上郡太守的李廣帶著一百來號騎兵出去巡查，在路上遇見了匈奴的大部隊。匈奴人有好幾千，李廣只有一百來人，當時好多人都覺得自己死定了，不知如何是好，十分驚恐。大家都對李廣說：「將軍，咱們還是快跑吧！」李廣卻淡定地說道：「我們現在距離匈奴大軍不過數十里，咱們只要一跑，他們立刻就能追上。逃是逃不掉的，不如索性待在這裡不動，這樣匈奴人一定會懷疑我們是誘餌，不敢輕舉妄動。」說完下令說：「都跟我走！」大家忐忑不安地跟著李廣一步步地走進了匈奴兵，直到距他們兩里的地方才停下來。李廣又命令道：「都下馬來，把馬鞍卸了。」手下的人都急了，對李廣說：「將軍啊，敵人就在我們眼前，而且人多勢眾，這麼危急的情況，您怎麼能這麼做呢？」李廣解釋說：「對方肯定認為我們人這麼少，一定會想法逃跑。我們現在把馬鞍卸了，就是告訴他們，我們不走。這樣他們就更懷疑有伏兵

了。」果然如李廣所料，匈奴軍見李廣他們這麼有恃無恐，都不敢妄自動手，等到晚上就走了。李廣他們平安地回到了軍中。

漢武帝元光六年，李廣在一次和匈奴的作戰中兵敗被俘。匈奴人抓住了老對手李廣，自然很高興，在兩匹馬中間結了一張網，把李廣放在裡面。李廣於是裝死，使匈奴人放鬆了警惕。正走著，已經死了的李廣突然從網中跳了出來，飛身奪取了一匹好馬，又奪得一張好弓，邊跑邊射，匈奴人追趕不上。這次以後，李廣因為兵敗被俘，被漢武帝貶為平民，但他的英勇令匈奴人十分佩服，從此以後都稱他為「飛將軍」。

漢武帝元朔元年，匈奴單于帶著兩萬鐵騎再次侵漢。漢武帝再次徵召李廣，封他為右北平太守。李廣一上任，匈奴兵便不敢再進犯右北平。當時，漢朝的實力相比漢高祖時期已不可同日而語，各方面都很強大。漢武帝是一個有雄才大略的君主，對匈奴早就不堪其擾了，於是下決心搞一次大決戰。

李廣多次向漢武帝請命，但漢武帝覺得李廣年紀大了，而且屢戰屢敗，命數也不是很好，就沒有允許。最後實在拗不過，只好封他做了個前將軍，跟隨大將軍衛青一起北伐匈奴。

漢武帝元狩四年，大將軍衛青帶兵出了邊塞，到達了匈奴的所在。後來透過俘虜得知了匈奴單于的位置，就親自率領主力部隊前去，又派前將軍李廣和右將軍趙食其從東面出發，夾擊匈奴單于。東邊的道路十分曲折，糧草又少，李廣就去找衛青說：「陛下封我做前將軍，大將軍您現在為什麼讓我去東邊策應主力部隊呢？我和匈奴打了一輩子仗，現在有機會去活捉匈奴單于，我怎麼能不去呢？請大將軍封我為先鋒！」衛青出發之前，漢武帝曾偷偷告誡他說：「李廣年紀大了，經歷又坎坷，最好不要用他。」衛青不敢違抗皇命，只能拒絕了李廣。李廣異常憤怒，他可能也意識到了，這是自己最後一次為國出征了，於是連個招呼都沒打就帶兵出發了。

悲劇的李廣再次發生了悲劇，他在路上迷了路，等趕到的時候，

衛青早就大獲全勝。衛青派長史去責問李廣遲到的原因，李廣只是說：「都是我的過錯，跟別人沒有關係。」長史走後，李廣對手下的人說：「我跟匈奴人大大小小打了七十多場仗，現在有幸跟著大將軍直接跟匈奴大軍對抗，但我偏偏又迷了路，這恐怕是天意吧！我已經六十多歲了，不願意再面對刀筆小吏，受人侮辱。」接著就自殺了。

李廣平時為官清廉，又樂善好施，深得人心。他死後，人們沒有不為他哭泣的。

大將軍衛青

在漢武帝對匈奴作戰的歷史中，不得不提到一個人的名字，他就是衛青。

和李廣不同，衛青的出身非常卑微。衛青的母親衛媼，是平陽公主家的家奴。衛媼跟丈夫生了四個孩子，其中就有日後成為皇后的衛子夫。丈夫死後，衛媼和平陽縣一個叫鄭季的小吏私通，還生下了一個孩子，就是衛青。

衛青長大後，就在平陽公主家當騎奴。後來，漢武帝到姐姐家探望親戚時，看見了風華正茂的衛子夫，十分喜歡。平陽公主就把衛子夫送到宮裡去了，衛青也跟著，進宮當差。

漢武帝的皇后陳阿嬌，是館陶公主劉嫖的女兒，好妒而且脾氣也不好。仗著自己母親擁立皇帝有功，十分囂張跋扈。衛子夫進宮後，甚得君心，恩寵日隆。陳皇后聽說後，恨得牙癢癢，跟母親合夥把衛青抓住想要殺掉他。漢武帝知道後，龍顏大怒，封衛青做了建章監、侍中，還賞賜了很多金錢。沒過多久，漢武帝又立衛子夫為夫人，封衛青為太中大夫。

可以說，衛青最初的發跡，是靠著姐姐衛子夫的裙帶關係，但衛青很快證明了自己是值得皇帝恩寵的。漢武帝元光六年，匈奴又派人到漢朝的土地上鬧事了。漢武帝派

衛青、公孫敖、公孫賀、李廣各領一萬騎兵前去抵抗。結果公孫敖、公孫賀和李廣皆大敗而歸。只有衛青，率兵到達龍城後，殺了匈奴七百餘人，大勝而歸。要知道，這可是衛青第一次帶兵打仗，漢武帝十分高興，封衛青做了關內侯。一代名將衛青，從此開始了自己的戎馬生涯。

當時，匈奴的右賢王屢次侵犯河朔地區，百姓不堪其擾。漢武帝遂派車騎將軍衛青統領三萬鐵騎出高闕，打擊右賢王。這個右賢王一向對漢軍不屑一顧，得知漢武帝派兵攻打他的消息後，還是終日裡飲酒作樂，認為漢軍找到他得頗費一番時日。衛青帶著騎兵急行六七百里，在一天夜裡找到並包圍了匈奴右賢王。右賢王這才知道害怕，嚇得酒也醒了，趁著天黑偷偷跑掉了。衛青最後抓獲了右賢王十幾個將領，還俘虜了一萬五千名匈奴人，數百萬頭牲畜，於是班師回朝。

衛青到達塞上的時候，漢武帝派來封賞的使者也到了。使者把大將軍的印信交給衛青，向他傳達了皇帝的任命：任命衛青為漢大將軍，所有將領都歸其指揮。沒過多久，漢武帝再次封給衛青八千七百戶人家，還把衛青的三個兒子都封了侯。衛青堅辭不受，說道：「臣靠著陛下的天威，三軍將士的眾志成城，才僥倖打了幾場勝仗，這都是陛下和各位將士努力的成果。況且陛下已經封賞過臣了，臣的兒子還在襁褓之中，沒有建過尺寸之功，現在卻被封侯，這讓臣以後怎麼勸勉士兵們英勇作戰？請陛下收回成命，多多獎賞將士們。」漢武帝說：「這是你應得的，至於其他人，朕都會論功行賞，不會忘記的。」於是漢武帝下令封賞了很多有功之人。

漢武帝元狩四年，漢武帝決定集中兵力，對匈奴來一次大規模戰役。衛青作為主帥指揮了這場大戰。此戰中，漢軍長途奔襲，主動出擊，基本殲滅了匈奴的主力，解除了漢室建立以來北方一直存在的巨大威脅。後人多把這次戰役稱為漠北之戰。從今以後，匈奴再也無力發動大規模的戰爭，衛青也建立了自己的不世之功。

衛青為人十分低調，對待士大夫們謙恭有禮，對待士卒恩威並重，重用有才之人，又會打仗，大夥兒都喜歡在他手下當差。衛青發達後，朝中大臣多對他極盡趨奉之事，只有汲黯對他愛理不理。衛青非但沒有找汲黯的麻煩，反而更加敬重他，總是向他請教問題。李廣的兒子李敢，因為父親的死耿耿於懷，打了衛青一頓。衛青不但沒有報復他，反而下令封鎖消息，不讓這件事流傳出去。有人勸衛青多學習古人養士，也被他拒絕。漢武帝還把自己的姐姐平陽公主嫁給了衛青。衛氏一族顯赫一時。

漢武帝元封五年，衛青去世。漢武帝賜他諡號為烈侯，還命人在自己的陵寢東邊給衛青修建了一座陰山模樣的墳墓，以紀念他的功勳。

▌ 霍去病勇冠三軍

自古英雄出少年，這句話用在一代戰神霍去病身上再合適不過。霍去病立下赫赫戰功，封狼居胥，死時年僅二十三歲。二十三歲，許多人在這個年齡還在為溫飽奮鬥，而霍去病已經完成了他消滅匈奴的偉業，駕鶴西去了。

跟舅舅衛青一樣，霍去病也是一個私生子。他的母親衛少兒，是平陽公主家的女奴。衛少兒跟平陽縣的一個小官霍仲孺私通，生下了霍去病。霍去病的父親害怕平陽公主責罰，不敢承認霍去病是自己的兒子，這似乎註定了霍去病卑賤的一生。但就在霍去病周歲那年，他的小姨衛子夫被漢武帝劉徹看上了，結果衛氏一族開始顯貴，霍去病也過上了衣食無憂的生活。

等到霍去病十八歲的時候，他已經長成為一個健壯的少年，還十分善於騎射之術。年輕的霍去病十分欽佩自己的舅舅衛青，渴望像他那樣上戰場殺敵，為國立功。機會很快來臨。元狩六年，漢武帝命衛青出擊匈奴。衛青出發前帶上了自己的外甥霍去病。衛青封霍去病

為嫖姚校尉，帶領八百騎兵，作為奇兵深入敵方腹地。這是霍去病第一次帶兵打仗，他帶著這八百名騎兵，斬殺了兩千多名匈奴兵，一戰成名。漢武帝讚歎道：「嫖姚校尉霍去病，此役共斬殺了兩千多名匈奴人，還生擒了匈奴單于的相國、當戶、祖父、叔父，勇冠三軍，朕特封霍去病為冠軍侯！」

牛刀小試後，霍去病被任命為驃騎將軍，率領一萬名騎兵前往隴西，迎戰匈奴。六天的時間，霍去病越過焉支山一千餘里，轉戰匈奴五個部落，斬殺了匈奴的折蘭王、盧侯王、執渾邪王子和相國、都尉等多名重要人物，斬殺了八千多名匈奴人。

是役過後，漢武帝決定乘勝追擊，再次派霍去病出征。這次霍去病帶著自己手下的精兵，深入敵地兩千餘里，屢戰屢勝，一直打到祁連山，匈奴的單桓、酋塗王和相國、都尉等共兩千五百人投降。霍去病共斬殺了三萬多人，俘獲了七十多個將領，打得匈奴人聞風喪膽，從此退回焉支山以北，只能哀怨地唱道：「亡我祁連山，使我六

畜不蕃息；失我焉支山，使我婦女無顏色。」漢武帝又封給霍去病五千戶，跟著霍去病的那些將領也都獲封。

匈奴接連大敗後，單于十分生氣，想要殺掉渾邪王和休屠王。這兩人得知消息後，就向漢朝投降。漢武帝拿不准他們是真投降還是假投降，就派霍去病帶兵前去受降。霍去病到達後，匈奴軍中發生嘩變，很多人改變了主意，不願投降。霍去病臨危不亂，率兵斬殺了八千名叛亂者，又衝到渾邪王帳中，要求他下令誅殺叛亂之人。最後，四萬匈奴軍被震懾住了，順利歸降漢朝。

霍去病最輝煌的一戰，也是漢軍對匈奴的最輝煌一戰，即漠北之戰。霍去病本來是衝著匈奴單于去的，結果誤打誤撞地碰上了左賢王。霍去病率部奔襲兩千多里地，沿途殲敵七萬多，還俘虜了匈奴的許多貴族，一直打到了今天俄羅斯境內的貝加爾湖附近，在狼居胥山舉行了祭天儀式。此役之後，匈奴被趕至漠北地區，再也無力南下。

霍去病年輕有為，屢立戰功，

漢武帝對他恩寵有加。很快，他的名聲就蓋過了舅舅衛青。霍去病為人雖然話不多，但是很有個性。漢武帝曾經想要教授他兵法，霍去病直接就拒絕了，還說道：「打仗要講究隨機應變，以前的兵法學了有什麼用？」漢武帝為霍去病建造了一座府邸，讓他過去看，誰知道霍去病只是說了句：「匈奴未滅，何以家為！」漢武帝由此更加喜愛他。

可惜好景不長，一代戰神冠軍景桓侯霍去病，於漢武帝元狩六年，即西元前117年因病去世，年僅二十三歲。漢武帝十分心痛，下令為霍去病修建了一座祁連山形狀的陵墓，以紀念他的功勞。

張騫出使西域

漢武帝時，有一個匈奴投降過來的人對漢武帝說：「之前在敦煌、祁連山中間，有一個月氏國。月氏國原本是個強大的國家，後來被匈奴的冒頓單于給滅了。後來，老上單于殺掉了月氏國王，還把他的頭當做杯子來使用。活下來的人都逃到西邊去了，但對匈奴的仇恨沒有熄滅，陛下如果能派人去跟他們聯絡，一起夾擊匈奴，肯定可以成功。」

漢武帝於是徵募志願者出使西域。漢中人張騫，字子文，懷著一顆建功立業的心和為國盡忠的願望，響應朝廷號召，自願前往打通和月氏國之間的關係。漢武帝建元三年，張騫帶著巨大的使命上路了。張騫先是過了隴西之地，接著就進入了匈奴的地盤。很不幸，匈奴單于發現了這一隊西行的隊伍，於是把張騫扣留了下來，這一留就是十年，張騫甚至在匈奴娶了妻生了子。

雖然過去了十年的時間，但張騫一刻也沒有忘記自己的使命。他無時無刻不在想辦法逃離這個地方，去實現自己的抱負。機會終於來了，某天，張騫趁著匈奴人不

備，偷偷逃了出來，一路往月氏國的方向狂奔而去。走了十天，張騫到達了一個叫大宛的國家。大宛早就聽說了漢朝的富饒強盛，一直想跟漢朝搞好關係，但苦於沒有機會。大宛國王聽說張騫是漢朝人，對他十分熱情友好，親自選了一個翻譯，送張騫到月氏去。

張騫到達月氏後，月氏國的太子已經被立為國王了。月氏的軍隊打敗了大夏國，搶占了大夏國的土地，在這裡安頓了下來。這個地方土地富饒，賊寇也很少，他們早已把報仇的事忘記了。張騫在那裡住了一年多，一點收穫也沒有，只好返回祖國。

張騫走到南山時，害怕再被匈奴截獲，打算從羌族的領地穿過。不管張騫如何小心，匈奴人還是又抓住了他。

張騫又在匈奴待了一年多的時間，後來趁著單于作亂、匈奴國內大亂的機會跟甘父逃了出來。

回到大漢後，漢武帝對張騫的操守十分感動，封他做了太中大夫，又封甘父做了奉使君。當初跟著張騫一塊兒去的一共有一百多人，等到張騫回來時，已經過去了十三年，只有他和甘父活著回來了。

張騫雖歷經磨難，但瞭解了西域各國的情況，常常對漢武帝講解西域的情況：「大宛國在我們大漢的正西邊，土地有萬里之眾，那裡的人民以耕田為生。大宛產馬，那裡的馬被稱為汗血寶馬，十分矯健；大宛國內房屋建設跟咱們差不多。大宛的東北是烏孫國……」

漢武帝越聽越感興趣，對大宛、安息這些國家的特產都想親眼見見，於是又命張騫出使西域，一方面傳播大漢國威，另一方面可以互通有無。

張騫果然不辱使命，完成了這一任務。

張騫出使西域，打通了中原和西域的通道，促進了文化融合，影響深遠。

淮南王謀反

漢文帝八年，淮南王劉長因謀反罪被廢，在流放途中絕食而死。漢文帝對這個弟弟十分憐惜，將原先的淮南國封地一分為三，分別分封了他的三個兒子。其中長子劉安繼承了淮南王的封號。

劉安這個人，跟一般的王公貴族不大一樣，是個文學家。劉安十分喜歡讀書寫字，舞文弄墨，還有點沽名釣譽之嫌。劉安的家裡養了一大群賓客，賓客中有些輕薄之人，每每總是用劉長的死來刺激劉安，慫恿他造反。劉安心裡本就一直對早年喪父的事耿耿於懷，反叛之心漸長。

漢武帝建元二年的冬天，淮南王劉安進京見聖。漢武帝很欣賞劉安的文采，對他很是尊重，每次在一起吃飯時都跟劉安相談甚歡，直到天黑才分手。淮南王有一個女兒叫劉陵，十分聰明，口才也好，劉安就讓她常駐京城，結交重臣，為自己日後的謀反做準備。武安侯田蚡有一次到霸上去迎接劉安，對他說道：「當今皇上沒有子嗣，淮南王您是高祖皇帝的親孫，又好施仁義，天下沒有不知道的。一旦皇上駕崩，這皇位就非您莫屬了！」劉安聽後大喜，給了田蚡很多金銀財物。

建元六年，天空出現彗星。有人勸劉安說：「當年吳王起兵時，天上也出現了彗星，不過只有幾尺長，但已經造成血流千里了。現在這顆彗星劃過了整個天空，說明天下將有更大的戰爭。」淮南王深以為然，加緊準備作戰的兵器用具，籌備金錢。

淮南王手下有個郎中叫雷被，雷被有一次不小心得罪了淮南王的太子劉遷，因為擔心被報復，雷被向劉安請求到京城去從軍，跟著大將軍衛青去攻打匈奴。太子早就在老爹耳旁把雷被詆毀了許多遍，劉安於是沒有同意雷被的請求，還把他免了職。雷被被逼得走投無路，索性到長安去把劉安告了。公卿大臣們都建議立刻逮捕劉安，漢

武帝從大局出發，只是派人到淮南去傳訊劉遷。劉遷擔心事情敗露，就和劉安商量好，安排下武士，等朝廷的使者到來就把他殺了，起兵造反。誰知道使者來之後，態度十分和藹，劉安心裡一猶豫就沒有起事。按照當時的法律，阻擋將士去前線參軍的要受棄市的懲罰，漢武帝只是削去了劉安的兩個封地。這件事之後，劉安對漢武帝更加不滿，常對人說：「我已經做得仁至義盡了，結果還是被削減了封地。」劉安心裡覺得十分羞恥，謀反之心更甚。

淮南王日夜和賓客在一起商量謀反事宜，研究地圖，部署行軍路線。有從長安來的人，只要胡言亂語說什麼皇上還沒有兒子，天下一團糟，劉安就很高興；有說皇上已經有了兒子，天下一片太平的，劉安就很生氣，認為是胡說八道。

劉安問賓客對謀反之事的看法，大多數人都附和，只有一個叫伍被的反對，勸淮南王說：「大王您怎麼能說出這種亡國的話呢？」劉安很生氣，把伍被的父母都囚禁了起來。三個月以後，劉安又問伍被對造反的看法，伍被堅持說道：「當年高祖之所以能立國，是因為先秦無道，天下都背叛了他。現在天下太平，百姓安居樂業，實在沒有成功的機會。吳王當初比大王您的實力大得多，還不是失敗了？大王您不聽臣的意見，早晚要後悔的。」

淮南王有個庶出長子，名叫劉不害，劉安很不喜歡他，王后、太子也都看不起他。劉不害有個兒子叫劉建，一向自視甚高，常常怨恨太子欺負自己的父親，就偷偷派人到漢武帝那裡告發太子劉遷曾經密謀殺害朝廷派去的中尉這件事，漢武帝便派了廷尉前去調查。

劉安很害怕，想立即發兵造反，就又問伍被說：「先生，您認為吳王造反是對是錯？」伍被答道：「當然是錯的！臣後來聽說吳王自己也很後悔，但已經沒有退路。希望大王不要重蹈覆轍。」怎奈劉安反心已定，聽不進去勸告。劉安偷偷派人製作了皇帝用的玉璽，連同丞相、御史大夫、將軍、軍吏和太守、都尉等所有用得上封印的全都做了。劉安還派人到大將

軍衛青府上做事，等到發兵時，即刺殺衛青。劉安擔心國中的相國和其他朝廷派來的官員不聽從他，就和伍被商量先殺了他們，再造南越兵入侵的新聞，趁機起兵。

當時，漢武帝派人到淮南國逮捕太子劉遷，淮南王得到消息，就和太子商議立刻起事。劉安命相國、中尉、內史一同進宮，想把他們全殺了，可是最後只有相國到了。劉安覺得只殺這一個人沒什麼用，就又放相國回去了。最後也沒能起事。劉遷想要自殺，結果沒有死成。

伍被自知這件事絕不能成，就去自首，告發了淮南王密謀造反的事。結果劉安被迫自殺身亡，王后、太子都被殺，所有參與謀反的人都被滅族。

蘇武牧羊

匈奴人被衛青、霍去病打敗後，跟漢朝的關係時好時壞，時常發生各自派使者前去友好訪問又被扣留的事情。漢武帝天漢元年，新立的匈奴單于派使者前來求和，要求各自釋放人質，從此和平相處。漢武帝經過對匈奴的多次作戰，也消耗了很多人力財力，一時消滅不了匈奴，就答應了。

為了回應匈奴單于的友好行為，漢武帝選派中郎將蘇武帶著豐厚的禮物和被漢朝扣留下來的匈奴使者前往匈奴，一同前往的還有副中郎將張勝和假吏常惠等一百來人。誰知道到了匈奴以後，發現匈奴單于並不像想像中的那樣友好，而是很傲慢無禮。

就在蘇武即將完成任務回朝覆命時，匈奴內部發生了一件事。漢朝投降匈奴的衛律有個手下叫虞常，虞常對衛律很不滿，就和緱王一起密謀劫持單于的母親歸漢。虞常在漢朝時和張勝的關係很好，就去跟張勝說：「我聽說陛下很痛恨衛律，我可以殺了他。不過我的母親、兄弟都在漢朝，希望皇上能夠

好好待他們。」張勝答應了，還送給虞常很多財物。

有一次，單于出去打獵，只留下閼氏、子弟在家裡。虞常和手下七十多個人覺得時機來了，打算起事。但是有一個人因為害怕，半夜偷偷跑去告密了。結果緱王等人被殺，虞常也被抓住。單于派衛律來審理這件事。張勝聽說後，擔心自己會被牽連出來，就把事情都告訴了蘇武。蘇武聽後說道：「事已至此，逃是逃不掉了。如果在這裡當了階下之囚，實在有辱國威。」說完就要自殺，幸虧張勝和常惠及時阻止。

虞常果然把張勝供了出來，單于大怒，召集匈奴的王公貴族前來商議，想要殺了漢使。左伊秩訾建議說：「還是勸降好。」單于於是派衛律前去勸降蘇武。衛律苦口婆心地勸說了一番，蘇武不為所動，只是對手下人說：「屈節辱命，縱然活著，又有什麼面目回到大漢！」接著就拔出刀自殺。衛律大吃一驚，連忙上去抱住了蘇武，急召醫生前來救治。蘇武本來都已經沒氣了，經過一番救治才撿回了一條命，手下的人都大哭不止。單于聽說蘇武的事蹟後，十分欽佩，常常派人去慰問他。

等到蘇武康復之後，單于就讓他一起去看對虞常的審判。衛律先是殺了虞常，對蘇武說：「你們大漢的使者張勝意圖謀害單于的近臣，論罪當死，不過單于寬宏大量，只要他投降，就饒他一命。」說完舉劍要殺張勝，張勝怕死，請求投降。衛律這才得意洋洋地對蘇武說道：「你的手下犯了罪，你也應該連坐受誅。」蘇武答道：「我本來就沒有參與這件事，也不是張勝的親人，憑什麼要被連坐！」衛律見蘇武不肯投降，就拿起劍往他頭上砍去，蘇武歸然不動。衛律見硬的不行，就來軟的，又勸說道：「你看我，歸降匈奴以後，單于封我為王，擁兵數萬，富貴至極。如果你今天也投降，我有的一切你也會有的。如果你執意不肯，為國捐軀在這荒漠之中，又有誰會知道呢？」蘇武還是不答應。衛律又說道：「如果你聽我的話投降，我們以後就是兄弟了；如果你不聽，以後就是想見我也見不到了！」蘇武

破口大罵：「你身為人臣，卻背信棄義，投降敵人，還有什麼臉面再見我？」

衛律知道蘇武是不會投降的，就去稟告了單于。單于得知蘇武如此忠心，更加想讓他歸降了，就把蘇武放在了一個大冰窖裡，不給他食物和水。蘇武靠著雪水和衣服上的皮毛活了下來。匈奴人都以為蘇武是神，就把他送到了北海去牧羊，還說：「等到公羊生下小羊羔後，你就可以回來了。」

漢昭帝繼位後，漢匈的關係又有了好轉，漢昭帝幾次派人去接蘇武回來，匈奴人都欺騙說蘇武已經死了。有一次，漢使又到匈奴去了，蘇武當年的手下常惠買通了匈奴人，偷偷去見了漢使，告訴他蘇武還活著的消息。漢使於是求見單于，說道：「我們大漢皇帝在打獵時射到一隻鳥，這隻鳥身上綁了一小塊布，上面寫著蘇武在北海牧羊。」單于聽後大驚，只好放蘇武回去了。

蘇武出使時還是一個壯年男子，等到回去時已經是十九年後，他的頭髮都白了。

李陵降匈奴

李陵是名將李廣的孫子，他的父親李敢英年早逝，李陵是遺腹子。李陵繼承了家族尚武的習性，十分擅長騎射，對待士兵也十分愛惜。李陵長大後，漢武帝認為他有將門之子的風範，就拜他做了騎都尉，率領丹陽、楚地五千名士兵，在酒泉、張掖一帶練習騎射，防備匈奴的入侵。

天漢二年，漢武帝劉徹派貳師將軍李廣利出征匈奴。漢武帝又找來李陵，想讓他去做貳師將軍的後勤工作。李陵盼望的是浴血沙場、馬革裹屍的軍旅生活，對後勤工作一點興趣也沒有，於是下跪請求道：「臣手下的那些士兵都是荊楚之地的勇士奇才，每個人都能手擒猛虎，百步穿楊。所以，臣請求

陛下，讓臣帶著手下這些人到蘭干山吸引單于的部隊，好減輕貳師將軍的壓力。」漢武帝為難地說道：「朕此次出兵，派出了很多隊伍，恐怕沒有騎兵可以給你去打仗。」李陵回答說：「如果沒有騎兵，臣願意只帶著手下的五千步兵獨闖匈奴王庭。」這一番豪言壯語甚得漢武帝歡心，他毫不猶豫地答應了。

李陵出發後，漢武帝給路博多下了一道命令，讓他在半路迎接李陵，跟隨李陵征討匈奴。路博多認為李陵是小輩，自己去策應他實在是沒面子，就給漢武帝寫了一道奏章，奏章上寫道：「現在是秋天，正是匈奴兵強馬壯的時候，不宜跟他們打仗，希望陛下同意等到春天再出兵。」漢武帝看到奏章後很生氣，認為是李陵在自己面前誇下海口回去又後悔了，所以慫恿路博多寫了這麼一本奏章。生氣的漢武帝給李陵和路博多分別下了一道詔書，要求路博多率兵到西河去攻打匈奴，又命李陵九月份就出發。

李陵於是倉促地帶著五千步兵離開了居延，一路向北，尋找匈奴的部隊。走了三十天後，部隊來到了浚稽山，碰到了匈奴的主力部隊。匈奴單于帶著三萬騎兵把李陵的軍隊包圍起來。李陵命令軍隊以大車為單位作戰，站在前面的一排手持戟盾，後面的一排士兵拿著弓箭、弩。

匈奴人看漢軍人數少，就直接上前去漢軍的營地進攻。結果李陵一聲令下，萬箭齊發，匈奴兵應聲而倒，死傷無數，剩下的都往山上跑去，漢軍乘勝追擊殺了幾千人。單于大驚，又調來八萬騎兵，繼續圍攻。李陵就這樣且戰且走，把匈奴引向南邊。過了幾天，到達了山谷的中間地帶。因為連日作戰，士兵中受傷的很多，李陵下令，讓受傷三次的人載輦，受兩處傷的人駕車，只受一處傷的繼續拿起武器打仗，結果，漢軍又殺了三千多名匈奴兵。

又走了幾天，來到了一處大澤。匈奴人縱火燃燒澤中的蘆草，李陵也命士兵焚燒來自救。單于在南山上看見李陵的軍隊到了山下，就派自己的兒子帶兵去攻打李陵，結果又被漢軍斬殺了幾千人。一連打了多日，單于有些灰心，說道：

一次讀完資治通鑑故事

「這是漢軍中的精兵，我們久攻不下，反而日夜被引向漢朝的地盤，萬一有伏兵怎麼辦？還是收兵吧。」手下的人都說：「單于您帶領數萬騎兵，如果還不能消滅這幾千名漢兵，以後漢朝更該看不起我們了。再看幾次試試，如果還不行，那只好回去了。」

又廝殺了幾日，匈奴兵還是一點便宜也占不到，單于打算收兵回營。就在這當口，李陵軍中有一個士兵，因為不堪被校尉大罵，投降了匈奴。這個叛徒對單于說道：「李陵並沒有援軍，而且軍中的矢箭馬上就要用完了，您再攻打幾日，他們肯定投降。」單于聽後大喜，召集軍隊猛攻漢軍，還讓人大聲叫嚷：「李陵、韓延年快快投降吧！」

漢軍把箭射光後，又拿著武器與匈奴兵短兵相接，結果死傷甚重。李陵突圍不成，自知無力回天，歎息道：「我還有什麼臉面再見陛下！」於是投降。剩下的士兵四處逃散，只有四百人回到了漢朝。

漢武帝聽說李陵投降的消息後，十分震怒。群臣都說應該治李陵的罪，只有司馬遷為李陵辯解，結果被漢武帝施以宮刑。後來，漢武帝又滅了李陵的族，李陵在匈奴得知後，痛不欲生，從此再沒有踏進中原一步。

巫蠱之禍

漢武帝晚年時，全國巫蠱盛行，屢禁不止。漢武帝對巫蠱之術深惡痛絕，派繡衣使者江充負責清除。

漢武帝劉徹直到二十九歲才有了第一個兒子，因此對他十分寵愛，立為太子。太子名叫劉據，是皇后衛子夫所出。劉據長大後，性情仁慈，待人謙恭，做事嚴謹，漢武帝嫌他過於軟弱，不像自己。當時，衛子夫也已經年老色衰，恩寵日衰。母子兩人都日漸生出不安之

心，生怕哪天就保不住地位，這種情況在衛青死後更加突出。許多不滿太子的人認為太子已經沒有了靠山，就開始設計廢除太子。

漢武帝年紀大了以後，和秦始皇一樣開始迷信求仙問藥之事，終日住在甘泉宮裡，和江充、蘇文之流在一起，就是皇后、太子想要見他一面也不可得。江充、蘇文這些人都和太子有嫌隙，常常在漢武帝面前詆毀太子。皇后衛子夫聽說後，十分氣憤，讓太子把他們殺了，太子卻說：「如果我沒有過錯，他們想詆毀我也不能夠。皇上那麼聰明一個人，不會被這些小人蒙蔽的，請母后不要擔心了。」

當時，漢王朝內巫蠱盛行，搞得社會上是烏煙瘴氣。漢武帝十分生氣，下令徹查，最後殺了幾百個人。有一天漢武帝在睡覺時，夢見有幾千個木人拿著木杖要擊打自己。驚醒後的漢武帝覺得自己身體很不舒服，懷疑是有人在用巫蠱之術害自己。江充因為擔心漢武帝死後，太子劉據當上皇上會殺了自己，也極力在漢武帝面前煽風點火。漢武帝於是派江充為使者，專

門治理巫蠱之禍。

江充把整個京城掘地三尺，挖出了很多被紮了針的小木人，被牽扯在內的人多達上萬。為了借此次行動達到自己的政治目的，江充偷偷派人在太子宮內埋了許多小木人，接著裝模作樣地帶人前去檢查，結果在太子府內搜出了許多小木人。太子百口莫辯，就去問自己的老師石德該怎麼辦。石德作為太子的老師，擔心被株連，就對太子說：「之前丞相父子和兩位公主，還有衛青的兒子，都是因為這種事死的。現在既然在太子宮裡搜出了證據，你又沒有證據證明自己是無辜的，怕是難逃一死。現在只有矯詔逮捕江充一夥人，治他們一個奸詐之罪，才有生路。況且皇上久未露面，皇后派去請安的人回來連個信兒也帶不來，誰知道陛下是不是還在人間？您就不怕重蹈公子扶蘇的覆轍嗎？」

太子聽後，說道：「我是陛下的兒子，怎麼能隨意誅殺他的臣子呢？不如我去見皇上一面，向他解釋清楚，或許可以沒事。」太子於是想去甘泉宮面見漢武帝，江充從

中阻攔，非要抓太子治罪。太子被逼得沒有辦法，擔心自己真的成了扶蘇第二，就聽從了石德的主張，殺了江充。

為了穩定局面，太子又去求見皇后，把皇宮中的士兵召集起來，拱衛京師。蘇文偷偷跑回去跟漢武帝說太子造反了，漢武帝不相信，派人去京城打探消息。使者害怕丟了性命，走到半路又回來了，對漢武帝說太子真的造反了。漢武帝大怒，派丞相劉屈氂率兵平叛。太子軍和武帝的軍隊在長安城裡一場大戰，一連打了五天，直打得是血流成河。因為民間都風傳太子造反，所以很多人都不歸附太子。最後太子兵敗逃亡，後來被追兵追上，在一個小茅屋裡自縊身亡。

漢武帝日後終於得知了實情，下令滅了江充的族，又給太子建了一座宮殿，稱為思子宮，以表達自己對太子的思念之情。

▌ 霍光專權

漢武帝晚年的時候，專寵鉤弋夫人，鉤弋夫人懷孕十四個月後生下一子，漢武帝深以為奇，因為據傳堯帝出生也是花了十四個月。漢武帝很高興，給這個孩子取名為弗陵，十分寵愛他。

巫蠱之禍後，漢武帝失去了精心培養三十多年的太子劉據，繼承人的問題開始提上日程。在一群兒子中間，漢武帝最喜歡的就是小兒子劉弗陵，覺得他英勇果敢，跟自己很像。但是因為劉弗陵年紀實在太小，母親又年輕，漢武帝猶豫了很久，不能下定決心。最後可能是因為別的兒子實在不成器，漢武帝決定還是立弗陵為儲，於是開始在群臣中尋找可以輔佐他的人。

漢武帝經過一番觀察，最後選定了光祿大夫霍光。霍光是一代戰神霍去病同父異母的弟弟，從小被霍去病帶到京城生活，做了漢武帝的侍從，漢武帝對他十分信任。霍光為人處世十分小心謹慎，挑不出半點毛病，被稱為忠厚之人。有一

次，漢武帝派人給霍光送去了一幅畫，畫上畫的是周公背著成王上朝面見諸侯的事情，意思就是讓霍光做周公，輔佐好幼主。後來，漢武帝又找了個藉口，殺了劉弗陵的母親鉤弋夫人，以防止太后專權，淫亂後宮。

漢武帝後元二年，即西元前87年，漢武帝病重，霍光在漢武帝病床前哭著問道：「如果陛下發生不測，誰可以繼承大位？」漢武帝說道：「朕送給你的那幅畫難道你沒有看懂嗎？我死後，立少主弗陵為帝，你就效仿周公，輔佐幼主。」霍光聽後立刻磕頭推辭道：「臣比不上金日磾。」金日磾也連忙說道：「臣只是一個外國人，不如霍光合適；如果讓臣擔當大任，豈不是讓匈奴人輕視大漢！萬萬不可！」

過了不久，漢武帝下詔，立弗陵為皇太子，年僅八歲；另封霍光為大司馬、大將軍；封金日磾為車騎將軍；封太僕上官桀為左將軍，三個人聯合輔佐弗陵，又封桑弘羊做了御史大夫。

丁卯日，漢武帝崩於五柞宮，太子弗陵登基稱帝，是為漢昭帝。霍光、金日磾、上官桀三人輔政，共擔尚書之職。不久後，上官桀不滿霍光大權獨攬，聯合燕王劉旦、桑弘羊和長公主，打算搞政變。但漢昭帝對霍光信任有加，不予理會他人的誣陷，後來霍光當機立斷，阻止了這場政變，從此，霍光的權力更大，霍氏家族的勢力也日益漸長，很多霍家人開始飛揚跋扈起來，為日後滅族埋下了伏筆。

漢昭帝死後，沒有留下子嗣，大臣們決定立漢武帝的兒子昌邑王劉賀為帝。這個劉賀是個地道的紈褲子弟，所擅長的事就是吃喝玩樂，政治智商幾乎為零。當了皇帝之後，劉賀更加肆無忌憚，做了很多荒淫無道的事情。大臣們看在眼裡記在心裡，誰也不願意大漢的江山葬送在劉賀手裡，可誰也不知道該怎麼辦。這個時候，霍光站了出來，他決定廢了劉賀，改立衛太子劉據的孫子劉病已為帝。

劉病已於是乎從一個平民一躍成為萬人之上的帝王，就是漢宣帝，他對霍光自然是感激不盡，霍光的權力進一步擴張。劉病已在

民間時，娶了一個平民的女兒許平君為妻。當上皇帝之後，漢宣帝並沒有忘舊，而是封了許平君為后。當時霍光有個小女兒，霍光的妻子霍顯很想讓自己的女兒當皇后，就趁著許皇后懷孕之際，勾結太醫把她毒死了。許皇后死後留下一子劉奭，被漢宣帝立為太子，就是後來的漢元帝。霍顯擔心被漢宣帝追查治罪，就把這件事告訴了霍光。霍光本想帶著妻子去自首，但最後實在狠不下心，只好不了了之。

西元前68年，權傾一時的大將軍霍光去世，漢宣帝親自前去弔唁，霍家榮光尚在。但是霍光去世後，他的妻兒不但不知道收斂，反而變本加厲，更加囂張乖戾。後來，許皇后被毒害一事的秘密不知道被誰洩露，霍顯十分害怕，就和家裡人商量，意圖謀反。結果事情敗露，漢宣帝下令將霍家滅族。

顯赫一時的霍氏一族就這樣成為過眼雲煙。

昭君和親

王昭君，也叫王嬙，是中國古代四大美女之一。王昭君流芳百世，靠的不僅僅是她的絕世容顏，更是她的歷史功績。

西漢後期，匈奴部落四分五裂，無力再和漢朝對抗。其中有一個呼韓邪單于，和西漢王朝交好。西元前32年，呼韓邪單于進京朝見漢元帝，並請求和親。漢元帝下令從後宮的宮女中挑選出眾者前往匈奴和親。宮女們一聽要到荒涼的北方大漠去做胡人的妃子，沒有人願意前往。就在漢元帝一籌莫展之際，有人前來稟報說有一個叫王嬙的宮女，自願前往。

王昭君出生在南郡秭歸縣的一個小村莊裡，從小就生得美麗無比，十六歲時以良家女子身分被選入宮。當時，由於宮女太多，皇上只有一個，所以規定宮女進宮後，有專門的畫師為她們畫像，皇上根據畫像來決定召見寵幸哪個宮女。

給昭君畫像的畫師叫毛延壽，此人十分貪婪。很多宮女為了能夠見皇帝一面，都對畫師行賄，以便能將自己畫得漂亮些。王昭君對這種行為很不齒，又自恃美貌，就沒有什麼行動，結果因此得罪了毛延壽。毛延壽故意把昭君畫得很普通，還在她臉上加了一顆痣。皇上見了昭君的畫像，對她印象不佳，就沒有放在心上。結果，昭君在宮裡一待就是三年，這三年裡，她從未見過皇帝一面。

皇宮就像一個精緻無比的鳥籠，但王昭君卻不是金絲雀，她不願意這樣虛度自己的一生。就在王昭君對自己的宮廷生活產生絕望之際，機會出現了。匈奴的呼韓邪單于，不遠千里前來長安，想要娶一個漢族女子為妻。其他人唯恐躲不及，而昭君卻毛遂自薦，希望能借此改變自己的命運。

漢元帝很高興，下令將昭君封為公主，下嫁呼韓邪單于。出嫁那天，昭君打扮得就像天上的仙子，就連天上的飛燕也因之駐足。呼韓邪單于沒想到世間竟有如此美貌的女子，頓時心花怒放，心裡對大漢王朝更是感激。可另一個人的心裡就沒這麼高興了，他就是漢元帝。這個擁有後宮三千佳麗的君王，看著眼前的昭君，竟也呆住了。他不住地在心裡問自己：「宮中竟有如此美貌之人，為什麼我沒有早點發現？」可是，君無戲言，更何況是對外邦的承諾，如果現在反悔，將昭君留下來，說不定會引起一場戰爭。他是帝王，他不能。

昭君到匈奴以後，呼韓邪單于十分喜歡她，封她做了寧胡閼氏。昭君生下了一個兒子，名叫伊屠智牙師。可惜好景不長，呼韓邪單于在婚後第三年就去世了。按照匈奴的風俗，繼任的單于要娶繼母為妻。昭君不能接受這種亂倫之事，給西漢皇帝上書請求回國，但沒有被允許。昭君從民族大義出發，接受了安排。

昭君出塞，換來的是漢匈近五十年的和平。她為國家、為民族做出了巨大的犧牲，值得人們懷念。

班婕妤軼事

班婕妤，是西漢成帝劉驁的妃子，婕妤並不是她的名字，而是後宮的一個封號。班婕妤是歷史上著名的賢妃，還是一位女詩人，她色藝俱佳，可惜碰上了昏庸荒淫的漢成帝，最後伴著孤燈古書，鬱鬱度日。

漢成帝劉驁在做太子的時候就十分好色，當了皇帝之後，更加肆無忌憚。漢成帝先是十分寵幸許皇后，許皇后年老色衰之後，他開始專寵班婕妤。班婕妤的父親是一名軍人，從小對她的教育就很嚴格，班婕妤不僅知書達理，文學修養也很高。得寵後的班婕妤不但沒有像別的嬪妃那樣恃寵而驕，反而處處嚴格要求自己，還經常拿古代君王的事蹟勸勉漢成帝。

有一次，漢成帝坐著輦車在後宮巡遊，想邀請班婕妤一起巡遊。班婕妤拒絕道：「臣妾看過很多古代的圖畫，發現一個規律。那些聖賢之君，身邊陪伴的都是名臣賢士；而那些末代君王，他們身邊坐著的則是些寵妃。如果我今天答應了跟您同車，這和那些昏君的行為不是很像嗎？」皇帝聽後，心裡對班婕妤大為讚歎，打消了和她同輦的想法。這件事傳到太后耳朵裡，太后也很高興，稱讚班婕妤道：「古代楚莊公有樊姬這樣的賢妻，如今我們皇上也有了班婕妤！」班婕妤為人還十分大度，她還親自把自己的侍女李平進獻給了漢成帝，李平後來也被封為婕妤。

班婕妤有樊姬之才，可惜漢成帝卻沒有楚莊公之德。好色成性的漢成帝不久就對宮裡的人膩煩了，終日到宮外遊蕩。有一天，漢成帝到姐姐阿陽公主家喝酒。阿陽公主的偶像是平陽公主，她很想像平陽公主那樣也給自己的弟弟進獻一個衛子夫，於是在家裡養了很多歌女，這其中，就有後來很有名的趙飛燕。

漢成帝見了趙飛燕，驚為天人，立刻就安排她進了宮。趙飛燕不久又向皇上舉薦了自己的妹妹趙

合德，想要以此來專寵鞏固自己的勢力。漢成帝有了這兩個尤物後，從此就不再寵愛班婕妤。

趙飛燕姐妹雖然貌如天仙，心腸卻十分歹毒。許皇后失寵後，日日悶悶不樂。有一天，許皇后的姐姐進宮來看她，許皇后向姐姐哭訴自己的遭遇。結果她姐姐給她出了個主意，用巫術來詛咒趙飛燕姐妹。這件事很快就被趙飛燕姐妹知道，覬覦後位已久的趙飛燕自己不會放過這個機會，立刻跑到漢成帝面前去告狀，還順帶把班婕妤也捲了進去。許皇后很快就被廢黜，她的姐姐也被殺死，其餘親屬都被遣返原籍。漢成帝又派人去審問班婕妤，班婕妤不為所動地說道：「臣妾沒什麼見識，但也知道『生死有命，富貴在天』這句話。那些虔誠的人日日敬神，用心良苦，尚且還

不能得到神靈的眷顧，難道居心不良的人向神靈祈求就可以靈驗嗎？假如神靈有知，他們肯定不會答應這種卑鄙的要求；如果神靈不知道，那做這種齷齪的事又有什麼用？臣妾萬萬不敢做出這種事，也根本不屑於做！」漢成帝聽後覺得很有道理，不但沒有降罪於她，反而賞賜了她許多財物。

經過這次事，班婕妤看清了後宮的形勢，她知道趙氏姐妹肯定會想方設法除掉自己，以絕後患，於是給漢成帝上了一道書，自願到太后身邊伺候太后終老。漢成帝同意了，趙飛燕姐妹見班婕妤不再是自己的威脅，也沒有再去陷害她。漢成帝死後，班婕妤又自請去給漢成帝守陵，最後鬱鬱而終，死時年僅四十歲。

▌ 王莽稱帝

唐代大詩人白居易有詩云：「周公恐懼流言日，王莽謙恭未篡時。向使當初身便死，一生真偽復誰知。」詩中的主角王莽，從一個無名小子，到最終篡奪了西漢的皇權，可謂是最會偽裝的人了。

王莽的家族因為他姑姑王政君的緣故，一躍成為西漢歷史上著名的外戚之一。王政君當上太后之後，大肆封賞自己的娘家人，在一日之內接連封自己的五個兄弟為侯，被稱為「五侯」。漢成帝劉驁沉湎於酒色，不理朝政，王太后趁機掌握了大權，王氏一族在王太后的庇護下，過上了聲色犬馬的生活。

王莽的父親王曼，英年早逝，沒有能夠獲封，王莽的哥哥也早死，所以王莽很小就開始背負家庭的重擔。

王莽和其他王氏子弟不同，他對那些奢侈荒淫的事情沒有興趣，倒是很喜歡讀書習禮，生活也十分簡樸。為了實現自己的野心，王莽深知必須依靠自己那些執掌朝政的叔伯，於是對他們特別恭敬。

王莽的叔叔王鳳時任大司馬，相當於最高長官。王鳳重病期間，王莽親自端湯餵藥，不眠不休地在病榻前守了幾個月，比王鳳的親生兒子還要孝順。王鳳十分感動，臨死前特意交代自己的妹妹王太后，要好好地照顧王莽。王莽的另一個

叔叔王商上書漢成帝，願意把自己的封地分給王莽一些。王莽還禮賢下士，民間對王莽的評價也很高。在這樣一種情況下，王莽走進了西漢歷史的舞臺。

西元前22年，二十四歲的王莽開始進入朝中做官，因為辦事嚴謹，為人低調，很快得到朝中上下的信任。三十歲時，受封新都侯、騎都尉、光祿大夫侍中。西元前8年，王莽的叔叔王根病重，向漢成帝舉薦了王莽，於是三十八歲的王莽成為大司馬。

就在王莽平步青雲之際，漢成帝因為縱欲過度暴斃，漢成帝沒有子嗣，他的侄子劉欣繼承了皇位，是為漢哀帝。漢哀帝上臺後，王氏一族的勢力開始受到排擠，王莽辭去了大司馬的職位，回到新野，閉門不出，一心讀書。在王莽隱退期間，他的兒子王獲殺了一名家奴，王莽知道後逼迫兒子自殺償命。這件事後，王莽的名聲更甚，引來許多人為他上書求情。

漢哀帝也是個昏君，在位僅七年就過世了。漢哀帝死後，太皇太后王政君拿到了傳國玉璽，又封

王莽為大司馬，兼管軍事，文武百官也大都認為王莽賢明，紛紛擁護他。此時，四十五歲的王莽終於大權在握，他一上臺就迅速清除了對手，擁立了漢平帝。王莽果斷的行事風格也受到大家的認同。

漢平帝即位時年僅八歲，實際上是王莽手中的傀儡，沒有一點實權。為了讓王莽安心地輔佐漢平帝，太皇太后賜王莽為安漢公，就是把他比作周公，王莽先是假意推辭，又讓他的黨羽在下面造勢鼓動，這就是王莽典型的行事風格。他凡事都要再三推辭，從來不在人前表露自己的真實想法，然後讓自己的黨羽們替自己邀功，這樣既獲得了利益，又得了個謙恭的名聲。

為了進一步控制皇帝，王莽又將自己的女兒立為皇后。當時，王莽的兒子因事下獄，王莽為了自己的名聲，竟然逼死了自己的兒子，之後讓人把這件事大肆渲染，說什麼安漢公大義滅親，大公無私。

漢平帝也是個短命的皇帝，沒幾年也病死了。王莽這次又立了只有兩歲的孺子嬰，又暗示群臣向太皇太后邀封。此時的王太后早已無力控制王莽了，只好封王莽做了攝政王，總攬大權。已經是天下權力最大之人的王莽並沒有就此滿足，他一步一步地走向了自己的終極目標——改制稱帝。

為了使眾人信服，王莽派人四處去搞一些天降祥瑞的事情，比如，哪塊石頭上刻上「求賢讓位」「漢曆中衰，當更受命」，弄得是人心浮動。西元8年，王莽授意自己的弟弟王舜，逼迫太皇太后王政君交出了傳國玉璽，改制稱帝，國號為新。

五十四歲的王莽終於撕下了自己偽善的面具，成了一個篡位奪權的被後世唾棄之人。

王莽建新後，大行古風，將國家搞得一團糟。全國出現了轟轟烈烈的反莽運動，西元23年，起義軍攻入了長安，王莽被殺，他的新朝只存在了十四年。

綠林赤眉起義

西漢末年，在歷經了兩位昏君——漢成帝和漢哀帝後，強大一時的西漢王朝走向衰敗。王莽篡漢後，改行古制，對百姓的苛政更甚，社會矛盾進一步激化。新朝末年，全國各地屢發水災、旱災、蝗災，各級官府不但不體恤民情，反而打著實行新政的幌子壓榨百姓。不堪重壓的百姓最終紛紛揭竿而起，起義軍風起雲湧，這其中最著名的兩支就是綠林軍和赤眉軍。

西元17年，南方的荊州地區發生饑荒。百姓餓得沒有辦法了，紛紛跑到山上去挖草根充饑。難民越聚越多，為了防止發生糾紛，大家推舉了新市人王匡、王鳳做了首領。王匡、王鳳趁勢帶著眾人跑到了綠林山裡，武裝起來占領了附近的幾個縣。因為這支起義軍駐紮在綠林山中，所以被稱為綠林軍。

隨著綠林軍的壯大，遠在京城的王莽也坐不住了。西元21年，王莽命荊州牧發兵攻打綠林軍，結果被打敗，又有更多的人投靠了綠林軍，綠林軍的鬥志也高漲起來。可是一年以後，綠林山中發生了瘟疫，起義軍兵士死了幾乎一半，為了保命，剩下的人分成了兩部分，一部分稱為下江兵，一部分稱為新市兵，各自為戰。

王匡、王鳳帶領的那支就是新市兵，他們一路北上，在路上又吸納了很多起義者，實力大增，這其中就有後來的漢光武帝劉秀。王莽調集兵力，準備跟起義軍決一死戰，就有了歷史上著名的昆陽之戰。昆陽一戰，劉秀和綠林軍的其他將領打敗王莽軍隊，綠林軍很快就攻入了長安。

隨著起義軍勢力的壯大，領導層開始商量著推舉一個皇室的後裔當首領，好號令天下，讓人臣服。最終，沒落貴族劉玄被選上。西元23年，劉玄在清陽稱帝，恢復大漢，改年號為「更始」，他就是歷史上有名的更始帝。

更始帝進入長安後，逐漸暴露了他腐化貪婪的本質，開始變得驕

奢淫逸，還殺害了很多有功之人。當時另一路很著名的起義軍赤眉軍的將領樊崇前來歸順，劉玄一點沒放在心上，只是封赤眉軍的幾個將領一個空頭官銜。樊崇大怒，帶著手下的人就回去了。

赤眉軍首領樊崇，原本是一個普通農民。西元18年，因不堪官府的壓榨，樊崇帶領一百多個貧苦農民在莒州起義。樊崇的起義軍雖然人數不多，但是個個作戰十分勇敢，以一當十，聲勢也很浩大。幾年之後，樊崇的軍隊已經壯大到十萬人之眾。王莽在西元22年，派十萬大軍南下，企圖消滅這支起義軍。為了使士兵在作戰中分清敵我，樊崇下令，起義軍每個人都要將自己的眉毛染成紅色。結果，王莽軍大敗，赤眉軍名震天下。赤眉軍從此改變了之前被動的局面，乘勝擴張自己的勢力範圍。

赤眉軍和綠林軍分裂後，繼續擴張。後來，赤眉軍攻入了長安城，綠林軍中的王匡等首領都歸附了赤眉軍。但是沒過多久，他們就被劉秀的軍隊打敗了。

綠林赤眉起義軍沉重地打擊了封建地主階級，推動了社會進步。

▍劉秀建立東漢

漢光武帝劉秀，東漢王朝的開創者。劉秀是漢高祖劉邦的子孫，但到劉秀時，祖上的庇蔭早已不在，他只是一介布衣。王莽篡漢後，群雄並起，身在南陽的劉秀和哥哥劉演變賣了家產來結交豪傑，並以自己劉氏宗親的身分，高舉匡扶漢室的大旗，在南陽郡春陵鄉起兵。劉秀的起義軍也因此被稱為春陵兵。

為了壯大聲勢，劉演決定和綠林軍聯合起來，共同討王。聯軍在昆陽與王莽的新軍進行了一場殊死大戰，結果聯軍以一萬人大敗王莽的四十多萬大軍，給王莽的政權唱響了輓歌。劉秀在這場至關重要的戰役中立了首功，招致了綠林軍一些將領的猜忌。

隨著綠林軍的勢力越來越大，領導層一致決定推選出一個首領，為了得到天下的擁護，這個人最好還是姓劉的。按說，軍中最有實力的姓劉的要數劉秀兄弟了，但起義軍將領擔心劉演的勢力過大之後無法掌控，就找了一個叫劉玄的皇族後裔，立為皇帝，建號更始。劉演被封為大司徒，劉秀則當了太常偏將軍。

劉演對更始政權極為不滿，劉玄擔心他的勢力過大，威脅到自己，就藉口劉演違抗命令，把他殺害了。當時領兵在外的劉秀得知消息後，立刻趕到綠林軍中謝罪。為了不引起劉玄的猜忌，表明自己的忠誠，剛死了哥哥的劉秀在人前不但沒有表現出應有的悲傷，反而總是一副談笑風生的樣子，一個勁地說劉演論罪當斬，自己作為他的弟弟也是有罪之身。有人稱讚他在昆陽大戰中的功勞時，劉秀也是一個勁地謙讓，指出那都是將士們的功勞。更令人吃驚的是，劉秀非但沒有為劉演披麻戴孝，反而在這個時候娶了親。

劉秀這一系列舉動迷惑了更始帝劉玄，他認為劉秀這個人膽小怕事，不足為慮。當時河北一帶戰亂不止，劉玄便給了劉秀少許兵馬，讓他去河北招安。把一個胸懷天下的志士放到時局動盪之地，這無異於放虎歸山，劉秀就這樣逃出了綠林軍的勢力範圍，開始創立自己的江山。

更始帝元年十月，劉玄任命劉秀為大司馬，北渡黃河去招降河北州郡。當時河北的局勢非常混亂，劉秀為了站穩腳跟，又迎娶了真定王劉楊的外甥女郭聖通，取得了河北州郡大地主集團的支持。隨著劉秀勢力的壯大，更始帝又開始擔心了，他派人到河北去，企圖沒收劉秀的兵權，於是劉秀公開和綠林軍決裂。

更始三年六月，劉秀在河北鄗城登基稱帝。當時民間人心思漢，劉秀為了收攏人心，仍然定國號為「漢」，史稱東漢，劉秀就是漢世祖光武皇帝。更始帝進入長安後，生活開始奢侈起來，綠林軍內部也出現了裂痕。赤眉軍趁機攻入長安，大敗綠林軍。劉秀聽說兩支起義軍火拼的消息後，也增兵關中，

漢
紀

等待機會。

赤眉軍占領長安後，引起了大地主集團的恐慌，他們囤積糧草，使得赤眉軍糧食短缺，一度不得不撤離長安城。劉秀隨機應變，先後派大將鄧禹、馮異追剿赤眉軍，最終取得了勝利。這樣，劉秀統一天下道路上最大的敵人也消滅了。之後劉秀又分別進行了東征和西討，終於在建武十二年，也就是西元37年，完成了統一中國的偉業。

漢明帝治國

漢明帝劉莊，是光武帝劉秀和結髮妻子陰皇后的長子。光武帝即位後，本想冊封自己最喜歡的陰麗華為后，但陰麗華從大局出發，堅辭不受，光武帝只好改立更有威望的郭聖通為后，又立郭聖通的兒子劉疆為太子。隨著年紀的增長，光武帝對很多事不再顧忌，終於在建武十七年改立陰麗華為后，了卻了平生的遺憾。身為太子的劉疆見母親被廢黜，只好多次上書請求辭去太子之位，光武帝改封他為東海王，另立陰麗華的兒子劉莊為太子。

劉莊是東漢歷史上一個很有作為的皇帝，他在位十九年，國內吏治清明，百姓安居樂業，和隨後的章帝時期被稱為「明章之治」。劉莊在他很小的時候就顯露出了異於常人的資質。在他十二歲那年，發生了歷史上有名的「度田事件」。劉秀統一中國後，下令重新清查全國的土地數量。各個地方官員在清查工作完成後，派使者進京稟報結果。光武帝在無意間發現陳留吏呈上來的簡牘上寫著這樣一行小字：「潁川、弘農可問，河南、南陽不可問。」光武帝詢問陳留吏是怎麼回事，陳留吏支支吾吾不敢吭聲。這時候，在一旁的劉莊開口說道：「這是地方官吏手下清查土地的方法。」光武帝不解道：「為什麼南陽不能問呢？」劉莊解釋說：「南陽是皇上的老家，那裡皇親國

戚很多，肯定有許多逾越國家規定的事，所以不能夠作為參考的標準。」光武帝責問陳留吏是不是這麼回事，陳留吏只好承認。

西元57年，一代英主光武帝駕崩，太子劉莊即位，是為漢明帝。漢明帝即位後，大力推行以文治國的基本方略，其功勞主要表現在以下幾個方面。

第一，大力弘揚儒家文化。漢明帝很注重尊師重教，他做太子時，有個老師叫桓榮。漢明帝即位後，常常親自到桓榮府上去看望他，還以學生自居，從不擺出天子的架子。桓榮生病時，漢明帝經常派人去慰問，有時甚至自己親自前往噓寒問暖。桓榮去世後，他又穿著素服前往送喪，並對桓榮一家老小的生活都做了安排。在皇帝的大力弘揚之下，一時間國內重師之風盛行，學風也很濃厚。

第二，嚴防外戚。西漢末年外戚專權的情況令漢明帝十分重視打壓外戚的勢力。他當政時，不但沒有大肆封賞外戚，反而對他們刻意打壓。馬皇后的父親馬援本是東漢的開國功臣，戰功赫赫，漢明帝卻因為他是自己的岳父，沒有把他畫在雲台的功臣圖上。館陶公主多次向漢明帝求情，想要為自己的兒子求個官做，漢明帝一直沒有答應，最後送給了外甥很多錢作為補償。大臣閻章很有才幹，但因為兩個妹妹都是嬪妃，漢明帝並沒有提拔他。

第三，吏治嚴明。漢明帝對待官員十分嚴苛，從不徇私枉法。光武帝為政時，大行懷柔之術，等到漢明帝繼位後，他大刀闊斧地施行了一系列改革，對犯了事的官員從不心慈手軟，就是皇親國戚也不例外。陰太后的弟弟陰就的兒子陰豐殺了人，當時陰太后還健在，漢明帝卻還是按律殺了他，陰就夫婦也被嚇得雙雙自殺。在漢明帝的鋼鐵手腕之下，全國的吏治為之一清，各級官員都兢兢業業，不敢出一點差錯。

第四，打擊匈奴。光武帝剛建立東漢時，因為國力不足，基本和匈奴處於議和狀態。漢明帝即位後，一方面派班超出使西域，重新建立了漢朝和西域各國的友好關係；另一方面重新和匈奴開戰，他

派大將軍耿忠、竇固率兵伐匈，漢軍一路殺到蒲類海，奪取了伊吾盧地。

值得一提的是，佛教也是在漢明帝時期傳入中國的。據說漢明帝有一次做了一個奇怪的夢，夢見一個仙人飛向了西方。有人替漢明帝解夢說這個仙人是西域的佛陀，漢明帝於是派人前往西方的天竺求取真經，並在洛陽建立了中國第一座佛教寺廟——白馬寺。

西元75年，四十八歲的漢明帝劉莊在洛陽東宮駕崩，他在位的十九年間，全國的人口增加了一千多萬。

班超出使西域

漢明帝時期，東漢王朝出現了一位可以與西漢張騫相提並論的偉大人物，他就是班超。班超，字仲升，是徐縣縣令班彪的兒子，他的哥哥班固、妹妹班昭，都是歷史上有名的史學家。

漢明帝永平五年，班超的哥哥班固被皇上徵召到京城做官，班超和母親也跟著哥哥一起到了洛陽。在洛陽城裡，班超曾經靠替別人抄書來補貼家用。有一次，班超正抄著書，忽然感到這樣下去真不是個事，一時鬱悶，就把筆扔到一旁說道：「男子漢大丈夫，本來應該像張騫和傅介子那樣開創一番功業，怎麼能甘心做抄書匠呢？」周圍的人聽了之後都嘲笑他癡心妄想，班超歎息道：「你們這些凡夫俗子，怎麼會理解志士的理想呢？」

永平十六年，漢明帝派大將軍竇固帶兵攻打匈奴，投筆從戎的班超這時候也在竇固手下做事。竇固很欣賞班超的勇氣，就任命他做了假司馬，率領一小隊人馬去攻打伊吾。班超此役大獲全勝，殺了很多敵人，深得竇固賞識。後來，竇固就派班超和郭恂帶了三十多個人出使西域。

王莽篡漢後，本來已經歸順的西域各國又紛紛背離漢朝，隨著匈

奴的壯大，他們中有很多又歸順了匈奴。竇固此次派班超去的目的，就是想重新恢復和西域各國的友好關係，共同對付匈奴。

班超一行首先來到了鄯善國，鄯善國國王剛開始對他們非常熱情友好，但是沒過多久就變得非常冷淡。班超立刻嗅出了危險的氣味，他對手下的人說：「一定有事情發生了，不然鄯善國王怎麼會突然對我們這麼冷淡呢？據我猜測，肯定是匈奴的使者也到了這裡。鄯善國王不知道到底該歸順哪邊，所以才猶豫不決，對我們也冷淡了下來。」

於是班超找來了一個鄯善人，誆騙他說：「匈奴使者來了有好幾天了吧，他們在哪兒住呢？」這個鄯善人以為班超他們全都知道了，就把匈奴人的住址告訴了漢使。班超把這個鄯善人關押起來，又把一起出使的人召集起來一起喝酒。酒過三巡，班超說道：「我們大家冒著生命危險出使西域，就是想著有一天能夠出人頭地，封官加爵。現在匈奴的使者已經到了鄯善國，鄯善國王立馬對我們就冷淡了下來。

誰知道他會不會出賣我們，把我們全送給匈奴人當禮物呢？現在我們已經到了生死關頭，大家說該怎麼辦呢？」手下人紛紛喊道：「一切全聽您的吩咐！」班超滿意地點頭說道：「不入虎穴，焉得虎子？現在唯一的辦法就是殺了匈奴使者，這樣鄯善國王就只能歸附我大漢了。」眾人都同意了，有個人建議說：「這件事還是告訴郭從事為好。」班超說道：「郭恂不過是一介書生，膽小如鼠。我們現在可是提著腦袋在幹事，如果他因為害怕跑去洩露了我們的秘密，我們這群人豈不是全都得白白犧牲嗎？」眾人都深表贊同。

當天夜裡，班超就帶兵偷襲了匈奴使者的駐地，一共殺了匈奴三十多個人，還燒死了一百多個。天亮後，班超才過去告訴郭恂情況，郭恂嚇得面如死灰，不知怎麼辦才好。班超又對他說：「大人雖然沒有參加這次行動，但我們同朝為官，此事您也有一份功勞。」郭恂這才心滿意足起來。

班超派人請來了鄯善國王，把匈奴使者的人頭拿給他看，國王大

驚。鄯善國舉國都十分害怕匈奴，現在匈奴的使者死在了這裡，還是被漢使殺害的，要是被匈奴發現，鄯善國肯定脫不了關係。鄯善國王知道自己已經沒有選擇了，只好向班超表明自己歸順漢室的意願。

就這樣，班超順利完成了出使任務。竇固很高興，在寫給皇上的奏章裡誇獎了班超一番。漢明帝於是提拔班超做了軍司馬，繼續出使西域。班超出發前往于闐國前，竇固打算多派給他一些人馬，班超推辭道：「我只要原先那三十多個人就夠了。此去路途遙遠，也不知道會發生什麼事情。帶著那麼多人去，反而顯示不出我大漢的強大；遇到突發事件，人多反而是累贅。」於是，班超僅帶著三十多個人去了。

于闐國是西域的一個大國，一直受匈奴控制。班超一行到來之後，于闐國王對他們非常冷漠。這個國家巫蠱之術很流行，有巫師對國王說道：「天神已經發怒了，質問我們為什麼要收留漢的使者。現在只有殺了漢使的一匹黑嘴黃毛的馬，才能夠平息神的怒氣。」于

闐國王十分害怕，就讓人去找班超要馬，班超爽快地答應了，但是要求得讓巫師親自來取。巫師來到之後，班超立刻砍下了他的頭給于闐國王送去了。于闐國王早就聽說了班超在鄯善國的行為，非常惶恐，於是斬殺匈奴使者歸順了漢朝。班超又平定了于闐國。

漢明帝去世後，西域有些國家藉著漢朝政權交替的空檔，趁機攻陷了東漢在西域設立的都護府，班超陷入困境，漢章帝下令讓他回朝。西域各國人民就好像孩子要離開父母一般，哭著喊著不讓班超走，班超於是改變主意放棄了回國，而是和西域各國一起平定了叛亂。

為了打通西行通道，班超又派甘英出使羅馬帝國，雖然最後甘英沒有走到，而是在安息國西部附近活動，但這次出行也為收集各國的資訊和風土人情提供了資料，從而加深了中國對中亞的瞭解。

班超在西域多年，使西域五十多個國家都歸順了東漢，被朝廷封為定遠侯，直到漢和帝永元十四年才回到洛陽。

鄧太后專權

鄧太后鄧綏，是東漢和帝的妃子，也是我國歷史上非常著名的一位女政治家。

鄧綏出身顯赫，她的爺爺是東漢的開國功臣鄧禹，她的母親是陰麗華陰皇后的堂姪女。鄧綏從小就表現得跟一般的大家閨秀不一樣，那些女性愛做的女紅、家務活之類的，她統統沒興趣，反倒是對讀書寫字興趣濃厚。因為這樣，小鄧綏經常被母親責罵，她只好白天學做女紅，騰出晚上的時間學習。鄧綏的父親很支持她，覺得這個女兒很有才幹。

到了十五歲那年，鄧綏被選入宮中。鄧綏人長得特別美，所以沒過多久就被升為貴人，在後宮僅次於皇后。漢和帝的皇后也姓陰，是陰麗華皇后哥哥的曾孫女，算起來和鄧綏還是親戚。陰皇后長得也很漂亮，在鄧綏入宮之前一直很得寵，鄧綏入宮後深得恩寵，自然也招致了陰皇后的嫉恨。

鄧綏是個聰明的女子，為了讓陰皇后放心，她處處小心，時時操心，生怕哪點做錯給陰皇后留下把柄。鄧綏和陰皇后在一起走路時，總是要躬起身子，皇上問話時，陰皇后不開口她絕不先說，宮裡有什麼活動，鄧綏也總是不施脂粉，穿得特別樸素，平時如果穿的衣服跟陰皇后的顏色一樣，就立刻換掉。陰皇后被漢和帝冷落時，鄧綏也稱自己有病推脫著不見皇上。

鄧綏這一系列舉動，被漢和帝看在眼裡記在心裡，漢和帝越來越覺得鄧綏很有賢德，於是更加喜歡她。有一次，鄧貴人生了病，漢和帝為了彰顯他對鄧綏的恩寵，特意下旨讓鄧綏的家人進宮照顧她。鄧綏卻婉言謝絕了，她對漢和帝說：「國有國法，家有家規。後宮是皇宮禁地，外戚怎麼能隨意出入呢？請陛下不要為了臣妾壞了皇家的規矩。」漢和帝聽後很是感動，讚歎道：「別的嬪妃都想讓自己的家人多進幾次宮，來顯示自己很受寵。愛妃你卻為了朕的江山考慮，這麼

委屈自己，實在是太難得了！」這件事後，鄧綏更受寵了。

鄧綏對待陰皇后，可謂小心謹慎，但是後宮只有一個皇帝，鄧綏越來越受寵，陰皇后心裡自然不會舒服，她對這個女人簡直是恨到了極點，覺得是她搶走了自己的丈夫，搶走了自己的幸福。有一次，漢和帝生病了，而且好像病得還很嚴重，宮裡人心惶惶。陰皇后這個時候不但沒有表現出該有的悲戚之心，反而興奮不已，對身邊的人說道：「真是太好了，只要皇上一死，我就是太后了，等我大權在握了，我非把鄧家滅族不可！」這話不知怎麼傳到了鄧綏耳中，鄧綏對自己宮裡的侍從們哭訴道：「我這麼多年來，一直小心翼翼地侍奉皇后，沒想到落得這麼個下場。我還不如陪著皇上去死，這樣一來可以報答陛下對我的恩情，二來可以使家族免受災難，三來我自己也可以免受人彘那樣的慘禍。」說完就要服毒自殺。大家都拉著鄧貴人勸她想開點，有個宮人一激靈，騙鄧綏說皇上的病已經快好了，鄧綏這才打消了自殺的念頭。

偏有這麼巧的事，漢和帝真的第二天就大好了，他得知自己心愛的女人昨天差點被逼得自殺時，估計心裡已經有了廢后的想法。陰皇后的祖母鄧朱，不忍心看著自己的孫女日漸憔悴，喪失大位，就常常進宮來跟陰皇后一起行使巫蠱之術，想要把鄧貴人咒死。這件事被漢和帝知道後，他毫不猶豫地下令廢后，陰皇后被囚禁起來，她的家裡人也紛紛自殺。

皇后被廢後，鄧綏自然成了皇后的最佳人選。鄧綏當上皇后以後，還是保持自己一貫的優良品德，對皇上的其他嬪妃都十分寬容，漢和帝想要大肆封賞她的娘家人，也被她苦苦勸住，漢和帝在世時，她的哥哥也只不過是個虎賁中郎將。

漢和帝去世後，鄧綏立漢和帝的次子劉隆為帝，是為漢殤帝。漢殤帝繼位時才只有一百多天，鄧皇后成了鄧太后，臨朝稱制，大權獨攬。為了加強自己的政治地位，鄧太后重用自己的娘家人，鄧家也開始顯赫起來。但鄧太后很注意吸取教訓，她下令各級官員，對鄧家人

犯錯的，一律不許寬赦，還讓鄧家的子弟和皇室子弟一起上學讀書，以免他們驕奢淫逸。所以鄧太后在世時，外戚並沒有成為禍患。

鄧太后生活十分簡樸。她當權時期，天災不斷，鄧太后多次下令節省宮中的開支，一頓飯常常只吃一個肉菜，還取消了很多奢侈用品的使用。這也使她贏得了民心。

鄧太后還是個很明察的人。有一年，京城大旱，鄧太后親自前往洛陽寺複查案件。當時有一個犯人被屈打成招，承認自己殺了人。鄧太后來時，他本想藉機喊冤，但身邊一直站著獄卒，眼看機會就要溜走了，他趕緊抬頭緊緊地盯住鄧太后很長時間，欲言又止。鄧太后發現後，又把這個犯人叫來重審，最後發現此人果然是冤枉的，於是下令無罪釋放，並將審理此案的官員抓了起來。就在鄧太后處理完這起冤案，在回宮的路上，天空忽然烏雲密布，下起雨來。百姓們都紛紛稱頌鄧太后的賢明。

鄧太后當政期間，還重用了一批很有才華之人，比如說我國歷史上著名的女歷史學家班昭，又比如說發明了紙的蔡倫。所以，雖然天災不斷，國家還是比較安定的。漢殤帝是個短命的皇帝，當了八個月的天子就升天了。鄧太后又立了十二歲的劉祜為帝，是為漢安帝。隨著漢安帝一天天的長大，很多人都覺得鄧太后應該把大權交給皇上了，鄧太后卻一點這個意思都沒有，對提出這種意見的人，輕則免職，重則賜死，這也給鄧家日後埋下了禍患。

鄧太后死後，漢安帝就以謀反為名除掉了鄧家的勢力。

▌黃巾起義

東漢末年，外戚和宦官輪番執政，把國家搞得烏煙瘴氣。到漢靈帝時，連年的天災人禍，社會矛盾已經到了不可調和的地步，一場大風暴即將拉開序幕。

鉅鹿人張角，自稱「大賢良

師」，靠著給窮苦百姓治病在民間打開了知名度，藉機傳播自創的「太平道」，進行秘密活動。當時，東漢社會政治腐敗，經濟衰敝，天災不斷，老百姓都生活於水深火熱之中，有些地方甚至出現了人相食的慘狀。張角早年信奉黃老之術，對民間的一些醫術和巫術也十分擅長。漢靈帝建元年間，民間疫病橫行，張角帶著兩個弟弟張梁和張寶，以治病為名，到達了當時疫病最嚴重的冀州一帶活動。張角到達冀州後，用法術、咒語治好了很多人的病，被百姓奉為「活神仙」，很快就名揚全國。漢靈帝熹平年間，張角開始招收信徒，創立太平道。全國各地的人都去投奔張角，據說路上因為人多被擠死的就有好幾萬。

張角用了十多年的時間，聚集了數十萬教眾，他把這些人分為三十六個區，每個區稱為一「方」，「方」有大有小，多的有萬人之眾，小的也有六七千人，每個方都設一個首領，歸張角管轄。前期的太平道中不乏官員、豪強和宦官這些勢力，再加上一直以治病救人為宣傳，太平道的壯大並沒有引起朝廷的注意。

隨著自身實力的增加，張角開始準備起事。為了給起義造勢，張角讓人四處傳播四句話：「蒼天已死，黃天當立，歲在甲子，天下大吉。」意思就是說，漢朝已經要滅亡了，我們將在甲子起事。之所以自稱「黃天」，是張角根據五行說決定的，漢為火德，火生土，土是黃色，所以起義軍都在頭上綁黃巾為記號。張角又命人在各地官府的大門上用白土寫出「甲子」作為標記。一切準備妥當後，太平道決定在甲子年的三月五日起事，但中間由於叛徒告密，起義被迫提前。

西元184年，東漢歷史上規模最大的農民起義爆發。太平道中的三十六個「方」同時起事，參與人數多達數十萬。張角自稱「天公將軍」，他的兩個弟弟張寶和張梁分別稱「地公將軍」和「人公將軍」，起義軍因為頭戴黃巾，被稱為「黃巾軍」，這次起義也被稱為「黃巾起義」。

張角帶領黃巾軍一路所向披靡，攻下了許多州縣。起義軍每到

一次讀完資治通鑑 故事

一處，都對當地的權貴進行打壓，引起了大地主階級的震動。漢靈帝這才害怕起來，趕忙調集兵馬，圍剿黃巾軍。各地的地主豪紳勢力趁機壯大了起來，這其中就有我們耳熟能詳的袁紹、孫堅等人。

黃巾軍起義爆發後不久，張角就病死軍中。後來，黃巾起義被統治者鎮壓下去，但是它沉重地打擊了東漢王朝的腐朽統治，為後來的三國鼎立局面埋下了伏筆。

董卓之死

西元189年，一代昏主漢靈帝病死，劉辯繼位，就是漢少帝。漢少帝的母親何太后跟其兄何進逼死了董太皇太后，何進之後又和司隸校尉袁紹合謀盡誅宦官，又私詔董卓入京協助。後來事情敗露，宦官先下手為強，將何進騙入宮中殺害。袁紹又帶兵入宮，將宦官殺了個乾淨。出逃的漢少帝和陳留王劉協在路上碰見了進京的董卓，董卓趁機帶兵進入洛陽，擁兵自重。

董卓入京後，廢了漢少帝劉辯，改立劉協為帝，是為漢獻帝。董卓又接收了何進生前的兵馬，接著逼走了袁紹，得以大權獨攬。董卓帶過來的士兵都是西涼人，性情野蠻，入京後燒殺搶掠，無惡不作，搞得京城裡人人不安，朝不保夕。董卓自己也是個十分貪婪之人，為了增加自己的財富，他網羅罪名，將洛陽城裡的大戶榨了個乾乾淨淨。董卓還是個喜怒無常之人，動不動就殺人，一時間朝中上下人人自危。這使得全國反董風潮頓起，袁紹、曹操等先後舉起了討董大旗。

西元190年，各諸侯形成聯軍共同討伐董卓，董卓挾持漢獻帝離開洛陽，將都城遷到了長安，臨走前把洛陽城裡的東西帶了個乾淨，接著一把火將這座古城燒了。遷都後，董卓更加橫行無忌。他強迫漢獻帝封他做了太師，一人之下萬人之上，可以不對漢獻帝行跪拜禮，

他出行的儀仗甚至和天子一模一樣。董卓還到處安插黨羽，大肆封賞寵信之人。朝中有志之士無不想殺之而後快。

當時，以司徒王允為首的大臣們都對董卓的犯上之舉深惡痛絕，一直謀劃著要除掉他，只是苦於沒有機會。董卓入京時，曾經從執金吾丁原手下收得一名勇將，名叫呂布。此人勇冠三軍，力大無窮，董卓對他十分寵信，收他做了義子，讓他做了自己的私人保鏢，走到哪兒都帶在身邊。王允們知道，要想殺了董卓，就必須從呂布下手。機會很快就來了。

董卓是個聰明人，但也是個粗魯之人，再加上性情古怪，心胸狹窄，很快就和呂布有了嫌隙。有一次，呂布犯了一點小錯誤，董卓竟然氣得拿戟擲他，要不是呂布反應快，估計就要被刺傷。事後呂布立刻裝得跟沒事人一樣去求董卓原諒，董卓這才消了氣。但從這以後，呂布開始對董卓懷恨在心，心裡也不安起來。為什麼不安呢？原來，呂布之前仗著董卓對自己的寵愛，趁董卓不在家的時候，偷偷跟董卓的愛妾私通。現在董卓為了芝麻大點的事都要殺了自己，要是讓他知道私通的事，自己肯定活不了了。

呂布越想越怕，決定去向王允求救。王允對待呂布一向很好，所以呂布這時候想起了他。呂布見了王允後，把事情的前前後後給他講了一遍。王允一聽，心裡樂開了花，他早就在心裡算計怎麼殺董卓了，只是因為有呂布在，不好動手。現在知道呂布和董卓並不是鐵板一塊，機會來了啊！

王允不動聲色地說：「董卓這個人，喜怒無常，好濫殺無辜，將軍你在他手下當差，實在令人憂心啊！先下手為強，後下手遭殃。依我看，不如殺了他，這樣他就沒機會殺你了。」呂布嚇了一跳，說道：「他可是我義父啊！我殺了他豈不是要被人唾棄！」王允冷笑道：「將軍你本來就是姓呂的，跟他董卓有什麼關係。再說了，他今天要殺你的時候，有沒有想起來你是他兒子啊？他先不仁，就不能怪咱們不義了。董卓現在已經眾叛親離了，將軍如果在此時殺了他，就

一次讀完資治通鑑故事

是為民除害，為國除賊，天下人讚揚你還來不及，又怎麼會責罵你呢？」這一番話把呂布說動了，於是二人議定了誅殺董卓的計畫。

西元192年四月丁巳日，漢獻帝生病初癒，在未央宮前召集群臣。董卓像往常一樣，穿著朝服坐著馬車就去了。董卓剛進入宮門，騎都尉李肅和一起埋伏的勇士都跳了出來，李肅用戟刺傷了董卓。董卓大驚，連忙呼喚道：「我兒奉先何在？」呂布答道：「我奉皇命討伐你這個老賊！」董卓這才知道自己被算計了，氣得大罵：「混蛋！你怎麼敢這樣！」呂布二話不說，拿著矛刺向董卓刺去。

不可一世的董卓就這樣死了，百姓得知他死了的消息後，無不拍手稱快。

袁紹獲冀州

袁紹被董卓逼走後，曾聯合了十八路諸侯共同討伐董卓，最後因為聯軍內部的矛盾問題而不了了之。袁紹的謀士勸他說，要想開創一番事業，必須先找到合適的根據地，於是袁紹把目光盯向了冀州。

冀州被稱為天下之重資，戰略資源十分豐富，袁紹當時的軍糧供應就是冀州牧韓馥提供的。隨著袁紹的勢力和名聲的增大，韓馥心裡開始對袁紹生了嫉恨之心，於是慢慢減少了對袁紹軍的軍糧供應。眼看軍隊就要陷入困境，袁紹的謀士逢紀勸他說：「將軍您如果想平定天下，就必須有自己的根據地，靠別人提供糧草，終究不是長久之計啊！我們應該盡快拿下冀州才是。」當時，袁紹的軍隊疲乏不堪，袁紹心裡十分猶豫，他說道：「冀州軍隊強大，糧草充沛，我們卻又累又餓，疲憊不堪，萬一失敗了，豈不是連立足之地都沒有了？」

逢紀是個很有想法的人，他對袁紹獻計說：「我有一個辦法，可以不費一兵一卒拿下冀州。」袁

紹不相信地問道：「竟會有這種好事？」逢紀接著說道：「冀州雖是個風水寶地，可惜冀州牧韓馥卻實在是個庸才，既無智謀，又無心胸，膽子還小。將軍您可以派人秘密地去聯繫遼東屬國長史公孫瓚，約他率兵攻打冀州。這樣一來，韓馥肯定會因無法應對而害怕。到時候，我們再派過去幾個能言善辯之人，對韓馥曉之以理，動之以情，保證他會把冀州拱手相讓。」袁紹很相信逢紀，就照他的意思給公孫瓚去了封信。

沒過多久，公孫瓚果然帶著兵馬攻打冀州去了。韓馥本就是個庸才，再加上沒有準備，結果是一敗再敗。這下韓馥著急了，跟熱鍋上的螞蟻一樣，不知如何是好。此時，袁紹早就準備好的說客出發去見韓馥了。這一群人一見韓馥，都裝作一副很擔憂的樣子說道：「公孫瓚一路南下，勢不可擋。我們現在又聽說袁紹也準備率兵出征了，誰也不知道他打算去攻打什麼地方。將軍您的處境可危險了。」韓馥一聽，果然更著急了，問道：「先生們，你們快給我出個主意，

怎麼辦才好啊！」其中有個叫荀諶的，問韓馥道：「將軍您仔細考慮一下，在寬厚待人、被人擁戴這方面，您比袁紹如何？」韓馥搖頭道：「我不如他。」荀諶又問：「那麼在臨危不亂、果斷勇敢方面，您比袁紹又如何？」韓馥還是搖頭說道：「我比不上他。」荀諶最後又問：「在家世方面，您跟袁紹比呢？」韓馥歎氣道：「比不上。」

荀諶這才說道：「公孫瓚可不是好對付的，袁紹身為世家之子，也不是甘心屈居人下之人。偏偏冀州民富軍強，乃兵家必爭之地，將軍您自忖可以守住這裡嗎？如果公孫瓚和袁紹聯合起來討伐您，到時候您恐怕會落個死無葬身之地啊！不如趁現在把冀州這塊燙手的山芋扔出去。袁紹是個正人君子，和將軍也有交情，您送了他冀州這份大禮，相信他肯定會優待您的。以後的事您也就不必操心了。這樣一來，將軍不僅可以落得讓賢的美名，還可以高枕無憂地過下半輩子。希望您好好考慮一下，別錯過了機會！」

一次讀完資治通鑑 故事

韓馥本就是個毫無主見之人，再加上膽小怕事，竟然被荀諶這些人幾句話就說動了，同意讓出冀州給袁紹。他的手下都勸說他道：「冀州雖然偏僻，但是軍隊勇敢，糧草充足，誰想來搶都不是容易的事。反而那個袁紹，連個落腳的地方都沒有。我們為什麼要把自己的地盤讓給一個什麼都沒有的人呢？」韓馥被公孫瓚的軍隊嚇破了膽子，哪裡聽得進去這些忠言，只是一味地說道：「我本來就是在袁家人手下做事的，各方面都不如袁紹，再說，讓賢這本來就是古人所推崇的，你們不要再說了。」

就這樣，袁紹不費一兵一卒奪取了冀州，自領冀州牧，只給了韓馥一個奮威將軍的空名頭。袁紹手下有一名叫朱漢的從事和韓馥有仇，一直懷恨在心，不能忘懷。有一次，朱漢藉故包圍了韓馥的府宅，提著把刀就殺了進去，一陣狂砍。韓馥嚇得跑到樓上去了，他的兒子兩隻腳都被打斷。這件事後，雖然袁紹殺了朱漢，韓馥還是很害怕，離開了冀州投奔張邈去了。韓馥到達張邈府上時，正好看見袁紹派來的使者在跟張邈說話，他覺得這肯定是袁紹和張邈勾結起來要害自己，藉著上廁所的機會自殺了。

小霸王孫策

孫策，外號小霸王，是孫堅的長子，弟弟則是大名鼎鼎的孫權。孫策從小膽識過人，豪氣沖天，好結交朋友，十餘歲便名聲在外。

西元191年，孫堅在攻打荊州的戰役中遭暗算而死，年僅三十七歲。當時，不滿十七歲的孫策也跟隨父親征戰在外，他臨危受命，護送父親的靈柩回江東，葬於曲阿。孫堅死後，孫策居留在了江都，廣泛結交天下豪傑，等著有一天能為父親報仇。

孫堅曾在袁術手下辦事，他死時，很多部下也都留在了袁術那裡。孫策於是帶兵投靠了袁術。袁術見孫策相貌不凡、舉止有禮，心

下也生了愛才之心，但又不甘心就這麼把兵馬還給他，於是就留下孫策辦事。袁術是袁紹的弟弟，雖然袁家名聲在外，但這個袁術卻不是個辦大事的人，經常猜疑部下，出爾反爾，孫策在他手下也只能小心度日。

孫策在袁術軍中打了很多次勝仗，漸漸有了名聲。有一次，孫策手下一名士兵犯了罪，跑到袁術的軍營裡躲了起來，孫策帶兵趕到，衝進軍營把那名士兵就地正法，然後帶著人頭去見袁術，向他請罪。

袁術說道：「士兵本來就是朝三暮四的人，我們都很痛恨這樣的人，有什麼好道歉的。」透過這件事，孫策在軍中的名聲更甚，但也引起了袁術的猜忌。以至於孫策雖然屢立戰功，但都沒有獲得應有的獎賞。

丹陽尉朱治曾經在孫堅手下當過差，他知道袁術並非英主，就勸孫策儘早做打算，伺機攻取江東。當時，孫策的舅舅吳景是丹陽太守，揚州刺史劉繇仗著自己兵多將廣，將吳景逼走。孫策趁機去找袁術，對他說：「現在我舅舅被人欺凌，我實在不能坐視不管。請將軍將我父親留下來的兵馬暫時交還給我，待我去除掉劉繇後，再帶著他們回來效忠將軍，為將軍蕩平天下。」當時袁術身邊稍微有點頭腦的人都力勸他千萬不要放孫策走，這實在無異於放虎歸山。袁術因為跟劉繇素有嫌隙，再加上他確實沒有覺得孫策有那麼大的本事，於是就答應了下來。孫策帶著他父親留下來的軍隊和門下的數百門客就這樣去了江東。

孫堅在江東素有威名，很多人都仰慕孫家，所以孫策這一路走來，也收納了不少人進來。袁術只給了他一千人馬，可是等孫策到達曆陽時，隊伍已經擴大到五六千了。這時，孫策的好友周瑜也帶著兵糧趕來接應，孫策高興地說道：「公瑾，有了你的支持，何愁大業不成呢？」

孫策一路打去，真是所向披靡，連克數郡，很多地方官員聽說孫策要來，嚇得帶上家眷就先跑了。老百姓剛開始也很害怕，擔心這支軍隊會像強盜一樣掠奪，但很快他們就放心了。孫策大軍所到之

處，對百姓秋毫無犯，還頒布公告，寫道：「劉繇的舊部和鄉人，如果有願意投降的，一律不過問既往；願意跟著我孫策的，都可以從軍，並且免除全家的徭役賦稅；如果不願意從軍，我也絕不勉強。」這個公告發出去之後，百姓歡欣鼓舞，很多人殺羊宰牛到軍中去慰問士兵，好多人從四面八方趕來投奔孫策，孫策在江東也站穩了腳跟。

西元196年，孫策率兵奪取了吳郡，基本平定了江東。一時間，天下群雄都感歎孫策的功績，就連曹操也刻意與他交好，不但結成了兒女親家，還上書奏請漢獻帝封孫策做了吳侯。

西元200年，曹操和袁紹在官渡相持不下，孫策想趁機偷襲許都，可是計畫還沒定好，孫策就被人暗害了。四月份的一天，孫策像往常一樣出去打獵，由於他騎的是上好的駿馬，所以孫策一馬當先，跑在前面。突然，從樹叢中跑出來三個人，對準孫策突施冷箭，孫策反應不及，面部中箭倒地。原來，這三個人都是吳郡太守許貢的門客，許貢被孫策絞死後，他們發誓要為許貢報仇，藏匿在民間等待機會，最後終於得償所願。

孫策自知命不久矣，派人叫來了張昭，囑咐他說：「現在天下大亂，我們只要守著江東這塊地方，作壁上觀就好了。你一定要好好輔佐我弟弟仲謀。」接著，又把孫權叫來說道：「說到帶兵打仗，你不如我；但要是說到舉賢任能，保住江山，我比不上你。現在我要去了，你一定要好好守住咱們孫家好不容易打下來的這點基業。」

是夜，孫策就去世了，年僅二十六歲。孫權稱帝後，追諡他為長沙桓王。

▌ 挾天子以令諸侯

董卓死後，他的部下李榷和郭汜十分害怕，派人到長安去找當時執掌大權的司徒王允求和。王允為人剛直，認為董卓這群人都是些

犯上作亂的叛賊，必定要處之而後快，又怎麼會接受請和呢。李榷、郭汜他們一見王允不容自己，心裡更害怕了，怕朝廷要把他們趕盡殺絕，就打算解散軍隊，各自逃命去。李榷的謀士賈詡勸他說：「我已經聽說，王允打算盡誅西涼之兵。如果將軍現在解散軍隊，朝廷派人殺過來，我們拿什麼來反抗？您願意就這麼死去嗎？不如您現在帶兵殺到長安去，如果成功了，我們就可以控制皇帝，號令天下諸侯，如果不成功，大不了就各回各家。」李榷覺得有理，就帶著部下向長安進發了。

為了鼓舞士氣，李榷派人在軍中四處宣揚道：「朝廷不但不赦免我們，反而要將我們全都殺害。現在我們唯一的出路就是奮力作戰，攻克長安，只有這樣才能夠活下來啊！」結果西涼兵個個憤憤不已，誓要攻入長安。長安城中，眾人早就沒把董卓剩下來的那群西涼兵放在眼裡。所謂驕兵必敗，李榷等人帶兵打敗呂布，司徒王允也以死殉國。

從此以後，李榷等人占領了京城，控制了漢獻帝。沒過多久，西涼軍中就開始內訌，以李榷、郭汜為首的將領終日裡混戰不堪，漢獻帝過得提心吊膽，又不堪忍受被凌辱，心裡就盤算著怎麼逃回洛陽去。漢獻帝興平二年，即西元195年，李榷和郭汜在長安城裡火拼，一連打了幾個月，死傷無數。漢獻帝趁機帶著大臣們逃出了長安，一路顛沛流離回到了洛陽。

此時的洛陽，早被董卓當年一把火燒了個精光。漢獻帝到達洛陽後，一度連個住的地方都沒有，吃穿用度簡直像個乞丐一樣，慘不忍睹。當時，地方上各路諸侯還在混戰不斷，幾乎沒有人記起來大漢朝還沒有滅亡，還有一個大漢皇帝的存在。當時，諸侯中實力最強的是袁紹。袁紹用計奪取冀州後，經過一番征戰，兵多將廣，很有實力。袁紹的謀士沮授勸他說：「挾天子以令諸侯，蓄士馬以討不庭。將軍您祖上世代為漢臣，忠貞為國，令人敬佩。現在漢庭衰敗，天子式微，宗廟慘毀，現在各路諸侯雖然表面上打著匡扶漢室的名義大舉義兵，但實際上不過都是為了自己的

一次讀完資治通鑑故事

私利罷了。將軍現在兵強馬壯，天下歸心，如果能夠迎來皇上，以此來號令群雄，誰敢說個不字呢？」

袁紹這個人雖然有些才能，但政治智慧實在欠缺，在他看來，天子現在不過是個廢物，我把他接過來，還得好吃好喝地供著。遇到什麼事，有這麼個主子在，我是自己做主呢，還是向他請示呢？自己做主繞過他吧，別人肯定會說我以下犯上，不尊重天子；聽他的吧，那不是等於我把自己的權力拱手讓人了嗎？這個主意不光是餿，而且餿得很。

袁紹看不上這個大漢天子，有人看上了，此人就是曹操。當時，曹操從陳留起兵，靠著家族的支持，一路壯大起來。曹操的謀士毛玠早在幾年前就向曹操建議過挾天子以令諸侯的主張，曹操當時深表贊同。漢獻帝東遷後，曹操知道自己的機會來了。他經常向漢獻帝進貢一些糧食和用品，態度還很謙恭，漢獻帝感動得不得了，經常和朝中大臣誇讚曹操。

曹操把自己想迎漢獻帝來許昌的計畫說給手下的人聽時，只有荀彧表示了贊同。荀彧認為，這是件有百利而無一害的事，必須馬上去做。於是曹操藉口洛陽無糧，不可久居，向漢獻帝提議暫時移居魯陽，漢獻帝果然答應。西元196年，曹操將漢獻帝劉協迎到了許昌，並改立許昌為帝都，從此開始挾天子以令諸侯。

▋ 劉備三顧茅廬

劉備，是西漢中山靖王劉勝的後裔。東漢末年，群雄並起，劉備藉機也和自己的兩個結拜兄弟關羽、張飛起事。但因為一直沒有找到根據地，劉備前半生都過著一種顛沛流離的生活。官渡之戰後，和袁紹一起反曹的劉備走投無路，來到荊州投靠了劉表。

此時的劉備已經是四五十歲的中年人了，卻還是一事無成，終日

裡居無定所，仰人鼻息。

當時，有個叫徐庶的來投奔劉備，劉備對他很器重，徐庶果然不負所托，打了好幾個勝仗。偏偏這時，曹操把徐庶的老母親抓了起來，威脅徐庶。徐庶沒有辦法，只好離開劉備。為了感謝劉備的真誠相待，徐庶走之前向劉備推薦了一個人——臥龍諸葛亮。

劉備向荊州城裡的名士司馬徽詢問諸葛亮的情況。司馬徽笑著說道：「現在您手下的這些謀士，不過都是些凡夫俗子罷了，靠他們開創天下，實在是可能性不大。皇叔如果想匡扶漢室，必須有一個像臥龍、鳳雛這樣的人才行。臥龍就是諸葛亮，鳳雛就是龐統，這兩個人只要得到一個，天下可定。」

劉備一聽大喜，已經有兩個名士這麼毫無保留地推薦諸葛亮，看來這個諸葛亮真是個非同凡響之人。

劉備自己也清楚，憑著自己現在手下那幾個人，實在不可以稱霸一方，曹操對自己又逼得緊，再不找到一個可以開創偉業的人物，自己這一生的理想抱負恐怕就只能是空想了。這個諸葛亮，必須去見見他。想到這裡，劉備打算出行了。張飛和關羽得知劉備想要去襄陽見諸葛亮，都覺得太不值得，張飛快人快語，不滿地說道：「大哥您想見那個諸葛亮，派個人把他叫過來不就行了，何苦自己跑一趟。」劉備訓斥道：「諸葛先生乃世外高人，豈能隨便褻瀆。就是我自己親自去，尚且還不能顯示他的聲名。你千萬不可再說出這樣混帳的話來！」於是，劉備帶著關張二人和手下的侍從前去拜見諸葛亮。

劉備來到諸葛亮隱居的鄉村，只覺得似世外桃源一般，連田裡勞作的老翁都會念詩，真可謂是山清水秀，人傑地靈，心裡對諸葛亮更添了一分尊重。

來到諸葛亮居住的小屋，劉備親自下馬前去敲門，一個書童出來開門，劉備報上了自己的名號，表達了想見諸葛先生的意願，書童說道：「真是不巧，我們家先生出去了，不在家。」劉備問道：「那他什麼時候回來？」書童答道：「這我就不清楚了。先生一向神龍見首不見尾，或許一兩天，或許十天

半個月。」劉備只好交代說：「勞煩你家先生回來後，你給我傳達一聲，就說劉備來過了。」書童點頭答應，劉備這才依依不捨地回去了。

過了幾日，有人來報，說諸葛先生回來了，劉備大喜，又叫上關羽、張飛，打算再去。當時正值隆冬，張飛又發牢騷道：「這大冷的天，哥哥您還是別去了。」劉備答道：「你嫌冷就別去了，我和你二哥去就行了。」張飛大叫道：「我張飛死都不怕，還怕冷！」三人於是再次去了襄陽。此時的鄉村別有一番景象，到處銀裝素裹，像是到了人間仙境。不過劉備的運氣還是不太好，諸葛亮剛剛又出去了，沒有人知道他什麼時候回來。劉備又囑託了一番，黯然離去。

總算是蒼天不負有心人，劉備第三次前往時，終於見到了傳說中的諸葛亮。諸葛亮當時只有二十七歲，羽扇綸巾，腹有詩書氣自華，此等風采，不似人間所有。二人初次相見，寒暄一番，分主賓坐下，開始了對雙方都影響一生的談話。

諸葛亮替劉備分析了天下大勢，指出曹操已經基本平定了北方，是為一方霸主；孫權據有江東，勢力也不易動搖。如今只有奪取荊州，再拿下蜀中之地，方可獨成一霸。曹操勢大，他的野心肯定不僅僅只限於北方，勢必要南下攻戰。所以，為今之計，只有東聯孫權，孫劉聯合，共同抗曹，三家形成鼎立之勢。諸葛亮這一席話，說得劉備有醍醐灌頂之感，對眼前這個年輕人不禁心生敬佩之心。

劉備知道，諸葛亮就是自己要尋找的那個人，於是力邀他出山輔佐自己。諸葛亮本來就常以管仲自比，見到劉備如此禮賢下士，心裡也十分感動，就答應了劉備的請求。劉備高興地說道：「我有了孔明，就好像魚兒有了水一樣！」

諸葛亮出山後，果然按照他在隆中所說的那樣，聯吳抗曹，最終形成了三足鼎立之勢。

官渡之戰

東漢末年，軍閥混戰，經過一番廝殺，袁紹、曹操這兩大勢力逐漸強大起來，在北方形成對峙之勢。袁紹占領冀州後，又接著打敗了公孫瓚，兼併了幽州、青州、并州等郡，整個河北都被他占為己有。曹操迎漢獻帝遷都許縣後，挾天子以令諸侯，先後擊敗了呂布、袁術等人，占據了徐州、兗州等地，實力大增。當時的情形是袁強曹弱，袁紹擁兵數十萬，兵多將廣，曹操只有約兩萬的兵馬。這樣的實力對比，袁紹自然不願屈居曹操之下，建安五年一月，袁紹帶領十萬精兵南下討曹，意圖奪回漢獻帝，剷除曹操的勢力。

許昌城裡的文武百官聽說袁紹要進軍的消息後，一個個十分恐慌，大多數人都認為這仗必敗無疑。曹操卻認為袁紹優柔寡斷、刻薄寡恩、狂妄自大，看似強大，不過是隻紙老虎罷了，不足畏懼。曹操的謀士郭嘉、荀彧等人也都認為袁紹必敗。他們這樣想也是有根據的，在建安四年時，劉備倒戈反曹，曹操率軍前去攻打劉備，許都空虛。袁紹手下的謀士都勸他趁此時攻打許都，可袁紹以自己的幼子生病為由拒絕了，以至於錯過了最佳時機，使得曹操擊敗劉備後安然無恙地回到了許都。

曹操分析過敵我形勢後，認為敵強我弱，自己在人數方面雖然不占優勢，但是軍隊戰鬥力並不差，於是決定集中優勢兵力守住官渡這個重要的關隘，以阻斷袁紹南下的步伐。

袁紹首先派大將顏良率兵攻打白馬，謀士沮授勸道：「顏良有勇無謀，不足以擔當大任。」袁紹不聽。曹操聽從荀彧的建議，裝作要去攻擊袁紹後方的樣子，實際上是帶領輕騎疾馳白馬。袁紹果然中計，分兵阻擊曹操。等到曹操離白馬只有十餘里地時顏良才發現，被打了個措手不及，還被關羽奪去了性命。白馬之圍遂解，袁紹出師不利。

曹操解了白馬之圍後，趁機帶著當地的百姓撤退了。袁紹打算渡過黃河追擊曹軍，謀士沮授認為一旦渡河，就是退無可退，一旦失敗，只能全軍覆沒，但袁紹又沒有聽從，執意要渡河。結果又被曹操打敗，大將文醜也被殺。袁紹軍中的士氣開始低落。

袁紹雖然戰敗，但兵力仍然占優。到七月份時，急功近利的袁紹等不及了，決定儘快與曹操一決死戰，南下進攻許昌。到了八月，袁紹帶兵到了官渡一帶，雙方各自建造營壘形成對峙之勢。這樣過去了三個月，曹操軍中糧草將盡，士兵也很困乏，他感到無法支撐下去，於是給後方的荀彧寫信說自己打算撤退。荀彧在給曹操的回信中強調，戰事已經到了最關鍵的時期，這個時候誰先撤退誰就失敗，現在情形已經出現轉變的跡象，只要堅持下去，就一定可以成功。曹操這才打消了撤兵的打算，一方面加強防守，一方面伺機攻擊袁軍，截獲他們的糧草來打擊對手。

十月份時，袁紹派兵運送大批糧草過來，並派大將淳于瓊帶領一萬人馬執行護送任務，將這批物資囤積在大營以北四十里地的故市、烏巢等地。當時，袁紹手下有個很有才幹的謀士叫許攸，他多次向袁紹獻計，袁紹都不予理會，碰巧許攸的家人犯事，被袁紹手下人給逮捕了。許攸知道後大怒，一氣之下投奔了曹操。曹操聽說許攸來投，高興得鞋都顧不上穿就跑出去迎接。

曹操一見許攸，高興地拉著他的手說道：「你來就好了，這下我心裡就有底了。」許攸不動聲色地問道：「你現在的糧草還可以支援多久？」曹操說道：「也不多，撐個一年半載還是沒問題的。」許攸說道：「說實話。」曹操訕訕地笑道：「其實只剩半年的了。」許攸沒好氣地說道：「你既然這麼不信任我，我在這待著也沒什麼意思了。」說完就要走，曹操趕忙上前拉住他說：「我剛才只是跟你開玩笑罷了，還有一個月的。你有什麼好辦法嗎？」許攸於是向曹操建議設奇兵偷襲袁紹的後勤基地，只要糧草一斷，袁軍必敗。曹操一聽大喜，立刻採納了這個建議。

到了晚上，曹操親率五千名士兵偽裝成袁軍的樣子去了烏巢，趁著袁軍沒有防備，突然四處放火，袁軍大亂。袁紹率兵去攻打曹營，但久攻不下。前線的士兵聽說糧草都被焚毀，軍心大亂，內部出現分裂，大軍於是開始崩潰。袁紹倉促間帶了八百騎兵退回了河北。曹軍大獲全勝，斬殺袁軍近七萬人。

官渡一戰，改變了北方的勢力格局，是我國歷史上著名的以少勝多的戰役之一，從此，曹操基本平定了北方。

曹操殺華佗

華佗是我國歷史上著名的醫學家，他和董奉、張仲景並稱為「建安三神醫」。華佗發明了麻沸散，對後世醫學有著深遠的影響。華佗在民間留有非常多的傳說，他以治病救人為天職，從來不求有什麼回報，因此也得到了老百姓的愛戴，直到現在，我們褒獎名醫的最高贊詞還是「華佗再世」。

有一天，華佗在路上碰到一個人，此人的咽喉阻塞，什麼東西都吃不下去，正乘車要去求醫。華佗上去認真地檢查了一番，對他說道：「你下車去向旁邊打餅的要三兩萍虀，再用醋兌著喝下去，病就會好了。」這個人半信半疑地照著他的話做了，沒過多久就吐出了一條蟲，病立刻就好了。路人都大呼華佗為神醫。

有一次華佗給廣陵太守陳登治病，但是並未治本，華佗臨走前對陳登說：「你這個病，三年後還會再犯，到時候如果我在場，可以救你；否則就危險了。」華佗給陳登留了一個位址，然後又雲遊四方、懸壺濟世去了。三年以後，陳登果然發病，派人去找華佗，但華佗上山採藥不在家中。陳登運氣不佳，溘然長逝，年僅三十九歲。

隨著華佗醫術的精湛、聲名的傳播，很多王公貴族也開始知道了他的名字，這其中就有一代梟雄曹

操。曹操患有很嚴重的頭風病，有時候疼起來簡直要他的命。曹操當上丞相後，日理萬機，病情更加嚴重，聽說華佗醫術精湛，就抱著試試看的想法徵召他前來治病。

經過一番診視，華佗選擇使用針灸之術。他在曹操的鬲俞穴下針，片刻之後，曹操的疼痛頓時消失，頭腦為之一清。曹操十分高興，華佗卻給他潑涼水說：「您的病是種慢性病，不能根治，只能靠治療來減輕病痛，延長壽命。」曹操當時聽後心裡就有些不舒服，但又有些害怕，就把華佗留在了府中，以備不時之需。這時候華佗雖然在曹操身邊做事，但曹操並沒有限制他平時的活動，所以華佗還可以去給一些貧苦百姓治病。

後來，隨著曹操權力的膨脹，日理萬機的曹操病情開始加重，需要華佗隨時待在身邊照應。華佗一生雲遊慣了，很不喜歡這種生活。再加上曹操曾經在討伐陶謙時枉殺了徐州數萬百姓，華佗心裡對他也沒有好感。他心裡渴望再去周遊四海，為民間那些貧苦之人解除病痛，自己也可以多學多看，以精湛自己的醫術。讓他終身為一個統治者服務，這無異於將一隻蒼鷹困在一隻鳥籠裡了。

華佗對曹操說，自己想家了，要回家看看，曹操同意了。誰知道華佗這一走，竟然沒有回來的消息。曹操急了，一連寫了好多封信給華佗，催他趕緊回來，自己很需要他。華佗回信說，自己的夫人生病了，必須留在家裡照看她。曹操收到信後，產生了懷疑，他派人到華佗的家裡去查探消息，並交代說，如果華佗的老婆真的生病了，那就送給她些補身體的食物，如果是假的，即刻押華佗來許都。

華佗是神醫，他的老婆當然不可能一病就不起了。前去查探消息的人回報曹操，華佗說了謊話，曹操勃然大怒。曹操沒發跡之前說過一句話：「寧可我負天下人，不可讓天下人負我。」華佗這麼公然地欺騙他，他怎麼可能會寬容華佗？華佗被押解到許都後就被關進了監獄，不管曹操再怎麼威逼利誘，他就是不同意在曹操身邊做事。於是，曹操以欺騙罪的名義將一代名醫華佗殺害了。曹操的謀士荀彧一

再規勸曹操，華佗是世間少有的名醫，殺了他，也就間接地害死了很多人。曹操不聽，輕蔑地說道：「天下醫生多的是，不能為了一個鼠輩壞了我的威儀。」

華佗死後沒多久，曹操最喜歡的兒子曹沖得了重病，多方醫治無效，這時候，殺人無數的曹操才後悔起來，說道：「要不是我殺了華佗，沖兒也不會死了。」再後來，曹操也因頭風發作而死。

赤壁之戰

官渡之戰後，曹操基本平定了北方，他想要趁熱打鐵，於是開始為南征做準備。建安十三年，曹操在鄴城修建了玄武池，開始專門訓練水軍。

建安十三年八月，荊州牧劉表病死，次子劉琮繼位。曹操親率大軍南征，第一個目標就是荊州。劉琮膽小，還沒有開戰就投降了曹操。當時劉備歸附於劉表，駐軍樊城。劉琮並沒有把投降一事告訴劉備，使得劉備直到曹操大軍快到時才倉皇出逃。

眼看曹軍勢大，劉備自度不是其對手，就聽從了諸葛亮的意見，派他到東吳去向孫權求救。其實，早在曹操剛南下之時，孫權就擔心曹操此番南征是針對自己，於是派魯肅藉著為劉表弔喪的機會前往荊州刺探虛實，魯肅藉機和劉備有了聯繫，對孫劉聯合也持積極態度，於是就帶著諸葛亮回去見孫權去了。

諸葛亮見到孫權後，看出他是個不甘屈居人下之人，於是勸說道：「曹操雖然勢大，但是仔細一分析就會明白，他並非無法戰勝。曹軍此來，一路奔波勞累，軍隊疲勞不堪，此為其一；曹軍都是北方人，不習水戰，來到這裡水土不服，戰鬥力也大打折扣，此為其二；其三，曹操此次南征，後方不穩，剛歸附的荊州等地也人心不穩，曹操有後顧之憂。我們主公雖

然剛打了敗仗，但手下的士兵聚集起來也有兩萬人之眾，只要我們聯合起來，同心協力，擊敗曹操，就可以和曹操分庭抗禮了。」諸葛亮這一席話打動了孫權，於是他開始召集部下商量此事。

曹操此次南征來勢洶洶，號稱有八十萬之眾，兵不血刃地拿下了荊州城，威震九州。張昭等一批東吳重臣認為東吳沒有戰勝曹操的可能，只能投降，所以力勸孫權放棄抵抗，渡江迎接曹操。張昭在東吳很有威望，又是孫策欽點的托孤重臣，孫權一時不知如何是好。魯肅趁著孫權上廁所的機會，偷偷跟了出去，勸孫權說：「像我這樣的人臣，如果投降曹操，很可能會混個一官半職，打發了下半輩子，可是主公您不同啊！身為一方諸侯，如果您投降了曹操，會被曹操所容嗎？現在大臣們之所以力勸您投降，是因為投降對他們並沒有害處，但是他們誰又想到主公您了啊！」孫權這才堅定了聯劉抗曹的決心。回到大殿後，群臣依舊爭論不休，孫權突然拔出佩劍，將身邊桌子上的桌角砍了下來，說道：

「孤意已決，決不投降！再有主張投降的，別怪我不客氣！」這時群臣才安定下來。

孫權接著又召回了在外帶兵的周瑜，周瑜的態度也很堅決，決不投降。他向孫權逐一分析了曹軍的劣勢，諸如長途跋涉、不服水土等，最後周瑜說道：「只要給我五萬精兵，我就可以力抗曹操。請主公不要再猶豫了。」孫權心下大安，任命周瑜和程普分別為左右都督，魯肅為贊軍校尉，率領黃蓋、呂蒙、甘寧等將軍和三萬多江東精兵沿江北上，和劉備聯合，共同狙擊曹操，孫權仍然留守柴桑。

當時，曹軍雖然人數眾多，但多數都是曹操從北方帶過來的，不習水戰。很多士兵因為暈船嘔吐不止，根本就無法打仗。曹操想了個辦法，他下令將所有的戰船都用鐵索連接起來，這樣一來，就不易受水波影響，人和馬在上面走動如履平地。

消息傳到東吳軍中，黃蓋想出了一個主意，他對周瑜建議說：「現在敵強我弱，不能跟曹軍硬碰硬。我聽說曹操將所有的戰船都連

了起來，真是天賜良機，我們可以用火攻。」周瑜表示贊同，又和黃蓋定下了詐降的計謀。黃蓋於是給曹操送去了一封投降信，並約好了投降的日期和地點。

之前曹操一路南下，幾乎沒有遇到過什麼像樣的抵抗，他自己也認為江東已經是囊中之物，所以黃蓋的投降書送來時，曹操幾乎沒怎麼懷疑就相信了。到了約定好的那天，黃蓋果然帶著十艘戰船前來，曹操大喜，得意洋洋地對身邊的人說：「黃蓋果然言而有信。」黃蓋這些船上裝的可不是什麼隨他投降的士兵，而是些乾草之類的易燃物，然後用浸過油的幔布遮蓋起來。當時，江上東南風刮得正緊，黃蓋的船一艘艘都像是離弦的箭一般，飛快地向曹軍駛過去。曹軍都以為黃蓋是來投降的，根本沒有防備。等到距離曹軍大約兩里的地方，黃蓋下令將那十艘裝有易燃物的船一起點燃。曹操的戰船很快被引燃，由於所有的船都被鎖在了一起，一時間火光滔天，戰船一艘接一艘的被燒，曹軍有被燒死的，有跳江淹死的，死傷無數。早在岸上準備的孫劉聯軍趁機大敗曹兵，曹操只帶了些殘兵剩將從華容道逃跑了。

赤壁一戰，基本奠定了三國鼎立之勢，從此以後，曹操再也無力對南方發起大規模的戰爭。赤壁之戰，也成為我們歷史上以少勝多的著名戰役之一。

關羽水淹七軍

劉備占領荊州以後，東吳上上下下都十分氣憤，孫權派魯肅前去討還荊州，劉備不答應。雙方關係頓時緊張起來，眼看一場戰爭在所難免。這時，曹操要進軍關中的消息傳來，孫劉兩家都知道曹操才是真正的敵人，於是暫時講和，將荊州一分為二。

孫劉兩家講和後，開始一致對抗曹操。劉備親自帶兵向蜀中

進發，在陽平關一戰中大敗曹軍，還斬殺了曹軍主將夏侯淵。劉備根據諸葛亮的計畫，決定乘勝追擊，命關羽帶兵從荊州直接攻打中原。當時，孫權想要進攻合肥，曹操率領大軍駐紮在淮南，命曹仁鎮守樊城。

關羽趁著這個機會，率軍進軍樊城，曹仁趕忙向曹操求援，曹操於是派左將軍于禁、立義將軍龐德帶領七支軍隊前往樊城支援。于禁、龐德到達樊城後，曹仁讓他們在平地上建起了營帳。當時時至深秋，雨水正旺，關羽算準了近期一定會有水患，又見曹軍不懂時令，將營帳駐紮在了低窪的平地上，於是偷偷地命軍隊趕製小船。

到了八月，果然天降大雨，漢水決了堤，平地上也集聚了幾丈深的水，于禁軍的營帳都被水淹沒了，只好登上高地避水。關羽趁機帶著部下乘小船進攻曹軍。于禁走投無路，只好投降。龐德在堤上，穿著盔甲拿著弓箭，寧死不降，不斷用箭射殺蜀軍。等到箭射完了，他又帶著手下的士兵拿著兵器和蜀軍短兵相接。龐德越戰氣越盛，無奈洪水很快就將他駐足的地方淹沒了，手下的士兵也都投降。龐德想要乘小船逃走，不料船卻翻了，落入水中的龐德被蜀軍俘虜，帶到了關羽面前。

龐德見了關羽，還是一臉怒氣，站得筆直沒有要下跪的意思。關羽對他說：「你的哥哥就在我們漢中，我想要招降你做我的部將，你不早點投降還等什麼？」龐德對著關羽就是一頓臭罵：「就憑你小子，還敢說讓我投降？魏王曹操手下有百萬之眾，威震天下。你的主子劉備不過是個庸才罷了，根本就不是魏王的對手！我寧願在魏王手下做鬼，也不稀罕給你們這群逆賊做什麼將軍！」關羽大怒，將龐德砍頭示眾。消息傳到曹操耳朵裡，曹操痛哭流涕地說道：「我和于禁認識三十年了，沒想到碰到危險時，他還比不上龐德！」龐德的兩個兒子都被曹操封為列侯。

水淹七軍後，關羽下令猛攻樊城。蜀軍勢大，再加上城中發洪水，沖毀了很多建築，曹軍人心惶惶。有人對曹仁說：「現在情況這麼危急，我們肯定撐不下來。趁著

關羽還沒有將我們包圍住，趕緊先跑吧。」汝南太守滿寵卻說：「山洪來得快，退得也快。我聽說關羽已經另派將領到郊縣去了，許都以南的百姓都惶恐不安。關羽之所以不敢輕舉妄動，就是害怕我們在後面截斷他的退路。如果我們現在離開，就等於把黃河以南的地方拱手讓人，將軍一定要堅持下去啊。」

曹仁採納了滿寵的建議，沉白馬與眾將士盟誓，誓死守城，城中人心這才安定下來。

水淹七軍，是關羽戎馬一生中最光輝的戰績，經此一役，關羽威震天下，許都以南很多地方的百姓都起義殺了縣令，回應關羽。就連曹操也坐臥不安，連忙派人到東吳去向孫權請和。

呂蒙白衣渡江

關羽水淹七軍後，威震天下，不僅曹操擔心，連蜀漢的盟軍東吳也感到了壓力。

東吳大將呂蒙很早就向孫權建議道：「關羽這個人，狂傲自大，變化無常，不能夠跟他推心置腹。荊州這個地方如果不拿下來，對於我們來說實在是芒刺在背。現在關羽之所以不敢對東吳怎麼樣，是因為有主公您的英明和我們這些重臣的存在。現在不趁著強壯的時候除掉他，等到關羽強大了，再想除可就難了。」孫權說：「我想先取徐州，再滅關羽，可以嗎？」呂蒙回

答說：「現在曹操遠在河北，無暇東顧，我們雖然可以奪下徐州，但曹操絕不會善罷甘休。所以，不如先攻關羽，只要奪下荊州，就可以占據長江天險，形勢就會對我們有利。」孫權同意了呂蒙的主張。

關羽率兵攻打樊城，麋芳守江陵，傅士仁守公安，負責給前方輸送糧草。關羽和曹軍激戰的當兒，呂蒙給孫權上書說：「關羽去攻打樊城，但是仍然留下了許多守城之兵，這說明他很擔心我們會在背後偷襲荊州，不太放心。我常常生病，這事關羽也知道。現在請主公

命我帶著些手下回建業去，就說是回去治病，關羽聽說後，肯定會撤了防守之兵，將他們統統徵召到襄陽去。到時候我們就可以趁著荊州城空虛搞個偷襲，這樣一來，荊州和關羽就都在我們掌握之中了。」

於是東吳四處散布呂蒙生病的消息，孫權下令命呂蒙回建業治病。呂蒙到達蕪湖時，定威校尉陸遜前來拜見。陸遜對呂蒙說：「關羽現在這個勢頭，實在令人擔心。」呂蒙回答道：「是啊，偏偏我又病了。」陸遜接著說道：「關羽這個人，恃才傲物，驕傲自大，現在又剛剛立下了這麼大的功勞，肯定更自大了。將軍您這一病，正好可以使他大意，他肯定會將部隊都帶到襄陽去的。到時候我們攻他個出其不意，肯定能奪回荊州。」呂蒙當時沒有說什麼，見了孫權後，極力推薦陸遜接替自己的位置。孫權於是拜陸遜為偏將軍、右部都，到荊州去接替呂蒙的職位。

陸遜當時只是個無名書生，關羽根本就沒把他放在眼裡。陸遜到達荊州後，立刻給關羽寫了一封信，信中極盡謙恭之詞，把關羽大大地誇了一番，又表了表忠心。關羽果然中計，將防守的軍隊都調去前線打仗了。陸遜於是開始暗地裡準備奪取荊州事宜。

關羽收得于禁的人馬後，糧食乏絕，後勤保障供應不上。關羽焦急中竟然擅自搶了東吳的糧倉，這下可讓孫權握住了把柄，孫權決定跟關羽開戰。於是，孫權任命呂蒙為大都督，帶兵攻打關羽。

呂蒙到達尋陽後，將軍隊的精銳之師都藏在船艙裡，又讓士兵都換上普通商人的衣服來划船，日夜兼程，趕赴荊州。一路上守備的蜀軍竟然都沒有發現端倪，反而被從天而降的東吳軍綁了起來，所以關羽一點消息都沒有得到。

留守荊州的糜芳和傅士仁和關羽關係一向不好。關羽這個人眼高於頂，很少有他看得上的人，所以不知不覺中得罪了好多人。當時，關羽在前線打仗，在後面負責後勤保障的糜芳和傅士仁沒有及時供給糧草，關羽很生氣，對部下說：「等我回去了，一定要治這兩個人的罪！」糜芳和傅士仁得知後都十分害怕。呂蒙趁機派虞翻寫信勸降

傅士仁，傅士仁收到信後立刻就向東吳投降了。接著，傅士仁又慫恿糜芳也投降了。

呂蒙進入江陵後，釋放被囚禁的犯人，又將關羽及其部下的家屬安撫了一番，並下令說：「不准騷擾百姓，不准向百姓索取一針一線。」當時有一個呂蒙的同鄉，拿了城裡百姓的一頂斗笠，呂蒙知道後，流著眼淚將他處斬了。從此以後，軍隊裡都不敢再侵擾百姓，荊州城裡幾乎路不拾遺。呂蒙還經常派自己的手下去慰問老年人，儘量滿足他們的要求，有人生病了就給他們送藥，有缺衣少食的就送去衣服、糧食。關羽府中的財物，一律封存不許動，等待孫權來後再處置。

關羽聽說荊州被占的消息後大驚，立刻率軍南還。一路上關羽多次派人去呂蒙那裡打探消息，呂蒙總是厚待這些使者，帶著他們到城中四處轉轉，又讓他們回家去看自己的親人。這些人回去後，都說呂蒙對家人很好，比關羽還好。關羽的軍中因此鬥志全無。孫權到達荊州後，荊州全郡都歸順了東吳。

孫權於是任命呂蒙為南郡太守，封孱陵侯，賜錢一億，黃金五百斤。又封陸遜為宜都太守。關羽大意失荊州，將自己陷入腹背受敵的困境，不久後敗走麥城，兵敗被殺。

魏紀

曹丕奪嫡

曹操最初娶了丁氏為妻，但丁氏無子，於是曹操又娶了劉氏為妾，劉氏生下曹昂，曹操命丁氏撫養。後來曹昂不幸早逝，丁夫人傷心欲絕，沒有節制。曹操很生氣，認為丁氏沒有夫人的儀態，於是將她休了，改立卞氏為正室。卞氏當時已經為曹操生下了四個兒子，分別是曹丕、曹彰、曹植、曹熊。

這幾個兒子中，曹操最喜歡曹植。曹植一表人才，又很聰明伶俐，多才多藝，才高八斗。所以曹操暗自生了廢長立幼的心思。當時朝中各有一股勢力分別支持曹植和曹丕。

丁儀因為曹丕曾阻止曹操將女兒嫁給自己對他懷恨在心，他和弟弟黃門侍郎丁廙，還有丞相主簿楊修，經常在曹操面前誇讚曹植的才能，規勸曹操立曹植為嗣。曹操於是讓大臣們匿名給自己寫信發表意見，尚書崔琰直接把自己的名字露在外面，信上寫道：「《春秋》上表達的大義，就是教育我們要立

長。現在曹丕聰明仁義又孝順，是繼承大統的最佳人選，我願意以死來捍衛這點！」尚書僕射毛玠說：「遠的不說，就拿袁紹來說吧，他不就是因為嫡庶不分才導致覆宗亡國的嗎？廢長立幼這種事是萬萬做不得的，您要三思啊！」東曹掾刑顒說：「歷史上多少因為廢長立幼導致災禍的，那都是活生生的例子啊，希望主公您仔細斟酌。」

曹丕因為曹操的猶豫不決，心裡很擔心。他秘密派人去向太中大夫賈詡請教怎麼才能當上太子，賈詡回答道：「希望將軍您嚴格要求自己，做好自己本分的事情，展示出自己高尚的品德，不做違背君臣人子倫理之事，這樣就夠了。」曹丕深以為然，從此以後，他就按照賈詡的叮囑小心翼翼地做事，讓人挑不出自己一點毛病。

有一天，曹操摒退了左右後問賈詡對立嗣一事的看法，賈詡默然不答。曹操有些生氣地說：「我跟你說話，你不吭聲是什麼意思？」賈詡答道：「臣正在想事情，所以沒有顧得上回答主公的問題。」曹操問道：「你想什麼呢？」賈詡

說：「我在想袁紹、劉表這兩對父子的事。」曹操聽後大笑。袁紹和劉表都是因為廢長立幼給自己招致了麻煩，賈詡這兩句話，無疑是在勸曹操立曹丕。

有一次，曹操親率大軍出征。出行前，曹丕和曹植都前來送行。曹植出口成章，念了一大段長篇大論歌頌曹操的功勞，大家都很為他的才華側目，曹操也很高興。曹丕站在一旁，悵然若失，不知道怎麼辦好。曹丕的好友吳質悄悄對他說：「魏王現在要出征，您只要表現出很悲傷的樣子就可以了。」於是曹丕在向曹操辭行的時候，涕淚並下，哭得十分悲傷，惹得曹操和身邊的大臣也都欷歔不已，心裡都認為曹植雖然才華出眾，但是恃才傲物，什麼都不放在眼裡，曹丕雖然才情稍遜，但是宅心仁厚。

曹植這個人，常常率性而為，不知道收斂自己，經常喝得酩酊大醉，不拘禮法，曹操幾次想立他為世子，最後都作罷。有一次，曹操想派曹植出去帶兵打仗，這麼好的機會，曹植竟然也沒放在心上。出征前，曹操派人來傳曹植，結果曹

植當時正喝得迷迷糊糊，曹操大怒，從此以後漸漸地把立曹植的心思淡忘了。

建安二十二年，曹丕終於被立為世子。他後來建立了三國中的魏國，是為魏文帝。而曹植，自曹操死後就被看管起來，鬱鬱不得志，最終憤憤死去。

孫權假降

孫權奪取荊州、殺害關羽的消息傳到蜀中後，劉備大怒，不顧眾人的勸阻執意要伐吳。西元221年七月，劉備以為關羽報仇為名，舉全國之兵揮師東進，發動了夷陵之戰。孫權為了保持孫劉聯盟，多次派人去向劉備請和，怎奈劉備一意孤行，拒不和解。孫權一方面部署防禦措施，一方面為了不招致腹背受敵，遣使去向曹丕稱臣。

當初關羽死時，曹丕就把眾臣召集過來討論劉備是否會為關羽報仇的問題。眾人都說道：「蜀國國小兵弱，出名的大將只有一個關羽。現在關羽死了，全國上下都惶恐不安，又怎麼會主動出兵打仗呢？」只有侍中劉曄發表了不同的意見，說道：「蜀國雖然國力不強，但是劉備既然想用軍隊來自強，就一定會集結重兵來顯示自己的實力。再者說，關羽和劉備的關係，雖然名為君臣，但是恩情可比兄弟。現在關羽被害，如果劉備不能興兵為他報仇，也會顯得自己不夠仗義。」

到了八月份，孫權派來的使者到了魏都，並給曹丕帶來了一份孫權親筆所書的稱臣奏章，上面極盡謙卑之詞，孫權還把魏將于禁給曹丕送了回去。魏國大臣都對曹丕道喜稱讚，又是劉曄出來發表看法，他說：「孫權無緣無故地來送投降書，肯定有什麼原因。之前他偷襲荊州，害死關羽，劉備一定會興兵討伐他。孫權面對著劉備這個強敵，內心一定很不安定，又怕我國去東吳挑事，所以才委曲求全地來稱臣投降，一來可以斷了我們出兵

的念頭，二來也是給自己拉靠山，給敵人增加壓力。現在天下三分，但十分之八都是我們魏國的勢力範圍，東吳和蜀國不過都是偏居一隅，依靠一些險山險水保障自己，再互相聯合，這才能生存下來。現在他們兩家竟然還打起仗來，實在是天要亡他們啊！陛下應該大舉興兵，徑直過江去參戰。我們和蜀國來個前後夾擊，不出一個月東吳就得亡。東吳一滅亡，蜀國就勢單力薄了，到時候還不是變成了我們的囊中之物。」

曹丕卻說：「別人來投降稱臣，我反而帶兵去攻打他，這不是讓天下有心歸順的人都死了心嗎？還是接受東吳的投降，再去攻打蜀國。」劉曄說道：「蜀國離我們那麼遠，如果現在聽說我們要和東吳聯手，一定會退兵，以後要再想滅蜀就困難了。現在劉備正在氣頭上，如果聽說我們也要伐吳，知道東吳必滅，就會盤算著和我們聯手一起滅吳，而不是改變計畫去救東吳。」曹丕聽不進去，還是接受了東吳的請降。

曹丕派太常邢貞奉旨到東吳去冊封孫權為吳王，加九錫。劉曄勸說道：「萬萬不可啊！先帝戎馬一生，平定了四方諸侯，威鎮海內；陛下受漢帝禪讓，登上大寶，德才兼備，四海歸心。孫權雖然有雄才大略，但一直不過是個侯爵而已，官輕勢卑。現在陛下不得已才接受他的投降，給他個將軍的封號就很不錯了，再不行封他個十萬戶的侯位，但是絕對不能讓他稱王。王距離天子只有一步之遙，很多禮儀上的事都會不方便。如果孫權一直為侯，那東吳的人民和他就沒有君臣之分。我敢保證孫權這只是一時的權宜之計，他絕對不是真心歸附我大魏的！現在陛下反而替他增加榮光，確定君臣之分，這無異於為他做嫁衣啊。等到孫權即王位，打退蜀兵之後，陛下再想發兵攻打他，他就會對東吳的百姓說：我侍奉魏國，無故被討伐，魏國這一定是要摧殘我的國家，俘虜我的人民。到時候他們君臣一心，就不好對付了。」曹丕還是不聽。

邢貞到了東吳後，東吳人都覺得孫權應該被稱為上將軍、九州伯，不能接受魏國的冊封。孫權

卻說：「九州伯這個稱號，前古未聞。當初沛公不是也被項羽封為漢王嗎？這不過是權宜之計罷了，接受了也不會有什麼損失。」於是正式地接受了曹丕的封賞，為吳王。

吳王孫權有一次在亭侯召見邢貞，邢貞進門時沒有下車。張昭看見後就去找邢貞談話，說道：「禮無不敬，法無不行，這才是為人臣的基本道理。您現在之所以敢這麼放肆，難道是覺得我們江南之地寡弱，沒有可以征戰沙場的勇士嗎？」邢貞聽後，連忙下了車。東吳的中郎將琅琊徐盛對邢貞的傲慢態度很氣憤，對同僚說道：「我徐盛不能夠為國家吞併巴蜀之地，以至於我們的國君受人侮辱，真是感到羞恥！」說完大哭不止。邢貞看見後，悄悄對手下的人說道：「看東吳的情況，有如此君臣，必不會甘願久居人下。」

孫權派中大夫趙咨到許都拜見魏帝曹丕，以示自己的感激之意。曹丕問趙咨：「吳王是怎樣的一個主子呢？」趙咨不卑不亢地答道：「他是個聰明、仁智、具有雄才大略的英主。」曹丕問具體是怎麼個

情況，趙咨說道：「他從一群平凡的人中發現了魯肅這樣的人並重用他，說明他聰明；從眾將中提拔出呂蒙，說明他明智；抓到于禁卻沒有將他殺害，說明他仁義；智取荊州，兵不血刃，說明他智慧；占據江南三州，睥睨天下，說明他的雄才大略；現在屈身於陛下之下，則說明他的智謀。」曹丕又問：「吳王的學問做得怎麼樣？」趙咨答道：「吳王帶兵百萬，任賢使能，雖然公務繁忙，但總是抽出時間來學習，但又不像尋常書生那樣只喜歡尋章摘句。」曹丕再問道：「吳國可以征服嗎？」趙咨說：「大國有大國的征伐之兵，我們小國也有防禦的方法。」曹丕說：「我要是發兵攻吳，你們守得住嗎？」趙咨答道：「東吳兵士眾多，又有長江天險，有何困難？」曹丕笑笑道：「東吳像先生這樣的人又有多少呢？」趙咨說道：「像我這樣的，只能算不笨，我們東吳要多少有多少。」曹丕遂對東吳不敢輕視。

孫權果然不是真心降魏，西元229年，孫權稱帝，國號為吳，是為吳大帝。

諸葛亮七擒孟獲

劉備死後，益州豪強雍闓趁機殺死益州太守正昂，向東吳投降。後來，雍闓又蠱惑南方的夷族首領孟獲一起反蜀，蜀國後方不穩。

夷陵一戰，蜀國幾乎全軍覆沒，國基動搖，諸葛亮只好先穩定國內情況，暫時不去管南方的事。經過兩年的休養生息，為了給北伐做好準備，蜀相諸葛亮決定南征。

諸葛亮出征時，參軍馬謖一送再送，最後走了有數十里之多。諸葛亮對馬謖說：「我們在一起共事多年，這次遠征，你有沒有什麼好的建議給我？」馬謖說道：「南中這個地方，地勢險要，很不好辦。那些夷人仗著這點總是不服從中央。現在即使將他們打敗，說不定明天就又背叛了。您不久之後還要傾全國之兵北伐曹賊，到時候這些夷人肯定會趁著國內空虛，又行反叛之事。要想永久的除去這個禍患，就必須用仁義來感動他們，不能操之過急。用兵之道，攻心為上，攻城為下，心戰為上，兵戰為下，希望丞相您能夠使他們心悅誠服地歸順。」諸葛亮聽後深以為然。

諸葛亮到達南中後，屢戰屢勝，先後斬殺了雍闓和高定，很快就收復了各縣。夷族的首領孟獲收集了雍闓的舊部，組織部隊，對抗諸葛亮。孟獲在南中很有威望，不管漢人還是夷人都很服從他，諸葛亮知道，要想真正的平定南中之地，就必須使這個孟獲真心歸順。於是，他暗自定下了一個計畫。

諸葛亮一向用兵如神，孟獲很快就被抓住了。諸葛亮帶著孟獲參觀了蜀軍的營帳，問他說：「我們蜀軍怎麼樣啊？」孟獲冷冷地回答說：「我因為摸不清你們的虛實，所以才招致了失敗。現在有幸觀看了你們的軍容，也不過如此。早知道是這樣，我一定可以勝利。」諸葛亮笑笑，說道：「好，我成全你。」於是命人將孟獲放了回去。蜀軍將領都莫名其妙，對諸葛亮說：「丞相，我們費了九牛二虎之

力才將這個孟獲抓住，您怎麼這麼輕易地就把他給放了？」諸葛亮答道：「夷人善變，只有讓他們誠心誠意地對我們產生敬畏之心，南方才能真正平定啊！既然來一次，就要畢其功於一役。」眾人這才明白。

就這樣，諸葛亮將孟獲抓了放，放了又抓，來來回回一共抓了七次。到第七次時，孟獲說什麼也不走了，跪下來說道：「丞相如此仁義，我孟獲就是再不懂道理，也不能再無理下去了。我願意投降，從此為丞相馬首是瞻！再不敢反叛！」平定孟獲後，諸葛亮又帶兵來到了滇池，很快，益州、永昌、牂牁、越巂四郡也先後平定，諸葛亮都還讓當地的首領擔任地方長官。

有些人很不理解，就去對諸葛亮說：「好不容易把南方平定了，您怎麼還讓那些夷人的首領擔任官職呢？用我們自己的人豈不是放心些？」諸葛亮說：「我這樣做，出於三個考慮。第一，如果要留外人在這些地方擔任長官，就必須同時留下軍隊，有軍隊，就必須有軍糧，消耗太大；第二，這些地方剛剛經歷過戰爭，死傷無數，對朝廷有敵意，如果讓我們的人留下來而不派軍隊駐守，很容易造成禍患；第三，這些地方的人曾經多次造反，自知罪孽深重，如果我們派人來治理，會使他們產生不信任感。現在，我既不想在這裡留軍隊，又不想往這裡運送軍糧，還想讓這裡的百姓和睦相處，社會和諧，最好的辦法就是讓他們自己人管理自己人。」下面的人這才明白，不再議論了。

諸葛亮於是將孟獲等人都封為大官，又賞賜他們金銀牛羊等物資供其使用。南方民眾都感激諸葛亮的恩德，為他的行為操守感動，直到諸葛亮逝世，這些人也沒有再造反的。

諸葛亮揮淚斬馬謖

劉備在夷陵之戰中大敗後，蜀國國力大減，打亂了諸葛亮隆中對中提出的部署計畫。劉備死後，他的兒子劉禪即位，諸葛亮受劉備白帝城托孤，盡心盡力地輔佐後主，在國內休養生息，恢復國力，又平定了南中地區的叛亂，穩定了大後方。接著，諸葛亮又開始籌備糧草，訓練軍隊，為北伐做準備。

西元227年春天，在籌備了四年之久後，蜀國的國力得到了大面積恢復，諸葛亮覺得北伐的時機已經到來，於是向後主劉禪上書《出師表》，決定揮師北伐。他命趙雲、鄧芝占據箕穀，做出要北攻郿城的假像，吸引魏軍。諸葛亮自己則帶著十萬主力部隊，對魏軍據守的祁山發動了突然襲擊。由於魏軍事先沒有準備，被打了個措手不及。很多地方的長官都棄城逃跑，隴右五郡有三郡都投降了諸葛亮，魏國朝野震驚。

魏明帝曹睿急率大軍救援，親自坐鎮長安，又命名將張郃帶領五萬精兵前往祁山抗拒蜀軍。諸葛亮決定派馬謖為前鋒，王平為副將，到街亭設防，迎戰張郃。馬謖是已逝的蜀國大臣馬良的弟弟，此人滿腹經綸，很有謀略，深得諸葛亮器重。馬謖曾經在平定南中的戰爭中向諸葛亮提出了「攻心為上」的計謀，證明自己是個有才之人。但劉備卻認為馬謖有些誇誇其談，白帝城托孤的時候，劉備曾經叮囑過諸葛亮：「馬謖這個人，雖然有些本事，但是有些言過其實，不可大用。」諸葛亮沒有將劉備的話放在心上，在北伐至關重要的街亭一戰中，他選擇了沒有實戰經驗的馬謖做主帥。這也為北伐的失敗埋下了伏筆。

馬謖出行前，諸葛亮特意囑咐他說：「街亭雖小，可卻事關重大。它是這場戰爭中至關重要的一個戰略重鎮，只要守住街亭，我們進可攻、退可守，就能立於不敗之地。你到了那裡以後，應該靠山近水來安營紮寨。務必事事小心，不

能有一點失誤。」馬謖連連答應。

　　誰知道到了街亭後，馬謖仗著自己出主意打了幾次勝仗，便不聽從諸葛亮的指示，改將營寨駐紮在了遠離水源的街亭山上。副將王平勸馬謖說：「街亭這個地方，既沒有水源，又沒有糧道，假如魏軍將街亭包圍，又切斷水源和糧道，我們就會不戰而敗。將軍您還是聽從丞相的囑託，將部隊駐紮在靠近水源的地方才是。」馬謖輕蔑地看著王平說道：「你不過是一介匹夫，看過幾本兵書？我從小就熟讀兵書，又屢立戰功，連丞相都要敬我三分，有事必向我諮詢，你有什麼資格來說我的不是？兵法有云：居高臨下，勢如破竹，置之死地而後生。我將大軍部署在山上，就是按照兵法做的，丞相是沒有來這裡實地考察，他要來了，一定也會這樣做的。」

　　王平並沒有放棄，他又多次向馬謖建議更改命令。馬謖本是一個自大的人，根本就沒有把王平放在眼裡，看他囉嗦個沒完，就放狠話了：「丞相命我做主帥，所有軍中大事一律聽我指揮。你不過是一個副將，服從命令就好了，你要再言語不休，我就治你一個擾亂軍心之罪。」王平並沒有被馬謖這番話嚇住，他慨然回答說：「我王平雖然官小權微，但我為國盡忠的決心一點不比你小。明知道你這樣做是錯誤的，我怎麼能曲意奉承你而不顧國家大義呢？」馬謖還是不為所動。

　　張郃到達街亭後，得知蜀軍把軍隊駐紮在了山上，心中暗喜。他立刻派人將水源切斷，接著又切斷了糧道，將馬謖軍困在了山上。蜀軍饑渴難耐，軍心動搖，張郃又命人縱火燒山，接著乘勢進攻，蜀軍大敗，只有王平帶著一千餘人和魏軍廝殺。街亭最後失守。

　　街亭失守，宣告了諸葛亮第一次北伐的失敗。馬謖逃回軍中後，諸葛亮立刻將他下獄，準備問斬。軍中有人勸諸葛亮說：「馬謖是個人才，殺了可惜啊！」諸葛亮無奈地說道：「可是如果不殺他，軍法何在，軍紀何在？」馬謖自知不能饒恕，在獄中給諸葛亮寫信說：「我知道自己無法饒恕，也不奢求能活下來。丞相一直待我很好，我

死後，希望您能夠照顧好我一家老小，這樣，我也瞑目了。」諸葛亮看後，淚流滿面，內心充滿矛盾，但是為了大局著想，他還是忍痛下令將馬謖正法。

馬謖死後，諸葛亮又以用人不當為名，自降三級，以正軍威。

鄧艾伐蜀

蜀漢自諸葛亮死後，由大將姜維繼承了他未竟的北伐大業，但一直沒有實質性的進展，反而空耗國力，勞民傷財。後主劉禪掌握了大權後，寵信宦官黃皓，朝政開始腐敗。西元263年，司馬昭決定派大軍南下滅蜀。

司馬昭任命鍾會、鄧艾為大將，分兵攻打蜀漢，八月在洛陽舉辦誓師大會，準備出征。鍾會帶領十萬主力大軍奔赴漢中，鄧艾領兵三萬，負責牽制蜀將姜維。姜維得知鍾會已經到達漢中的消息後，想辦法擺脫了鄧艾，急忙帶兵趕到劍閣，守住了入蜀的通道。劍閣地勢險峻，素有「一夫當關，萬夫莫開」的名聲，鍾會久攻不下，糧草將盡，形勢十分嚴峻。

趁著蜀魏兩軍主力在劍閣對峙的機會，鄧艾決定帶著軍隊另闢蹊徑，他繞到了距劍閣百里之外的陰平。陰平是少數民族居住的地方，一向人跡罕至，到處都是險山峻嶺，別說是軍隊了，就是平常走路都十分困難，所以蜀國並沒有在這裡安置守軍。鄧艾一路上遇山開山，遇水架橋，走得十分艱辛。有一次，軍隊來到了絕境之中，沒有前進的道路，鄧艾就帶頭用毛氈將自己捲起來從峭壁上滾了下去。眾兵士見主帥這麼身先士卒，於是也鼓起勇氣，過了這道峭壁。鄧艾就這麼走過了七百多公里的陰平道，如天降奇兵一般出現在了江油。江油守軍馬邈做夢都沒有想到魏軍會到來，一點防備都沒做，於是舉城投降。

江油失守後，後主劉禪派諸葛

亮的兒子諸葛瞻帶兵駐守涪縣（今綿陽市涪城區），狙擊魏軍。鄧艾攻下江油後，很快就來到了涪縣。鄧艾派人去給諸葛瞻送了一封信，信上說只要他投降，就可以封他為琅琊王。諸葛瞻見信後大怒，將鄧艾的信使斬殺了。雙方在涪縣大戰，鄧艾軍大敗。

鄧艾孤軍深入，本來就冒了很大的風險，現在再遭敗績，手下的人有些心不安了。有人去向鄧艾建議說撤兵，鄧艾大怒，他深知此行只能前進不能撤退，一旦撤回，之前的辛苦就全白費了，大罵道：「存亡之際，在此一舉，有什麼不可能的，必須死戰！」於是下令士兵死戰，自己也親上戰場督戰。所謂哀兵必勝，魏軍果然大敗蜀軍，還殺了蜀將諸葛瞻。

攻下涪縣後，魏軍長驅直入到達綿陽，蜀國舉國震驚，很多蜀國百姓紛紛逃到山林中去躲避。後主劉禪召集文武百官商量計策，大臣們各懷心事，有人建議去投奔東吳，有人提議暫時避其鋒芒，到南中地區避險，光祿大夫譙周發表建議說：「自古以來，從沒聽說過寄居在別國的君主，現在如果陛下您逃到吳國去，就免不了給人家稱臣的命運。就是這樣，吳主也不一定就能容下您，自古以來無數事實證明了這點。而且，自古以來只有大國吞併小國的，沒見過小國吞併大國的，依現在的情形看，魏國可以滅了吳國，吳國絕對滅不了魏國，如果我們現在去向吳國稱臣，就免不了要再跟著他們投降一次，再受一次侮辱。如果想要逃到南方去，那就要早作準備，現在大敵當前，禍敗將至，誰知道會發生什麼事情，這個時候倉促地逃到南方去，不是什麼好主意。所以依我看，不如直接投降魏國。」

有人擔心道：「現在鄧艾就要打到成都了，如果他不接受我們的投降，怎麼辦？」譙周說道：「現在東吳還在，他不可能不接受我們的投降，投降之後必定還要以禮相待。如果陛下投降後，魏國不封陛下個諸侯王當當，我願意孤身前往魏都為陛下爭取。」眾人這才沒有異議，都同意了降魏這個主張。

後主劉禪還是下不了決心，猶豫著南逃，譙周又上書說：「南方

自古乃蠻夷之地，反復無常，不可以依靠。」劉禪這才下定決心，鄧艾到時，他命人將自己綁了起來，親自率領文武百官出城迎接，舉國降之。

鄧艾靠著自己的智慧和勇氣，出奇兵偷渡陰平，滅了蜀漢，是古代戰爭史上極其輝煌的一戰，為統一大業打下了堅實的基礎。

司馬昭之心

西元239年，魏明帝曹睿去世，臨死前將國家大事託付給曹爽和司馬懿。曹睿死後，齊王曹芳繼位，曹爽和司馬懿開始了奪權的進程。剛開始時，曹爽咄咄逼人，司馬懿老謀深算，裝病不朝，漸漸地麻痺了曹爽。西元249年，司馬懿藉著曹爽跟隨曹芳前去高平陵為魏明帝掃墓的機會，發動了政變，盡誅曹爽集團，從此，魏國大權盡在司馬氏掌握之內。

司馬懿死後，他的兒子司馬師繼續執掌大權。皇室式微，魏帝曹芳日益淪為傀儡。曹芳不甘心過著受人擺布的日子，於是聯合了幾個大臣，決定除掉司馬氏集團。事情敗露後，司馬師廢掉了曹芳，改立曹丕的孫子曹髦為帝。不久後，司馬師也因病去世，大權轉移到了他的弟弟司馬昭手裡。

司馬昭這個名字可謂人盡皆知，因為他留下來一個成語：司馬昭之心路人皆知。可見司馬昭的獨斷專行比他的父親和哥哥更甚。曹髦當上皇帝時，只有十四歲，當時司馬師問大臣們對他的看法，大將鍾會說了一句：「才同陳思，武類太祖。」將他和曹植、曹操相比較，可見曹髦也是個很有抱負的人。

小皇帝曹髦一天天地長大了，司馬昭也變得越來越蠻橫了，經常暗自教唆自己的黨羽在朝堂之上為自己要加官求封賞，甚至還讓皇帝下旨允許自己佩劍上朝。曹髦覺得自己的日子一天比一天難過，

鬱悶中寫下了一首潛龍詩。他在詩中將自己比喻為困在淺水裡的龍，被那些泥鰍、黃鱔之類的小魚小蝦凌辱。這首詩很快就到了司馬昭的手裡，他開始對這個小皇帝警惕起來。司馬昭跑到朝堂上大鬧了一場，無非是說一些我們司馬氏有功於朝廷，現在皇上竟然用泥鰍、黃鱔這些不值錢的東西來形容我們，真是沒良心。曹髦忍住沒有說話，心裡暗暗地下定了決心。

下朝後，曹髦心裡還是憤憤不平，覺得自己堂堂一國之主，萬聖至尊，竟然被一個朝臣在大殿之上，當著群臣的面大呼小喝，實在是可忍孰不可忍！曹髦是曹操的曾孫，曹丕的嫡孫，怎麼可以容忍這樣的羞辱。想到這裡，曹髦叫來了尚書王經、侍中王沈和散騎常侍王業三個人，對他們控訴道：「司馬昭的野心，就是大馬路上走的人都看出來了！與其坐等和齊王一樣的下場，還不如主動出擊，討伐司馬氏！」

三個人一聽都嚇壞了，死命地勸曹髦。王經說道：「當年魯昭公就是因為不能忍受季氏的專權，起來反抗，結果落了個兵敗失國的下場，被天下人嘲笑。現在司馬昭大權獨攬，黨羽眾多，這種情況也不是一天兩天了。陛下您沒有軍隊，勢力薄弱，就這樣去跟他死拼，不是拿著雞蛋去碰石頭嗎？希望您三思啊！」

曹髦生氣地將懷裡的討伐詔書拿出來往地上一扔，大義凜然地說道：「我已經決定了！死就死了，我不害怕，況且誰死還不一定呢！」說完就入後宮去稟告太后去了。王沈和王業見小皇帝要發瘋，擔心事情失敗後會連累到自己，於是和王經商量一起去向司馬昭告密。王經鄙夷地說道：「為人臣子的，看見自己的君主受辱，就相當於是自己受辱。我身為人臣，不能為陛下分憂已經很慚愧了，怎麼能做出這種事。」王沈和王業見勸說不動王經，就自己去找司馬昭去了。

曹髦帶著宮中的侍衛、宦官等一群烏合之眾，大約三百來人，就這樣去找司馬昭拼命去了。路上碰到了司馬昭的弟弟，曹髦當頭對他大喝一聲，嚇得他掉頭跑掉。司馬

昭很快就得知了消息。這可能是歷史上第一次出現皇帝帶兵討伐權臣的情況。司馬昭碰上後，很冷靜地派自己的心腹賈充帶著軍隊去會曹髦。雙方在南闕相遇，曹髦一馬當先，拔出劍喊道：「朕是天子，誰敢攔朕！」他這一喊還真把人都鎮住了，賈充的部隊都不知道該如何是好，攔不敢攔，殺不敢殺，一時大亂。

眼看情況危急，司馬昭的手下成濟去問賈充該怎麼辦，賈充說道：「司馬公養你們這麼久，就是為了今天的事。現在到了這個時候，你還有什麼好問的。」成濟會意，拿著矛就刺向了曹髦，矛頭從曹髦的胸口穿過，年僅二十歲的曹髦當場死亡。

司馬昭得知魏帝被殺的消息後，裝作很吃驚的樣子，又將成濟殺了頂罪，還給曹髦定了一個咎由自取的罪名，將他貶為高貴鄉公，又找來了曹奐繼續當自己的傀儡皇帝。

■ 阿斗樂不思蜀

蜀漢後主劉禪，在位四十一年，是三國時期在位時間最久的君主，但是因為一句「此間樂，不思蜀」的千古名言，卻成為了昏君的代名詞。

西元263年，司馬昭決定伐蜀。鄧艾帶領三萬人用奇計，繞過劍閣從陰平進入蜀地，蜀國大驚。在全國軍隊基本完整的情況下，後主劉禪竟然帶著文武百官不戰而屈，出城投降。蜀國就這樣輕而易舉地被滅了。司馬昭為保險起見，將劉禪送到了洛陽，並以魏帝的名義封他為安樂侯。

有一次，司馬昭設宴款待蜀漢的一幫降臣。劉禪自進入洛陽以來，表現的一點都不像是個剛剛經歷了國破家亡的亡國之君，每天都過得很歡樂。就這樣，司馬昭還是不放心。

在宴會開始時，司馬昭安排了一段魏國的歌舞，蜀國的官員一

邊看表演，一邊都現出很傷感的模樣，只有後主劉禪面有喜色，看得很開心。司馬昭又令人改換表演蜀國的樂舞，這下子蜀國的官員都開始啜泣不止，司馬昭再看看劉禪，發現他還是一副嬉笑自如的樣子，沒有一點反常。

酒喝到一半時，司馬昭對心腹賈充說道：「沒想到劉禪竟然昏庸到如此地步！即使是諸葛孔明在世，恐怕也保不住他的江山，何況姜維這群人呢？」

宴會結束後，司馬昭問劉禪說：「在這裡還住得慣嗎？想不想回蜀國去啊？」劉禪歡樂地說道：「這裡很好啊，我很喜歡這裡，哪裡還有空思念蜀國啊。」司馬昭聽到這句話，對劉禪是徹底放心了。

劉禪的舊臣們都勸他說：「陛下您不應該這麼回答。如果以後司馬昭再問您想不想念蜀國，您一定要做出很悲傷的樣子，流著眼淚求他說，先人的陵墓都還在蜀地，我沒有一天不想回去。這樣說不定司馬昭還能放我們回去。」劉禪答應了下來。幾天以後，司馬昭又來看劉禪，問他說：「您到洛陽也有些時候了，不想回蜀地看看嗎？」劉禪按照別人教他的那樣，做出一副很悲傷的樣子，閉起眼睛說道：「先人的墳墓都還在蜀地，我沒有一天不想著回去啊！」

司馬昭一聽心下一緊，心想你這小子總算說實話了，但面上還是裝著一副很親切的樣子問道：「你這話怎麼這麼像是郤正說的？」

劉禪一聽大驚，睜開眼睛吃驚地問道：「就是他教我這樣說的啊！你怎麼知道的？」司馬昭聽後真是哭笑不得，但從此以後也不再懷疑劉禪了。

從此，劉禪就安安生生地在洛陽當他的安樂侯，得以善終。樂不思蜀的故事也被後世人嘲笑，劉禪被人稱作扶不起的阿斗，此後成為昏主的代名詞。

晉紀

司馬炎稱帝

司馬昭害死曹髦後，又找來了曹奐做魏帝，自己依然凌駕於皇帝之上，獨斷專行。曹髦曾說：「司馬昭之心，路人皆知。」不過司馬昭終其一生也沒來得及實現自己的野心，而是由他的兒子司馬炎最終終結了曹魏的統治，建立了晉朝。

司馬炎是司馬昭的長子，於西元265年五月被晉王司馬昭正式立為晉王太子。同年八月，司馬昭中風暴斃，太子司馬炎繼承了父親的相國、晉王之位，總攬全國軍政大權。司馬炎當權後，積極準備代魏事宜。其實，魏國經過司馬懿、司馬師、司馬昭三代的力量積蓄，早就名存實亡了，曹奐也就是個名義上的皇帝而已。

司馬炎指使自己的親信跑過去跟魏帝說：「晉王功勳卓著，是社稷之福啊！當初文帝也是這樣，漢帝才施行了禪讓之禮，讓位與他。現在您也應該向漢帝學習，將大位禪讓給晉王才是。」曹奐覺得自己當這個皇帝真跟坐火坑似的，不知

道什麼時候就被廢了，還不如聽從司馬炎的意思主動辭職不幹，說不定還能落個讓賢的好下場。沒過多久，曹奐就下了一道詔書，詔書上寫道：「晉王司馬炎，世代為魏臣，輔佐幾任君主都兢兢業業，勞苦功高，功勳蓋過了朕，朕自愧不如。現在天下都受司馬氏的恩德，才能四海昇平、安居樂業，這實在是巨大的福祉。朕只好順應天命，將皇位禪讓於晉王司馬炎，希望晉王能夠上承天意，下從民意，不要推辭。」

司馬炎看見詔書後，心裡樂開了花，但還是故作姿態地一再推辭。醜劇繼續上演。司馬炎的心腹賈充、何曾等，帶著滿朝的文武百官在朝堂上對著司馬炎是一勸再勸，最後弄得好像是司馬炎被逼無奈才接受了曹奐的禪讓一樣。

西元265年十二月，在司馬昭死後僅四個月後，他一生的願望終於被自己的兒子司馬炎完成。司馬炎登基稱帝，改國號為晉，歷史上稱為西晉，司馬炎就是晉武帝。司馬炎當上皇帝後，一改他父親當政時的鐵血手腕，改行懷柔之術，

他並沒有殺掉已廢的魏帝曹奐，而是將他封為陳留王，得以善終。對待蜀漢和東吳的降臣，司馬炎也很寬宏大量，將很多人都留任，這使得他剛剛完成的統一大業穩定了下來。司馬炎施行的這種無為而治的治國方略，也為晉朝時期開明的思想發展提供了有利條件。

司馬炎雖然還不算個庸主，但他生活十分驕奢淫逸，還十分好色。晉滅吳時，司馬炎下令將吳國後宮內的宮女嬪妃全都送過來填充後宮。大家常說「後宮三千佳麗」，但這位晉武帝的後宮人數曾一度達到令人瞠目結舌的一萬人之多。晉武帝還下令，公卿家的女兒禁止結婚，必須讓自己先挑選，選剩下的才能談婚論嫁。

司馬炎當政期間，社會上奢侈之風盛行，很多人都以浪費為榮，朝政也漸漸腐敗。有一次，司馬炎帶著大臣們到京城郊外去舉行祭祀活動。活動結束後，司馬炎望著遠處前朝皇帝們的陵墓，得意地問司隸校尉劉毅：「愛卿覺得，如果要從漢朝的皇帝中選出一個來跟朕相比，哪個最合適。」司馬炎原

以為劉毅會說出劉邦、劉徹這些明君，誰知道劉毅只是冷冰冰地說道：「大概和漢靈帝、漢桓帝不相上下吧。」這兩個可是出了名的昏君，其他大臣都嚇得不敢說話，司馬炎也覺得面子上有些掛不住了，訕笑著說：「我雖然不能和堯舜那樣的賢君相比，但是也不至於淪落到和那些亡國之君一個檔次吧，愛卿真會說笑。」劉毅面不改色地說道：「漢桓帝和漢靈帝他們雖然也會做出賣官鬻爵的事，但人家賣來的錢至少是入了國庫，陛下您卻裝進了自己的腰包，只怕比他們還不如。」司馬炎只好心虛地說了一句：「漢桓帝、漢靈帝要是聽到別人這麼評價他們，恐怕你的命就保不住了。朕還是比他們強的，因為朕身邊有像你這樣的賢臣輔佐啊！」

在吸取了曹魏滅亡的原因後，司馬炎決定用分封子嗣的辦法來防止權臣的出現，上任伊始就一口氣封了二十七個諸侯王，這也為以後的八王之亂和永嘉之亂埋下了禍根。但是司馬炎做的讓人不能理解的事，還是他立了自己的白癡兒子司馬衷做了太子，導致了賈南風的專權和諸侯之間的爭霸局面。西晉的短命跟司馬炎的優柔寡斷不無關係。

司馬炎建立的西晉雖然結束了東漢末年以來的分割局勢，但這是個短命的王朝，從建立之初就根基不牢，中國很快又陷入動盪之中。

▍ 晉軍滅吳

司馬炎建立晉朝以後，一直希望能夠消滅吳國，完成統一大業。他任命羊祜為征南大將軍，鎮守襄陽。當時，吳國也有陸抗這樣的名將，羊祜知道，有陸抗這樣的人在，滅吳之事只能後延。羊祜在襄陽多年，一直和陸抗和平相處，採取懷柔政策。

羊祜在襄陽的時候，很少和東吳打仗，但是他只要打仗，總會提

前和東吳約好作戰的時間和地點，從來不搞什麼突襲陰謀之類的。抓到的吳國士兵，他總是將他們款待一番再放回去。作戰死了的吳兵，羊祜也總是命人買來棺材將他們好生安葬。有一次，羊祜在兩國邊境不小心踐踏了吳國的莊稼，他立刻派人記下了毀壞的莊稼數，回去後就派人送去相當價錢的財物做賠償。就這樣，羊祜漸漸地籠絡了東吳的人心，東吳人甚至都尊敬地稱呼他為「羊公」。

晉帝司馬炎一方面讓羊祜在前方收攏人心，樹立好形象，另一方面又令益州刺史王濬暗自訓練水軍，建造船隻。東吳方面則是另外一番景象，他們的國君孫皓，殘暴無比，終日以殺人為樂，還嫉賢妒能，近小人而遠賢臣，東吳政權已經走向末路了。

陸抗死後，羊祜知道滅吳的機會到來了，他給晉武帝司馬炎上書道：「現在討伐東吳，易如反掌。我們共有下列優勢：第一，吳主孫皓極其昏庸，如果不趁著他在位的時候攻打吳國，再等到吳國另立一個有為的君王，那個時候就麻煩了；第二，我在兩國邊境待過很長時間，所施的一系列措施都讓東吳人對我們不感到反感，反而願意和我們主動打交道。我已經制訂好了具體的作戰計畫，長江雖險，但也是有法可破的。」司馬炎也一直希望能夠盡早完成統一，但是當時晉朝當權的一些重臣，比如，賈充等，都極力反對滅吳，原因無非就是長江天險，易守難攻，我們的軍隊裡面都是北方人，不習水戰，當年曹操的赤壁就是例子。司馬炎本來就是一個優柔寡斷的人，在朝廷內部主和派占多數的情況下，伐吳大業就這樣一拖再拖。

東吳在內政混亂，失德不穩的同時，孫皓似乎一點也沒有感受到來自晉朝的威脅，他自以為長江天險無人可渡，因此，從來沒有在備戰一事上下工夫，陸抗曾多次上書建議在建平、西陵一帶加強防守，孫皓卻都當了耳旁風。東吳上至世家大族，下至黎明百姓，都明白晉滅吳只是遲早的事，有些人甚至在期盼晉朝大軍的到來。

晉武帝咸寧五年，就是西元279年，大將王浚、杜預上書司馬

炎，認為現在是伐吳的最佳時機，此時出兵，可以損失最少的代價獲得最大的利益，機不可失，失不再來。司馬炎終於最後下定了決心，在伐吳這件事上拍了板。

咸寧五年十一月，晉武帝司馬炎基本按照已經去世的羊祜生前制訂的計畫做了戰略安排，晉軍兵分六路，全力攻吳。任命鎮東大將軍琅琊王司馬　進發塗中，安東將軍王渾出江西，建威將軍王戎進軍武昌，平南將軍胡奮出戰夏口，鎮南大將軍杜預出兵江陵，龍驤將軍王浚聯合巴東監軍唐彬沿巴蜀東進，六路大軍總兵力達到二十萬。

大軍多路併發，迅速切斷了各地吳軍的聯繫，節節勝利。到了來年二月，王浚和唐彬帶領的七萬多大軍順利地攻下了丹楊，逼近西陵峽。孫皓竟然聽信宦官的主意，在此處用鐵索把江面連了起來，又在江中暗自放置了鐵錐，意圖憑此阻擊晉軍，一個守軍都沒有派。王浚派人做了幾十個大竹筏，又在船上綁了很多稻草人，命一些水性好的士兵帶著這些竹筏先行。竹筏一遇到鐵錐，就被紮住，就這樣，東吳

人精心準備的鐵錐都被這些竹筏帶走了。收拾完鐵錐，王浚又命人造了很多特大號的火把，在這些火把上添置足夠多的麻油，見到鐵索後就點燃火把，結果孫皓精心準備的鐵索就這麼被燒成了灰。王浚順利地渡過了長江，從此以後基本上沒再受到什麼有力的抵抗，一路勢如破竹，直逼建業。

在王浚一路東進的同時，伐吳的其他大軍也都節節勝利。杜預率領的軍隊兵不血刃地攻下了江陵，胡奮也奪取了江安，大軍所到之處，大多不戰而勝，很多守城軍隊一看見晉軍的旗幟就開城投降，這也說明了東吳已經腐朽到了什麼程度。很快，晉軍完全控制了長江上游，吳都建業岌岌可危。

吳主孫皓開始惶惶不可終日，建業城裡也開始混亂起來，很多貴族被搶，憤怒的人群甚至開始焚燒皇宮。孫皓尚抱有一絲幻想，他急命丞相張悌率領丹陽太守沈瑩和護軍孫震組織起一支三萬人的軍隊在長江迎戰晉軍，可是此時的東吳士兵根本沒有一點戰鬥意志，很快就被晉軍打敗。孫皓走投無路，只好

學起劉禪，命人將自己綁了，抬著口棺材到城外去迎接晉軍的到來。

西元280年，晉軍進入建業，接受了孫皓的投降，三國中最後一個存在的國家吳國宣告滅亡，中國進入了短暫的統一時期。

▌ 竹林七賢

「竹林七賢」是指魏晉時期著名的七個文化名人，分別是：嵇康、阮籍、山濤、向秀、劉伶、王戎和阮咸。這七個人因為經常聚在山陽縣的竹林裡喝酒寫作，探討學問，世人於是將他們稱為「竹林七賢」。

竹林七賢是當時社會文學成就最高水準的代表，其中，嵇康和阮籍的成就最高。他們的作品基本上繼承了建安文學的精氣神韻，但表達方式多隱晦曲折。三國兩晉時期是我國歷史上的一個特殊時期，後人常常提到魏晉風骨，魏晉風骨最好的代表人就是竹林七賢。這些人多崇尚老莊哲學，行為荒誕，不拘禮法，其政治思想和生活態度都在中國歷史上獨樹一幟。

嵇康是竹林七賢中聲望最高的，他是魏末時期著名的文學家、思想家、音樂家。他的《與山巨源絕交書》是流傳千古的散文名篇，他開創了玄學這門哲學思想，在音樂方面，嵇康留下了絕響《廣陵散》。但就是這麼一個人，最終卻被誣下獄，冤屈而死，很大的原因是因為嵇康放蕩不羈、蔑視權貴的性格。

有一次，官運亨通的鍾會去拜訪嵇康，嵇康當時正在家裡打鐵，看見這位貴人到訪後理都不理，繼續埋頭打鐵。鍾會在嵇康家裡站了一會，覺得很是無趣，於是悶悶不樂地轉頭離去。這時，一直沒開腔的嵇康說話了：「你聽說了什麼來到這裡，又看見了什麼才離去？」鍾會沒好氣地答道：「聽到我聽到的而來，看見我所看見的而去。」說完就走了。從此以後，嵇康就被鍾會列入了黑名單，鍾會開始找機

會報復他。

司馬昭聽說嵇康的名聲後，很想把他拉入自己的陣營中，為將來代魏之事做好人才儲備。嵇康心向曹魏，對於司馬昭的一再徵召都置之不理，久而久之，司馬昭也沒了耐心，決定除掉嵇康。

就在這時，發生了一件事。嵇康的朋友，呂巽和呂安兩兄弟，發生了一件醜聞。呂巽豔羨自己的弟妹漂亮，趁著呂安不在，讓妻子把弟妹灌醉後姦污了。呂安知道後，想要把呂巽告上公堂。呂巽十分害怕，就找來嵇康調解。在嵇康的調解下，二人終於達成諒解。誰知道後來呂巽竟然倒打一耙，狀告呂安對母親不孝，將他誣告下獄。嵇康知道後十分生氣，給呂巽寫了一封絕交信，並親自為呂安作證。一直對他懷恨在心的鍾會趁機對司馬昭說：「嵇康這個人，總是愛沒事找事，留著他，始終是個禍害。不如趁這個機會除掉他。」司馬昭也是這麼個想法，於是嵇康被判了死刑。

行刑的當天，三千名太廟的學生來到刑場，集體為嵇康請願，要求赦免他，但司馬昭不為所動。嵇康行刑前，面色如常，讓兄長把自己的琴帶來，現場演奏了一曲《廣陵散》，歎息道：「從此以後，廣陵將成為絕響。」說完從容赴死，年僅三十九歲。

竹林七賢中的另一位名人劉伶，以喝酒聞名於世。他常常抱著酒瓶子四處亂跑，叫僕人帶著把鋤頭跟在他後面，並交代說：「如果我哪天喝死了，你就隨便就近找個地方把我埋了吧。」所謂嗜酒如命，大概也就如此吧。

有一次劉伶犯酒癮犯得厲害，又去跟妻子要酒喝。妻子哭著把家裡的酒都倒在了地上，又把酒瓶子都打碎，淚流滿面地勸劉伶說：「我求求你，不要再喝了！再這麼喝下去，你連命都要搭進去了！」劉伶居然答應了戒酒，回答說：「我也一直想戒酒呢，不過戒酒這種事，光靠自己的毅力是不夠的，還必須有神靈的幫助。你先幫我準備好酒肉祭祀神靈，一會兒我就在神靈面前發誓戒酒。」劉伶的妻子見丈夫竟然同意戒酒，非常高興，二話不說就出去買酒買肉去了。祭

一次讀完資治通鑑故事

祀的東西準備好後，只見劉伶將酒肉都擺上供桌，跪下來念念有詞地禱告道：「天生劉伶，以酒為名；一飲一斛，五斗解酲。婦人之言，慎不可聽。」說完就又抱起酒大喝起來。

劉伶愛喝酒，行事也十分放浪形骸。他在家裡經常不穿衣服，有客人來看他也不管不顧。有人用這件事來嘲笑他，劉伶卻說道：「天地就是我的房屋，房屋不過是我的衣褲，你們跑到我的褲襠裡來，還反問我為什麼不穿衣服，真是太可笑了！」

七賢中的另一個阮籍，自幼喪父，家裡條件十分清苦，靠著自己的勤奮得以成才。阮籍本來是一個在政治上很有抱負的人，曾經在遊覽古戰場的時候說出過「時無英雄，使豎子成名」這樣豪邁的話。但是他所在的那個時期，司馬氏獨斷專行，阮籍在心裡根本不認同這種犯上的行為，只好採取避世的態度。為了逃避司馬集團的拉攏，阮籍常常將自己灌得大醉，希望以此來逃避現實。司馬昭曾一度想跟阮籍聯姻，阮籍心裡不願意，又不敢明確地拒絕，竟然大醉六十天，最終使事情不了了之。迫於司馬氏的淫威，阮籍有時候也不得不敷衍求活，他曾經接受過司馬氏封賞的官職，為司馬昭寫過「勸進文」，所以阮籍的下場比嵇康好一些，最後得以終老。

竹林七賢流傳下了很多不可思議的故事，他們的文采，他們的風骨，將是我們永遠的一筆精神財富。

▌ 石崇鬥富

司馬炎建立西晉後，大興奢侈之風，社會上鬥富現象層出不窮，這其中最有名的要算石崇和王愷兩人的爭鬥。

石崇是當時有名的富翁，靠著伐吳有功開始發跡，後來曾任荊州太守，靠著掠奪荊州的富商積累自己的財富。石崇富到了什麼程度

呢？據說，石崇每次請人喝酒，都會讓美女敬酒。如果客人沒有把酒喝光，他就立刻命人將敬酒的美女殺掉。

有一次，丞相王導和大將軍王敦一起到石崇家裡做客，王敦故意不喝酒，石崇連殺三名美女。事後王導責備王敦道：「你這是幹什麼，平白無故地死了幾個人。」王敦卻不在意地說道：「他殺的是自己人，關我什麼事。」

石崇的府宅恢弘無比，連綿不絕，他家裡的僕人都穿著上等的綢緞，戴著耀眼的珍珠。石崇的後房有成百個侍妾，有天下最好的樂師。只要是世上有的，不管是天上飛的還是海裡游的，他家裡總會有。甚至連他家裡的廁所，都修建得比別人家裡的臥室還要精美。有一次，大臣劉寔到石崇家喝酒，酒過三巡後起身如廁。結果一走進去發現，這哪是廁所，根本就像是一座金碧輝煌的宮殿，劉寔以為是自己走錯了，趕緊退了出來。

石崇笑著對劉寔說：「這裡就是我家的廁所，您進去吧。」

劉寔生性樸素，回答說：「這樣的廁所，我實在無福消受。」

還有一次，番邦給晉武帝司馬炎進貢來了一種火浣布，司馬炎特意命人用這種布給自己做了一身新衣裳，穿著到石崇那裡去了。誰知道一進石崇家，發現石崇還是穿著平常的衣服，但是他們家迎接皇帝的僕從卻每個人身上都穿著火浣布做成的新衣服。

晉武帝的舅舅王愷也很有錢，見到石崇整天在人前賣弄財富，心裡不服，於是決定和石崇鬥富。王愷是皇親國戚，官至龍驤將軍、驍騎將軍、散騎常侍，可謂是富貴至極。王愷家裡總是用糖水來刷鍋，石崇知道後，就改用蠟燭來當柴燒。

王愷命人做了一張長達四十里的紫絲布當布障，石崇立馬做了一張五十里長的。王愷用胭脂來粉刷牆壁，石崇就用花椒。

晉武帝看著這兩個人都很有意思，也插了進來。他送給了自己的舅舅王愷一株珍貴的珊瑚樹，這株珊瑚樹身高二尺，長得十分繁茂，世所罕見。王愷很得意，特意命人把石崇請來參觀。石崇來到王愷家

看到那株珊瑚樹後，眼都不眨一下地拿起手中的鐵如意就把它打碎了。王愷以為石崇是嫉妒自己，正想發作，不料石崇笑著先開口了：「真不好意思，一時失手把你的寶貝弄壞了。不過你也不用心疼，我會賠的。」說完命人回家去取來了六七株三四尺高的珊瑚樹，這些珊瑚樹株株世所罕見，一下子就把王愷的那株比下去了。王愷頓時覺得很沒面子。

那時候，豆粥是一種很難煮的食物，可是只要客人想吃，石崇卻隨叫隨有；在冬天，石崇家也總是能夠吃到新鮮的綠油油的韭菜；石崇家的牛，看起來特別普通，似乎比不上王愷家的，但每次兩人一起出門，石崇家的牛都比王愷家的牛跑得快。

王愷對於這三件事特別耿耿於懷，於是偷偷地命人拿著金錢去賄賂石崇家的僕人。這個僕人回答說：「豆粥之所以難煮，是因為豆很難煮。所以我們預先都將豆煮熟了碾成豆粉，客人要喝豆粥的時候，我們就先煮好白粥，然後再將豆粉放進白粥裡攪拌均勻，就成豆粥了；那些韭菜其實並不是真的韭菜，只是將韭菜根切碎後摻在麥苗裡，看上去像是韭菜罷了；至於牛，那是因為每次出門前，我們都會把牛的腳指頭夾起來，牛吃痛就會撒丫子跑開了。」王愷獲知這些秘密後，連忙學著做起來，這才和石崇打了個平手。石崇知道這件事後，就把那個告密的僕人給殺了。

石崇王愷鬥富，只是當時晉朝奢侈之風盛行的一個縮影。晉武帝司馬炎自己也是四處搜刮民脂民膏，賺了個腰間鼓鼓。所以，當有人認為石崇鬥富之事太過張揚奢侈，向司馬炎請求予以制止時，這位皇帝不但沒有採納，反而還幫著在旁邊煽風點火。

國家在這種情況下，日益走上腐敗之路，為晉朝的短命也埋下了伏筆。而轟動一時的石崇，最終也落得個人死錢散的下場。

洛陽紙貴

洛陽紙貴這個成語，出自西晉年間，這個詞的字面意思是說，洛陽的紙價變貴了，後來多用來比喻作品很流行，廣為傳閱。說起這個成語，就不能不提到西晉時期的著名文學家左思。

左思，字太沖，山東臨淄人。左思的父親左雍，本是一個無名小吏，後來漸漸地做到了御史的官位。左思小的時候長得很醜，身材也很短小，說話還有些口吃，他曾先後學習書法、音樂，可惜都以失敗告終。左雍見兒子其貌不揚，又是個結巴，還一副笨笨傻傻的樣子，心裡很不喜歡他，總是對親戚朋友抱怨自己生了這麼個沒出息的兒子。

有一次，左雍對一個朋友說：「左思雖然長大成人了，但終究是個無用之人，他現在所學的知識，還沒有我小的時候多呢。」父親的話傳到左思耳朵裡，左思十分鬱悶，他不甘心就這樣被自己的父親鄙視，於是開始發奮讀書，渴望有

天能夠一雪前恥。他二十歲那年，妹妹左芬被選入宮中，左家全家得以搬到京城洛陽居住，左思也開始得到機會接觸到一些社會上有名的文學家。

左思曾讀過班固的《兩都賦》和張衡的《兩京賦》，他對賦中那種恢弘的氣勢十分欣賞，但也對文中那種華麗的辭藻不太喜歡，於是，左思決定自己寫一篇描寫三國都城的《三都賦》，將三國時期的歷史和發展軌跡都在賦中表現出來。為了寫好《三都賦》，左思開始了長達十年的寫作工作。他大量收集魏國、蜀國、吳國這三國都城的歷史、地理、物產、風俗等資料，四處奔波查找。資料收集好後，左思開始閉門謝客，埋頭寫作。常常為了一個句子推敲半天，嘔心瀝血，他的房間裡到處放滿了稿紙，除此之外什麼也沒有。就這樣廢寢忘食地過了十年，《三都賦》終於完成了。

作品完成後，左思需要面對的

一個現實是，自己沒有一點名氣，但是社會上的風氣就是，只有出名的人出的書才會被大家認可。當時有個很著名的文學家叫陸機，他也打算寫作《三都賦》，一直沒有下筆。後來聽說有一個叫左思的把這篇賦寫了出來，就不屑地說道：「這個不知天高地厚的毛頭小子，竟然想學班固、張衡寫賦，真是太沒有自知之明了。」他還給自己的弟弟陸雲寫信說：「京城裡剛出現了一個狂妄的傢伙，竟然不自量力地寫了《三都賦》，他寫出來的東西只配被我拿來蓋酒瓶子用。」

左思想把自己的作品拿給那些出名的評論家鑑賞，可是人家一看他其貌不揚，又沒有什麼名聲，根本看都不願意看一眼。左思披閱十載的作品就這樣面臨著被遺忘的命運。

左思不甘心自己的心血就這麼被糟蹋，他鼓足了勇氣找到了當時著名的文學家張華。張華為人十分踏實，從來不以名字論英雄。拿到左思的賦作後，他便逐句地開始閱讀。結果是越讀越吃驚，最後竟到了愛不釋手的地步。他又詢問

了左思創作的靈感和來源，不由地深深地被打動了。他由衷地稱讚左思道：「你這篇作品真是太棒了！那些凡夫俗子只知道看名氣來論作品，實在是俗不可耐。他們的評價你不用在意，回頭我把你的文章交給皇甫謐先生看，皇甫先生不但名氣大，為人也十分正直，不是那種俗人，他一定會賞識你的。」

皇甫謐看過《三都賦》後，果然拍案叫絕，對此給予了很高的評價，還親自為這篇賦寫了序。皇甫謐知道像這種好文章，很是難得，絕不能就這麼淹沒在書海之中，於是他還找來了著作郎張載來為《三都賦》中的魏都賦做了注解，又讓朱中書郎劉逵為蜀都賦和吳都賦做注。劉逵讀過賦後，感慨地在注解中寫下了這樣一段話：「現在的人總是沒有理由地重視古人留下來的東西，卻輕視一切新生事物，這也是這篇《三都賦》不被廣為流傳的原因啊！」

張華、皇甫謐、劉逵、張載，每一個都是當時響噹噹的人物，這四個人一起推薦一本書，起到了極大的名人效應。《三都賦》很

快就風靡了洛陽城，每個認真讀過它的人都讚不絕口。就連之前諷刺過左思的陸機在讀過之後，也一再叫好，連聲讚歎道：「寫得真是太好了！太好了！這是我寫不出來的。」於是，陸機從此以後打消了寫作《三都賦》的念頭。

隨著《三都賦》的流行，洛陽城裡形成了一股奇觀，所有的人都在爭相閱讀傳抄《三都賦》，洛陽城裡的紙竟然一下子都變得昂貴起來，比原先貴了好幾倍。就這樣還是供不應求，以至於很多人都跑到外地去買紙來傳抄。左思也借此聞名於世。

同一篇文章，只是因為推薦的人不同而得到兩種截然不同的待遇，這種事自古皆是，在今天，也還在繼續。

■ 八王之亂

司馬炎建立西晉後，吸取曹魏被篡權的教訓，大肆分封諸侯王，來防止大臣弄權。但是事與願違，卻引起了統治階層長達十六年之久的戰亂，史稱「八王之亂」。「八王」分別是指：汝南王司馬亮、楚王司馬瑋、趙王司馬倫、齊王司馬冏、長沙王司馬乂、成都王司馬穎、河間王司馬顒、東海王司馬越。

司馬炎死後，他的白癡兒子司馬衷繼位。司馬炎將輔政的大權託付給了汝南王司馬亮和楊皇后的父親楊駿。結果，楊駿大肆排擠司馬亮，趁機獨攬大權。司馬衷雖是呆呆傻傻，不懂人事，但他的皇后賈南風卻不是尋常女子。賈南風是司馬炎的寵臣賈充的女兒，號稱是中國歷史上最醜的皇后，但她的手段一點都不比那些蛇蠍美女差。賈南風陰差陽錯地當上太子妃後發現，太子司馬衷竟是個弱智。等到司馬衷當上了皇帝，不甘寂寞的賈南風就想大權在握了。沒想到半路卻殺出個程咬金，楊駿在她專權的路上出現了。

賈南風知道，要想完成自己的目標，就必須除掉楊駿。她想到了司馬家的那些諸侯王。賈南風第一個找的是汝南王司馬亮，不過司馬亮懼於楊家的勢力沒敢答應下來。自古以來，權力從來不乏它的裙下之臣，司馬亮膽小怕事，但也有膽大的，他就是楚王司馬瑋。賈南風秘密地派人去跟楚王司馬瑋勾結，要他帶兵進京，討伐楊駿。司馬瑋果然帶著兵從荊州趕到了洛陽。賈南風有了司馬瑋的支持，便以晉惠帝的名義下了一道詔書，污蔑楊駿圖謀不軌，意圖謀反，命楚王司馬瑋率軍保衛皇宮，圍攻楊府。結果，楊駿被殺，楊太后也被囚禁起來，在被餓了八天之後活活餓死，楊家的三族都被殺害，楊氏一族的勢力得到清除。

楊駿死後，事情並沒有像賈南風原先設想的那樣發展。大權被汝南王司馬亮和大臣衛瓘操縱，賈南風十分不滿，她決定利用諸侯王之間的矛盾來達到剷除異己的目的。機會很快就來了，汝南王司馬亮當權後不久就上了一本奏章，要求各個諸侯王回到自己的封地去，不要滯留京師，大臣衛瓘也很贊同這個建議。這樣一來，司馬亮就惹惱了進京平叛有功的楚王司馬瑋。賈南風看準機會，操縱晉惠帝給司馬瑋下了一道密旨，命他除掉司馬亮和衛瓘。司馬瑋接到密旨後，立刻命人連夜包圍了司馬亮和衛瓘的府宅。司馬亮被殺了一個措手不及，蜂擁而上的士兵很快就將司馬亮大卸八塊。衛瓘一家也幾乎全被殺害。

第二天，司馬亮和衛瓘全家被滅口的消息傳出後，朝野震驚，有大臣上奏說：「楚王司馬瑋擅自帶兵連殺兩位朝廷重臣，還假傳聖旨，跟謀反又有什麼區別？罪大惡極，應該將他抓捕以示天下。」這下正中賈南風下懷，她也不想再有人跟自己分掌大權，就順水推舟地將罪名全推在了司馬瑋身上。她對自己的丈夫說：「這個楚王真是太不像話了，竟敢擁兵自重，擅自枉殺朝廷重臣，不殺不足以定人心！」就這樣，司馬瑋也死在了賈南風的一石二鳥之計上。

接連殺了楊駿、司馬亮、衛瓘、司馬瑋後，賈皇后終於開始了

自己的專制生活。她大肆任用自己的親戚黨羽，排除異己，將晉惠帝完全掌握在了自己的手掌之中。太子司馬遹不是賈南風親生的，兩人關係一向不太好。賈后為了鞏固自己的統治，開始設計陷害太子。有一次，賈南風找人將太子灌醉，然後讓意識不清的太子抄寫一篇她事先早就準備好的要求晉惠帝退位的文章。太子抄到一半時都已經沒有意識了，賈南風又親自模擬太子的筆跡將文章抄寫完，然後拿給晉惠帝看。昏庸的晉惠帝當即就要處死太子，幸虧大臣在旁勸阻，太子留下了一條命，被廢黜後囚禁在了洛陽城外的金墉城裡。賈南風還不甘休，又派手下的人去將太子殺害。

趙王司馬倫時任右將軍，掌管皇宮禁軍。太子被廢時，就有人勸司馬倫發動政變，廢掉賈后。但司馬倫的心腹孫秀認為，太子司馬遹是個人才，如果因此恢復身分，對自己一點好處都沒有，不如先借賈后之手除掉他，再行動也不遲。於是司馬倫一直慫恿賈后儘早除掉太子，以絕後患。

賈南風除掉太子司馬遹後，司馬倫又偽造了詔書，以廢殺太子的罪名逮捕了賈后及其黨羽。賈后被廢，最後喝毒酒而死。除掉了賈氏的勢力後，司馬倫又矯詔立自己為相國，掌握了實權。大權在握的司馬倫並沒有滿足，西元301年，趙王司馬倫自立為帝，將晉惠帝尊為太上皇，軟禁在冷宮之中。

司馬倫本身就是個不學無術之人，當上皇帝後更加恣意妄為，朝中人心不穩。遠在許昌的齊王司馬冏抓住機會。聯合在長安的河間王司馬顒和在鄴城的成都王司馬穎，以使晉惠帝復位的名義興兵討伐司馬倫。司馬倫奮起抵抗，但最終失敗，自己也得到了賈南風一樣的命運，被賜酒毒死。他的黨羽也被全部除掉。

興復皇室的司馬冏並沒有笑到最後。司馬冏雖然恢復了晉惠帝司馬衷的皇位，但他所給予司馬衷的，也僅僅只有一個皇帝的虛名而已。司馬冏並沒有吸取前輩們血的教訓，反而也獨斷專行起來，荒淫無道，不理朝政。又給了別的野心家以可乘之機。

大臣李含下了一道假詔書給河

一次讀完資治通鑑故事

間王司馬顒，要其帶兵進京勤王。司馬顒計算利害得失後，決定按兵不動，向皇帝上了一道奏章，說自己要興兵討伐齊王，還拉了長沙王做內應。司馬冏得知後大怒，立馬發兵攻打司馬乂，但兵敗被殺。司馬冏一夥被消滅。

司馬乂除掉司馬冏後，得以獨攬大權。這時候河間王司馬顒不甘心了，他又找來了成都王司馬穎和自己一起去討伐司馬乂，但是沒有成功。東海王司馬越趁著司馬乂的軍隊剛剛大戰一場，在晚上突襲了司馬乂的府宅，司馬乂本人被活活燒死。因為司馬穎的威望最高，所以眾人擁立他做了皇太弟，來繼承皇位，司馬穎得以當政。司馬越不滿司馬穎的專政，指使司馬騰攻打司馬穎。司馬顒在趁亂中掌握了洛陽。逃到洛陽的晉惠帝和司馬穎落在了司馬顒的手上，司馬顒廢除了司馬穎皇太弟的身分。

晉惠帝死後，晉懷帝繼位，東海王司馬越最終在這場混亂持久的諸王爭權的鬥爭中勝出，殺死了司馬顒。歷時十六年之久的「八王之亂」宣告終結。

昏庸的晉惠帝

在中國漫長的封建史中，出過各式各樣的皇帝，很多史學家在一些問題上爭論不休。但如果要評出歷史上智商最低的皇帝，晉惠帝絕對無人可以爭鋒。

司馬衷本是司馬炎的次子，因為哥哥司馬軌早逝，他的母親楊豔身為皇后深受晉武帝寵愛，所以從小就被立為太子。隨著司馬衷年紀的漸長，眾人慢慢地發現這個太子竟是個愚笨之人。作為父親的司馬炎也發現了這個問題，他開始擔心自己辛辛苦苦打下來的江山交給這樣一個兒子是否合適。有一次司馬炎跟楊皇后提過這個問題，他說：「憑太子的資質，似乎不可以擔當大任。」皇后護子心切，急忙說道：「自古以來都是立長不立賢，

天子是國家的根本，怎麼能夠隨便更立呢？」司馬炎聽後只好作罷。

做父親的可以不計較兒子，做臣子的可就不管了。隨著司馬衷缺點的暴露，很多重臣都開始擔心他的執政能力，不少人都或明說或暗示向晉武帝司馬炎表達了自己的擔心。太子少傅衛瓘，對太子司馬衷的能力一清二楚，他幾次想向晉武帝進諫，但都終於忍住沒說出口。有一次，晉武帝大宴群臣，衛瓘裝作喝醉了酒，跪在司馬炎的龍床前說道：「臣有事想向陛下稟告。」司馬炎問道：「愛卿有何事，但說無妨。」衛瓘幾次張開了口，結果又把話嚥了下去，最後實在不敢說，又不甘心就此作罷，靈機一動摸著皇帝的龍床歎息道：「這個位置，可惜了！」司馬炎這才明白衛瓘的意思，身為父親，自己的兒子如此被人嫌棄，不能不說是一種悲哀。司馬炎也裝作沒懂的意思順著衛瓘的話說道：「愛卿你果然喝多了。」衛瓘知道皇上不愛聽，就沒有再說。

這件事後，朝堂上對於太子的議論並沒有停止，晉武帝自己也非常猶豫和矛盾。有一次，大臣和嶠直接就對司馬炎說：「皇太子太淳樸了，不適合這個複雜的社會，恐怕不能夠繼承陛下留下來的基業。」司馬炎聽後默不作聲。矛盾中的晉武帝派了三個大臣前去考察太子，結果前兩個人回來後報告說：「皇太子現在大有長進了！」晉武帝聽後很高興。第三個大臣就是和嶠，他的回答是：「太子還和當初一般的善良淳樸。」這個回答惹惱了司馬炎，他憤憤地離開了自己的座位。

司馬衷的太子妃賈南風，是晉武帝的寵臣賈充的女兒。當初司馬炎為兒子選妃時，一度有兩個選擇，其中一個就是賈南風，還有一個是大臣衛瓘的女兒。司馬炎傾向於立衛瓘的女兒為妃，他對楊皇后說：「衛家的女兒長得漂亮，個子高、身材好，皮膚白皙，品德也很大度，賈家的女兒長得很醜，身材矮小，皮膚又黑，賈夫人又是出了名的母老虎，估計生下來的女兒也好不到哪裡去，咱們應該選擇優秀的人做兒媳婦才是，所以我想立衛瓘的女兒為太子妃。」誰知道楊皇

一次讀完資治通鑑故事

后身邊的人天天都向她訴說賈南風長得多麼漂亮、性情多麼溫婉，是多麼多麼完美的一個女子，楊皇后深信不疑，因此極力慫恿晉武帝立賈充的女兒為后。朝中很多大臣都和賈充交好，他們也一致建議立賈南風為妃，晉武帝只好改了主意，為自己的兒子娶了又醜又潑辣的賈南風。

賈南風進宮後，發現自己的丈夫竟是一個白癡，十分鬱悶。但嫁雞隨雞，嫁狗隨狗，如果丈夫有什麼不測，自己這輩子就完了。於是她時時關注朝廷上的動向，費盡心思地想要替司馬衷保全太子之位。

這邊晉武帝針對太子想出了一條計策。某天，晉武帝大宴群臣，將所有一干大臣等全部召進宮裡赴宴。人到齊後，晉武帝命人給太子送去了一封密件，並再三叮囑，一定要讓太子立刻處理好送過來。這封密件裡裝的是幾件急需處理的政府公文，晉武帝這樣做，一方面是為了測試太子的能力，一方面也是為了堵住朝臣的悠悠之口。

信使帶著晉武帝委託的信件到達東宮後，將情況對太子和太子妃說了一番，司馬衷還好，賈南風真是嚇出了一身冷汗。她心裡清楚，這是決定自己夫妻二人前途的關鍵時刻，決不能坐以待斃。可是此時東宮裡稍微有點見識的人都被皇上請到宮裡喝酒去了，讓太子自己處理，那不是自掘墳墓嗎？賈南風於是花重金買通了信使，讓他到宮外找了一個讀書人代答。拿回來一看，文章寫得辭藻華麗、引經據典，極盡賣弄學問之能事。賈南風正想讓信使送去，東宮裡一個叫張泓的小太監說道：「太子的書一向讀得不好，現在把這本答本交上去，肯定會引起皇上的懷疑。到時候追究起來，反而得不償失。依奴才看，還是回答得簡單些才是。」賈南風一聽大喜，對張泓說：「那好，這件事就交給你辦了。如果辦得好，將來我是不會忘記你的。」張泓沒進宮前念過些書，自己也有些小聰明，於是就洋洋灑灑地寫了起來。待張泓寫好，賈南風又趕緊讓太子謄寫一遍，交給了信使。自己則在東宮裡等待命運的審判。

晉武帝一看，寫的是條理清晰，有板有眼，很是高興，直接

就把公文交給了太子少傅衛瓘。衛瓘看後，明白了晉武帝叫大家吃這頓飯的原因，表現出十分惶恐的樣子。站在下面的群臣也都明白過來了，一時群呼萬歲，從此，司馬衷的太子地位就穩固了下來。

司馬炎死後，太子司馬衷繼位，是為晉惠帝。這位帝王為我們流傳下了一個笑話。有一次，全國鬧大饑荒，死了很多的人。有人向晉惠帝報告說：「天下大荒，百姓貧苦，很多人因為沒有糧食吃，被活活餓死了。」誰知道晉惠帝聽後，卻一副不可思議的樣子，好奇地問道：「既然沒有糧食吃，為什麼不吃肉呢？」從這件事中，大家就可以看出司馬衷有多昏庸了吧。

司馬衷坐上皇位以後，他父親分封的那些諸侯王們欺負他無能，紛紛犯上作亂，晉朝開始了長達十六年之久的「八王之亂」時期。司馬衷雖貴為帝王，卻命運多舛，幾度被廢，顛沛流離，還差點送了性命。有一次在亂軍之中，很多人都逃命去了，只留下侍中嵇紹留在他身邊照應。亂兵發現他們後，要把嵇紹殺了，司馬衷攔住說：「別殺他，他是我的手下。」這些人哪裡聽這個無用的皇帝之話，不耐煩地說道：「我們奉了皇太弟的命令，只允許留下陛下您一個人的命。」說完就把嵇紹殺了，鮮血濺了晉惠帝一身。事後，有人勸晉惠帝把衣服脫下來洗掉血漬，晉惠帝卻死活不肯，哭著說道：「這是嵇紹的血，千萬不要洗掉了。」可見，司馬衷並不全是個白癡之人。

西元306年，晉惠帝司馬衷在長安被東海王司馬越下毒致死，結束了自己的一生，時年四十八歲。

▊ 西晉滅亡

西元265年，司馬昭的兒子司馬炎在父親死後不久，逼迫魏帝曹奐將皇位禪讓給了自己，改國號為晉，建立了歷史上的西晉王朝。不過他當時一定沒想到的是，僅僅三十七年後，他們幾代人積累下的

基業就被摧毀，留給後人更多的只是感慨。

晉惠帝司馬衷即位後，外有楊駿這樣的外戚，內有自己的彪悍老婆賈南風，在京城外面，還有二十多個對皇位虎視眈眈的諸侯王。司馬衷的才能無疑是不能勝任皇帝這份工作的。於是，剛剛穩定下來的西晉王朝很快就陷入了風雨飄搖之中，開始了歷史上著名的長達十六年之久的「八王之亂」。這些諸侯王們為了爭權奪利，視國家危亡、民族大義於不顧，令後人笑罵至今。

西元305年，歷時十六年之久的「八王之亂」最終以東海王司馬越的勝利告終。但是這十六年裡，各諸侯王之間的戰爭死傷了無數的人，將西晉的國力幾乎是消耗了個精光，經濟衰敝，民不聊生。

西晉年間，出現了民族大融合現象，很多北方的少數民族紛紛進入中原，和漢人一起生活。趁著西晉政府內亂，很多內遷的少數民族首領紛紛起兵造反，這其中最有名的就是劉淵和石勒。

劉淵是匈奴人的後代，西元304年八月，他自效漢高祖劉邦成為漢王，建立了漢政權。西元308年，劉淵正式稱帝，建都平陽，國號為漢。不久劉淵病死，他的兒子劉聰繼位，繼續後漢的滅晉事業。

羯族首領石勒，當時也參加了劉淵的軍隊，後來，石勒帶兵在寧平和晉軍大戰，消滅了西晉近十萬兵馬，從此以後，西晉基本不能再組織有生力量和敵對勢力進行對抗了。

西元316年八月，漢帝劉聰派漢大司馬劉曜帶兵攻打長安，劉曜一路上勢如破竹，很快攻陷了洛陽，斬殺了晉軍三萬多人，還俘虜了晉懷帝。晉懷帝被俘虜後，西晉大將賈匹在眾人的支持下擁立司馬鄴為帝，就是晉湣帝，在長安繼續對抗漢軍。劉曜帶兵西進，逼近長安，很快就攻陷了長安城的外城，將長安城團團包圍，並切斷了和城內的聯繫。長安城裡很快斷了糧，晉軍軍心不穩，很多士兵都逃跑了。就是身為皇帝的晉湣帝司馬鄴也不得不過上了餓肚子的生活。

皇帝哪吃過這個苦，他哭著對身邊的人說：「都到了這個地步

了，外面也沒有援軍來救助，咱們為了城裡的百姓、士兵考慮，還是投降吧。」於是偷偷地派人給劉曜送投降書。劉曜決定接受晉湣帝的投降。

晉湣帝袒露自己的臂膀，嘴裡銜著玉璽，乘著羊車，又命人拉著口棺材，從長安的東城門出發出城去投降。文武百官都悲痛地留下了眼淚，御史中丞歎息道：「身為人臣，不能為國家出力，反而眼睜睜地看著國破家亡，君王受辱，實在是沒有面目再活下去了。」說完就自殺了。眾人都歔歔不已。

就這樣，強大一時的西晉王朝滅亡了，晉湣帝雖然投降，但劉聰擔心留著他始終是個禍害，不久後就將他殺了。

▌祖逖聞雞起舞

聞雞起舞這個故事，在我們每個人很小的時候就被告知，作為激勵自己奮發向上的勵志故事，今天我們要說的就是這個故事的主人翁──祖逖。

祖逖從小就生性豁達，不修邊幅，他的親戚朋友一度很擔心他的未來。但是祖逖為人十分仗義，經常愛幫助別人，鄰里之間都對他交口稱讚。祖逖胸懷大志，十分渴望能夠為國效力，他和自己的朋友劉琨一起為我們留下了一個激勵了無數仁人志士的故事。

祖逖長大後，和兒時的夥伴劉琨一同擔任了司州主簿的職務，兩人因為感情深厚，常常在一起住。祖逖和劉琨都懷有很大的抱負，常常在一起探討國家大事，嚮往著建功立業的那一天。有一次，祖逖半夜裡正睡得香呢，忽然一陣雞叫聲把他吵醒了。古代人認為三更之前的雞叫是荒兵的象徵，不吉利。祖逖一腳把旁邊的劉琨也踢醒了，說道：「別睡了，你聽外面的雞都叫了。這個時候雞叫，不是什麼好兆頭。我們以後乾脆每天這個時候都起床練劍，萬一國家真碰上什麼兇險的事，咱們也能貢獻自己的一份

力量啊！」劉琨很樂意地答應了。從這天起，這兩個人不分春夏秋冬、打雷下雨，每天聽到雞叫後都雷打不動地起來練劍。皇天不負有心人，祖逖和劉琨最後都成了著名的人物。

不久，西晉王朝果然爆發了一場歷時十六年之久的「八王之亂」，祖逖為了實現自己的抱負，輾轉於多個諸侯王間，先後擔任了一系列的職位。隨著動亂的加深，全國的百姓都被捲入這場王室成員的私爭之中，中原大地上到處是伏屍百萬的慘烈場面，祖逖看透了宦海沉浮，回家隱居了起來。

趁著西晉王朝內部自相殘殺的空檔，北方的少數民族乘虛而入，帶兵攻破了洛陽，俘虜了晉懷帝，西晉王朝宣告滅亡。為了躲避外族的燒殺搶掠，祖逖帶著一家老小渡江南下。此時，琅邪王司馬睿也逃到了南方的建康，在一些大地主大豪強的支持下作了皇帝，這就是歷史上的東晉，司馬睿就是晉元帝。

晉元帝建國後，漸漸沉溺於江南的太平歲月裡，似乎忘記了北方的胡人。東晉王朝偏安一隅，從皇帝到朝臣似乎都很滿意目前的生活，沒有人再提出北伐之事。在中原遭受蠻夷荼毒的人民卻日夜盼望著王師北還的那天。祖逖雖身在江南，卻無時無刻不思念著故土的人民，他多次上書，向司馬睿請求率兵北伐。

司馬睿自己的皇帝當得好好的，自然不想去招惹北方的那些胡人，但是自己又不好明說不願意北伐，於是他想了一個辦法，封了祖逖一個奮威將軍的名號，卻不給他一兵一卒，命他去北伐。祖逖沒有辦法，只好帶著跟隨自己南下的幾百個人渡江北上。祖逖在船上望著流逝的江水，想到還在北方遭受外族蹂躪的家鄉父老，再想想自己現在的處境，空有一個將軍的名號，卻只有幾百個手下，悲壯之情油然而生。他在江中敲打著船槳發誓道：「我祖逖對天發誓，不收復中原，絕不南歸！」船上的人一時都熱血沸騰，熱淚盈眶。

祖逖渡過長江後，命人開始做北伐的準備。他帶著人在淮陰四處招募士兵，打造武器，準備軍需用品。中原的人民早就不堪忍受胡人

的凌辱，人心思晉，聽說朝廷派了人來組織力量北伐，都紛紛報名參加，祖逖很快就組建了一支兩千多人的軍隊。

當時，北方的形勢是很嚴峻的。羯族首領石勒盤踞在冀州、豫州一帶，手下的兵力有十萬之多。除此之外，中原的很多地方還有數量很多的地方割據勢力，他們占地為王，亦敵亦友。

祖逖經過一年多的苦戰，打敗了譙城的地主勢力，為北伐打通了道路。西元319年，祖逖軍和後趙軍遭遇，雙方在西台對峙。一連過了四十多天都沒有動靜，祖逖決定用計智取。他命人在糧袋裡裝進去沙土，假裝成是糧食的樣子，又派了一千多名士兵裝作是去送糧的樣子來回忙活，又命幾個人挑著真正的糧食走在運糧軍隊的後面，半路上裝作疲憊不堪的樣子坐在路邊休息，等著後趙軍來上鉤。當時，雙方的糧食基本上都所剩無幾，軍中糧食短缺得厲害。後趙軍果然來搶糧，那幾個擔糧食的人裝出很驚恐的樣子四散逃跑。結果，後趙軍都以為祖逖的軍中糧食儲備豐富，士

氣大減。過了幾天，石勒的部將劉夜堂派人找來了一千頭毛驢來給這支後趙軍運糧。祖逖得到消息後，命部下在汴水進行阻截，把糧食和毛驢都裝進了自己的腰包。後趙的將領桃豹知道後大驚，連忙帶著手下的人連夜退軍，祖逖趁機指揮軍隊進行追擊，結果取得了很大的勝利，很多投降後趙的城池倒戈，又歸附了晉朝。

祖逖不僅打仗是能手，為人也十分禮賢下士，而且還很善於體察民情。他的軍隊從來不去騷擾老百姓，還常常幫助百姓一起勞作，受到了人民的擁戴。在民心歸順的情況下，祖逖很快就平定了黃河以南的土地。但就在他躊躇滿志，準備繼續北上時，晉元帝卻派來了戴淵來牽制他。原來晉元帝看到祖逖節節勝利，又廣收人心，開始對他產生了不信任。戴淵上任後，成了祖逖的頂頭上司。祖逖知道皇帝開始忌憚自己，又想到朝廷內部的爭權奪利，不禁憂慮不安，漸漸地就一病不起了。

病痛中的祖逖依然念念不忘收復中原的大業，他抱病派自己

的侄子去修繕虎牢城，可惜城沒修好，就去世了，帶著他一生未盡的事業，帶著自己的滿腔鬱悶，帶著滿心的遺憾。祖逖去世的消息傳出後，百姓都痛哭不止，很多人還主動為祖逖修建了祠堂，以紀念他的功績。到了今天，這位偉大的愛國將領還在激勵著無數的仁人志士前進。

▌ 謝安溫文從容

謝安（西元320—385年），東晉時期四大家族之一的陳郡謝氏家族人。

謝安年輕時就表現出與一般士族子弟奢侈淫逸不同的精神面貌：他思想敏銳深刻，風度優雅，寫的行書非常出名，與當時的名士王羲之、許詢、支道林等交遊頻繁，遊樂於山水間，吟詠於山林中。更可貴的是，謝安身為江南大族，但卻淡泊名利，無意仕途，對東晉王室的爭權奪利不感興趣。東晉朝廷屢次徵召他入仕，謝安不得已，勉強赴召，從此踏上仕途。

謝安仕途生涯中最大的一件事，就是成功地指導了淝水之戰。

前秦苻堅依仗國力強盛，一心想要統一全國。他先後滅掉燕國、羌族，統一北方。建元十九年（西元383年），苻堅召集群臣商議滅晉之事，群臣紛紛反對。苻堅正猶豫時，他寵信的前燕宗室慕容垂和羌帥貴族姚萇，因為惱恨苻堅滅了自己的國家，都希望苻堅失敗，因此極力慫恿他出兵東晉。五月，苻堅正式率兵進攻東晉。

苻堅率領九十萬大軍揮師南下的消息傳到東晉京師建康，東晉朝廷一片驚慌。謝安卻處亂不驚，他任命自己的弟弟謝石為征討大都督，侄子謝玄為前鋒都督，帶領八萬北府兵前去抵抗敵軍。

北府兵是謝玄手下的精兵，士兵全部由流民所組成，戰鬥力極強，但是與前秦大軍相比，就顯得數量過少。謝玄臨行前，心中沒

211

底，決定借向謝安辭行之際，打聽一下他的戰略部署。

謝安笑著對謝玄說：「你不用擔心，我已經都安排好了。」餘下的時間，關於軍情，他不再多說一個字。謝玄回去後，還是不放心，又托老朋友張玄前去打聽。謝安看到張玄，拉著他就下起棋來。張玄始終找不到時間開口說話。晚上，謝安將謝石、謝玄等人都召集過來，將自己的部署一五一十地給他們交代清楚。眾人見謝安神情淡定，胸有成竹，心中的石頭也落了地。

為了增強晉軍的兵力，駐守荊州的桓沖特地派了一支三千人的精銳部隊前來支援。不料，謝安將部隊遣了回來，還寫信給桓沖說：「朝廷這邊已經安排好了，你只需守護好自己的地盤就行了。」桓沖看完信，搖頭歎息：「謝公固然有宰相的度量，但是對打仗卻一竅不通。現在大敵當前，他卻派沒有經驗的年輕人來指揮隊伍。看來我們淪為外族臣民之日，為期不遠

了。」

苻堅的前鋒被晉軍挫敗之後，謝石不等秦軍到齊，就依照謝安的激將法，派人對苻堅說：如果秦軍能騰出一塊地方，讓晉軍擺陣，晉軍願意與秦軍決一死戰。苻堅果然中計，下令撤軍。秦軍首尾不能相望，後面的人根本不知道發生了什麼事，苻堅的撤退令導致了前秦軍的大潰逃。淝水之戰以晉軍的勝利告終。

晉軍能在兵力極少的情況下戰勝敵軍，這是多麼大的勝利！沒想到謝安看到勝利的捷報之後，仍然淡定地與張玄下棋，被世人稱頌。

因為謝安指揮了淝水之戰的勝利，東晉王朝又一次渡過亡國的危機，謝氏家族的政治地位也隨之達到一個新的高峰。但謝安卻認為謝家父子名位過盛會招來他人的怨恨，因此並不接受朝廷的封賞。他的這種謙恭的風範受到了世人的廣泛敬仰，民間流傳著很多關於他的佳話。

桓溫北伐

桓溫（西元312—373年），出生於北方士族之家，自幼被認為是英武之才。晉成帝咸和三年（西元328年），蘇峻作亂，其父桓彝被殺，年僅十六歲的桓溫發誓「枕戈泣血，志在復仇」。兩年後，曾參與殺害桓彝的涇縣縣令江播病死，桓溫以弔孝之名殺死江播的三個兒子，終報父仇，被世人稱道。桓溫成人後，為晉明帝之女南康長公主的駙馬，又襲父男爵之位。二十三歲時，桓溫授琅琊太守，登上仕途。歷任都督青、徐、兗三州諸軍事、徐州刺史等，逐漸掌握朝中大權。

此時的東晉王朝，內部政局不穩，北邊邊疆又受到苻健所建立的前秦的威脅。在這種情況下，桓溫向晉穆帝上表奏摺，表明自己願意北伐，以鞏固東晉王朝的統治。然東晉王朝內部紛爭不斷，晉穆帝對掌握大權的桓溫甚為忌憚，他擔心桓溫的力量經過北伐之後會更大，會威脅自己的統治。因此，晉穆帝只是口頭表揚了桓溫的忠君愛國，但卻不同意派他出征前秦，而是派了殷浩出兵北伐。殷浩是一個文人，沒有軍事才能，他帶領晉軍剛到洛陽，就被北方的羌族人打得大敗，死傷一萬多人馬，糧草盡失。桓溫再次上表北伐，晉穆帝沒有辦法，撤掉殷浩的職位，改讓桓溫帶兵北伐。

三次北伐是桓溫在東晉歷史上最著名的活動。

西元354年，桓溫率領四萬晉軍，開始第一次北伐。桓溫將大軍分為三路進攻長安，與苻健的五萬重兵在嶢關展開了正面交鋒。由於用兵有道，桓溫以少勝多，將苻健的軍隊打得無力還手，最終苻健只剩下六千名殘兵敗將逃回長安。

桓溫率領晉軍順利北上，來到霸上，長安附近的官員紛紛打開城門，向桓溫投降。百姓對桓溫的到來，也是載歌載舞，他們拿出酒，牽著牛，親自到晉軍中慰勞。這是因為，自從西晉滅亡之後，北方地

區盡歸異族人占領，北方的漢人長期受到異族人的壓迫，生活很淒慘。現在看到桓溫率領漢人重返中原，人們自然很高興，大家流著淚說：「沒想到今天還能看到我們晉朝的軍隊。」

且說苻健逃走之後，並不甘心失敗。他一面派人在長安附近挖深溝以防晉軍，一方面命人將北方沒有成熟的麥子全部割光——此舉讓桓溫補充軍糧的計畫破滅。因為沒有軍糧的支持，桓溫的大軍無法在北方久待，只好退兵。

儘管桓溫沒有消滅前秦，但畢竟是西晉滅亡之後漢人對異族人的第一次勝利，晉穆帝很高興，封桓溫為征討大都督。

羌族在北方屢犯東晉邊境，於是西元356年七月，桓溫受命，發動第二次北伐。第二次北伐，起初仍然比較順利，北方重鎮洛陽被晉軍收復。為了鞏固勝利果實，桓溫向東晉王室建議，重返舊都，以此抗衡北方異族的入侵。但此時東晉在南方安國幾十年了，很多大臣已經習慣了南方的安穩生活，擔心北上之後再次遭遇西晉滅亡那樣的慘

劇，因而不願意還都。因為晉軍在北方沒有持續的糧食供給和朝廷的支持，桓溫只好再次退軍。晉軍回去之後，北方諸州再次落入異族人的手中，西元365年，前燕重奪洛陽。桓溫第二次北伐的勝利果實，再次丟失了。

西元369年，為了重奪北方陣地及舊都洛陽，桓溫率兵五萬，發動第三次北伐。第三次北伐，與前兩次結果一樣，同樣是因為糧食不足，戰線太長，桓溫被迫退軍。在退軍的路上，晉軍遭到前燕的埋伏，晉軍死傷三萬餘人。桓溫的另一個敵人，前秦的軍隊，也聯合前燕，痛擊晉軍，晉軍傷亡更重。第三次北伐，以桓溫的大敗告終。

桓溫的三次北伐，都以失敗告終。究其原因，除了戰線太長，糧草供應不足之外，主帥桓溫意志不堅定也是一個重要原因。東晉王室長期權力爭奪嚴重，桓溫手握軍權，北伐的主要目的不是為了收復河山，而是為自己撈取政治資本，因此，在北伐的時候，既不一鼓作氣北上將異族人趕走，也不聯合其他大將共同禦敵，甚至在關鍵的時

候忙著陷害威脅自己軍權的將領，以至於錯失良機，致使三次北伐都以失敗告終。由此可見，東晉王朝內部已經腐朽不堪，若想收復山河，重新統一中原地區，只有等待後世更英明的君主了。

淝水之戰

淝水之戰是中國歷史上著名的以少勝多的戰例，東晉僅以八萬軍力就勝前秦八十餘萬前秦軍。

苻堅繼承前秦君位之後，勵精圖治，國家很快強大起來。因為從小算命先生就說複檢有「霸王之相」，苻堅就以統一天下為己任，先後滅掉北方的鮮卑、羌人等，統一了北方地區。

現在放眼天下，只剩下地處東南一角的東晉尚沒有征服。野心勃勃的苻堅看到統一大業只剩最後一步，不顧眾大臣的反對，於西元383年八月，組織九十萬大軍從長安出發，南下攻打東晉，同時命梓潼太守裴元略率水師七萬直接奔赴東晉都城建康，妄圖一口吞掉東晉王朝。

當時的情況是，前秦近九十萬大軍，從北向南，浩浩蕩蕩，「前後千里，旗鼓相望。東西萬里，水陸齊進」。苻堅對於自己能組織起這麼多人馬非常自豪，宣稱：「以吾之眾旅，投鞭於江，足斷其流。」

苻堅來勢洶洶，東晉王朝岌岌可危，生死關頭，以丞相謝安為首的主戰派決定奮起抵抗，得到晉帝的許可。謝安之弟謝石被任命為征討大都督，率領八萬精兵迎擊苻堅的主力。胡彬被任命為水軍將領，率五千水軍增援戰略要地壽陽。桓沖被任命為江州刺史，率領十萬晉軍控制長江中游，試圖阻止苻堅軍隊順江東下。

苻堅仗著自己兵多將廣，一點也不把晉軍放在眼裡。前秦的軍隊一到壽陽，苻堅就派東晉襄陽守將朱序向晉軍勸降。朱序來到晉軍大營之後，不但沒有勸降，反而將

前秦軍隊戰線太長的事實向謝石報告，並建議他趁前秦大軍未集中之前，痛擊其前鋒，挫其銳氣。謝石聽了這個計畫，覺得很好，於是改變作戰方針，轉守為攻，主動出擊晉軍前鋒。果然，謝玄派精兵迎擊前秦五萬前鋒，取得洛澗大捷，大大鼓舞了晉軍的士氣。

由於前秦軍緊逼淝水西岸布陣，晉軍無法渡河，只能隔岸對峙。謝玄知道苻堅輕敵，就派遣使者向前秦軍說：「你們在淝水邊上安營，顯然是想持久作戰。如果你們稍微退後，讓我們渡過淝水，雙方決戰，這樣也好速戰速決。」苻堅求勝心切，不顧眾將領的反對，命軍隊稍向後退。他的如意算盤是，不等晉軍完全渡河，而是在晉軍渡河到一半時，突然派騎兵衝殺，這樣一定能取得勝利。

由於前秦軍隊是臨時拼湊起來的，一接到上級命令後退的消息，以為前方打了敗仗，慌忙向後潰逃。頓時，前秦長達「千里」的佇列就亂了套，失去控制。謝玄見敵軍潰退，趁機率領八千多騎兵指揮部下快速渡河殺敵。早就倒戈的朱

序趁機在前秦的軍隊中大喊：「秦軍敗了！秦軍敗了！」前秦軍信以為真，逃跑的勢頭更猛，人人都非常恐懼，唯恐被晉軍殺掉。前秦軍恐怖到什麼程度？他們把風聲、鳥叫聲都當成了晉軍追趕的呼喊聲，見到隨風而動的一草一木都以為是晉軍追來了，成語「風聲鶴唳」就是從這裡來的。

苻堅的弟弟苻融見大勢不妙，趕忙騎馬追趕逃跑的前秦軍，試圖穩住陣腳。但他的戰馬卻被慌不擇路的前秦軍衝倒，他本人也被晉軍追兵殺死。前秦軍失去主將，更加慌亂，後續部隊紛紛潰逃，形成連鎖反應，以至於前秦兵士大部分不是被晉軍殺死的，而是被自己的戰馬、兵士踩死的。苻堅本人在潰逃中中箭受傷，他的九十萬大軍，逃回洛陽時，只剩下十萬。

淝水之戰最終以前秦九十萬大軍的失敗而告終，晉軍趁機收復了壽陽，謝石和謝玄派飛馬向朝廷報捷。丞相謝安聽到捷報時正在下棋，他看完捷報後不動聲色，依舊下棋。陪同他下棋的客人很好奇，就詢問他戰況。謝安說：「小輩們

已經將前秦人打敗了。」客人聽到這個消息之後，乾脆不下棋了，急著將這個好消息報告給其他人。由於太激動，走的時候竟然絆在門檻上了，腳上的鞋都碰斷了。

淝水之戰徹底粉碎了苻堅統一南北的希望，北方暫時統一的局勢也因為這次大敗而無力控制，不久苻堅被氐族貴族殺死，前秦亡國。

對於東晉王室來說，淝水之戰後，南方的政局相對穩定下來，北方異族人不敢再輕易南下，一方面使南方的漢族中原文化得以延續和發展，另一方面，中國也形成了北方以異族統治為中心、南方以漢人統治為中心的南北對峙狀態，為新的歷史時代──南北朝時期的來臨奠定了基礎。

劉淵建漢

劉淵是一名漢化的匈奴貴族後裔，他在西晉國勢日趨衰微、各地農民紛紛起義反晉的浪潮中，趁勢在中原建立了第一個少數民族政權──匈奴漢國政權。

劉淵，字元海，匈奴人，南匈奴單于於夫羅的孫子，匈奴左賢王劉豹的兒子。他從小好學，才能過人。他崇尚漢人的文化，廣泛地學習各種儒家經典和各種史書，同時他還努力學習武術，武藝高超，尤其擅長射箭，是一個文武全才，而且他生得魁梧高大，姿儀不凡，頗受當時太原名流王昶、王渾等人的器重。

魏咸熙年間（西元264─265年），劉淵以侍子（即人質）的身分被送往洛陽。西晉泰始初年，鮮卑人樹幾能在涼州起兵反晉。上黨李熹很欣賞劉淵的才能，便向晉武帝司馬炎舉薦他，建議任他為大將軍，發兵西征涼州，卻遭到了大臣孔恂等人的極力反對，他們認為劉淵是匈奴人，不會對漢族人建立的朝廷忠心，反而會禍亂朝廷。於是，晉武帝最終沒有接受李熹的建議。

由於不得重用，劉淵鬱悶不

平，有一次，他對好友東萊人王彌訴苦道：「李憙是我的同鄉，他很瞭解我的為人，所以才向皇上推舉我，可是朝中很多大臣都容不下我，極力排斥，真讓我傷心啊。」

後來，齊王司馬攸見劉淵才智出眾，怕他終究會成為西晉的禍害，便勸晉武帝說：「陛下如果不儘早除掉劉淵，臣恐怕并州不能永久安寧。」晉武帝也有點擔心，於是就想殺了劉淵，幸虧李憙、王渾等在皇上面前為劉淵說好話，劉淵最後才免於一死。

父親劉豹死後，劉淵繼承了左部帥的職位。從此，劉淵開始大施錢財，廣納天下的能人志士，幽州、冀州兩地的名流，紛紛不遠千里，前來投奔他。

太熙元年（西元290年），晉武帝逝世，晉惠帝司馬衷即位。他為人癡呆無能，由太傅楊駿輔政，楊駿任命劉淵為建威將軍、五部大都督，封為漢光鄉侯。不久之後，相繼爆發了賈后的宮廷政變和八王之亂，晉王朝的局勢日益混亂。八王之亂後，成都王司馬穎執政鎮鄴，又任劉淵為寧朔將軍，監五部軍事。

當時因為中原戰亂，并州境內的漢族居民大都流徙江南，因此，在并州胡漢勢力的分布和力量對比發生了重大變化。劉淵見有機可乘，開始準備起兵反晉，興邦復業。劉淵的堂祖父劉宣對其族人說：「當初我們的祖先與漢朝交好，彼此以兄弟相待，同甘共苦，但自從漢朝滅亡以來，我們的單于也只是徒有虛名，連一寸土地也沒有，其他的王侯都淪落到與平民百姓一樣的境地。如今司馬氏幾個兄弟互相殘殺，天下大亂，這正是上天賜給我們光復祖業的大好時機。左賢王元海才智超群，文武雙全，如果上天不讓他當單于，豈不是白白浪費了這個人才嗎？」族人都覺得此話很有道理，於是紛紛響應。

不久，并州刺史司馬騰、安北將軍王浚，聯合進攻司馬穎。司馬穎想讓匈奴軍做外援，於是授劉淵為北單于、參丞相事。劉淵藉口回并州招募五部匈奴，就返回了左國城（今山西離石縣）。劉淵回去後，被諸部匈奴共同推舉為大單于。二十天之內，擁兵達到五萬，

舉旗反晉。西晉永興元年（西元304年），劉淵自稱漢王，改年號為元熙，定都左國城，建立漢國。

永嘉二年（西元308年），劉淵正式稱帝，遷都平陽，國號仍為漢。這年冬天，劉淵派劉聰、劉曜等率五萬精兵進攻洛陽，西晉東海王司馬越派兵拒阻，最後，漢軍失敗而還。

永嘉四年（西元310年），劉淵病逝，廟號高祖，諡號光文皇帝，葬於永光陵。

劉淵死後，太子劉和即位。但劉和生性多疑，為人殘暴，想誅殺自己的幾個兄弟，最後卻被劉淵的第四個兒子劉聰起兵殺了。隨後，劉聰繼承了皇位。劉聰雖然才能超群，但終抵不過權勢和美色的誘惑，整日花天酒地，過著荒淫腐化的生活，致使國事荒廢。劉聰死後，太子劉璨即位。但不久劉璨就被奸臣靳準殺害。劉淵的養子劉曜在赤壁自立為帝。

太興二年（西元319年），劉曜認為「漢」國的旗號已經失去了對漢人的號召力，便將國號改為趙，即歷史上的前趙。就這樣，劉淵所建的漢國只在歷史上存在了短短十幾年便滅亡了。漢國的建立，進一步將中原推向戰爭和動亂，同時也重新恢復了匈奴的傳統舊制，但從民族融合來看，這為漢族和各民族之間的深層融合準備了條件。

▌ 田園詩人陶淵明

提到陶淵明，很多人首先會想到他的名作《桃花源記》，還有「採菊東籬下，悠然見南山」的詩句。因為大家都知道他是以田園詩而聞名於世的。

陶淵明（西元365—427年），字元亮，號五柳先生，東晉末期著名的詩人、文學家、辭賦家、散文家。他曾做過幾年小官，後辭官回家，從此隱居，寫了很多以田園生活為題材的詩，如《歸園田居》《歸去來兮辭》《桃花源詩》等，

因此被稱為「隱逸詩人之宗」。他的創作開創了田園詩一體，為我國古典詩歌開創了一個新的境界。

陶淵明自幼家貧，九歲時又沒了父親，從此與母親和妹妹一起寄居在外祖父家裡。外祖父孟嘉是當時的名士，他對陶淵明的個性和修養的形成，起到了很重要的作用。外祖父家裡有很多藏書，又給陶淵明提供了閱讀古籍和瞭解歷史的條件。當時，社會上的學者都崇尚《老子》《莊子》，而黜《六經》，而陶淵明既學了《老子》《莊子》，又學了儒家的《六經》，因此，他接受了道家和儒家兩種不同的思想，從而培養了「猛志逸四海」和「性本愛丘山」兩種不同的志趣。

陶淵明少年時期，懷有「大濟蒼生」的願望，於是在孝武帝太元十八年（西元393年），他出任江州祭酒。當時門閥制度森嚴，他由於出身庶族而受人輕視，他忍受不了便辭職回了家。隨後，州裡又請他去做主簿，他也辭謝了。然而，他心中的志向並沒有因此而泯滅，於是在安帝隆安四年（西元400年），他前往荊州，投奔到了桓玄門下，做了一名屬吏。然而沒過多久，他見桓玄有篡奪東晉政權的野心，不肯與其同流合污，便又辭職回了家。

元興元年（西元402年），桓玄舉兵叛亂，攻入建康，奪取了東晉的軍政大權。第二年，桓玄又公然篡奪了皇位，改國號為楚，把安帝幽禁在了潯陽。當時，陶淵明在家躬耕自資，忍不住閉戶高吟道：「寢跡衡門下，邈與世相絕。顧盼莫誰知，荊扉晝常閉。」表達了對桓玄的蔑視。

元興三年，武將軍劉裕、劉毅、何無忌等官吏聯合起兵，討伐桓玄，最後桓玄失敗，帶著安帝逃到了江陵。陶淵明再次離開家，投到了劉裕門下，擔任鎮軍參軍。劉裕奪取建康後，剛開始也做出了不少政績。他先以身作則，再用威嚴的禁令整治東晉王朝長期以來的腐化現象，收到了明顯的效果。為此，陶淵明曾一度對他產生好感。但是不久之後，看到劉裕為了剷除異己，殺害了討伐桓玄有功的刁逵、王愉等人，並且濫用私情，重

用眾人認為罪大惡極的桓玄心腹王謐。這些黑暗現象，使陶淵明感到十分失望。他在詩中寫道：「目倦山川異，心念山澤居」，「聊且憑化遷，終返班生廬」。不久，他又一次辭去了官職，回家隱居了。

義熙元年（西元405年），他又一次入世，到建威將軍、江州刺史劉敬宣部擔任建威參軍。但不久後劉敬宣辭職不幹了，他也跟著辭了職。那年秋天，經叔父陶逵的介紹，他擔任了彭澤縣令。上任不到三個月時，郡守派督郵到彭澤來視察，縣吏告訴陶淵明應該穿上官服，束緊衣帶前去拜見。陶淵明氣憤地說：「我不能為了每個月五斗米的俸祿而去向那種田野小人彎下我的腰！」當即扔掉官服，解下官印，辭職回家了。陶淵明十三年的仕宦生活，自辭彭澤縣令結束。

這十三年來，為實現「大濟蒼生」的理想抱負，他不斷嘗試，卻又不斷失望，終於絕望。回到家後，他做了一首賦《歸去來兮辭》，表達了與上層統治階級的徹底決裂，決不與世俗同流合污的決心。

從此以後，他一直過著躬耕自資的隱居生活。由於在他的家門前栽種有五棵柳樹，因此，他被人稱為「五柳先生」。他的夫人翟氏，與他志同道合，安貧樂賤，共同勞動，維持生活。剛歸田隱居的時候，陶淵明一家的生活還可以。這從他的那首《歸園田居》中即可看出，「方宅十餘畝，草屋八九間，榆柳蔭後簷，桃李羅堂前。」陶淵明酷愛菊花，因此，在房前屋後都種滿了菊花。他那句「採菊東籬下，悠然見南山」（《飲酒》）至今膾炙人口。陶淵明還喜歡飲酒，只要有朋友來訪，無論貴賤，只要家中有酒，他都會拿出來與其同飲。義熙四年，他所住的地方山麓失火，他家也被大火給毀了，只好遷到了別處，此後生活一直比較困難。如果遇到豐收年還好一點，要是遇到災年，則常常連飯都吃不飽。到了晚年，他的生活越來越窮困。有的朋友就主動送錢周濟他，有時候，他也會向朋友們借錢。但是他接受周濟或者求借，也是有原則的。他的老朋友顏延之任安郡太守時，從潯陽經過，到他家來探

望，臨走時留下了兩萬錢，他沒有推辭就接受了。後來，江州刺史檀道濟親自到他家訪問。這時，他又病又餓好些天，起不了床。檀道濟贈送給他糧食和肉，但他堅決不收，因為他覺得自己與檀道濟不是一類人，不願再與他有什麼來往。

西元427年，田園詩人陶淵明走完了他六十三年的生命歷程，被安葬在南山腳下的陶家墓地中。在辭官回鄉的二十二年中，陶淵明一直過著貧困的田園生活，但他始終保持著固窮守節的志趣，並且越老越堅定。因此在他死後，被稱為「靖節先生」。

孝武帝誤國

晉孝武帝司馬曜（西元361—396年），字昌明，是東晉的第九個皇帝。他是晉簡文帝的第三個兒子。

西元372年，簡文帝病逝，年僅十一歲的司馬曜即位，他就是晉孝武帝。一開始，由太后攝政，孝武帝十四歲那年才開始親政。剛開始的時候，孝武帝全力處理國家朝政，並任用賢臣，取得了不少政績。他改革稅賦的方法，放棄以田地多少來收稅的方法，改為王公以下每人收米三斛，在役的人不交稅，獲得廣泛好評，被稱為東晉末年的復興。西元383年，由於孝武帝用人得當，晉軍在淝水之戰中大敗前秦，鞏固了本國的統治。

但是，後來孝武帝嗜酒成性，且親小人，遠賢臣，還優柔寡斷，導致東晉政局再度陷入混亂，國勢漸衰。

宰相謝安是當時有名的功臣，正是在他的竭力輔佐下，孝武帝才能取得那些成就。稅賦改革的時候，謝安全力支援，並獻計獻策；為了緩和朝廷與各個士族之間的矛盾，穩定政局，謝安不計前嫌，團結異己，共同維護晉室；為了抵禦前秦的進攻，謝安極早就做好了軍事準備，使晉軍在淝水之戰中多

了幾分獲勝的把握。但是，當孝武帝性情變壞以後，卻疏遠了這位賢臣。謝安的女婿王國寶人品很差，因此遭到謝安的厭惡和壓制。王寶國對謝安懷恨在心，便尋機報復他。王寶國知道孝武帝的弟弟司馬道子喜歡專權，便在他的面前說謝安的壞話，想讓司馬道子挑撥孝武帝與謝安的關係。而司馬道子為了排擠謝安，便常常在孝武帝面前詆毀謝安。孝武帝信以為真，便漸漸地疏遠了謝安，最後還將其罷官免職。

孝武帝日益喜愛享樂，不願治理政事，最後索性將一切政事都交由司馬道子處理。司馬道子掌權以後，開始獨斷專行，而且更加奢侈放縱。他甚至命人為自己大修府邸，其豪華程度已經超過了皇宮。他還買賣官職，收受賄賂，搜刮民財。孝武帝知道這些事情後，開始討厭司馬道子，想收回他的權力，但迫於太后的壓力，沒有下定決心。為了牽制司馬道子，孝武帝開始重用王恭、殷仲堪、王雅等平時與自己親近的人。從此，這些人與司馬道子一派開始針鋒相對，弄得

朝廷上下烏煙瘴氣、混亂不堪。由於孝武帝重用小人，使朝政十分腐敗，民心盡失。

孝武帝迷上喝酒以後，常常徹夜歡飲，不醉不休。俗話說「喝酒誤事」，但孝武帝萬萬沒有想到的是，因為喝酒他會丟掉性命。

西元396年九月的一個夜晚，孝武帝在宮內清暑殿中與他寵愛的張貴人一起飲酒，喝多了的孝武帝開始胡言亂語，還要張貴人繼續陪她對飲。當時，張貴人已經不能再喝了，便極力辭謝。這下，可惹怒了孝武帝。孝武帝面露慍色，開玩笑地說：「當年是因為看你美貌，我才選你做了貴人，如今你年近三十，美色已失，又沒為我生個一男半女，白占著一個貴人的位置，明天我就廢了你，另選新人。」說完，爛醉如泥的孝武帝又吐了扶著他的張貴人一身，之後便沉沉地入睡了。其實，孝武帝只是喝多了，說了一句玩笑話，沒想到竟付出了生命的代價。

張貴人自從得寵以來，從沒受到過如此訓斥、羞辱；她又本性兇狠，善耍手段。如今聽了孝武

帝這番話，怎能不氣憤，而且俗話說「酒後吐真言」，因此，對於孝武帝這句話，她寧可信其有，不會信其無。想到自己多年來一直盡心盡力地服侍這個皇帝，到頭來卻可能落得個被廢的下場，頓時起了殺心。於是，她用被子蒙住孝武帝的臉，偷偷地將他捂死了。她害怕事情敗露，又用重金賄賂身邊的侍從，讓他們異口同聲，就說皇上是「在睡夢中因驚悸而窒息，導致猝死」。

不久，張貴人就帶著錢財逃走了。當時的太子司馬德愚昧、軟弱，自己都照顧不了自己，哪能去管父親的生死。司馬道子整日荒淫無度，根本沒時間去將此事探個究竟。因此，這件弒君大案竟然不了了之了。

▋ 後趙建立者石勒

石勒，字世龍，原名匐勒，羯族，上黨武鄉（今山西榆社北）人。他於西元319年稱趙王，是後趙的建立者，也是從奴隸到將軍的古今帝王第一人。他的祖父和父親都是部落將領，到了石勒這一代，權勢已經沒落。他十四歲去洛陽時，曾倚在洛陽東門長嘯，晉朝丞相王衍見他相貌奇特，恐其將來會擾亂天下，就派人去殺他，幸而石勒提前離開，才沒有遭此殺身之禍。

石勒二十歲的時候在戰亂中被人抓獲，賣給他人為奴。這家主人很器重他，便恢復了他的自由身。後來他再次被人抓走，為了生存，他和幾個夥伴一起做了強盜。當他的隊伍發展到十八個人時，他將其命名為十八騎。八王之亂時，石勒參加了汲桑的隊伍，因為作戰勇敢被汲桑任命為前鋒。在一次戰鬥中，石勒攻下鄴城，然後在全城範圍內展開了大屠殺。他的血腥手段引起了朝廷的不安，派了大軍前來圍剿他。汲桑在戰亂中死去，石勒大敗而逃，投靠了漢王劉淵，並受

到了重用。石勒總結了這次的失敗教訓，在此後領軍作戰時，從來不允許士兵騷擾百姓，漸漸地他贏得了不少威名。

劉淵稱帝後，石勒幫助劉氏打下了後晉。石勒胸懷大志，重用賢良，他召集四方名士，組成了君子營。每次領兵打仗，他都會讓營裡的謀士隨軍出行。這些人在他攻城掠地時為他出謀劃策，使他受益匪淺。有一年，石勒出兵討伐東海王司馬越，不料司馬越已經病死。護送其屍體葬於東海的王衍等人在半路上被石勒追上，石勒燒掉了司馬越的屍體，向王衍詢問晉朝滅亡的原因。王衍侃侃而談，石勒聽得如癡如醉，但是王衍極力為自己推卸責任，說自己對政治毫無興趣，迫不得已才做了丞相。為了討好石勒，他還勸石勒稱帝。

石勒雖然很尊敬讀書人，但是他聽了這種不負責任的話還是怒不可遏。他指著王衍大罵道：「你年輕時就做官，直到鬍子白了還身居高位，怎麼能說自己不關心政治呢？如今天下敗壞，就是你這種人造成的！」他對自己的謀士孔萇

說：「我長這麼大還沒有見過這種人！那還留他何用！」他見襄陽王司馬範堅貞不屈，不肯就範，深為敬佩。他命令手下不要用刀殺死他，好讓其死後留個全屍。當天夜裡，司馬範、王衍等人被人縛住手腳，壓死在牆壁下。

劉淵和他的繼任者劉聰死後，劉聰的兒子劉粲即位。後來輔政大臣靳準殺死劉粲，自立為帝。石勒便和相國劉曜一起，發兵攻打靳準。劉曜在途中即位，封石勒為趙公，兩人關係開始惡化，後來矛盾逐漸加深。劉曜曾多次殺掉石勒派往朝廷的使者，石勒大怒，對人說：「沒有我石氏一族，你劉氏一族能做皇帝嗎？」他在自己的封地內修建宮殿，設置官僚、醫學等機構，發行錢幣，制定法令，開始為稱帝做準備。不久，他起兵滅掉劉曜，統一了中國北方，自立為帝。

石勒稱帝後，仿效漢朝制度來治理國家。他鼓勵人民發展農業，開墾荒地；他在全國各地創辦了很多學校，號召人們尊師重教；他重用文士，根據才學來選拔官員；他提倡節儉，多次頒布禁酒令；他還

注意調和胡、漢人民之間的矛盾，他採用胡、漢分治政策，嚴禁胡人侮辱漢人；為了減輕人民的苦難，他注重與別國建立良好的關係。高麗人遣使來朝時，他回送了很多禮物。西域各國聽說後，紛紛派使者前來覲見。就連東晉的陶侃，也派人給後趙送來了江南的特產。所以，石勒在位時，國家沒有大的戰事，人民生活比較安定。

石勒雖然沒有文化，但是非常重視對知識的學習。他經常讓人給自己念書聽，還會就書中的問題發表自己的看法。有一次，手下為他講讀《漢書》，讀到劉邦要封六國舊貴族為侯時，他急忙說：「這樣不行，會引起天下大亂的！」讀書的人告訴他，因為張良的勸阻，劉邦最後沒有那麼做。他長舒一口氣說：「這樣做才是對的。」

石勒是胡人，他對「胡」「羯」之類的字眼比較敏感，因此，他下令，任何人不得在他面前提到這些字眼。有一次，漢族官員樊坦前來覲見，石勒見他衣衫破爛，就問他怎麼回事。他口無遮攔地說：「我在路上碰到一群可惡的羯人，衣物和馬車都被他們搶走了。」他剛說完，想起了禁令，嚇得跪在地上叩頭不止。石勒笑著說：「他們確實可惡，我替他們賠償吧。你雖然觸犯了禁令，但是對於你們這些讀書人，我是不會怪罪的。」

石勒出身於窮困的少數民族之地，然而他卻能在亂世之中統一北方，可以稱得上是十六國時期最為傑出的帝王；他武將出身，卻又能因為文治而為後人稱道，這在封建時期的帝王中也是極其少見的。

▍暴君石虎

石虎字季龍，上黨武鄉（今山西榆社北）人。西元333年，後趙的開國皇帝石勒駕崩，石勒臨終前，石虎就威脅太子石弘將大臣程遐和徐光下獄，因這兩人曾建議石勒除掉自己；接著他又派自己的兒

子率兵入宮，威懾朝中文武。石弘嚇得急忙服軟，對石虎說自己不是治國之人，石虎才是真正的天子。但石虎心裡明白這並不是一個好時機，石勒屍骨未寒，自己就奪權登上皇位，只能招來天下人的反感。因此他沒有著急，而是扶持石弘即位。次年，石虎廢掉了石弘，以天王自居。西元335年，後趙由襄國（今河北邢台）遷至鄴（今河北臨漳西南），石虎自稱天王並於西元349年稱帝。

石虎稱帝後，馬上就把石弘和他的親人全都囚禁起來，沒過多久便殺死了他們。石虎很寵愛自己的兒子石宣和石韜，這招來他的另一個兒子石邃的不滿，他漸漸地開始仇恨起石虎來，恨不得殺了父親奪取皇位。石虎聽到了這種說法，便將石邃的親信李顏抓來審問，李顏嚇得趕緊一五一十地告訴石虎說石邃想殺了石宣和石虎奪取皇位。石虎一怒之下，將李顏及其家人共計三十多口全部斬首，又將石邃囚禁起來。石邃內心更加不滿，終日辱罵石虎，石虎乾脆下令將石邃和他的家人、黨羽共計二百多人全部殺死。

石邃死後，石宣被立為太子。沒過多久，石宣不滿石虎寵愛石韜，便想方設法要除掉石韜。他們二人經常因為各種小事發生衝突，後來石宣將石韜的手足砍掉，雙眼刺瞎，將其剖腹殺害，想趁著石韜的葬禮弒父奪位。石虎得到了大臣的提醒，沒有去參加葬禮，也知道是石宣害死了石韜，就下令將石宣的兩額用鐵環穿透，將他的飯菜倒入木槽，讓石宣像豬一樣進食。最後他將石宣拉上柴堆燒死，也沒有平息自己內心的怒火，又將石宣的骨灰散落到各個城池的主要街道接受萬人踐踏，並將石宣的妻兒、衛士、宦官等人皆清除殆盡。

石虎在位期間，生活驕奢淫逸，對百姓實行暴虐的統治。他生性殘暴，少年時就喜歡用彈弓打人，看到被他打到的人痛苦不堪的樣子，他卻覺得很高興。十八歲的時候，他因為武藝高強，且性格勇猛受到了石勒的寵愛，被封為征虜將軍。隨後石勒又將將軍郭榮的妹妹嫁給石虎為妻，然而石虎並不喜歡石勒為他挑選的這個妻子，他當

時心儀一個叫做鄭櫻桃的雜技名角。石虎殺死了郭榮的妹妹，娶了鄭櫻桃，又娶了一個崔氏女子，崔氏最後也因為鄭櫻桃的惡意誣陷死在了石虎手中。

後來石虎在軍隊當了將領，但是他很嫉妒本領比他高強的人，凡是比他有才或是武藝比他高強的都被石虎找藉口殺掉了。每當他帶領軍隊攻陷了一座城池，他都會下令將城中的男女老少一併殺死。有一次，石虎攻破了青州城，即刻下令屠城，最後城中僅七百餘人生還，其餘全被殺害。死在石虎手中的人可謂不計其數。

石虎除了濫殺無辜，把人命當兒戲外，還特別荒淫無度。他設置了一個「女官」的官位，從民間搶奪年輕女子三萬餘人，從十三歲到二十歲，正值如花般貌美的女子無一倖免。他將這些女子分為三等，分別交給後宮、東宮和諸侯國，充當「女官」。各地官吏為了搜羅符合條件的女子縱容手下公然搶劫，不堪忍受奪妻之恨而奮起反抗的男人全部被殺害，有三千多女子不堪受辱而自殺，一大批家庭妻離子散，家破人亡。石虎的兒子石宣還私自下令又從民間捕獲女子一萬人。

這四萬女子被押送到都城鄴城，石虎興致勃勃地進行了一次「檢閱」，讓這些女子們排成佇列，就像檢閱軍隊一樣。他還從中挑選了一千名會騎馬的女子，組成了一支千騎儀仗隊充當自己的侍從。她們都戴著紫色的頭巾，穿著蜀錦製作的褲子，腰帶用的是金銀鏤帶，靴子是用五彩織成的，手裡拿著漂亮的羽毛做成的儀仗。她們跟在石虎後面，到處巡遊炫耀，一天到晚到處舉辦宴會尋歡作樂。石虎熱愛打獵，從此更是毫無節制，每天清晨都帶領這個美女大部隊出去，玩到很晚才會回來，這支儀仗隊成了當地百姓沿街駐足觀看的奇觀。

為了安置這四萬名美女，石虎開始大興土木建造宮殿。他先命人在襄國建造了太武殿，又在鄴城建造了東西二宮，還營造了洛陽和長安兩處宮殿。其中，太武殿臺基高二丈八尺，長六十五步，寬七十五步，全部都是用有紋理的石塊砌

一次讀完資治通鑑故事

成。殿下面有地下宮室，用來安置五百名衛士。石虎還挑選出一萬名女子，建造了九座宮殿，讓這些女子在宮殿中學習占星之術和射術。他還設置了女太史，自己的尚書官也由美女擔任。

西元349年，石虎病死，後趙不斷內亂，兄弟骨肉相殘的現象時有發生。次年，後趙被冉閔所滅。

王猛捫虱而談

王猛，字景略，青州北海郡劇縣（今山東昌樂西）人。王猛年幼的時候隨著家人顛沛流離，後來在魏郡定居。他從小聰明好學，胸懷抱負，認為大丈夫就應該幹大事業，而對小事情從來都不放在心上。當時很多人都很瞧不起他，但是王猛毫不在意，只是靜靜地等待著機會。

西元354年，東晉的大臣桓溫進駐霸上，王猛聽說了這個消息，穿著粗布衣服就去找桓溫。桓溫剛到關中，也很想知道關中的百姓們對他是怎樣的看法，便接見了王猛。王猛雖然只是一介草民，但是他見了桓溫絲毫沒有拘束窘迫的樣子。他大大咧咧地坐下來，一面抓自己身上的蝨子，一面談論著時局和國家大事。桓溫從心裡開始欣賞這個看似無禮的年輕人，他脫口便問道：「我統率十萬精兵至此，是為征討逆賊還天下百姓一個公道，可是為什麼沒有人能到我這裡為我效勞呢？」王猛豪爽地一笑，說道：「您來到這裡確實是不遠千里不辭辛苦，可是眼看長安近在咫尺，您卻不下令渡江攻打。大家猜不透您的心思，不知道您是為了天下，還是只是因為一己之私，所以不願幫忙。」

桓溫聽得心裡一驚，原來，他心裡想的就是，如果自己平定了關中，那麼除了虛名自己最後什麼也得不到，地盤反正是要給朝廷的；與其消耗自己的實力為他人做嫁衣，不如留著敵人，自己也能擁

兵自重。王猛這些話正中桓溫的心思。桓溫沉思良久，說道：「江東地區，沒有一個人能夠比得上您的才華。」

桓溫本來打算等到夏季麥熟以後籌集軍糧，然而前秦軍早一步將麥苗全部割盡。眼看糧草匱乏，軍無鬥志，桓溫只得退兵。臨走，他不忘賜給王猛很多車馬，又授予他都護一職，邀請王猛同他一起南下。王猛認為桓溫不是個可以投靠的明主，便沒有答應，繼續留在了當地。

桓溫退走的第二年，即西元355年，前秦的君主苻健駕崩，苻生即位。苻生和石虎一樣，也是個愛好殺戮的殘忍之人，苻健的侄子苻堅自然不願意看到前秦的江山葬送在苻生手裡，便想除掉苻生。他前去向尚書呂力請教除掉苻生的辦法，呂力向他推薦了王猛。

王猛和苻堅一見如故，商討起國家大事來句句投機，於是王猛便選擇留在了苻堅身邊，為他所用。西元357年，苻堅一舉殲滅苻生，自立為大秦天王，任命王猛為中書侍郎。位於京城西北的始平縣是一個相當重要的軍事要地，但是很長一段時間那裡都很不太平，豪強橫行，搶劫犯案時有發生，害苦了當地的老百姓，苻堅便派王猛前去鎮守。王猛從他的腳步踏進始平縣的土地開始，就嚴明了曆法，規定對於施暴犯案者嚴懲不貸。當地一個很有勢力的奸吏並沒有把王猛放在眼裡，依舊作惡多端。王猛二話不說，命人將他當場鞭打致死；奸吏的手下不服，越級向上司告了王猛一狀，上司將王猛抓捕起來，押送到了長安。

苻堅聽說了這回事，親自責問王猛道：「為官從政應該以德治為先，你剛到任就殺害那麼多人，這也太殘酷了。」王猛回答道：「安邦定國當然要用德治，但是想要肅清混亂之邦必然要用法令。皇上您讓臣來擔任難治之地的長官，臣也一心一意想要為您剷除奸惡。我這才除掉了一個奸臣，還有成千上萬的奸臣尚沒有伏法。如果皇上因為我無法剷除奸惡而懲罰我，我毫無怨言；但是現在就加給我為政殘酷的罪名，請恕我無法接受。」苻堅聽了，讚歎他是個人物，於是便不

一次讀完資治通鑑故事

再干涉他對始平縣的管理。

王猛因政績卓著，很快得到了升遷，在他三十六歲那年就升遷了五次之多。這使得那些皇親國戚和老臣子們很是嫉妒。姑臧侯樊世曾經幫助苻健打下了天下，他仗著自己功臣的資歷第一個跳出來指責王猛，說：「我們和先帝共謀大業，都沒有參與朝廷的機密要事，你一個無功無勞的人憑什麼專管朝中大事？難道我們種下了莊稼，卻要讓你白白收了糧食？」王猛嘲諷道：「不光如此，我還要你做好飯端給我吃！」樊世氣得指著王猛破口大罵：「姓王的，你的頭顱早晚要懸掛在長安城門上，否則就讓我不得好死！」苻堅聽說了這件事，果斷地說道：「必須將攀世斬首，才能整頓朝廷風氣！」

這天在朝堂之上，樊世和王猛又發生了爭論，嘴上說不過王猛，樊世竟然對王猛動起了手。左右趕緊拉住了樊世，樊世便用污言穢語辱罵王猛。苻堅大怒，命人將樊世推出斬首。反對王猛的人見苻堅護著王猛，便把對王猛的算計從明著來轉到了暗地裡。朝中官員仇騰、席寶經常利用職務之便誹謗王猛，苻堅不堪其擾，終將這二人趕出了朝廷。從此再無人敢胡說八道了。後來苻堅還要給王猛加官，王猛卻覺得自己的榮耀已經夠多了，辭而不受。

王猛於草創之先識得英雄，又在危難之時選擇明主而棲，這為他做出一番大事業奠定了基礎。從此，在十六國紛爭、南北朝勢力對峙的年代，王猛大顯身手，做出了一番大事業。

晉
紀

宋紀

▌ 劉宋代晉

東晉十六國之後正是政權對立時期。南朝宋是南朝的第一個朝代，因為皇族姓劉，所以也稱之為劉宋。西元420年，宋武帝劉裕取代了東晉的政權建立劉宋，都城建康。

劉裕字德輿，小名寄奴，彭城綏里（今江蘇徐州）人。他是漢高祖劉邦的弟弟劉交的後代，其祖輩也不乏官位顯赫的人，只是到了他的父親這一代，家道明顯中落。劉裕家貧，早些年又嗜賭成性，終日只以打柴、打魚、賣草鞋等維持生計。但是他性格強悍，心性強韌，後來當了將軍孫無終的司馬，開始了他的戎馬生涯。

西元399年，浙東爆發了由孫恩領導的農民起義，東南八郡紛紛響應。晉朝上下震驚，派出著名的謝氏家族中的人物謝琰和當初在淝水之戰中大敗敵軍的將軍劉牢之前往鎮壓。因孫無終的推薦，劉裕此時在劉牢之的麾下當了一名參軍，他也跟隨部隊出戰了。此次對農民

起義的鎮壓轉戰三吳，歷時幾年，劉裕總是衝在最前面，每次都能大挫敵軍，他的軍事指揮能力也逐漸得到彰顯。他作戰勇猛，指揮得當，善於以少勝多。當時，幾乎所有的將領都會縱容手下對百姓暴虐搶劫，只有劉裕的軍隊軍紀嚴明，沒有一個人敢作奸犯科。不久，劉裕被封為建武將軍，率領水軍對孫恩窮追猛打，最後迫使孫恩跳海自殺。

浙東農民起義被順利鎮壓，但是這場起義使得京城中的大部分兵力傾巢而出，京城防備空虛。盤踞在長江中上游的荊州刺史桓玄看到有可乘之機，遂於西元402年起兵謀反，帶領大軍舉兵東下，攻進了建康。他奪了劉牢之的兵權，讓其堂兄桓修接管了其軍隊。劉牢之自縊身亡，劉裕審時度勢之後，決定暫時委身桓玄之下，尋找機會。劉裕此時因戰功顯赫而在朝廷中頗具聲望，所以桓玄不敢動他。第二年，桓玄篡位，對劉裕更是恩寵有加。桓玄的妻子劉氏多次勸他說：「我看劉裕行事多有王者之風，他不會就這麼屈居於你之下，這個人應該儘早除掉。」桓玄卻說：「我要蕩平中原，沒有劉裕不行。等到我平定了關隴，再行定奪此事吧。」然而此時，劉裕已經在暗地裡算計桓玄了，他約定了何無忌和劉陵等人從四個地方動手。西元404年，劉裕以打獵為由，聚集了百餘人殺死桓修，其餘四地的計畫也各自成功。他們推舉劉裕為盟主，傳檄四方，各地紛紛響應號召，起兵反對桓玄。桓玄挾持了晉安帝逃跑，劉裕坐鎮建康，指揮各路兵馬追擊桓玄。一個多月之後，桓玄被殺，次年劉裕擁護晉安帝復位。晉安帝為獎勵劉裕對晉朝的再造之功，封他為侍中、車騎將軍、都督中外諸軍事。從此，劉裕掌握了朝中大權。

西元408年，劉裕命襄城太守劉敬宣率兵攻打後蜀，無奈被後蜀譙縱的大軍阻攔，晉軍死傷大半，只能退兵。次年，譙縱率軍進攻荊州，他的大軍占領了江陵等地，晉軍形勢危急之時，雍州刺史魯宗率兵前來援助江陵，他聯合守城將軍劉道規的軍隊成功反擊，將譙縱趕回了後蜀。後蜀本來國力不盛，

經此一戰更無力和晉朝抗衡。西元412年，劉裕決定攻占後蜀，他起兵兩萬，一直攻打到成都，譙縱自縊身亡，後蜀滅亡，其版圖劃入東晉。

此後，為解決北方的威脅，劉裕決定揮師北伐。西元416年，後秦內亂頻發，劉裕認為這是個好機會，遂任命劉穆之為尚書左僕射，代替自己管理朝政以及供給軍糧，自己親自率大軍分四路北伐。這年九月，劉裕抵達彭城，次年一月，劉裕讓自己的兒子劉義隆鎮守彭城，自己又率領大軍親自北上。北魏十萬重兵把守河北，經常有魏軍來騷擾進軍，劉裕雖然能夠巧妙設計擊敗魏軍，但一直進軍緩慢。直到七月，劉裕才擺脫了魏軍，進入陝城。八月，劉裕到達潼關和其他晉軍匯合。他們率軍直進，攻破長安，後秦滅亡。

此後，劉裕打算讓軍隊在長安稍做休整再行計畫。不料朝中卻傳來劉穆之病死的消息。劉裕怕朝廷有變，讓自己的兒子和各個武將鎮守長安，自己則倉促南下。為夏主赫連勃勃謀臣的王買德窺破了劉裕的心跡，他對赫連勃勃說：「劉裕讓別人鎮守長安，自己卻率兵南還，可見是圖謀皇位。他應該無暇顧及關中了，這對我們來說可是個好機會啊。」赫連勃勃便派軍進攻長安。恰在此時，留守在長安的晉朝文武發生內訌，沈田子殺王鎮惡，王修殺沈田子，劉義真復殺王修。劉裕得到消息後十分恐慌，令朱齡石鎮守長安，讓劉義真速回。劉義真和將士大掠財寶美女，車載南還，為夏軍追及。朱齡石陣亡，劉義真單騎逃逸，長安得而復失。但經過北伐，黃河以南、淮水以北以及漢水上游的大片地區，為晉據有。

劉裕在朝廷的地位從此顯赫無比。西元418年，劉裕指使其心腹殺害晉安帝，立司馬德文為傀儡皇帝；西元420年，劉裕迫使司馬德文將皇位禪讓給自己，改國號為宋，是為宋武帝。

一次讀完資治通鑑 故事

劉宋王朝骨肉相殘

劉裕建立了劉宋王朝，他駕崩之後，他的兒子劉義符、劉義真被權臣徐羨之等殺害，三子劉義隆得以繼承王位，為文帝。在文帝的幾個弟弟中，年齡最長的劉義康受到了文帝的寵信。西元451年，魏兵帶兵侵犯長江南岸，劉宋王朝內部開始人心不穩，文帝擔心發生變故，派人殺死了劉義康，劉義康的後人也被太子劉劭盡數殺盡。

劉裕建立宋朝以後，吸取東晉亡國的教訓，東晉時凡是形勢險要的地方都由宗室擁兵坐鎮，而外藩的藩王勢力強大了以後就會滋生野心，進而就會威脅中央。文帝時害怕發生內亂，特地加強了守衛中央的力量，僅僅為太子增派的士兵就有上萬人。令他沒有想到的是，太子劉劭帶兵闖入深宮，弒父奪位。劉劭因其暴虐舉動盡失人心，眾叛親離，文帝的三子劉駿以討伐劉劭為由，率領重兵攻破都城，殺死了劉劭和他的四個兒子，一同被殺的還有劉駿的第三子和他的兄長

劉融。劉駿起兵報仇，在雙方殺戮中，各方的家眷和親戚遭到連累，很多人無辜被殺。劉劭的妻子被害時，曾經悲憤地對前來殺她的將士吼道：「你們自己骨肉相殘，何苦連累我們這些無辜的人。」然而這也不能改變她慘死的命運。

劉駿稱帝，為孝武帝。他在位一共十年，這十年間他依然在殘害自己的骨肉兄弟。他先後殺害了四弟劉鑠、六弟劉誕、十弟劉渾、十四弟劉休茂等人，又誣陷六叔劉義宜謀反，殺害了他的一家。

孝武帝死後，他年僅十六歲的兒子劉子業即位。劉子業年齡尚小，但是性格極其暴戾，也是個殺人不眨眼的人。即位初始，他就用叔祖劉義恭試刀，將劉義恭父子五人殺死，然後他又砍掉劉義恭的四肢，剖開了他的腸胃，將其眼睛挖出浸入蜜汁裡。到此為止，劉裕的七個孩子的宗族，除了文帝尚有後代遺留，其餘全部遇害。

無人可殺的劉子業將屠刀揮

向了自己的弟弟，劉子鸞、劉子師先後做了他的刀下冤魂。他對他的六個叔叔也恨不得殺之而後快，他分別給他的叔叔們起了綽號，十一叔劉彧因身材肥胖，被他叫做「豬王」，他還讓人在地上挖了大坑，抬來木槽，將各種食物混合在一起倒入槽中，然後讓劉彧脫光衣服趴在坑中吃槽中的食物。看著像豬一樣的劉彧，劉子業站在坑邊哈哈大笑。十二叔劉休仁因愛好殺戮，被他稱其為「殺王」；十三叔劉休佑因長相賊眉鼠眼，被他稱其為「賊王」，八叔劉諱為「驢王」。他把他的叔叔們囚禁在籠子裡，用秤稱量，還命令武士侮辱他們。劉子業玩夠了，發洩夠了，準備第二天除掉他們的時候，宮中的將領突然反抗，殺死了劉子業，推舉劉彧做了皇帝，他就是明帝。

對於明帝的即位，孝武帝在外任刺史的三個兒子，劉子勛、劉子頊、劉子房並不服氣，他們策劃聯兵反抗明帝，結果兵敗被殺。接著，孝武帝的兒子們相繼被明帝全部除掉。明帝的帝位坐穩了以後，又將自己的五個弟弟殺得只剩下一個，被他殺害的四個弟弟中，劉休仁曾經多次救過他的性命。在劉子業統治時期，他曾將劉彧的手腳全都捆綁起來，命人抬到後院殺掉，並興奮地說自己要殺豬。劉休仁在一邊說道：「今天可不是殺豬的日子啊。」劉子業不悅，問他為什麼這樣說。劉休仁說道：「皇后很快要生太子了，等到皇后臨盆，才是殺豬取卵的好日子呢。」劉子業很滿意這個解釋，便放了劉彧。此後在劉彧稱帝的過程中，也是劉休仁極力擁護他，然而劉彧卻恩將仇報，殘忍地將劉休仁殺害了。

明帝死後，他的兒子劉昱繼位。劉昱對於殺人這件事更是到了狂熱的地步，他殺人向來是親自動手，對於一些造反的頭目，他親手一刀一刀地割掉對方的肉，最後才將人殺掉。他出門的時候，命令所有的隨從都佩帶上刀，一路上遇到人就殺，無論是來不及躲避的人還是不知道躲避的牲畜。只要他出現在街道上，整個建康城就是一片死一樣的沉寂。

有一天，劉昱在和自己的親信孫超講話的時候聞到了蒜味。為了

一次讀完資治通鑑故事

證明孫超確實吃了大蒜，他命左右拉住孫超，自己用刀剖開了孫超的肚子，看他的肚子裡有沒有大蒜。孫超死後，劉昱又帶人到大臣孫勃家裡搶劫，孫勃家裡正在辦喪事，見他如此，悲從心來，憤怒地捏著劉昱的耳朵罵道：「你簡直比夏桀和商紂還要殘暴！」劉昱大怒，將其攛割。

從此，劉昱像是殺戮上了癮，幾天不殺人就鬱悶。太后於心不忍，多次出言勸解，反而讓劉昱懷恨在心，竟然要太監在飯菜中下毒毒死太后。幸而太監機靈，說如果太后死了，你要以孝子的身分送葬，就沒時間出去玩了。劉昱這才作罷。

劉裕的子孫們在持續不斷地殺戮中喪盡人性，當他們發現已經沒有人可以殺的時候，劉宋王朝已經走上了它的末路。西元479年，蕭道成殺死劉昱，又殺死了自己的傀儡皇帝劉準，建立齊朝政權。爾後，蕭道成下令，所有劉宋王朝的王侯，不管男女老少全部活埋。劉氏自己沒有殺掉的子孫後代，由別人代勞全部被殺。

▌ 北魏武帝滅佛

北魏太武帝拓跋燾，字佛狸，生於西元408年，卒於西元452年，鮮卑族拓跋部人。作為皇帝，拓跋燾擁有過人的軍事謀略和政治才幹。

元嘉十九年，即西元442年，北魏國主拓跋燾率領群臣，去道壇接受符籙（符籙指道教的一種天神文字）。一路上只見軍旗飄展，而且軍旗的顏色全部是象徵道教的顏色，即青色。從此以後，每位皇帝繼位都要去道壇接受符籙。大臣寇謙之勸北魏武帝建造很高的靜輪宮，高到聽不見農家雞犬的聲音，以此來和上天的神明接通。司徒崔浩也勸皇帝這樣做，耗費很多，好幾年都沒有建成。太子拓跋晃就勸父親說：「天和人是不同的，卑下

高大早已經有了區分，是不可能連接到一起的，這是人之常情。現在您花費大量的財物建造這個宮殿，百姓也跟著遭難，這是沒有一點利益的事情啊。請父親下令停止吧！」北魏武帝不聽。

當時，佛教的影響很大，十六國時期，許多君主和貴族都信奉佛教。當時北魏武帝對佛教的印象並不壞，大臣崔浩信奉道教，討厭佛教，就經常對北魏武帝說：「陛下，佛教根本就是一些人騙人的把戲，他們讓人們相信那些虛幻的事情，毒害人們的思想。並且朝廷每年用於修建寺廟的錢財非常多，還要有那麼多的人建造，浪費了很多的人力物力財力，是一件出力不討好的事情，請您下令廢除吧。」北魏武帝並沒有放在心上。崔浩還建議北魏武帝信奉道教，後來改年號為「太平真君」和接受符籙說明道教成為了北魏主要的宗教。

後來，為了鎮壓叛亂的蓋吳，北魏武帝率領軍隊來到了長安。來到長安以後，北魏軍隊就駐紮在城中。長安城內有很多寺廟，一天，北魏武帝帶領隨從來到了一座寺廟裡。廟裡的和尚非常高興，就拿出酒菜來盛情地接待他們。北魏武帝的隨從們也受到了很好的招待，有的人就四處閒逛起來。有的人來到了和尚們的房間裡，意外地發現裡面竟然有許多的刀、箭、盔甲等作戰用的東西，這些隨從很驚訝，馬上跑到北魏武帝那兒報告情況。北魏武帝聽說以後，非常氣憤，就說：「佛門是淨地，根本不應該有這些兵器的！這些僧人們肯定是蓋吳的同黨，有謀反之心！」然後，北魏武帝拓跋燾就下令殺死這間寺廟裡的和尚，而且要查抄廟裡的所有東西。

讓人吃驚的是，士兵們在廟中不但查出了許多兵器，而且還查出很多釀酒用的工具，包括附近的一些達官貴人藏在廟裡的巨額財物，更讓人不敢相信的是寺裡竟然還藏著許多年輕的女人！這讓北魏武帝特別生氣，立即下令廢除佛教，燒毀所有的佛像和佛教經書。在寺廟裡私自藏有兵器、玩弄女人的和尚都被活埋，其他人都被罰做苦力。

西元444年正月，北魏武帝再次下令，認為佛教妖言惑眾，規定

一次讀完資治通鑑故事

從達官貴人到普通百姓，一律不准信佛，更不准私自窩藏和尚或者法師。如果有人發現僧人，應該在二月十五日之前將僧人們送到朝廷，超過期限被查出的，和尚會被處死，窩藏者處以滿門抄斬的刑罰。

但是在執行的過程中，還是有人反對。北魏武帝在殺光長安城內的和尚以後，還命令太子拓跋晃去各個地方禁佛。太子拓跋晃喜歡研究佛法，看到父親這樣禁佛，曾經多次勸說，但是北魏武帝沒有聽從兒子的意見，仍然命人禁佛。拓跋晃就故意拖延到各地禁佛的時間，故意推遲頒布詔書的時間，這樣一些地方的寺廟就提前知道了消息，許多人趁機逃走了。

儘管有些人逃走了，但整體上，寺廟還是受到了嚴重的禁毀。一時之間，許多寺廟裡的佛像被焚毀，佛教經書也被燒毀，僧人們死傷無數。這就是歷史上有名的「三武一宗」滅佛中的太武滅佛。另外三位帝王是北周武帝、唐武宗、後周世宗。

經過拓跋燾的大肆禁佛，佛教勢力在他統治期間基本上被消滅了，他死後，北魏文成帝繼位以後，佛教才重新開始發展起來。

▍ 元嘉之亂

元嘉是宋文帝劉義隆的年號，元嘉之役是指宋文帝與北魏之間的爭戰，因為發生在元嘉年間，所以被稱為元嘉之役。

西元423年，北魏太武帝拓跋燾繼位。當時，北魏南面有劉義隆，北面是北燕、柔然等國，西面有大夏、西秦、北涼等政權，所以處境並不好。兩年之後，南朝宋文帝劉義隆繼位，認識到這種情形後，他認為這是討伐北魏的最佳時機。西元430年，命令到彥之率軍五萬從水路進攻山東。當時北魏正在與北方敵國作戰，因此宋軍多次勝利，收復了許多地方，抵達黃河南岸。到彥之認為北魏腹背受敵，

自己可以輕而易舉地戰勝北魏。到彥之命令全軍排成長蛇陣，守在黃河沿岸。等到河面解凍以後，北魏軍隊突然大舉進攻，宋軍一時首尾無法相顧，很快就戰敗了。宋文帝命令大將檀道濟去支援到彥之，檀道濟到達濟南以後，劉宋軍隊被北魏軍隊偷襲。檀道濟故意放慢撤退速度，北魏以為檀道濟設有埋伏，就沒有追趕，檀道濟才帶兵南撤。這次元嘉北伐，劉宋軍戰敗。

西元450年，停戰了二十年，經過一段時間的休整之後，劉義隆與大臣們商議再次北伐的事情。許多官員都表示支持劉義隆，以彭城太守王玄謨最為積極。王玄謨上書劉義隆，劉義隆看完奏章，對大臣們說：「看完王玄謨的奏摺，我感到非常高興，就好像已經看到我收復了失地，並且率軍北伐的樣子。」這時，御史中袁淑也說：「皇上，您完全有實力打敗北魏，收復我朝的失地。陛下一定能登上泰山封禪的（封禪泰山是統治天下的象徵），我已經迫不及待地想進獻詔書給您了。」一番話說得劉義隆更加高興了。

但是也有人表示反對，太子步兵校尉沈慶之進諫說：「北魏靠騎兵作戰，我朝是步兵，我擔心這種情況對我們非常不利啊。況且檀道濟、到彥之將軍幾次與北魏作戰，都沒有多少收穫。再說我們現在的國力也不是十分強大，陛下應該好好想想再作決定啊。」宋文帝聽了之後，就說：「前兩次失利都有其他的原因，今年夏天水勢很大，我們從水路進攻北魏，就會勝利的。一旦我們攻下施微和滑台，我們的勝算就更大了。接著，我們就攻打周邊的地區，等到冬季的時候，我們的軍隊就可以遍布北魏的周圍，那時捉住拓跋燾就容易了。」

沈慶之還是勸諫劉義隆不要輕舉妄動，劉義隆就讓大臣徐湛之和江湛與他辯論，最終，劉義隆仍然堅持北伐，並且下令全國上下都要為北伐做準備。許多達官貴人、普通百姓等都拿出自己的財物獻給朝廷，用來作戰。而且劉義隆還下令在全國範圍內招兵買馬，規定十五歲以上的青壯年都要參軍，規定十天之內，所有的軍隊都要部署完畢。與此同時，劉義隆召集所有武

功高強的人，並給他們賞賜，而且許多富商都要上交財物，一些寺廟道觀也被下令繳納財產，等國家戰事結束以後歸還。於是，一切都在緊鑼密鼓地進行著。

元嘉二十七年（西元450年），劉義隆命令王玄謨領兵從北面進攻北魏滑台，柳元景、薛安都率兵攻打北魏西北部。戰爭開始，柳元景等人取得了不少勝利，攻下了弘農（今河北靈寶北），大軍奔向陝西。王玄謨為人貪婪兇狠，卻沒有軍事謀略，在攻打滑台的時候，有人建議射火箭鏃燒掉城中的草屋，但王玄謨沒有聽，從而貽誤了戰機。

在劉宋軍隊北伐的時候，黃河、洛水附近的許多百姓送來財物，而且很多人趕來投奔宋軍。但是王玄謨並沒有很好地整編這些人，只是分給部下使用，還規定他們每個人都要上交八百個梨，這讓投靠的民眾非常失望，也不盡心幫助劉宋了。這樣，王玄謨不但幾個月都沒有攻下滑台，反而持續戰敗。

此時，北魏的軍隊卻越來越強大，劉義隆認為軍隊無法繼續作戰，就命令軍隊全部撤退。北魏將領拓跋仁領兵八萬，進攻壽陽，遇上了奉命前往壽陽的劉康祖。劉康祖只有八千人，手下將士勸劉康祖利用險隘的地形，從小路退守壽陽。劉康祖不聽，堅持作戰，並且下令如果有人逃跑，就砍掉逃兵的腳。不久，北魏軍隊圍攻劉康祖，兩軍從早晨打到天黑，到處都是陣亡的將士，血流成河。後來，北魏軍隊藉著大風，燒毀了劉康祖的軍營，劉康祖也被箭射中喉嚨，死去了。劉康祖一死，劉宋軍心大亂，幾乎全軍覆沒。

西元450年十二月，北魏拓跋燾親自領兵抵達長江沿岸的瓜步（今江蘇六合東南），並說要滅掉劉義隆。劉義隆感歎如果檀道濟在，北魏軍也就不會這麼猖狂了。其實拓跋燾只是威脅劉義隆，北魏軍隊不熟悉水性，而且難以適應當地的氣候，就派使者向劉宋提出和親，打算與劉義隆講和。但是劉義隆堅決不同意，惹怒了拓跋燾。拓跋燾就下令繼續南下進攻劉宋，因為北魏受到頑強地抵禦，不久就撤

退了。劉義隆第二次北伐又以宋軍的失敗告終，雖然北魏也有傷亡，但相對較小。從此，北魏強於宋的局面越來越明顯了。

這就是歷史上有名的「元嘉之役」，曾有不少人描寫了這場戰爭，如辛棄疾的《永遇樂·京口北固亭懷古》中「元嘉草草，封狼居胥，贏得倉皇北顧」說的就是這件事。

馮太后專權

北魏馮太后（西元442—490年），長樂信都（今河北冀縣）人。馮太后的父親馮朗是北燕王族，後來國滅，她就由姑母撫養，馮太后的姑母是北魏太武帝的一個嬪妃。不久，馮太后嫁給了文成帝。馮太后死後諡封文明太皇太后。在西元477年到西元490年，馮太后進行了一系列的改革，臨朝聽政十四年。

西元465年，顯祖獻文帝即拓跋弘繼位，馮太后被尊稱為皇太后。此時正值丞相乙渾篡奪政權，顯祖年幼，馮太后就秘密地謀劃策略，藉著拓跋丕誣告乙渾謀反的機會，誅殺了乙渾。從此馮太后開始了臨朝聽政。北魏拓跋宏出生以後，馮太后決定親自撫養。同時，馮太后也把朝政交給了獻文帝。

北魏獻文帝繼位以後，罷免了很多馮太后的親信，同時想提拔一些自己寵信的大臣，培養屬於自己的勢力。這些做法使馮太后非常生氣，卻沒有懲治獻文帝。西元470年，馮太后寵信的內臣李奕被獻文帝斬殺。馮太后一怒之下，逼迫獻文帝退位。後來獻文帝把皇位傳給拓跋宏，即孝文帝，馮太后被尊稱為太皇太后。不久，獻文帝駕崩，有傳言說他是被馮太后殺害的。

這時，朝廷的政局也變得不穩起來，貪官橫行，許多地方都發生了暴亂。為了穩定統治，馮太后開始全面改革，加強對權力的控制。剛剛聽政的時候，為了給李奕報仇，馮太后誅殺了誣陷李奕的李

訴。同時，馮太后還懲治了一批貪官污吏，使得朝政變得清明了一些，受到世人的讚賞。但是馮太后還是一個獨斷專行的人，為了獨攬朝政大權，她派人以謀反之名殺死了孝文帝的外祖父李惠等人。但是另一些人卻得到了重用，在馮太后看來，這些人對北魏的政權不會形成威脅。馮太后非常優待這些人，如獻文帝的親信婁提，馮太后就曾嘉獎他對獻文帝的忠心。這也使得一些對馮太后不滿的大臣心悅誠服，一定程度上鞏固了朝政。

俗話說，一朝天子一朝臣，馮太后聽政後，不斷擴大自己的權力，任用一批有才的人，努力培養親信。這些親信中有拓跋人、漢人，也有不少宦官。當時不少漢人親信是她的寵臣。

自從寵臣李奕死後，馮太后並不甘於寂寞的守寡生活，不斷地納新寵，寵臣中有才能的人還會受到重用。太原王叡就是其中一個例子，他繼承了父親的職業，從事訃告。西元476年，王叡因為相貌俊秀偉岸，受到馮太后的寵幸，馬上就擔任了給事中的職務。沒過多久，王叡又被任命為散騎常侍、吏部尚書等職，後來被封為太原公。王叡對待馮太后也非常忠心，曾經救過馮太后和孝文帝，愈加得到馮太后的賞識。

儘管馮太后重用宦官，值得稱讚的是，在她統治期間，北魏並沒有發生宦官掌握朝廷大權，威脅朝廷的事情。這主要是因為馮太后精明的馭人手腕，她為人嚴厲，有心機。雖然厚待宦官，但絕不縱容他們胡作非為。身邊親信只要有人犯了罪，馮太后也絕不姑息，都要按罪懲治他們。馮太后經常對事不對人，懲治之後，馮太后又會重新寵信他們，經常賞賜他們。也正因為這樣，身邊的親信都心懷感恩，對馮太后忠心耿耿。馮太后不但勤於朝政，重用賢才，而且還進行了一系列的改革，繼續推行太和改制，提出了「三長制」等有效的制度，使北魏的國力逐漸增強。

馮太后，足智多謀，為人多猜疑，同時也是一個能處理大事的人。賞罰分明，果敢決斷。對朝臣恩威並施，贏得了很好的名聲，極大地維護了北魏的統治。

齊紀

蕭道成建齊

蕭道成，東海蘭陵（今山東棗莊市嶧城鎮東）人。他年輕時勤學好問，機智英勇，他的老師稱讚他道：「蕭道成是一塊可以雕琢的美玉。」十七歲時，他開始跟著父親南征北戰，在戰爭中屢建戰功，因而成為朝野上下頗為器重的少年將領。

西元465年，宋明帝登基，此時朝廷內部因為爭權奪利而發生了兵亂，晉安王劉子勳率領諸侯起兵反對宋明帝。宋明帝派蕭道成領兵征討叛軍，蕭道成不負眾望，很快平定了叛亂。宋明帝大喜，對蕭道成提拔重用，封他為兗州刺史，讓他帶兵鎮守一方。

為了讓自己的統治堅不可摧，宋明帝在剷除異己和制約功臣上絲毫不心慈手軟。蕭道成因其為人謹慎，處處小心說話辦事而得以無慮。有一次，蕭道成正帶著下人在外面打獵，突然接到聖旨，命他進京任職。他心想皇上大概是對自己起了疑心了，要想辦法打消皇上的

疑慮才是。於是，他進京任職的時候沒有帶一兵一卒，只帶了自己的家人。上任後，他更是廉潔自律，兢兢業業，進宮面聖的時候更是將「皇恩浩蕩，聖上英明」等詞語掛在耳邊。時間久了，宋明帝便對他放下了戒心，再也沒有對他產生過懷疑。

西元473年宋明帝去世，小太子劉昱即位，蕭道成受遺詔參與朝內機要事務。江州刺史、桂陽王劉休範見皇上年幼便舉兵造反，親率兩萬大軍、五百輕騎從潯陽出發，晝夜兼程，直逼京師。朝廷加封蕭道成為平南將軍，率兵狙擊叛軍。蕭道成帶領部隊來到新亭，見敵人來勢兇猛，知道不能跟他們硬拼，只命人修築工事，加固堡壘，擺出一副與叛軍打持久戰的架勢。他接受帳下大將張敬兒的建議，屢次讓部隊佯敗，然後派張敬兒到敵營中假裝投降，麻痺敵軍。趁叛軍放鬆警惕，喪失警戒心之時帶領部隊發起猛攻，大敗叛軍。新亭之戰後，蕭道成威望大增，回朝後即被皇帝委任為中領軍，並封侯拜爵。皇帝又將蕭道成與輔政大臣袁粲、褚淵、劉秉並稱為朝中「四貴」，蕭道成正式跨入執政重臣的行列。

小皇帝劉昱年紀尚小，宋皇室已經有人起了不臣之心，而劉昱不但不居安思危、勵精圖治，反而盡顯自己的驕狂殘暴。夏日的一天，天氣炎熱，劉昱閑來無事闖進了將軍府。蕭道成正在午睡，仰面躺著露出了自己的肚子。劉昱說道：「蕭中軍的肚臍眼那麼大，是個射箭的好靶子。」旋即命下人拿來弓箭要射箭，蕭道成早已醒來，跪在地上不斷求饒，跟蕭道成較好的護衛隊長王天恩見到好友如此，便勸劉昱道：「蕭中軍的肚子確實是一個好靶子，皇上今天要是射死了他，以後可就沒有這麼好的靶子用了。皇上還是留他一條命，日後再用吧！」劉昱死活不允，王天恩只好讓他用假箭射了一番，劉昱這才滿意地離去。蕭道成撿回了一條命，對劉昱的暴虐本性十分不滿，暗地裡開始招兵買馬積蓄力量，準備反叛。

升明元年（西元477年）七月，蕭道成帶兵入宮殺掉了當時十五歲的小皇帝劉昱。但他知道此

齊紀

時稱帝時機還沒有成熟，就以太后的名義追劉昱為蒼梧王，並立十歲的安成王劉准為皇帝。隨後，皇上封蕭道成為齊王，任命他為司空、錄尚書事，兼職驃騎大將軍。這樣一來，蕭道成就將朝廷的大事一手包辦。他在朝中安插自己的親信、扶植黨羽，把劉秉、袁粲等對自己有威脅的人物安置到無關緊要的官位上，他一手遮天，將軍國大權盡攬手中。蕭道成的本意是要消除自己稱帝路上有可能的阻礙，看似平靜的朝廷下面暗流洶湧，新的矛盾蠢蠢欲動，急於破土而出。

西元477年十二月，因不滿蕭道成剝奪自己的權力，袁粲與荊州刺史沈攸之、黃回等人起兵謀反，但是很快被蕭道成派兵鎮壓下來。此後，蕭道成藉口清理叛軍餘黨，將朝中反對他的人消滅乾淨。此時再無人能夠動搖他的位置，一時間世人皆知蕭道成有稱帝之心。而對於蕭道成而言，高高在上的權力刺激著他的野心，他迫不及待地想要做出自己的最終決定，那就是取代宋朝稱帝。

西元479年三月，在蕭道成的逼迫下，宋順帝禪位，劉宋滅亡。蕭道成稱帝，是為齊高帝，南齊建立。有感於劉宋滅亡的慘痛教訓，為了不重蹈覆轍，齊高帝採取了很多有利於社會發展的措施。例如，整頓吏治，發展生產，輕徭薄賦，清理戶籍，開辦學校等。這些措施，有力地促進了國家政治、經濟的發展。但是不幸的是，齊高帝僅僅做了四年皇帝，就病重身亡。他採取的那些措施，由於觸犯了地主官僚的利益，死後幾乎全部被廢除。蕭道成戎馬一生，最後如願做了齊國的開國皇帝，建立了自己的國家。

無神論者范縝

范縝，字子真，約於西元450年出生在南鄉舞陰（今河南泌陽縣西）。他幼時父親早逝，只得與母親相依為命，過著孤苦的生活。

十八歲時，他拜儒學家劉巘為師，因為他做起學問來很刻苦，很快就得到了劉巘的器重。幾年後，范縝已精通儒家經典，成為當地頗具聲望的學者。

范縝生活在動盪的南朝時期。朝代更迭不斷帶來的戰亂和流離，給人們帶來了極大的痛苦，對戰事毫無反抗能力的人們將自己的精神寄託於宗教上，於是佛教盛行。一時間靈魂不死、輪迴報應的思想遍布朝野，彌漫在社會生活的每一個角落。處於統治階級地位上的統治者為了鞏固自己的統治，也樂於將佛教當做麻痺人們的毒藥，大肆興建佛寺，耗費了大量的人力物力。

唯有范縝對這些說法嗤之以鼻，他不相信人死了以後還有輪迴，認為人死了會精神俱滅。這種高唱反調的行為招致了很多人的反感，給他帶來了不少麻煩。齊竟陵王蕭子良是范縝的好友，他狂熱地迷戀著佛教，經常在他的府邸聚集名僧，聽他們布道講經，甚至放下身分親自為那些僧侶們端茶倒水；他結交了很多佛教信徒，在一起談論靈魂不滅和因果報應。蕭子良十分不爽范縝的態度，於是在西元489年，以蕭子良為首的佛教信徒和范縝展開了一次爭論。蕭子良問范縝：「既然你不相信因果報應這一說，那麼為什麼人與人之間有高低貴賤之分呢？」范縝回答道：「人生就像是樹上盛開的花朵，掉落的時候有一些被風吹落在廳堂，落在席子上，這就像是殿下您；而有些花瓣則被吹落掉進了糞坑內，這就像是下官我。雖然貴賤不同，但這只是人生的際遇不同罷了，跟因果報應沒有半點關係。」蕭子良無法反駁范縝的這番話，但是他心裡仍是極度不滿。

這次交鋒過後，范縝認為應該把自己的觀點加以整理，系統地闡述出來。這就是著名的《神滅論》，他筆鋒犀利，言語條理有據，深刻地闡述了有神論和無神論爭論的主要問題，將有神論駁斥得體無完膚。《神滅論》針砭時弊，戳中了佛教的痛處，問世後在朝野爭相傳播。蕭子良慌忙召集了僧侶對范縝進行圍攻，試圖堵住他的言論。佛門信徒王琰嘲諷范縝道：「范縝，你怎麼可以連自己的祖先

齊紀

在哪裡都不知道啊！」范縝冷冷一笑，回擊他：「您既然知道自己祖先的神靈在哪裡，為何你不自殺前去追隨他們呢？」王琰頓時啞口無言，敗下陣來。蕭子良看這招不行，就派了王融用功名利祿對他加以誘惑。王融說：「神滅論是不對的，你這麼固執己見，會有損自己的威名。以你的才幹和美德，一定能官至中書郎啊，你何必要和這麼多人過不去，讓自己身敗名裂呢？」范縝呵呵一笑，回答他：「如果我願意出賣自己，放棄我的信仰去圖謀官位，那別說中書郎了，尚書令也不在我話下。」

在當時的社會條件下，范縝如此剛直不阿，自然只能增加他人生路上的坎坷和不平。齊明帝年間，他出任領軍長史，後來又任宜都太守，這期間他一直堅持著自己的無神論，在他的任期內，他下令禁止當地人們的一切祭祀活動。後來，梁武帝蕭衍起兵滅齊稱帝，范縝因曾在蕭子良的府邸和蕭衍有過交往，因而前去支持他。梁武帝拿下建康之後，任命范縝為晉安太守，范縝在位四年，除了自己的俸

祿外，可謂真正的兩袖清風，西元505年，他被朝廷任命為尚書左丞，但在他任職期間，有人羅織罪名誣告他，他也因觸怒了梁武帝而被流放到廣州。

梁武帝時佛教發展到全盛，但被流放的范縝在廣州也沒閑著，他把自己的《神滅論》進行了修訂和更改，並開始慢慢地傳播。為了阻止《神滅論》釀成大範圍的影響，也為了表示自己的寬宏大度，梁武帝先是將范縝從廣州召回，授予他中書郎和國子博士的官銜，然後開始了對他的圍攻。范縝毫不示弱，絲毫沒有動搖自己的理論，在梁武帝和眾多辯家面前據理力爭，將他們駁斥得毫無反擊之力。參與這場辯論的曹思文在與范縝交鋒後也承認自己「沒有辦法能夠折了他的銳氣」。梁武帝無可奈何，沒有罷黜他，但也不再對他進行升遷，范縝就一直居於國子博士這個職位，直到逝世，《神滅論》都沒有被禁止。

西元515年，范縝病逝，終年六十五歲。他這一生仕途坎坷，但是他始終為人正直，不被利益所誘

惑，也不被威脅所恐嚇，寧願放棄高官厚祿也要堅持真理，他堅持和捍衛真理的精神在當時的歷史條件下是難能可貴的。

孝文帝改革

西元439年，北魏統一了北方地區。但在民族征服的過程中，北魏實施了很多民族鎮壓政策，民族歧視和戰爭中殘忍的民族殺戮使得民族矛盾處於一個不斷激化的狀態；到了北魏中期，統治階級的過度剝削和壓迫使得階級矛盾開始日益尖銳，不堪壓迫的農民紛紛揭竿起義，幾乎每年都會有起義爆發。統治者為了維護自身的統治，對這些農民起義只能進行殘酷的鎮壓，這樣反而使得矛盾更加尖銳，更多起義爆發。為了緩和這種緊張的局面，西元473年，北魏孝文帝拓跋宏即位後開始進行一系列改革。

孝文帝的改革可謂大刀闊斧，範圍涉及政治、經濟、文化等各個領域，內容也極其豐富。他推行均田制、整頓吏治、遷都洛陽、實行漢化風俗等，這些措施在很大程度上提高了鮮卑人的文化水準，促進了民族的融合。

西元490年，年僅二十四歲的孝文帝開始實行改革。為了更好地學習並接受漢族的先進文化，進一步加強北魏政權對黃河流域的統治，孝文帝決定將都城從平城（今山西大同）遷到洛陽。他擔心大臣們接受不了他遷都的主張，就在一次上朝的時候提出了要攻打南齊的意見。朝中大臣們紛紛反對，尤其是拓跋澄，言辭更是激烈。孝文帝怒道：「國家是我的，你有什麼資格反對我出兵！」拓跋澄毫不畏懼地回擊道：「國家是您的，但是我是您的臣子，我怎麼能眼睜睜地看著你做出錯誤的決定，置國家於危難之中。」孝文帝沒多說什麼，退朝後單獨留下拓跋澄說道：「我本意並不在攻打南齊，只是覺得平城這個地方位置不佳，經濟落後，並不適合政治改革。想要順利改革，

就必須遷都，我其實是想藉這個機會將大家帶到洛陽，順便遷都。你覺得呢？」拓跋澄這才明白過來，並同意了孝文帝「伐齊」。

西元493年，孝文帝率領三十萬大軍南下伐齊。軍隊行至洛陽，剛好遇到連綿的秋雨，這雨下了足足有一個月都沒有停歇，道路泥濘，兵馬難行，士兵和將領們都苦不堪言。孝文帝毫不在乎，心裡還暗自竊喜。大臣們對於孝文帝執意攻打南齊的做法本來就很不滿，這時便紛紛出來進諫，要孝文帝退兵。孝文帝故意皺起眉頭想了想，嚴肅地說：「我們興師動眾，耗費這麼大力氣出征，但是還沒有見到南齊的影子就退兵了，這樣不是會讓天下人恥笑嗎？依我看，不如我們就停在這裡，將洛陽作為新的都城，這樣也不算白跑一趟。你們認為呢？」大臣們雖然都不樂意遷都，但是相比起來更不願意繼續南伐，也只好表示擁護遷都。孝文帝就這樣順利地將都城遷到了洛陽，開始了他進一步革除舊制的改革。

洛陽自古以來就是各帝王將相建都立業的理想場所，孝文帝遷都洛陽後如魚得水，從改革鮮卑舊俗、學習漢族的生活方式和典章制度入手開始了大規模的改革。他重用那些主張改革、提倡漢化的鮮卑貴族，還重用了許多有才幹的漢族人，正是由於不拘一格地重用人才，孝文帝的一系列改革才得以進行下去。

他禁止鮮卑貴族穿著胡服，令其一律改穿漢服。不論官員及家屬，也不論是哪族人，都必須穿戴漢服。起初這遭到了很多人的反對，但是夏天一到就沒有人再發牢騷了，因為洛陽夏天炎熱，而鮮卑族的衣服比較厚重，在夏天穿著鮮卑服會很熱。他還禁止鮮卑貴族講鮮卑語，令其一律改說漢語。但是年齡在三十歲以上的鮮卑人，因使用鮮卑語已成為習慣，可以暫緩改變；而年齡在三十歲以下的就必須改說漢話，否則就降職或罷官。他要求將鮮卑族的姓氏改為漢族姓氏，皇族的姓氏由拓跋改為元，他把自己的名字由拓跋宏改成了元宏。他鼓勵鮮卑人與漢人通婚，自己還帶頭娶了一名漢族的女子做妃子。此外，他還採用漢族的官制、

法律、條令，並要求鮮卑人學習漢族禮法，尊崇孔子，以孝治國，提倡尊老、養老的風氣。

當然，由於生產力發展的限制，在這些改革的內容當中也存在著一些比較極端的措施。比如，他規定遷入洛陽的鮮卑人死後不能歸葬平城，只能葬在洛陽，這一條與當時的社會風俗和道德不符，給改革帶來了不小的阻力。在整個改革過程中，當朝太子屬於頑固派，極力反對遷都和改革。他的原因很簡單，他身材比較胖，怕熱，而洛陽的夏天比平城炎熱得多。後來他實在受不了，在孝文帝外出的時候就私下鼓動大家將都城遷回去。孝文帝知道了這件事非常生氣，下令廢掉了太子。後來，太子參與謀反，孝文帝忍痛處死了他。不久以後孝文帝也因病去世，年僅三十九歲。

孝文帝推行的漢化改革，雖遇到了不少阻力，但總的來說還是很成功的，鮮卑族的經濟文化得到了更為廣闊的發展，北魏王朝也因此而逐漸強大起來。

北魏肅貪

北魏孝文帝以前，官員們無論級別高低都是沒有任何俸祿的，因而官員中很少有清廉的人。他們往往利用自己的職權大肆斂財，隨心所欲地貪污受賄。西元479年，孝文帝的祖母馮太后採取了一些措施，希望能夠制止這種貪污成風的現象，但由於沒有明確的法規，投機取巧的人仍大有人在。

西元484年，孝文帝開始了他的肅貪之旅。他首先頒布詔令，說：「無論官位大小，只要接受別人一隻羊、一壺酒的官員，一律處死；行賄者和受賄者處以同等處罰。有能夠檢舉或者揭發官員罪狀的人，將由檢舉者代替他的職位。」大臣張白澤向孝文帝諫言，說：「在前朝，連最普通的官員都能夠領取俸祿；但是現在，一些高級官員擔任著複雜繁重的工作，卻

拿不到俸祿，沒有相應的報酬。如果按照您的說法，由檢舉者接替被檢舉者的職務，那麼大家肯定會害怕自己被誣告，因而不敢秉公執法。不如還是按照以前的規定，按期發給官員俸祿。」孝文帝接納了張白譯的建議，下詔「班百官之祿」，即是說，按照官位的高低發給官員相應的綿帛和粟米作為俸祿。

齊武帝永明二年九月，北魏朝廷下詔，從這年的十月開始實行官員俸祿制度，向官員發放俸祿。在推行官俸制度的同時，孝文帝還實行了整治貪風的政策，以避免那些官員的欲望得不到滿足的時候用各種貪污手段來彌補自己在經濟利益上受到的損失。他頒布了比前朝更為嚴厲的詔令，將貪污受賄的處罰尺度進一步加強。規定只要貪污，無論貪污數目的大小，如果受賄，哪怕收取的僅是一匹織物，都要被處以死刑；對為官清廉、政績卓越的官員進行獎勵。北魏朝廷外戚李洪時任青州和益州刺史，他身家已經足夠富貴，但他在位期間仍舊殘暴不堪，視財如命，想盡了辦法從人民身上斂財。官員俸祿實行以後，他成了第一個被查辦的人。孝文帝召集了文武百官，在眾人面前命人給他戴上腳鐐和枷鎖，親自列舉他的罪狀，然後下旨令他在家中自殺。這之後，斷斷續續又有四十多名地方官員因為貪污受賄而被處死或重判。朝野上下都受到了震動，那些靠貪污受賄為自己大肆賺錢的人在這樣的重壓之下非常恐慌，便收了手不敢再胡作非為。這些措施在一段時間內確實收到了比較好的效果。

後來淮南王拓跋佗上書文明太后，要求重新恢復不再向官員發放俸祿的老規矩。他認為官員們手中握著兵權，就像農夫有犁，女人有梭一樣，可以靠它來自謀生路。文明太后召集朝廷重臣，一起商議討論這個問題。中書監高閭說：「現在實行俸祿制度，可使得廉潔的官員不靠貪污受賄來維持自己的生計；那些有著貪污行為的人也可以受到鼓勵而變得清廉。但若是不發放俸祿，貪官就會更加放肆地貪贓枉法搜刮人民，而清官則很有可能連自己的生計都無法維持。這樣

一次讀完資治通鑑故事

看來，淮南王的建議有些太荒謬了。」文明太后考慮過後沒有同意淮南王的建議，依舊將俸祿制度維持了下來。

北魏年間反復幾次肅貪，但是由於這些肅貪法令中的缺陷，法令的權威性在日後漸漸減弱。官俸制度的實行意味著國家的財政上要有一筆很大的支出，當北魏的經濟發展形勢不容樂觀的時候，這些法令的確阻止了貪污現象，為國家財政減輕了負擔；而當經濟形勢一片大好的時候，朝廷對貪污現象的懲治又會降低力度，讓一些貪官污吏鑽空子。而且，這些法令在一定程度上又太過嚴厲，嚴厲的制度固然可以在一段時間內起到很好的效果，但是長此以往，隨著處罰力度的下降，這些法令的權威性就受到了挑戰。

元禎在做雍州刺史的時候曾聚貨斂財，依法本該處死，但因為他為人忠誠，孝敬母親，所以孝文帝下詔輕判他，只削了他的爵位，將他遣回老家。孝文帝遷都洛陽的時候，元禎因立了功又重新被封為南安王，這使得肅貪法令的施行打了很大的折扣。咸陽王元禧性格貪婪，最喜貪污受賄，但是因為他是孝文帝的弟弟，孝文帝只是對他進行教育訓誡而已。這些做法都影響了法令的權威性，在日後慢慢地就形同虛設了。

孝文帝之後，宣武帝、孝明帝等都實行了一些新的舉措，比如，派遣監察員到各地巡視，發現貪官一律嚴懲不貸，但即使如此，因為北魏的經濟狀況正在好轉，而孝文帝的肅貪法令中確實存在著弱點，朝廷的法令和綱紀開始一天天敗壞。北魏後期，官僚貪污之風大盛，因此造成了北魏政權不斷腐化，社會矛盾也越來越激化，最終導致了北魏政權的衰亡。

梁紀

爾朱榮喪生

　　爾朱榮字天寶，北秀容（今山西忻縣）人，他是北魏末年的將領和權臣。早些年間，他承襲了父親酋長的位置，在他的部落是個很有聲望的貴族。正光年間，農民起義四處燃起，他也乘機組織起一個四五千人的騎兵隊伍加入到了紛亂的局勢中。

　　爾朱榮一心想要奪取朝中大權，他一直嘔心瀝血地經營著自己的勢力，所以他的力量發展得十分迅速。只是他知道，雖然自己在北方遊牧民族中具有很高的聲望，但到了洛陽是不會有人順從他的，他決定將自己的騎兵化做屠刀。他一到洛陽就滿身殺氣地對慕容紹宗說道：「洛陽人這麼多，驕奢淫逸已經成了風俗，不把他們全部殺掉，恐怕難以馴服。」慕容紹宗勸他不要這麼殘忍，爾朱榮不聽，執意先將胡太后和幼主淹死在河中，再將王公貴族和大小官員等兩千多人騙至河陰（今河南孟津縣），讓自己的騎兵從周邊發亂箭射死了他們。

洛陽原本是北方的政治、經濟和文化中心，經此河陰屠殺之後，頓失曾經的繁華和熱鬧，變得如同一座荒城。

爾朱榮用自己的親信拼湊出了新的一批官員，享有了對整個國家絕對的控制權。只是他一直沒有如願地取代元氏稱霸天下，一方面在河陰屠殺之後，洛陽城很久都沒有恢復元氣，他必須想辦法安定洛陽城的人心；另一方面，作為少數民族的酋長，他深受當時君權神授的思想束縛。按照少數民族選擇君主的習慣，他必須鑄自己的銅像請示天意，若成，則說明他受命於天，即可立為君主；若不成，則說明他不是上天選中之人，不得為君。河陰屠殺之後他曾先後四次鑄銅像，都沒有成功。爾朱榮深信天意如此，只得將稱帝之事暫緩。

儘管如此，朝中的一切生殺大權還是掌握在他的手裡，他的兄弟子姪先後有十幾個人都取得了顯赫的官位和爵位。爾朱榮雖坐鎮晉陽，卻能隨心所欲地按照自己的想法來操縱朝廷。誰想做官，只需要打通他的關節就可以。

有一次爾朱榮讓朝廷將一個人任命為地方縣令，吏部考察後認為這個人不合適，所以更換了他人。爾朱榮得知後大怒，將縣令趕走，換上他所指定的那個人才作罷。朝中上下包括當時的皇帝魏莊帝在內，無不對他避讓三尺。

爾朱榮出身於落後的遊牧民族，因而生性殘暴，喜怒無常，從不把別人的性命放在眼裡。他看誰不順眼，隨手就會將其殺掉。他喜歡打獵，不分冬夏地強迫士兵們設圍打獵，蠻橫地要求打獵時不許有一隻動物跑出圍獵場，不然他就要殺人。他為了自己取樂，就命令士兵們空手抓老虎，且不能傷害到這些老虎分毫。有好幾個士兵葬身虎口，最後才成功地拿下這隻老虎，他為了得到活的老虎歡呼雀躍，卻沒看到老虎嘴邊還流著士兵們的鮮血。

魏莊帝身邊的人都是爾朱榮的眼線，他的一舉一動都會被這些人彙報給爾朱榮，但是，雖說魏莊帝是他的傀儡皇帝，但他偏偏是個勤於政事的有為青年，天天伏在案上閱覽案件，平反冤獄。爾朱榮的女

兒原本是孝明帝的側妃，但他強迫魏莊帝將她立為皇后，這個皇后也是個刁蠻的主，天天在魏莊帝面前撒潑要橫，還說：「他的帝位本來就是我爹給的，我在他面前放肆，他又能怎樣！」

魏莊帝一邊承受著爾朱榮的逼迫，一邊還要被皇后恐嚇爭吵，天天快快不樂。而此時，爾朱榮已經漸漸地將外部敵人消滅殆盡，開始想要入朝爭奪朝中的權力，為他謀朝篡位做準備了。

魏莊帝自然不可能坐以待斃，於是他開始密謀殺害爾朱榮的計畫。這個計畫本來做得也不是很嚴密，爾朱榮也略有耳聞，親信們也都在勸他先下手為強，但是爾朱榮滿不在乎地說：「他哪有這個膽子來殺我。」他的堂弟為了催促他出手，自己寫了「魏莊帝要密謀殺害爾朱榮」的匿名信，然後假裝自己發現了匿名信將信給了爾朱榮，爾朱榮生氣地撕毀信件，怒罵道：「你真是膽小，我倒要看看誰會動殺我的念頭！」

爾朱榮的妻子也勸他不要回洛陽，生怕有變故，爾朱榮卻認為這是婦人之言，仍然不聽。

爾朱榮回朝後，魏莊帝故作傷心地問他：「外面的人都傳說您要殺我，這件事情是真的嗎？」爾朱榮無言以對，所以之後每次入朝覲見的時候從不帶太多隨從，也不帶兵器。但是魏莊帝這邊，卻在緊鑼密鼓地布置著刺殺他的行動。

西元530年九月，魏莊帝決定出手。那天魏莊帝埋伏了士兵在明光殿的東邊，然後派人去召爾朱榮入朝，說皇后剛剛誕下太子，文武百官正在朝中恭賀爾朱榮榮升外公。爾朱榮沒有起疑心，隨著傳令之人就入宮面聖。見到魏莊帝以後，爾朱榮還沒有開口，埋伏在一邊的士兵就一躍而起向他衝了過來。爾朱榮拉起魏莊帝想要抵抗，誰知魏莊帝手中也握著一把尖刀，見爾朱榮向自己衝來，他拿起刀就捅進了爾朱榮的小腹。隨後衝上來的士兵們一陣亂砍，終於將爾朱榮以及跟隨他入宮的十四歲的兒子和三十多個隨從全部殺害。

不能不說，爾朱榮是一位傑出的將領，他作戰勇猛，指揮得當，只是謀略不足，而又恃功驕狂，再

加上他本性中兇殘嗜殺的那一面，終於導致了他的失敗。爾朱榮殞命之時年僅三十八歲，一代梟雄的命運就在此終結了。

蕭衍建梁

蕭衍，字叔達，小字練兒，南蘭陵中都里（今江蘇常州市）人。他出生於秣陵（今南京），是蘭陵蕭氏的世家子弟，也是漢朝名將蕭何的第二十五世孫。他自幼聰明過人，琴棋書畫樣樣都學得很好，星象占卜也很精通，通讀經史子集，善於騎射劍術，可謂十八般武藝樣樣精通。蕭衍剛剛踏入仕途的時候，受到齊竟陵王蕭子良的賞識，經常邀請他去自己的府邸遊玩，同去的還有范雲、蕭深、王融、沈約等人，他們被並稱為「竟陵八友」，十分引人注目。而這八個人中，蕭衍的膽識是其他幾個人無法比擬的。

蕭衍本來就有著深厚的家族背景，再加上他才華橫溢，行事為人都很出眾，所以很快就被衛將軍王儉看重，提拔他做了戶曹屬官，很快地又被提拔為隨王參軍。齊武帝因病重去世後，蕭昭業即位做了皇帝，但是他貪圖享樂、疏於政務，也從不理會大臣們的諫言，掌握朝中主要大權的蕭鸞決定廢除他。當蕭鸞提出這個想法的時候，蕭衍表示反對，他說：「廢立皇帝可是大事，這麼輕率地從事只怕會遭到眾位王爺的反對。」蕭鸞不以為然：「那些王爺沒什麼才能，不足為懼。只有占據著荊州的隨王蕭子隆是個威脅，如果能將他召回來就萬事大吉了。可是，用什麼辦法召他回來呢？」蕭衍說道：「蕭子隆也沒什麼真才實學，只是仰仗著他手下的兩個太守，這兩個太守也是貪圖金錢的昏庸之輩，我們修書一封許諾他們高官厚祿，他們自然會回來。這兩個人一旦回來，不愁蕭子隆不跟著回來。」蕭鸞按照蕭衍的辦法行事，殺掉了蕭昭業，擁立蕭昭文做了皇帝。三個月後，他又廢

了蕭昭文，自己做了皇帝，就是齊明帝。蕭衍因為謀劃之功被提拔為中書侍郎，又升為黃門侍郎，他的地位開始顯赫起來。

在輔佐蕭鸞做皇帝的五年中，蕭衍曾經率軍大敗北魏，解了義陽城的危機，並因此戰榮升太子中庶子；也曾在雍州一戰中被將軍崔慧景的畏戰退卻而拖累，吃了敗仗。雍州戰敗後，齊明帝沒有責怪蕭衍，而是命他任雍州刺史，掌管雍州的一切事務。這使得蕭衍有了自己的根據地，為日後自己發展勢力爭奪政權提供了便利。

齊明帝只在位五年就因病去世，他的兒子蕭寶卷即位，為東昏侯。他治國無能，還殺害了很多忠良將相，這引起了蕭衍的不滿，漸漸地生出了和他對立的心思。終於，在東昏侯冤殺了蕭衍的哥哥蕭懿後，蕭衍率領部下商議廢掉東昏侯，得到了眾人的大力支持。蕭衍於是招兵買馬，囤積糧草，準備和東昏侯決戰。蕭衍很快招募到兵甲千人，馬匹上千，戰船三千，為了增加兵力，他還聯合了南康王蕭寶融一起征戰。他們一鼓作氣打到建

康城下，並將外城攻破，包圍了齊宮城。兵臨城下，國難當頭，齊宮城內部卻仍有奸臣向東昏侯的耳邊吹一些歪理邪說，說事到如今都是滿朝文武大臣的不是，讓東昏侯大開殺戒。朝中征虜將軍王珍國聽了十分氣憤，派人給蕭衍送去一塊明鏡，表明了自己的立場。當夜，王珍國帶兵殺死正在歌舞昇平的東昏侯，砍下了他的頭顱獻給蕭衍。消滅東昏侯之後，蕭衍擁護蕭寶融做了皇帝，就是齊和帝。在這個過程中，他立下了大功，被任命為大司馬，掌管軍國大事。

蕭衍大權在握，當然有了廢掉齊和帝自己做皇帝的想法，但是他也知道心急吃不了熱豆腐，只能按兵不動，等待時機。和他同為「竟陵八友」的好朋友沈約知道他的想法，就拐彎抹角地問起了他這件事情。第一次，蕭衍裝糊塗沒有多說什麼，第二次沈約再提起這事，蕭衍猶豫了一下，說他要再考慮考慮。沈約將此事告知了也是「竟陵八友」之一的范雲，范雲也同意讓蕭衍做皇帝，於是蕭衍便應下了這事。然而，就在他們野心勃勃出謀

劃策的時候，蕭衍迷戀上了宮中的兩個美女，天天溫玉暖香在懷，根本就不去想建國立業的大事。兩位好友十分著急，找到蕭衍為他擺好理由說明利害，蕭衍這才正視起來，決定滅齊。

蕭衍的弟弟時任荊州刺史，為了給自己的哥哥造勢，他在當地傳播民謠「行中水，為天子」，用迷信為蕭衍取得民心。齊和帝的禪讓書送到蕭衍手中以後，蕭衍假裝跟他謙讓，拒不接受。范雲則帶領朝中重臣一百多人聯名上書，請求蕭衍早日稱帝。蕭衍便又假裝勉強地接受了眾人的請求。西元502年，蕭衍在都城南郊祭拜天地，接受百官的跪拜；然後他派人給齊和帝送去了生金令其吞金自盡，對外宣稱他暴病而死。蕭衍改國號為梁，建元天監，梁朝終於取代了齊的政權而建立起來。

梁武帝拜佛

梁武帝蕭衍是歷史上有名的佛教信徒，他沒有稱帝之前，在齊竟陵王蕭子良的府邸參加宴會時，結識了不少佛教朋友。他即位後對佛教大感興趣，再加上當時社會穩定，經濟發展繁榮，佛教在梁朝時期發展到了全盛。

梁武帝曾經學習過儒家文化，有著深厚的傳統文化修養，他登上皇位後認為這是信佛的結果，所以決定按照佛教的規矩來修繕自身。他只吃素食，不再吃肉，也不許宮內有人殺生；即使在祭祀或設宴招待群臣的時候也不許屠宰牲口，一條魚也不能殺。他每天只吃一頓米飯，飯菜裡沒有一點葷腥；他只穿布衣服，拒絕穿絲綢製的衣服，因為提取絲綢需要殺生蠶蟲；他的床上掛的是木棉做的蚊帳，他戒了酒，不聽音樂。每天早上五更時分他就起床批閱公文和奏摺，冬天天氣寒冷，他的手上凍出了口子他也毫不在意。梁武帝在吃飯穿衣上如此節儉，在修建佛寺上卻不惜下大

血本。他在城中建造了五百多處寺廟，養活和尚、燒香念佛、建造佛像等耗費了很多銀子。

范縝寫《神滅論》讓梁武帝心裡很不爽，他找了個藉口將范縝流放到了廣州，然後又親自寫文章宣布《神滅論》是不對的，梁武帝一表態，所有的佛教信徒、僧侶和尚都開始向范縝口誅筆伐。范縝人在廣州，自然不知道京城裡發生的事情，根本沒辦法和他們辯論。於是這些人就對梁武帝說，已經把范縝駁倒了，皇上可以繼續信佛了。梁武帝自然開心極了。

西元527年，他命工匠在皇宮旁邊建造了名為同泰廟的寺廟，又在正對同泰廟的方位開了個門。這樣他出了宮門，就可以進入寺廟；出了寺廟，就可以回到朝堂，來來往往很是方便。但即使這樣，梁武帝也沒有過夠癮，他乾脆對滿朝文武說道：「我已經看破紅塵，了卻俗事，我要到同泰廟去當和尚去了。」在大臣們的苦苦哀求聲中，他兩手一甩把天下置之一邊，脫了龍袍穿上袈裟，剃了頭髮就去了同泰廟。從早到晚，他都跪在佛像前面，像廟裡的和尚們一樣，一邊念經一邊敲木魚。這可把文武百官們急壞了，他們來到同泰廟，跪在皇帝面前不斷磕頭，央求他趕快回到宮中執政。梁武帝不加理會，念自己的經，敲自己的木魚。直到第四天，有和尚來勸他，他才勉強同意，跟隨百官回到了宮中。

西元529年的一天，梁武帝在同泰廟舉行了佛教大典，他說無論有錢沒錢，無論地位高低貴賤，誰都可以參加。佛堂裡燃起了香煙，拜佛的人接連不斷；佛堂外面敲鑼打鼓，樂隊吹吹打打營造著熱鬧的氣氛。梁武帝重新披上了袈裟，說這次一定要當和尚去，再也不回宮了。當天晚上，他就用廟裡的破瓦盆吃了齋飯，睡在了廟裡的破床上，第二天又親自上佛堂去給大家講經。文武百官們又急壞了，齊刷刷地又跑來跪他，來了一次又一次，跪了一天又一天，無奈這次梁武帝鐵了心不回去，還說自己已經是同泰廟的人了，想讓他離開就要積大德，做些善事。文武百官在一起商量半天，最終決定湊些錢給同泰廟，讓他們放人。同泰廟的和尚

一次讀完資治通鑑故事

接了錢，點頭答應放梁武帝還俗，並將他們的奏章交給了梁武帝，無奈梁武帝還是不願意，說不想回去。大臣們接連上了三道奏章，梁武帝這才從廟中出來，回了宮中。

梁武帝信佛幾乎到了走火入魔的地步，然而佛祖卻並沒有眷顧他。梁武帝年老時每天都在研究佛教的清規戒律，一旦做出一些嚴厲的裁決，他都會覺得自己犯了戒，有愧於佛祖，悶悶不樂的。有人密謀造反這樣的大罪，他也只是哭泣著教育一番便原諒了他們。見梁武帝如此，那些王公貴族們更加放肆起來，驕奢淫逸，肆意犯法，根本不把王法放在眼裡。梁武帝自然也清楚，但是他過度沉迷在佛教的世界裡，即使阻止這些現象也是有心無力。他這樣姑息養奸，終於帶來了侯景之亂。梁武帝在八十六歲高齡時被侯景控制，最後被活活餓死了。

侯景之亂

侯景，字萬景。他原本為北魏懷朔鎮（今內蒙古包頭）的戍城兵卒，六鎮之亂爆發時，他投降了爾朱榮，因為鎮壓葛榮有功，升遷為定州刺史、大行台，他的能力開始逐漸顯現；爾朱家族被高歡誅滅後，他投靠了高歡，受到高歡的欣賞，官至司徒、河南道大行台，領兵十萬駐紮在河南，控制河南長達十四年之久。

西元547年，高歡去世，侯景因為和高歡的兒子高澄之間產生了嫌隙，就占據河南反叛東魏。同時，他派人去西魏和梁朝商討投靠之事。西魏對侯景十分警覺，以援助他的名義派兵占領了侯景根據地的大半，逼迫侯景交出兵權。梁武帝一度十分猶豫，不知道該不該信任他，朝中大臣紛紛反對他接受侯景的投降。但最終梁武帝沒有聽從大臣們的意見，接納了侯景，封他為河南王，還派出蕭淵明帶領五萬兵馬前去協助侯景攻打東魏。這年十一月，蕭淵明在彭城兵敗被俘；

次年一月，侯景在渦陽被慕容紹宗打敗，他帶領著僅剩的八百騎殘兵狼狽地向南逃竄，進入了壽陽城（今安徽壽縣）。梁武帝聽說蕭淵明大敗十分著急，當即幾乎暈倒，哀歎道：「難道我要步晉朝司馬氏亡國的後塵嗎？」但是他還是沒有對侯景採取措施，而是一面安撫侯景，一面試圖與東魏談判，想要用侯景將蕭淵明換回來。侯景看到梁武帝這樣一副心腸軟軟的老好人樣子，覺得梁朝的統治階級也夠無能的，便將壽春的居民們充作軍士，以事成之後許以帝位為誘惑，勾結梁武帝的姪子蕭正德一起反叛，於西元548年八月舉兵叛梁。

梁武帝本以為一個侯景成不了什麼大氣候，但出乎他意料的是，侯景率領騎兵數百、士兵八千順利地渡過了長江，長驅直入打到了建康。十二月，梁武帝的宮殿所在地台城被圍，城內共有男女十餘萬人，身穿鎧甲的有三萬人，這些人在將軍羊侃的指揮下開始了艱苦的台城保衛戰。侯景想了很多奇怪又厲害的辦法攻城，他讓部隊堆起土山，用飛樓、登城車、火車輪等輪番攻城，但在羊侃的巧妙化解下都沒有成功。侯景便又將玄武湖中的水引來灌入城中，台城被圍困良久，傷亡慘重，水淹之下開始流行瘟疫，大街小巷滿是堆積的屍體。城內人數驟降到兩三千人，他們雖然身體虛弱，但仍舊堅持戰鬥，等待城外救援的到來。

此時在城外集結了二三十萬的援軍，但是因為將領之間多有異議，各將士也心存猜忌，整個軍隊的戰鬥力也不高。建康的婦孺老幼沿街等待著援軍，援軍這才渡過淮河。然而他們過了河，卻縱容士兵到處剽掠，讓建康的人民很是失望。侯景攻不下台城，就開始縱容手下大肆燒殺搶掠，讓百姓們日夜不停地堆築土山，又招募了很多奴隸增添到自己的軍隊中。然而，隨著叛軍的損失越來越多，糧草嚴重匱乏，軍隊的戰鬥力大不如從前，侯景曾一度起了求和撤退的心思。然而此時看到援軍如此，侯景又改變了撤退的想法，加緊了攻城的步伐，終於在三月份攻破了台城。

接著，侯景下詔遣散了城外援軍。三十萬大軍走的走，投降的

一次讀完資治通鑑 故事

投降，很快便消失得一個都不剩。梁武帝被侯景軟禁起來，不久饑餓而死。侯景立太子蕭綱為皇帝，即簡文帝。他自居相國、都督六合諸軍事，派兵攻占吳、吳興、會稽三郡，所到之處一片刀光血海。他本想用殺戮的方式讓民眾害怕，以樹立起自己的威名，但是當地百姓始終寧死不依附於他。西元551年，侯景率領大軍西進，攻占郢州，進軍江陵。這年六月，梁湘東王蕭繹派徐文盛領軍數萬回擊侯景，侯景大敗，退回建康，從此一蹶不振。

侯景之亂帶來了嚴重的後果，江南地區原本人丁興旺，山水富饒，但經過侯景之亂，建康二十八萬戶人家只剩不到兩百人，整個都城幾乎成為廢墟。三吳地區原本最為富庶，但經過侯景的燒殺搶掠，也變得殘破不堪，久久不能回復元氣。東晉以來，數百年的時間才發展形成的三大經濟文化中心遭到了毀滅性的洗劫和打擊。這場戰亂使得南朝的版圖縮小，加劇了北強南弱的局面，加速了南朝衰亡的過程。

蕭統編著《文選》

《文選》是我國現存最早的詩文總集，其編著者是南朝梁代的文學家蕭統。蕭統，字德施，小字維摩，南蘭陵（今江蘇常州）人，是梁武帝蕭衍的大兒子，於天監元年，即西元502年被立為太子，但還沒有即位就去世了。其死後諡號昭明，所以後人也將《文選》稱為《昭明文選》。

蕭統自幼勤學好問，從小就熟讀儒家經典。梁朝時佛教發展繁榮，受到佛教思想的影響，蕭統性情溫和，寬容大度，且彬彬有禮。他十六歲的時候，母親生了重病，他從自己的行宮搬到母親那裡住，衣不解帶地照顧自己的母親。後來母親不治去世，他悲痛欲絕，很長一段時間都吃不下飯。服喪期過後，蕭統從一個身材健壯的年輕人變成了一個身材羸弱的人，人們看

到他這副樣子，無不為他的孝順而感動落淚。

蕭統讀書時，「數行並下，過目皆憶」，所以雖然他年齡不大，卻已經博覽群書，滿腹文韜武略。他身邊閱讀搜集的書籍數量達到了三萬卷，在文學方面頗有研究。但蕭統不是個只知道讀死書的書呆子，他在讀書之餘更喜歡結交一些有才識的人，他們在一起談論古籍，談古論今，探討學習。而學習之餘，蕭統主要專注於文章的著述，他的文章淳樸而雅致，沒有華麗辭藻的堆砌，文筆清新，在當時駢文盛行的學術風氣下顯得十分難得。

蕭統早年間著有《昭明太子集》二十卷，編寫了《正序》十卷、《文章英華》二十卷。後來，他對先秦到梁代的詩文歌賦進行了一次篩選，將那些他認為「麗而不淫，典而不野，文質彬彬，有君子之致」的文章係數選錄，編成《文選》三十卷。《文選》中包括先秦到梁代的一百三十位作家共七百多篇作品，這些文章中包含三十九類文體，主要分為賦、詩、騷、文四部分。在《文選》的選錄中，蕭統已經注意到了文學作品和一般的學術著作的區別，所以他摒棄了六經和諸子中的文章，其「事出於沉思，義歸乎翰藻」的選文標準也被後世所推崇，當時有「《文選》爛，秀才半」的說法，就是說將《文選》這本書熟讀於心，就算是半個秀才了，可見當時的知識份子對於《文選》的認可和推崇；隋唐以後甚至還形成了「《文選》學」，歷代詩文都受到《文選》或多或少的影響。可見蕭統的文學才華之高和眼光之獨到。

《文選》的編著對於保存先秦到梁代這段時間的詩詞歌賦做出了巨大貢獻，對後世詩詞歌賦的發展也起到了一定的推動作用。它受到了歷代文人學者的重視，封建時代的學子們認為它是考取科舉的官方教科書；文人學者們認為它是研究詩詞歌賦發展軌跡不可缺少的重要資料；它更是文人歷史資料以及文學主張演變的重要文獻。

這個才華橫溢的儒雅男子，只活了三十一歲就匆匆地離開了人間。那是在西元531年，蕭統乘船

在後花園的湖中遊玩，玩心頓起的他想要伸手去摘取荷花，卻不小心失足落水。隨從們跳進湖中七手八腳地將他救了上來，醒來後的蕭統痛苦地叫了一聲：「腿！」隨從們這才發現，蕭統的大腿上滿是鮮血。有人想要報告給梁武帝，被蕭統阻止了，他說：「小傷而已，何必去驚動父王。」然而，許多天以後，蕭統依然沒有好轉。梁武帝發覺很多天沒有見到他了，就派人去找他。蕭統忍著疼痛寫了一封信，告訴父親自己只是感染了風寒，並無大礙。沒過幾天，蕭統的病情迅速惡化，下人們實在不忍心看到他獨自痛苦的樣子，就偷偷地跑去告訴了梁武帝，梁武帝急忙趕來照看他，但是為時已晚，蕭統因病去世。噩耗傳來，整個梁朝上至天子下到布衣都沉浸在悲痛之中。這位飽讀詩書、仁義至孝的文人生命歷程之短暫，讓後人不由得為之哀憐心傷。

高歡締造東魏

　　高歡是鮮卑族人，其鮮卑名為賀六渾，渤海郡蓨縣（今河北景縣南）人。他的曾祖父高湖在慕容寶亡國的時候向魏朝投降；他的爺爺高謐曾官至魏朝侍御史，後因犯法被流放到懷朔鎮；他的父親高樹生又是個遊手好閒、不幹正事的人，所以高歡的少年時代十分艱苦。

　　西元523年，六鎮起義爆發，高歡先後投靠義軍洛周和葛榮參加反叛，後來魏朝權臣爾朱榮將這些起義鎮壓下來，高歡被俘。他被俘後很快得到了爾朱榮的信任，被任命為爾朱榮的衛隊長。後來，高歡向爾朱榮提出了先討伐胡太后的親信鄭儼、徐紇，將皇帝身邊的黨羽清除乾淨，進而成就自己的霸業計畫，受到了爾朱榮的賞識。爾朱榮進軍洛陽後，為奪取洛陽的控制權殺害王公貴族和官員兩千多人，一手釀造了河陰屠殺，之後他掌握了朝政，任命高歡為晉州刺史。

西元530年，爾朱榮被魏莊帝殺害後，其家族起兵討伐魏莊帝，魏莊帝兵敗被殺，而後立元曄為帝。高歡沒有參與這次行動，他將自己的二十萬軍隊帶回河北，以保存自己的實力。爾朱家族是北方遊牧民族出身，因而個個生性殘暴，愛好殺戮，高歡頓時產生了起兵討伐他們的想法。

這期間，爾朱家族的統領爾朱兆曾聽從慕容紹宗的建議，想要將高歡除掉以解決後患，但高歡適時地將自己的野心隱藏起來，向爾朱家族示弱，不但保全了自己的生命，還使得爾朱兆和自己結為了兄弟，爾朱兆對他的防備之心也消失殆盡。

後來，爾朱度廢了元曄，將高歡封為渤海王，並令其入朝接受加冕。高歡知道其中必有貓膩，這一去肯定會落入他們的陷阱之中，於是拒不接受。不久，他就在信都起兵，立元朗為帝，正式宣布討伐爾朱氏。一年的辛苦戰鬥之後，高歡擊敗了爾朱家族，掌握了政權。慕容紹宗投降後被高歡所重用。

高歡廢掉元朗，將北魏孝文帝的孫子元修立為皇帝，即孝武帝。高歡此時權傾朝野，獨攬大權，孝武帝漸漸地心生不滿，於是聯合了賀拔嶽想要牽制高歡的勢力。高歡的親信高幹偷偷地告訴高歡孝武帝有心要對他不利，不想走漏了風聲被孝武帝知道，被孝武帝賜死，還派人誅殺司空高幹的弟弟高敖曹。高敖曹半路劫走誅殺自己的赦令，帶領家人和部下投奔高歡。高歡見到他就和他抱頭痛哭，指責孝武帝道：「高幹跟他無冤無仇，他怎麼能夠殺害他！」從此高歡和孝武帝的關係迅速惡化。

西元534年，孝武帝率軍攻打高歡，為了麻痺高歡，他表面聲稱是要討伐梁國，還給高歡帶了密詔說自己要攻打宇文泰和賀拔勝。高歡也不是傻子，馬上就明白了孝武帝心裡在想什麼，他表示自己的二十二萬兵馬已經出發，要協助皇帝征討奸佞。孝武帝看騙不住高歡，就讓溫子升給高歡寫了封信，聲淚俱下地控訴自己的辛苦勞累，指責高歡的二心。

高歡不為所動，依舊行軍不止。孝武帝的親信王思政勸孝武

一次讀完資治通鑑故事

帝規避高歡的鋒芒去關中投靠宇文泰，這條建議卻遭到了東郡太守裴俠的反對，他說：「宇文泰占據關中有利地勢，怎麼可能將權位輕易相讓。」他建議孝武帝先行駐紮到關右，再行決定。於是，孝武帝任命宇文泰為關西大行台、尚書左僕射，賜以公主為妻，同時下詔宣布高歡的罪惡，兩人公開決裂。

西元534年七月，孝武帝率領十萬軍隊準備開打。大將斛斯椿要求給自己兩千兵馬，趁著黑夜渡河偷襲高歡，孝武帝覺得計策甚好，然而楊寬卻說：「正是用兵的緊急關頭，如此輕易把兵權讓給了別人，難免不會出現這個高歡倒下了，另一個高歡又會站起來的情況。」孝武帝馬上又命令斛斯椿停止發兵，斛斯椿無奈歎氣：「皇上不信我，真是天都不興魏朝。」宇文泰聽到風聲後，亦對左右講道：「高歡的軍隊日行百里，正好乘其疲憊不堪之時突襲，皇上不主動渡河決戰真是決策失誤。」

孝武帝的軍隊和高歡的軍隊還沒有對壘交戰，孝武帝這邊已經有兩員大將商量好了暗中投降，高歡得以順利渡過黃河，直逼孝武帝的軍營。孝武帝慌了神，召集群臣商議對策。這群烏合之眾，有的說不如投靠梁國，有的說可以投靠賀拔勝，有的說去找宇文泰，眾口不一吵得孝武帝頭昏腦漲。眼看高歡軍隊將至，慌了神的孝武帝率領幾千兵馬夜半向西出逃。

高歡旗下的高敖曹還記著他殺害高幹的仇恨呢，他一路追著孝武帝直追到陝西都沒能追上他，孝武帝最後在長安遇到了前來接駕的宇文泰，投靠了宇文泰。高歡為了遮掩自己逐君出逃的錯，親自率人想要把孝武帝追回，無奈他也沒有追上，只得另立元善為孝靜帝，並遷都鄴（今河北臨漳西南），高歡任丞相，東魏建立；這年十二月，宇文泰殺掉孝武帝，立元寶炬為帝，定都長安，西魏建立。東西魏對峙的割據局面就此形成。

陶弘景拜相

陶弘景，字通明，號華陽隱居或隱居先生，為丹陽秣陵（現江蘇南京）人。他生於江東名門，在南朝歷經宋、齊、梁三個朝代，在當時他是一位非常具有影響力的人物：他是思想家、醫藥家、煉丹家和文學家，在齊、梁時期還是道教茅山派的代表人物之一。

陶弘景自幼就聰明伶俐，他的祖父為南朝宋南中郎參軍事，父親為司徒建安王國侍郎。因為他出生於名門世家，自己又酷愛學習，所以他從小就受到了良好的教育。四五歲時，他經常以蘆荻為筆在沙地上練習寫字，練就了一手好書法，隸書、行書和草書寫得都很棒；十歲的時候他讀到葛洪的《神仙傳》，非常喜歡，每日研讀不斷，立下了修身養性的志向。隨著年齡的增長，陶弘景越發眉目清秀，身材勻稱，一副仙風道骨的模樣。他只吃素食，拒絕食肉，不近女色，所以沒有娶妻生子。他的時間都用在讀書和學習上，琴棋書畫樣樣精通，不到二十歲就被皇帝看中做了伴讀書童，在宮中任職，後來又升至左衛殿中將軍。

陶弘景雖然身在仕途，卻不喜歡結交太多的人，每天只批閱公文和研究學問。齊武帝永明十年（西元492年），陶弘景厭倦了官場的生活，脫下朝服懸掛於神武門上，以示自己辭官歸隱之心。他歸隱茅山，日日在山清水秀中，傾聽松濤聲，獨自吟詠，流連忘返。當時沈約在東陽郡做太守，多次寫信邀請他，他都不予理會，不肯出山。

雖然陶弘景隱居在茅山潛心修道，但是他仍然關心著社會局勢的發展，他希望天下安定，百姓能夠安居樂業。齊末，各地紛紛爆發起義，陶弘景根據民間流傳的一些童謠和占卜吉凶的書籍，以「水丑木」為梁字之圖讖，派遣自己的弟子告訴蕭衍：「國號當為梁，創立梁朝的舉動一定會成功！」蕭衍大受鼓勵，堅定了取代齊朝政權的決心，並聽從他的建議將自己的國號

定為梁。

梁朝建立之後，梁武帝擴充了群臣百官的規模，創立了自己的文武班子。為了鞏固自己的統治地位，他一邊用嚴厲的刑罰鎮壓群眾，一邊又假裝仁慈和節儉，提倡大家崇尚佛教。陶弘景得知這種情形，內心十分著急。他準備了兩把寶刀，一把名叫喜勝，一把名叫成勝，寓意著身為帝王想要治國平天下，首先要施以仁政，愛民如子才能深入民心；其次要增強自身的實力，才能威嚇到外部敵人，讓他們不敢輕舉妄動。然後他派遣弟子將這兩把寶刀送往宮中，梁武帝自是明白陶弘景的意思，頗為感動。

梁武帝感激陶弘景給予自己的支持和幫助，於是親自寫了一份詔書，說：「你心裡到底想要什麼呢，為何留戀山中景色而不願意回到朝廷幫我？」他希望陶弘景可以出山，重新回到朝廷輔政，幫助自己穩固這一片大好江山。陶弘景接到詔書後沉思了很久，彼時他在大自然山清水秀的懷抱中陶醉了很久，道家的仙風道骨深深地影響了他，他還是決定不出山，提筆回了這樣一首詩：「山中何所有？嶺上多白雲。只可自怡悅，不堪持贈君。」表明了自己不願意回歸朝廷的心跡。

梁武帝不肯甘休，不想放棄這樣一位多才多藝的好幫手。他經常派人攜帶自己的親筆手書，到山中邀請陶弘景進京。陶弘景不改初衷，還將自己的號改為「華陽隱居」，以明其志向。有一次，當梁武帝的人再次到來的時候，陶弘景交給他們一幅畫讓他們帶給梁武帝。梁武帝展開一看，只見畫面上有兩頭牛，一頭在草地上悠然自得地吃草，另一頭帶著金色的龍頭，一個拿著鞭子的人牽著它的鼻子，他嚮往自由自在、恬靜淡然的生活，不願意被官場規則所約束的想法躍然畫面之上。梁武帝合上畫，深深地歎了口氣，知道這個人性子灑脫，視榮華富貴如過眼雲煙，他願意效仿莊子那隻「搖著尾巴在泥水中滾爬」的烏龜，自己又怎麼能夠折了他的志向呢。他便不再強求陶弘景出山，只是遇到國家大事不知道如何拿主意的時候，他仍然派人前往茅山，詢問陶弘景的意見，

聽從他的建議。時間久了，人們就稱陶弘景為「山中宰相」。

西元536年，陶弘景時年八十五歲，無病而卒。臨死前，他囑託弟子們葬禮一切從簡，弟子們按照他的遺囑將他薄葬。死後，他被追贈為「中散大夫」，號「貞白先生」。

陳霸先抗齊

陳霸先，字興國，吳興長城（今浙江長興）人。他出身卑微，最開始只任里司、油庫吏等卑微的官職。後來因為在任交州司馬時成功鎮壓了當地的農民暴動，受到褒獎，升遷他為西江督護、高要太守。西元548年侯景叛亂攻下了建康，陳霸先就在這年的十一月起兵討伐侯景。西元550年，陳霸先沿贛江而下，行軍到達南康的時候受到梁湘東王蕭繹的節制，後來兵至溢城與征東將軍王僧辯匯合之後，才成功地平定了侯景之亂。之後，陳霸先被提拔為正虜將軍，和王僧辯一起把持了梁朝的實權。

西元554年，西魏攻占江陵，梁元帝被殺。陳霸先和王僧辯只得立十三歲的晉安王蕭方智為梁王。北齊此時乘虛而入，文宣帝將自己手中的俘虜蕭淵明立為梁朝的皇帝，派高渙送他南歸，並要求王僧辯迎接蕭淵明回去。王僧辯自然不會同意，高渙便率軍攻破了東關，王僧辯迫於北齊的壓力，不得不接受了蕭淵明。蕭淵明回到建康即位，立梁王為太子。

這樣一來，南朝難免不會淪為北朝的傀儡，南朝的歷史也會就此結束。陳霸先當然不願意見到這樣的情況，在多次勸說王僧辯無效後，他決定誅殺王僧辯。九月，陳霸先和徐度、侯安都一起突襲石頭城，將毫無防備的王僧辯絞殺，蕭淵明退位。十月，梁王即位，為梁敬帝。這年冬天，吳興、義興和吳郡起兵反叛，陳霸先率領軍隊東征平叛，然而他前腳剛走，譙、秦二州的刺史就投降了北齊，占據了石

頭城，和侯安都僵持不下。

陳霸先的東征很順利，只是建康這邊的局面不是很好。北齊這次公然南侵，援軍不斷地從後方增援過來。紹泰元年十一月，陳霸先命徐度先在冶城設立柵欄，加強城中防衛。韋載說：「當務之急，當是在秦淮河岸修築城壘，保障我們和東部的聯繫不被切斷，這樣也能截斷齊軍的補給線。」陳霸先接受了他的建議，讓他負責這件事；又命侯安都夜襲齊軍的屯糧之地，燒毀一千多條船。齊軍不甘示弱，也在秦淮河岸建立了柵欄，與梁軍對抗。

接下來的幾次戰鬥，梁軍連勝。侯安都深入齊軍徐嗣徽的大本營，陳霸先大敗柳達摩，燒毀齊軍的柵欄。柳達摩畏懼梁軍的銳氣，請求講和，建康的朝臣迫不及待地就答應了柳達摩的求和，原本準備一鼓作氣攻破敵營的陳霸先只得暫時偃旗息鼓。但是陳霸先認為齊軍只是緩兵之計，一定不會老實退兵。果然，兩個月後，齊軍捲土重來，揚言只要梁朝交出蕭淵明就退兵。陳霸先答應下來，可是沒過幾

天，蕭淵明就死了。蕭軌知道後大怒，率兵進攻建康。陳霸先馬上將主要兵力調往建康，準備迎戰。

趁齊軍還沒有站住腳跟，陳霸先率先領軍出戰，侯安都生擒齊軍一員猛將，沈泰在陳霸先的授命下偷襲長江對岸的齊軍，搶走了他們一百多條船和一萬石糧草，極大地打擊了齊軍的士氣。接著，齊軍的主力部隊趕到，在兵力上壓過了梁軍。陳霸先看出齊軍士氣重新高漲，決定邊戰邊退以躲避其鋒芒。很快，陳霸先發現他們已經退到了無路可退的地步，建康被齊軍包圍，對外聯絡被切斷，城內缺糧少食，無法請求援軍。好在城外的齊軍也不好過，江南正值梅雨時節，連日大雨，齊軍也無法燒火做飯，士兵們只能吃生冷的食物；城內的陳霸先又不斷地率兵偷襲，讓齊軍得不到好的休息，齊軍的精神狀態一日不如一日。

這樣持續了一段時間以後，陳霸先決定孤注一擲，冒險反攻。西元556年六月十二日一大早，侯安都帶領先鋒部隊先行出城，他的任務是衝亂敵軍的陣營，為陳霸先的

大部隊提供條件。他們在山坡上擺好陣勢，此時天還沒有亮，山下的北齊軍隊對山上發生的變故一無所知。待到天亮，侯安都一聲令下，梁軍借助著山上的地勢直衝下山坡，撲向北齊的大本營。慌亂的齊軍開始應戰，很多人還沒有拿起兵器就被砍殺了，侯安都和大將蕭摩訶一馬當先，衝在了最前線。沒多久，齊軍就從慌亂中回過神來，冷靜下來的齊軍將領指揮軍隊將侯安都團團圍住，侯安都從馬上摔下，倒在了地上。齊軍正要抓人，蕭摩訶從周邊衝進來，砍倒了圍著侯安都的幾個齊軍。侯安都抓住機會從地上翻身起來，上馬再戰。

陳霸先的大部隊此時趕到了，齊軍又是一陣慌亂。侯安都看大部隊已到，便和蕭摩訶帶著騎兵繞到了齊軍的後方發起了進攻。齊軍前後都有梁軍包圍，一時間分不清楚到底對方來了多少兵馬，軍心渙散，齊軍無心戀戰，在混亂中被踩死的不計其數。齊軍大敗，指揮北齊南征的將軍蕭軌被俘虜，其他領兵大將被俘的也有四五十名之多，少數的幾個逃竄到江邊，發現渡船已經被燒毀，只得束手就擒。

這一戰過後，齊軍受到重創，歷時二百二十多天的建康保衛戰宣告結束。

陳紀

陳氏兄弟爭嫡

南朝陳的開國皇帝陳霸先去世後，他的侄兒被立為皇帝，也就是陳文帝，陳文帝之後做皇帝的是他的弟弟陳宣帝。陳宣帝在位十四年，他臨終之時，他的九個兒子都想當皇帝。於是，一場爭奪皇位的鬥爭開始了。

陳宣帝在位時，選立的太子是大兒子陳叔寶，老二陳叔陵和老四陳叔堅都不服他。陳叔陵是個虛偽之徒，每天白天拿著書裝模作樣地讀著，其實只是做個樣子給別人看，他的心思全然不在書上；到了晚上，他就花天酒地鬧得四處不得安生。他被封為始興郡王，負責三個州的軍政大權，他一直沒有放棄過篡奪皇位的想法。陳叔堅的野心也是昭然若揭，他被封為長沙王，也掌握著很大的地方權力，他在自己的領地內拉幫結派招兵買馬，隨時準備著叛變。陳叔陵和陳叔堅的手下都集聚著一幫不務正業的親信，他們每天除了擺闊氣壓對方的威風，就是講究大排場，炫耀自己

的威風。家丁們藉著主人的威風更是了不得，在路上相遇了總是相互找茬大打出手，到處尋釁滋事。兩幫人鬧騰得很厲害，當地的百姓都苦不堪言。

西元582年，陳宣帝病重。陳叔寶這個人雖然沒什麼才能，但是他很孝順，尤其是被選立為太子之後，他更加細心地照顧陳宣帝。陳宣帝病重，他常常守在父親身邊噓寒問暖。陳叔陵為了實現自己的願望，也學著陳叔寶的樣子天天去探望父親。但是他心裡也打著小算盤：只要父親一嚥氣，他馬上就殺掉陳叔寶，奪取皇位。

有一天，陳叔陵見父親快不行了，就對負責調配藥物的官員說：「切草藥的刀鈍成這個樣子，你去把它磨快一些吧。」陳宣帝沒有挺過去，第二天就死去了。陳宣帝這邊剛斷了氣，陳叔陵就大叫著：「來人，把刀拿來！」侍從以為他要舉行為皇帝送終的儀式，找了把木劍給他送了過去。陳叔陵很無奈，當天也沒動成手。

在陳宣帝的喪事中，有一天太子陳叔寶正扶著陳宣帝的棺材哭得涕淚交流，在一旁觀察多時的陳叔陵突然抄起切草藥的刀朝陳叔寶砍過去。陳叔寶的脖子上挨了一刀，鮮血馬上流了出來，昏倒在地上。陳宣帝的皇后看到陳叔陵行兇馬上撲過來阻止他，不想也被他砍了幾刀暈倒在地。陳叔寶的奶娘也趕緊在陳叔陵的背後拽住了他的胳膊，讓他無法再揮刀，地上的陳叔寶迷迷糊糊地醒轉過來，急忙逃跑了。陳叔堅看到陳叔陵要殺陳叔寶，急忙衝上去想奪他的刀。陳叔堅人高馬大，力氣也比陳叔陵大得多，他制服了陳叔陵，脫下自己的衣服把陳叔陵捆綁在大廳的柱子上，然後向陳叔寶請功去了。

孰料陳叔堅前腳剛走，陳叔陵就掙脫束縛逃跑了。陳叔陵的主要勢力在他的三個州郡，建康城裡都是陳宣帝和陳叔寶的勢力。本來，陳叔陵原有足夠的時間逃到自己的駐地，再帶兵反叛，可是他求勝心切，逃到東府城他的幾個部下那裡。

他派人封鎖了東府城和台城之間的所有通道，為了壯大自己的力量，他把監獄裡的囚犯全都放了

出來，將他們編入軍隊，給他們派發武器，發動了政變。陳叔陵披上鎧甲，親自登上東府城的城樓，用高官厚祿來引誘百姓們支持他爭奪皇位，引誘王公貴族們支持他的謀反。可是他平時為人狠毒，作惡多端，又縱容手下擾亂民生，所以上至王公貴族，下到黎民百姓，沒有一個人擁護他的。願意臣服於他，聽從他命令的只有一千多人，他們跟著他叛變，尋找機會進攻皇宮。

陳叔寶因為傷重，只能躺在床上養傷，手握大權的人自然是陳叔堅。陳叔寶交代陳叔堅，不要和他硬拼，要見機行事。陳叔堅看到陳叔陵眾叛親離孤軍作戰的狀況，知道他成不了什麼氣候，而且陳叔陵一死，不管自己當不當皇帝，朝中大權也會落到自己手中的。於是，他派出蕭摩訶去平定陳叔陵的叛亂。

蕭摩訶帶領五千兵馬圍住了東府城，陳叔陵知道蕭摩訶是善於領兵打仗的大將軍，指揮軍隊的本事比他高得多，自己這點人連給他塞牙縫都不夠的。於是他派人給蕭摩訶送禮，想引誘他為自己所用，還說：「陳叔寶是個軟弱無能的人，他根本就挑不起國家的重擔。只要你助我一臂之力，幫我打敗陳叔寶，將來我做了皇帝，榮華富貴、金錢美女都少不了你的！」

蕭摩訶順勢答應了他的要求，帶領了兩千兵馬去投奔他，讓他打開城門。陳叔陵被興奮沖昏了頭腦，不辨真假就讓守城將軍戴溫打開城門。蕭摩訶進了城就拿下了戴溫，又殺了幾員大將，守城的士兵看到主將都死了，便紛紛放下武器投降。

陳叔陵這才知道有詐，急忙棄城逃跑，想要去北周尋求投靠。蕭摩訶自然不會讓他如意，還沒等他跑出多遠，蕭摩訶就追上他，將他就地斬殺。

一場爭奪皇位的鬥爭終於宣告結束。西元582年，陳叔寶登上了皇位，這就是歷史上的陳後主。

陳紀

陳叔寶荒廢朝政

陳朝自武帝開國以來，天下漸漸安定，江南因為其優越的地理位置而逐漸富庶起來。西元582年，陳叔寶即位，為陳後主。陳叔寶「生於深宮中，長於婦人手」，沒有吃過苦，更別提經受磨練了，他即位之後只知道沉迷於酒色之中，漸漸地荒廢了朝政。

陳後主的後宮美人如雲，張、薛二淑媛，以及袁昭儀、何婕妤、江修容等人個個都是國色天香。他的龔妃有花容月貌之美麗，而孔妃要更勝一籌，陳後主曾對孔妃說：「古人都說王昭君有沉魚落雁之美，但在我眼裡，愛妃你才是最美的。」陳後主最寵愛的妃子叫張麗華，她才貌雙全，人長得十分漂亮，烏黑的長髮及地，膚如凝脂般光彩耀人，眼眸流轉間勾人心魄，而且她為人聰明伶俐，善於察言觀色，能言善辯，深得陳後主的喜愛。

陳後主在殿前修建了三座樓閣：「臨春」、「結綺」和「望仙」，高數十丈，寬數十間，窗戶牆壁都用檀木製作，裝飾用的金玉珠翠更是不計其數。閣前堆石為山，蓄水為池，水邊植花草樹木。極盡奢華，恍若人間仙境。陳後主自居臨春閣，張麗華居結綺閣，孔妃和龔妃居望仙閣，三個閣樓中間又有複道相連接，陳後主可在三閣中隨意穿梭往來。嬪妃們閒來無事臨窗遠目之時，恍若天仙下凡。

除了寵愛妃子，留戀女色，陳後主還將朝中的一干文臣全都召進宮來，天天從早到晚都和他們在一起飲酒作樂，賦一些頹靡奢華的詞作。著名的亡國之音《玉樹後庭花》就是陳後主在這個時候寫下的，寫好之後他還專門挑選了上千名宮女習歌學舞。朝中每天歌舞昇平，靡靡之音籠罩了整個朝堂，國家大事被拋至一邊。

南陳一派頹靡之色，然而北朝的隋文帝楊堅正大舉任用賢臣、廣泛進言，減輕了人民的賦稅，時時操練兵馬，整飭軍備，準備攻下

江南。陳後主絲毫沒有把楊堅放在眼裡，他說：「王氣在我這裡，他們能奈我何呢。」孔範也附和他說道：「長江自古以來就是天險，將南邊和北邊分開了，今天隋朝攻打我們，難道他們還能飛過來不成。」君臣二人用這種幼稚的說法相互麻痺，視隋文帝的雄心為無物，繼續自己的享樂。

陳後主如此荒淫無度，自然也引起了正直的朝臣們的不滿。大臣毛喜對陳後主的這種行為痛心疾首，屢次進諫，終於惹怒了陳後主而被貶黜。將軍傅縡不滿施文慶、沈客卿這些人把持朝綱，花言巧語矇騙陳後主，遭到了施文慶的算計被誣下獄。即便身在獄中，傅縡依然上書勸告陳後主不要再荒淫無度，否則王氣終究會被他消耗殆盡，落得一個國破家亡的結局。陳後主看過之後大怒，但他馬上冷靜下來，對傅縡說：「我可以免了你的罪，但是以後你不能再說這種話了。」傅縡回答道：「即使我表面上不會再說這種話，但是我的心理依然是這麼認為的。」對於這樣的忠良將相，陳後主居然毫無憐憫愛惜之心，當下就將他賜死獄中。禎明初年，章華在給陳後主的奏摺中說：「皇上您到現在即位五年了，卻絲毫不考慮先帝得來這個天下有多艱苦，不知道上天給人的命運都是可貴的，您被酒色迷惑，不去寺廟祭祀，只臨幸嬪妃後宮，不清除奸佞而遠離忠臣。現在隋朝的軍隊已經快要兵臨城下，皇上您再不痛改前非，只怕真的會國破家亡了。」陳後主收到奏摺，二話不說就讓人將章華斬首。朝中的大臣們看到這樣的情形，再無人敢向陳後主進諫。大家都三緘其口明哲保身，冷眼看著陳後主繼續玩物喪志。

忠臣良將們都沉默下去，得意的當然就是那些奸佞小人了。他們千方百計地迎合陳後主，極盡阿諛奉承之事。尚書顧總是個博學多才的人，在五言七言詩方面十分精通，但他尤其喜歡做豔詩，有好事的人將他的豔詩爭相傳抄，效仿他作詩的手法。如此頹靡之人，陳後主卻很喜歡他，舉行遊宴的時候總會叫上他。孔範也是個奴顏屈膝的小人，他的文章中堆砌了很多華麗

的言語，瑰麗萬分。而且他善於為陳後主文過飾非，所以陳後主很寵愛他，認為他說什麼都是對的，聽不得別人說他一句不好。孔範曾對陳後主說道：「那些在外帶兵的將領們都是行伍出身，只會逞匹夫之勇；讓他們運籌帷幄，那他們是萬萬做不到的。」從此，帶兵的將領們只要稍有一點過失，陳後主就會剝奪他們的兵權，邊界和城外的防備因而更加薄弱。文官和武將之間的隔閡越來越大，士兵們無心再為陳後主效命，朝廷的統治體系到達了崩潰的邊緣。

陳朝的國力一天比一天衰弱，而隋文帝的雄心壯志即將在江南大地上展開。陳後主荒廢朝政不聽諫言，聽信奸臣妄殺忠良，窮奢極欲的生活最終堆砌起來一方墓碑，將陳後主的浮華風流和陳朝的歷史皆葬其中。

紅顏禍水張麗華

張麗華是南朝陳後主陳叔寶的寵妃。她出身貧寒，本是貧苦人家的孩子，父親和兄長以織席為業養活一家人，生活十分不易。陳叔寶還是東宮太子的時候，張麗華被選入宮，在陳叔寶的愛妃龔妃那裡做了一個小小的侍婢。張麗華此時年僅十歲，卻已經是個懂事又成熟的小姑娘了，她為龔妃端茶倒水，更衣疊被，讓龔妃十分滿意。然而龔妃沒有想到，這個伶俐的小丫頭最後會成為自己的情敵。

有一天，陳叔寶到龔妃那裡看望她，他一眼就看到了龔妃身邊這個光彩耀人的小姑娘。只見她低眉順目，顯得乖巧可愛；黑黑的眼珠子滴溜溜地轉著，像一隻百靈鳥。陳叔寶的心癢了起來，略帶責怪地問龔妃：「如此尤物，為什麼你不讓我早些見到呢？」龔妃回答說：「我覺得現在讓殿下您見她還為時過早。」陳叔寶大為不解，問她原因。龔妃說：「她年紀還太小，還不到能供您採擷的時候。殿下您也

不用著急，等她長大了，遲早都是您的人啊……」陳叔寶看著張麗華站在龔妃的身邊，稍微有些疑惑地皺起了眉頭，彷彿不知道他們二人在說什麼，這模樣惹得陳叔寶更加愛憐。回去之後，陳叔寶想起來張麗華的美色就覺得食不知味，他作詞一闋，寫在金花信箋上，派人去送給了張麗華。

張麗華雖然年幼，但是天資聰穎。吹彈歌舞，看一遍就能學會；詩詞歌賦，讀一遍就知道是怎麼回事，沒過多久她就琴棋書畫樣樣精通。隨著年齡的增長，她出落得越發漂亮，身影婀娜多姿，腳下步態輕盈，容貌豔麗，舉止優雅，一個回眸都能令人酥到骨頭裡面去。陳叔寶見到這樣的美人，哪裡還能坐得住。沒過多久，他便藉著醉酒的機會和張麗華同寢。從此，兩個人如膠似漆地纏在一起，恨不得每分每秒都不分開。陳叔寶有時候批閱公文，都要讓張麗華坐在自己腿上，只是美人在懷中巧笑倩兮，哪裡還有半點辦公事的心思。

不久，陳宣帝駕崩，陳叔寶即位。他對張麗華的寵愛又上了一個臺階，冊封其做了貴妃。始興王陳叔陵叛亂時，用刀砍傷了陳叔寶的後頸，陳叔寶臥於承香殿養傷，皇后和所有嬪妃都不能進入侍奉，唯獨張麗華可以隨時出入承香殿，侍奉在他的左右。可見陳叔寶對其寵溺的程度。

張麗華也並不是只靠美色就奪得了陳叔寶的心思，她的聰明伶俐在很大程度上加深了陳叔寶對她的迷戀。身邊有如此美人作陪，陳叔寶當時的心思已經全然不在朝政之上，就算心血來潮要上朝，也會讓張麗華坐在自己腿上，接受文武百官的朝拜。大部分時間，所有的奏摺和上書都由蔡脫兒和李善度這兩位宦官先行查看閱讀，有必要的他們才會給陳叔寶送進來。有些地方這兩位宦官記不清楚的，或有些遺忘的內容，張麗華都可以條理清晰地說出來，沒有絲毫遺漏。這樣才貌雙全的妃子，陳叔寶當然喜歡她喜歡到了骨子裡。

隨著陳叔寶對她越來越沒有底線的寵愛，張麗華的權威也越來越大。起初，她只是執掌後宮內事，漸漸地她開始干預朝政。後宮有的

人的家屬犯了法，只要向張麗華祈求，讓她代為求情，這個人就會得到赦免或輕判；朝中的大臣有誰惹了張麗華不痛快，只需要她在陳叔寶面前言語一聲，這位大臣輕則降級罷免，重則腦袋搬家。朝堂之上，宗廟之下，一時間人們不知道有陳叔寶，只知道有張麗華。整個陳朝賄賂成風，賞罰無度，朝廷法律和綱紀早已亂成了一鍋粥。

西元589年，隋軍攻破建康。陳叔寶見大勢已去，慌慌張張地抱著張麗華躲到後花園的枯井中。隋軍在大殿中四處找不到人，很快地找到了後花園。陳叔寶在井中瑟瑟發抖，聽隋軍在外面恐嚇道：「再不出來我們就填井活埋了你！」嚇得陳叔寶急忙出聲投降。隋軍扔下井繩，將陳叔寶和張麗華拖了上來。張麗華早已嚇得花容失色，嘴上的胭脂蹭在了井口的青石板上，後人因此將這口井叫做「胭脂井」。

隋煬帝楊廣覬覦張麗華的美色很久，在攻城之前他就告訴將軍高穎留張麗華一條命。高穎對張麗華這等禍國殃民的女人顯然沒什麼好感，他說：「當年武王滅了殷朝後就誅殺了妲己，今天我們滅了陳朝，怎麼能夠留下張麗華。」一劍將張麗華斬殺在青溪的大中橋邊，一代紅顏就此香銷玉殞。

隋紀

隋文帝滅陳

西元581年，隋文帝楊堅即位。之後，他的帝王之路可謂走得一帆風順，隋朝將領韓僧壽、李充二人分別在河北、雞頭山兩個地方大敗突厥的進攻，嚇得突厥丟盔棄甲再不敢侵犯隋朝的一寸土地；將領梁遠在爾汗山將吐谷渾打得落花流水；迫於隋朝的屢屢戰功，高麗和靺鞨相繼遣使者來朝賀，表示歸順。

楊堅即位後不久，陳朝在位的皇帝陳叔寶曾派大臣袁彥到這裡進貢賀禮，主要目的還是想看看楊堅有沒有討伐陳國的想法。袁彥回去之後稱讚隋文帝相貌不凡，將隋文帝的畫像拿給陳後主看。陳後主展開畫卷，看到畫面上的楊堅雙目炯炯有神，面容堅毅沉穩，當即嚇得哆嗦著捂起眼睛說：「我不想看見這個人，趕緊把他的畫像拿走！」

而這時的楊堅，也確實沒有要對陳朝下手的心思，一度還很想和陳朝搞好關係。陳宣帝在位的時候就沒有太在乎過楊堅，對於自己的

軍隊侵犯隋朝領地從來不加約束，所以隋朝曾派大軍南征，但不巧正值陳宣帝駕崩。楊堅出於「兵不伐喪」的考慮，下令班師回朝，並派遣使臣前來弔唁，信中說道：「楊堅頓首。」陳後主看到隋軍這副低聲下氣的樣子，認為他們是退兵而不是撤兵，覺得驕傲極了，回信說道：「想你統治的地方安好，這個世界就太平了。」這句話惹惱了隋文帝，楊堅心想不給你點顏色看看，你還以為我怕你。

陳後主即位後，每天都沉迷在酒色詩賦中，和朝臣們徹夜飲酒賦詩，和嬪妃們逗樂玩耍，不理朝政，整個朝廷一片烏煙瘴氣。隋文帝瞭解到這種情況，就對大臣高潁說道：「我是隋朝子民的父母，但也是這天下子民的父母，怎麼能夠因為他們不是我境內的百姓，我就不去拯救他們。」高潁說：「要滅陳也不難，只要破壞他們的糧食儲備就好了。江南的糧倉大多數是用稻草蓋成，一把火就可以搞定。我們可以先派兵騷擾他們，但並不真打，時間久了，等他們放鬆了戒備，我們再一舉渡江拿下他們。」

楊堅點頭稱是，一方面派兵騷擾江南，一方面他命人寫了征討書，列舉陳後主十二大惡事，並將征討書抄印三十萬份，在江南範圍內散發。

西元588年，楊堅下令渡江，命晉王楊廣為元帥，總督八十總管，率兵五十萬征討陳國。隋軍分八路渡江，大軍壓境，各地的告急文書源源不斷地向陳後主飛來。情勢如此危急，陳後主居然不慌不忙地說：「建康有王氣庇佑，北齊三次攻打都沒成功，北周兩次侵犯也沒有得逞，今天一個楊堅也不會把建康怎樣的，大家不用太憂慮。」奸臣孔范也在一旁隨聲附和。說完，君臣們繼續飲酒作樂，還過著和以前一樣奢侈糜爛的生活。

隋軍沒有遇到任何有力的抵抗，如若無人之境。賀若弼、韓擒虎分別率領隋軍勢如破竹地渡過了長江，然後匯合，將建康包圍了起來。此時城內尚有萬名兵士，還有不少蕭摩訶這樣的領兵大將，如果將軍隊組織起來積極防守，能夠化解危機也說不定。可是本性懦弱的陳後主看到兵臨城下，局勢千鈞

一髮，他哪裡還能坐得下來。他著急地日夜哭泣，沒有一點辦法。蕭摩訶提議趁隋軍剛到達建康，還沒修整好的時候出兵攻打，陳後主急忙點頭答應。蕭摩訶和任忠領兵出戰，可因為朝政荒廢，陳朝的士兵已經很久沒有訓練過，都過慣了安逸的生活，這會兒拿起武器來，覺得這些刀劍都不聽使喚了。剛和隋軍交上手，陳軍掉頭就逃跑。賀若弼活捉了蕭摩訶，陳軍更是無心戀戰，任憑賀若弼率領大軍從北門衝進了建康城。

慌亂不堪的陳後主抱著自己的愛妃躲進枯井中，留下自己十五歲的兒子陳深面對隋軍。陳深端坐在殿內，見到闖入的隋兵，面色不改地問道：「一路戎裝打了這麼久，一定很辛苦吧。」隋軍紛紛被他的氣度所折服，立在原地向陳深行禮。而躲在枯井中的陳後主，最後狼狽不堪地被隋軍俘獲。

晉王楊廣隨後進入建康，他安頓好官民，殺了陳朝的奸佞為民除害，封存府庫，不拿一分資財，江南的人民到處都在稱讚他的賢德。隋朝從出兵攻打，到滅亡陳國，前後只用了四個月的時間，南北朝分裂的局面就此結束。

隋朝大將楊素

楊素，字處道，漢族人，弘農華陰（今屬陝西）人。他出身於北朝名門士族，曾任北周的車騎將軍，在平定北齊叛亂的戰爭中表現優秀。他和隋文帝楊堅關係很好，楊堅稱帝後任他為御史大夫，他曾是隋朝權傾一時的人物。

雖然出生於名門，然而楊素的身上卻沒有一點紈褲子弟的壞習慣。他終日苦練武藝，騎馬射箭，近身格鬥，無所不能。有一次，隋文帝率眾比武，楊素百步穿楊，每一箭都正中靶心。文武百官大為讚歎，隋文帝更加高興，親手賜給他一個外邦進獻的純金盤子。

除了練武，楊素絲毫沒有放鬆

文化知識的學習。經史子集、禮書兵法，甚至占卜之術都來者不拒，刻苦鑽研。他還寫得一手好書法，草書、隸書都很拿手。宇文邕稱讚他：「楊素，你這樣的人才，以後不愁沒有榮華富貴。」楊素卻高聲回答他：「我從來沒想過圖什麼榮華富貴，只怕榮華富貴會自己找上我的門來。」惹得宇文邕大為欣賞。

楊素在北周的時候曾經跟著宇文憲征討北齊，然而宇文憲全線潰敗，被北齊軍隊追擊，不得擺脫。楊素率領十幾名士兵衝入敵陣，殺出了一條血路，宇文憲這才得以生還。此後，楊堅奪了北周政權，建立隋朝，隋朝又滅了陳朝統一了全國。在這個過程中，楊素身經百戰，戰功赫赫。

楊素領兵打仗有著自己的一套方法。他的軍隊向來軍紀嚴明，尤其不允許手下的將士們侵犯百姓，有違抗軍令的人格殺勿論。他對士兵們說：「我不管你們過去立下多少功勞，不管你們的資歷有多深，在我這裡，沒有完成任務就是違反軍令，就不要回來見我！」為

了震懾士兵，每次戰前他都要殺掉一些犯下過失的人，即使是很小的錯誤也要問斬。少則十幾人，多則幾百人，還沒有開戰，自己的陣前已經屍首滿地鮮血橫流。楊素卻像沒事人一樣，談笑自若，鎮定地指揮接下來的戰鬥。衝鋒的時候，第一隊只有二百多人的小隊向前進攻，第二隊的人在後面準備，接著就是第三隊、第四隊⋯⋯楊素的命令就是：每個小隊必須戰勝敵人，要麼就戰死沙場。如果敵人尚未消滅，自己卻活著回來了，那麼隨後進攻的隊伍就直接斬殺他。這種殘酷的軍令讓士兵們在沙場上奮不顧身、奮勇拼殺，軍隊的戰鬥力往往在交戰之前就讓敵人膽寒。這些士兵們之所以願意在楊素帳下經受這樣的高壓政策，一是因為楊素身先士卒，每次都衝在最前面為將士們做表率；二是打了勝仗回來，楊素會向皇上為他們爭取最大限度的封賞。楊素從來不會像其他將領一樣，自己的隊伍打了勝仗卻不知道邀功領賞；也不像一些將軍被小人的讒言蒙蔽，委屈了自己的士兵。所以很多士兵還是願意跟著楊素，

願意為他賣命。

　　隋朝統一全國以後，北方的突厥不斷地侵犯隋朝領地。過去漢族與突厥交戰的時候，總是畏懼他們的騎兵，所以每次交戰前都會將戰車、步兵和騎兵相互摻雜，並且在方陣四周都結上鹿角砦，防止隊伍被突厥衝散。這樣的方法雖然能夠自保，但是也使己方隊伍受到很多限制。西元598年，楊素決心和突厥決一死戰，組建了一支不用鹿角砦的騎兵隊伍。

　　突厥很是高興，認為一定可以打勝仗。誰知到了戰場，他們發現隋軍個個不要命似的奮勇征戰，勢不可擋。突厥慌了手腳，開始組織撤退，但是為時已晚，楊素大敗突厥，突厥首領負傷逃跑。這一戰過後，突厥提起楊素的名字都會膽寒不已。

　　三年後，楊素再次任主帥，率領軍隊北征。他在黃昏時分追上了突厥的主力，思索過後，他沒有著急攻打，而是率領四個人混進了突厥的隊伍中。一路跟蹤，突厥竟然沒有發現他，他摸清了突厥的兵力部署。在突厥認為隋軍不會追擊，放鬆了警惕準備安營紮寨休息的時候，楊素悄悄返回，率領軍隊衝殺過來。突厥大敗，遠走漠北，從此解除了隋朝的北方大患。

　　西元590年，江南爆發了反對隋朝的叛亂，楊素領命平叛。楊素以風捲殘雲之勢征戰百餘次，解決了各處叛亂，叛軍首領高智慧逃跑。隋文帝看大局已定，便下令說如不想再戰，可回京修養。楊素卻說：「現在正是收尾的時候，一鼓作氣抓住高智慧就能徹底肅清叛軍。我為國家盡忠效力是應該的，怎麼能在這個時候休息。」

　　叛軍的最後一股勢力王國慶盤踞在泉州，他認為北方士兵不善海戰，對於海面上的防守十分鬆懈。不想楊素正是從海上攻打過來，王國慶大敗。楊素派人帶話給他，說：「你叛亂謀反，本來罪不可赦，理應處死。但若你交出高智慧主動投降，我可免你一死。」為了求生，王國慶只得照辦。至此，全部的叛軍被清理乾淨，楊素班師回朝後得到了頗為豐厚的獎賞，在朝中的地位也日益高升。

　　楊素是一個頗具軍事才華的

將領，無論是水路作戰，還是陸地作戰，無論面對的是叛賊臣子，還是突厥蠻族，他都能指揮得得心應手，大敗敵軍。

西元606年，楊素因病逝世，時年六十六歲。

隋煬帝篡位

楊廣又名英，小字阿摩。他是隋文帝楊堅的次子，母親為獨孤皇后。楊廣從小聰慧機敏，好學習，善詩文，且容貌俊美，因此深得隋文帝和皇后的喜愛。西元581年，楊廣被封為晉王；西元586年，他又任淮南道行台尚書令。西元588年，楊廣年僅二十歲就擔任了行軍大元帥，統帥五十一萬大軍南下進攻富裕、強盛的陳朝，並幫助父皇完成了統一全國的大業。滅陳後，楊廣晉升為太尉，後來在抵禦北方突厥入侵的過程中，他也立下了大功。

在建功立業的同時，楊廣也沒有忘記為自己籠絡人才，以便將來取代同胞兄長楊勇的太子地位。

楊廣不但慧敏、有心計，而且為人十分偽善。他的母親獨孤皇后對那些朝三暮四、妻妾成群的男人十分厭惡，因而對隋文帝嚴加看管，不許他到處尋花問柳，同時對自己每個兒子的行為也十分留意；而隋文帝則崇尚節儉，討厭生活奢侈、貪圖享受的人。為了迎合父皇與母后的心意，楊廣便將自己的生活偽裝成一副節儉樸素、不好聲色的樣子。每當隋文帝或獨孤皇后到他府中，他就會將自己的妻妾藏到屋裡，只安排幾個又老又醜的宮女在屋裡侍奉；他會穿著陳舊的衣服，他的妻子蕭妃打扮得也十分簡單。家中的一切陳設也都因陋就簡，楊廣還故意讓人把樂器上的弦弄斷，在樂器上布滿灰塵，看上去像是很久沒有動過的樣子，給人留下他不喜歡玩樂的印象。

除此之外，楊廣夫婦還很會籠絡人心。凡是朝中的大臣，他們都傾心與其交往；皇上和皇后派來他

們府中辦事的人，不論來人身分貴賤，他們二人都會親自到大門口迎接，並周到地招待，臨走時還會贈送厚禮。朝中的許多大臣和宮中的許多婢僕，都稱讚楊廣夫婦的仁德和孝心。皇上和皇后聽了自然很開心，很高興能有這麼一個兒子。

太子楊勇就沒有楊廣這樣的城府了。他生性率直，為人寬厚，從不知道討好隋文帝和皇后。他生活奢華，寵妾成群，因此，皇上和皇后慢慢地就不喜歡他了，甚至厭惡他的所作所為。楊勇與嫡妃元氏性情不合，因此，他每夜都會到其他嬪妃的住處睡覺，讓元氏獨守空房。獨孤皇后知道這件事情以後很是氣憤，從此對楊勇再也沒有過好臉色，而且還在皇上耳邊吹枕邊風，經常數落楊勇的不是，使得隋文帝也開始對楊勇另眼相看，慢慢地也疏遠了他。

楊廣見太子楊勇漸漸失寵，便抓住時機向皇上和皇后誣告楊勇：「父皇與母后都知道，兒臣是個十分看重兄弟情誼的人，對太子更是真心相待，但不知怎麼得罪了他，他一直想殺掉我。兒臣每當想到不知哪天就會被毒死害死，就整日恐慌不安。」楊廣一面哭訴，一面裝出萬分可憐的樣子，皇上和皇后看到楊廣受了這樣的委屈，對楊勇非常痛恨。後來，楊廣勾結越國公楊素，誣陷楊勇在隋文帝生病期間盼父快死。隋文帝聽後惱羞成怒，派人逮捕了楊勇，並於西元600年將其廢為庶人，而將楊廣立為太子。至此，楊廣終於取得了篡位勝利的第一步。

西元604年七月，隋文帝病重，臥床不起。楊廣認為自己是時候登上皇位了，便迫不及待地給楊素寫了一封信，請教該如何處理將要到來的隋文帝的後事。不料，送信人誤將楊素的回信送到了隋文帝手中，隋文帝看後，惱怒不已，當即宣召楊廣入宮，要當面指責他。正在這時，隋文帝的陳夫人衣衫不整地跑進來，向隋文帝哭訴楊廣調戲她的無恥行為，隋文帝一聽，頓時清醒過來，知道自己受了楊廣的矇騙，便急忙命身旁的大臣柳述、元岩草擬詔書，廢黜楊廣，重立楊勇為太子。可是，詔書還沒來得及公佈，楊廣就透過安插在隋文帝周

圍的爪牙，知道了這件事。於是，楊廣與楊素密謀後，帶兵包圍了皇宮，將柳述、元岩逮捕，並殘忍無情地謀殺了隋文帝和兄長楊勇。就這樣，楊廣最終利用弒父殺兄的手段，篡奪了皇位，史稱隋煬帝。

楊廣奪得帝位後，於第二年將年號改為「大業」。即位之初，楊廣就揭掉了其偽善的面具，並充分暴露出了荒淫奢侈、殘虐人民的本性，成為中國歷史上一位著名的暴君。

隋煬帝荒淫無道

隋煬帝（西元569—618年），名楊廣，隋朝的第二個皇帝，隋文帝楊堅的次子，母親為獨孤皇后。他在位十四年，雖然也推動了不少建設，比如，開通大運河、修建東都洛陽、開創科舉、開發西域等，但是同時對人民的奴役征斂十分苛重，比如，濫用民力、窮兵黷武、搜刮民財等，使生產遭到嚴重的破壞，弄得人民苦不堪言。由於他好大喜功，不顧人民死活，生活極度奢侈荒淫，最終以殘暴留名於世，成了中國歷史上最臭名昭著、荒淫無道的昏君。

當上皇帝以後，隋煬帝開始無所忌憚，他認為自己再也不需要偽裝，於是迅速變得荒淫、奢侈起來。他覺得國家的財力和民力都是自己的，可以任意揮霍和使用，於是開始大興土木，為自己修建奢華的宮殿、花園、娛樂場所等。

隋煬帝認為洛陽風景秀麗，氣候宜人，所以就決定在那裡修建一座新城，作為東都。於是，從即位的第一年起，他就每月役使二百萬民工，營建東都洛陽。在建都的過程中，他不惜人力財力，到全國各地徵集奇材異石，運送至洛陽。人民被迫從事運輸，千里絡繹不絕，最後許多人都活活累死在了半路上。

都城建好以後，隋煬帝又命人在洛陽城西建造了一座大花園。此花園方圓兩百里，裡面的奇花異

草、假山怪石可謂應有盡有。冬天，樹葉凋零了，隋煬帝就命人用彩綾做成假花假葉紮在樹上，使整個花園看上去四季如春、景色優美。單是這一項，每年的花費都十分巨大。

為了加強對南方的統治，更為了方便到南方遊玩，隋煬帝又徵調一百多萬民工，歷時六年，修建了規模宏大的京杭大運河。京杭大運河全長四千多里，北起涿郡，南到蘇杭。雖然這條運河的開通，為我國經濟文化的發展做出了重要貢獻，但給當時的勞動人民卻造成了沉重的負擔。為了開通此運河，前後共動用了大約一億五千萬民工，平均當時每戶百姓要出近二十個人工。由於趕時趕工，許多挖運河的民工都累死在了河中。更殘暴的是，其中有一段河道挖得淺了些，隋煬帝竟下令將挖掘此段的官吏和民工五萬多人全部捆住手腳，活埋於河岸邊。

隋煬帝喜歡遊樂，因此經常出去巡遊。每次巡遊，他都要命人在幾條不同的路上設置休息點，因為他不希望別人清楚地掌握他的行蹤。雖然他最終只會從其中的一個地方經過，然而在每一個休息點，還是都要事先準備好山珍海味。當地的官員為了置辦這些東西，每次都要花費很多的錢財，最後還是攤到了老百姓的頭上。

此外，他還順著京杭大運河三下江都。每巡遊一次，他都會大肆揮霍勒索，致使許多百姓傾家蕩產。大業元年，隋煬帝第一次遊江都，就出動了數千艘船隻，使舳艫相接，綿延二百餘里。這麼龐大的船隊，靠風力行駛根本就是不可能的，所以在運河的兩邊，早就修建好了御道，徵調八萬多民工來拉縴。

另外，兩岸還有成千上萬的軍士沿途護送。許多民工在拉縴的途中，被活活累死，而他們的屍體就被隨意扔在了江裡。一路上，也不知道累死了多少民工，真是可憐。每過一處州縣，隋煬帝都會命令方圓五百里內均要貢獻食物，多得吃不完的山珍海味就隨地掩埋。更可惡的是，有野史記載，出巡時隋煬帝的船在後，所用縴夫皆是赤身裸體的青年男女，且女退男進，行進

在鋪滿黃豆的岸邊，用這樣荒唐的荒唐舉動，只為博得隋煬帝一笑。每次遊江讓隋煬帝玩得心滿意足，之後又大規模地巡遊了兩次，每次都會使沿岸的老百姓如同經歷一場生死浩劫。

隋煬帝還好大喜功，四處用兵擴張，僅對高句麗他就先後發動了四次戰爭。每次戰爭，隋煬帝都以失敗告終，然而卻讓隋朝的老百姓為此付出了沉重的代價。大業八年，在第一次征討高句麗前，隋煬帝徵調了大批工匠，派往山東東萊海口大規模造船。

工匠們被迫在水中不分晝夜地辛苦勞作，時間久了，腰部以下的部位都生了蛆，死亡者不計其數。準備就緒後，隋煬帝命官兵一百多萬人分海、陸兩路大舉進攻高句麗，結果長途跋涉卻大敗而歸，最後逃回來的只有兩千多人。

隋煬帝羨慕當年漢武帝的功業，所以從即位後的第二年起，就開始大規模地開發西域。這本來是雙方互利的好事，但隋煬帝為了炫耀自己的文治武功，做的都是賠本的買賣，最後白白地浪費了國家的巨大財富。

為了引誘西域商人來朝貿易，隋煬帝不惜給他們很高的價錢，還命令他們所經過的地方郡縣都要殷勤招待。

大業六年的正月，西域商人來洛陽貿易。隋煬帝用大演百戲來接待他們，還命令洛陽的所有店鋪都用帷帳裝飾，並命令客店讓他們免費吃飯、免費住宿。隋煬帝用巨額的國財，為自己換取了虛名，賺足了面子，卻給本國的老百姓造成了更大的負擔。

到了後來，隋煬帝更加不務正業，四處尋歡作樂，整日過著淫亂無度的生活。由於花銷太大，他往往因為供給不足而提前徵收賦稅，弄得民不聊生。最後，人民被逼無奈，紛紛起義，很快，腐朽的隋朝就土崩瓦解了，隋煬帝也被起義軍勒死，結束了他荒淫無道的一生。

瓦崗起義

大業七年（西元611年），隋朝東郡法曹翟讓因得罪了上司而被判了死刑。翟讓平時喜歡除強扶弱，在江湖上很受人尊敬。他被判死刑以後，一名叫黃君漢的獄吏欽佩他的為人，便不顧個人安危，偷偷地釋放了他。之後，翟讓一路逃命，最後到了一個叫瓦崗寨的地方。

當時，很多農民因為再也無法忍受荒淫無道的隋煬帝，於是紛紛舉起了反隋的大旗。一時間，全國大部分地區都出現了起義軍，農民革命的風暴正逐漸席捲天下。在這樣的背景下，無路可走的翟讓也決定聚眾起義。於是，他開始在瓦崗寨招兵買馬，很快就有許多農民前來投奔。不久後，翟讓率領眾人在瓦崗寨舉起了反隋的大旗，轟轟烈烈的瓦崗起義就這樣開始了。

起義軍自稱瓦崗軍，推舉翟讓擔任了領袖。翟讓任命賈熊為軍師，邴元真為書記，徐世勣（徐茂公）、單雄信為領兵將校。初期，瓦崗軍主要活動於東郡一帶，他們殺贓官，開倉放糧，賑濟貧民，使民眾感激不已。當時在當地流行著這樣一首歌謠：「扶著爺，攙著娘，攜著兒女去瓦崗，瓦崗寨上吃義糧。」當地的農民紛紛前來參加，起義軍很快就發展到了上萬人。

瓦崗軍發展迅速，給軍需帶來了困難。於是徐世勣向翟讓建議道：「這裡是我們的家鄉，大多數人都認識我們，不適合侵擾搶掠。宋、鄭兩地的邊界，官、商貨船往來不絕，如果能被我們截取，那麼軍隊的給養就不愁了。」翟讓覺得這話很有道理，便率兵西上，到達京杭大運河所經的鄭、宋（今河南東部鄭州、商丘一帶）界。他們在那裡阻截過往船隻，專門截獲商旅公物，因此給養日益豐足，來投奔的人也越來越多。瓦崗軍的壯大，震動了朝廷。朝廷派齊郡通守張須陀去鎮壓瓦崗軍。由於力量懸殊，義軍被迫撤離宋、鄭，又回到了瓦

崗寨。但是張須陀仍然窮追不捨，義軍只好轉戰在山林之中。後來，在廣大農民的支持下，義軍終於擊退了張須陀。不久後，後韋城周文舉、雍丘李公逸、內黃王伯當也都率領部下投奔了瓦崗軍。

大業十二年（西元616年），李密在參加楊玄感起兵失敗後，投奔了瓦崗軍。李密懂兵法、有謀略，很受翟讓器重，翟讓凡事都與他商量定奪。為了擴大根據地，瓦崗軍繼續向隋軍出擊，而且兵分幾路，規模比之前更大。翟讓率領幾千名士兵，很快就攻克了韋城，占領了東郡白馬（今滑縣白馬牆）；單雄信率部隊北上，接連攻下了浚縣、湯陰和內黃；李密則率兵攻打濮陽、范縣等地，並取得了勝利。義軍所到之處，農民紛紛響應，部隊人數增加了好幾萬。

大業十二年十月，翟讓聽取了李密的建議，開始攻打滎陽。面對強大的瓦崗軍，滎陽太守楊慶無力抵抗，便向隋煬帝求助。隋煬帝特派名將張須陀為滎陽通守，鎮壓瓦崗軍。李密知道張須陀的為人，認為他有勇無謀，便建議翟讓與張須陀正面作戰，然後佯裝失敗，向北逃走。李密率精兵在半路設下埋伏，等張須陀部隊追來時便將其團團圍住，並一舉殲滅。瓦崗軍取得了滎陽大捷，從此威震河南。

瓦崗軍連戰連捷，所向披靡，但是要想進一步推翻隋王朝，就需要建立政權。翟讓認為李密比自己有才，便主動將位置讓給了李密。大業十三年（西元617年），李密便自立為「魏公」，改元永平，定都駐守，拜翟讓為上柱國、司徒、東郡公，對單雄信、徐世勣、祖君彥等人也都各有所封，建立起了瓦崗軍自己的政權。不久，山東的程咬金、武陽郡守元寶藏、幕客魏徵等也相繼前來投奔。有史書記載道：「道路來降者，不絕如流，眾至數十萬。」當時，記室祖君彥寫了一篇有名氣的檄文，列舉出了隋煬帝的十條罪狀，其中有：「罄南山之竹，書罪無窮；決東海之波，流惡難盡。」號召廣大人民起來，推翻隋朝的殘暴統治。

建立政權以後，義軍的戰鬥力大增，節節勝利，很快就逼近了隋都洛陽。當時，留守洛陽的是越王

楊侗，他恐慌不已，急忙向隋煬帝求救。隋煬帝派江都通守王世充統兵五萬前去討伐，義軍奮勇反擊。兩軍大戰近百日，隋軍屢次戰敗，最後王世充逃跑，義軍獲勝。不久，李密派徐世勣率領五千兵士，與河北、山東各路義軍一起攻打黎陽倉，大獲全勝。李密下令開倉放糧，救助了成千上萬的饑民，進一步取得了民心。隨後，又有很多農民來投奔了義軍，隋朝各地的官兵也相繼倒戈歸順了義軍，使隋王朝處於風雨飄搖之中，隨時都有崩潰的可能。

然而，就在瓦崗將滅隋朝的關鍵時刻，其內部卻發生了分裂。平時，李密為了培植私人勢力，常拉幫結派，致使部下私底下怨聲載道。後來，翟弘、王儒信等人不滿李密的統治，極力勸說翟讓奪回領導權。李密知道後，就派人暗殺了翟讓、翟弘、王儒信等人。這致使很多部將非常寒心，認為李密忘恩負義，所以離心日重。從此，瓦崗軍日益分裂，漸漸地走向了下坡路。

大業十四年（西元618年），宇文化及和王世充在洛陽城下聯合進攻瓦崗軍，致使瓦崗軍大敗，李密率殘兵向西逃走，投奔了李淵。次年，李密又起兵反唐，被李淵所殺。瓦崗軍，這支曾威震四海的農民起義軍就這樣斷送在了李密手裡。

▌ 李密開倉放糧

李密（西元582—619年），字法主，漢族，隋代長安（今陝西西安）人。他出身貴族，曾祖父與祖父都曾是北朝的顯貴，而父親官至隋柱國、蒲山郡公。父親死後，李密便繼承了父親的爵位，成為一名侍從官。

大業初年（西元604年），由於看不慣隋煬帝的殘暴統治，李密便稱病辭去了官職，從此在家裡潛心讀書。

大業九年（西元613年），隋

朝貴族首領楊玄感在黎陽起兵反對隋煬帝，李密應召參加了起義軍，成為楊玄感的謀主。楊玄感與李密討論攻打隋煬帝的計策，李密說：「向北占據幽州，可斷隋煬帝的後路，這是上策；向西進入長安，控制潼關，這是中策；就近進攻洛陽，勝負難料，實為下策。

因此，我建議先攻打幽州。」然而，楊玄感卻不同意，他認為先攻打洛陽是最好的辦法。於是，楊玄感打著「為天下解倒懸之急」的號召，率兵從汲郡（今河南淇縣東）渡河，向洛陽發動了進攻。楊玄感起兵，大大地分裂了隋朝的統治集團。因為當時有四十餘名貴族官僚子弟相繼前來投奔，如觀王楊雄之子恭道、韓擒虎之子世諤等。

另外，光祿大夫趙元淑、兵部侍郎斛斯政等也與楊玄感通謀。隋煬帝聞訊後，倉皇從遼東撤軍南下（當時隋煬帝正二征高句麗）。楊玄感率兵在洛陽城下攻打了很久，也沒有將洛陽攻克。不久，隋煬帝率援軍趕到，致使楊玄感腹背受敵，被迫西撤。楊玄感最後被追兵趕上，大敗後逃到了上洛（今陝西商縣），沒多久就死了。

楊玄感死後，李密走投無路，後來聽說瓦崗軍正在招兵買馬，便投奔了過來。當時的瓦崗軍首領翟讓見李密是個有謀略的人，就派他去勸說周邊的其他起義軍來合併，李密果然不負使命，所到之處，大家都紛紛表示願意依附於瓦崗軍。從此，李密開始得到翟讓的器重。

後來，李密建議攻打滎陽，他對翟讓說：「現在我們的人馬已經不少了，可是糧食還很缺乏，如果長期這樣下去，遲早都會瓦解的。更嚴重的是，只要敵人一來，我們就全完了。滎陽是中原的戰略要地，東邊是一片平原，西邊是虎牢關。而在虎牢關以西的鞏縣，有隋朝的大糧倉洛口倉。取得洛口倉，不僅可以得到大量的糧食，而且可以逼近東都洛陽，豈不是兩全其美？」

翟讓聽後，覺得很有道理，便於大業十二年（西元616年）攻打了滎陽，大敗隋軍，順利攻下了滎陽，並占領了洛口倉。

洛口倉又叫興洛倉，是隋王朝最大的一個糧倉，倉城周圍二十多

里，城裡挖有三千個大窯，每個窯裡都各藏有八千石糧食。這些糧食都是隋王朝多年來從各地農民身上搜刮來的血汗。

瓦崗軍占領洛口倉後，李密建議翟讓立刻發布命令，開倉放糧，這樣能取得民心，以便迅速擴充隊伍。翟讓聽取了他的建議，命令立刻打開糧倉，向百姓放糧，讓大家盡情地拿，能拿多少就拿多少。受饑挨餓的農民聞訊後從四面八方擁向糧倉，從頭髮花白的老人，到背著孩子的婦女，一個個感激得眼淚嘩嘩，前來領糧。

此番舉動，果然深得民心，大量貧苦農民紛紛參加了起義軍，使瓦崗軍的隊伍迅速擴大，成為當時全國最強大的一支農民起義軍。隨後，李密又建議增築興洛城，擴張到周圍四十里，使洛口倉擴大了好幾倍。

不久後，翟讓主動讓位，李密取得了領導權。沒過多久，瓦崗軍在這裡建立起了自己的農民政權，李密自立為「魏公」。

洛口倉失守後，隋煬帝驚恐萬分，急忙派劉長薛和裴仁基一起進剿義軍。義軍在李密的領導下，英勇作戰，在石子河一戰，大敗隋軍。劉長薛化裝逃回洛陽，才免身死。裴仁基見隋朝大勢已去，便率其子裴行儼和部將秦叔寶、羅士信投降瓦崗軍。

接著，義軍燒毀天津橋，攻陷豐都市，奪得了隋朝的第二大糧倉——回洛倉，從此瓦崗軍威震全國。不久後，李密又派兵攻打黎陽倉（在今河南浚縣東南），結果也大獲全勝。

在攻破了回洛倉和黎陽倉以後，李密同樣立刻開倉放糧，使廣大農民感激不盡，紛紛參加了起義軍，使瓦崗軍增加到了二十萬。這時，瓦崗軍已控制了中原大部分地區，達到了鼎盛時期。瓦崗軍之所以能取得這樣的成就，確實多虧了李密開倉放糧。

李世民說父反隋

李世民的父親就是唐國公李淵。李淵出身貴族，祖父李虎在西魏時官至太尉，父親李昞是北周的柱國大將軍。李淵與鮮卑貴族竇毅的女兒成親後，一共生了四個兒子和一個女兒，四個兒子分別是李建成、李世民、李元霸、李元吉，女兒後來嫁給了武將柴紹。

在李淵的四個兒子當中，屬二子李世民最有才幹。李世民為人聰明、勇敢、果斷、有膽有識。他看到隋煬帝日益殘暴、荒淫，隋王朝越發混亂、腐朽，就暗暗地懷有了安定天下的抱負。他禮賢下士、廣結賓客，漸漸地贏得了大家的愛戴和擁護。很快，劉文靜、裴寂、長孫順德、劉弘基等人都與李世民交好。

西元617年，李淵任太原留守，可徵調太原十三個郡的兵力，有三四萬人。而且，太原為軍事重鎮，具有很有利的起兵反隋的條件。

當時，全國各地的反隋起義正風起雲湧，李世民見天下大亂，而且父親已具備起兵反隋的條件，便與晉陽縣令劉文靜秘密策劃反隋大計。劉文靜說：「現在煬帝正在南方巡遊，李密的軍隊已經逼近東都，其他的起義軍也在到處活動。在這個時候，如果有一位真命天子能出來駕馭他們，勢必奪得天下。太原的百姓為了躲避盜賊已經紛紛搬進了城內，我當縣令這幾年，知道他們當中不乏英雄豪傑，一旦將這些人聚集起來，可得到十萬人呀。您的父親率領的軍隊已有幾萬人，只要一聲號令，有誰敢不服從呢？用這些兵力乘虛入關，號令天下，不過半年，就能取得帝王之業。」李世民聽後笑道：「您的話正合我的心意。」於是，李世民開始暗地裡部署賓客。他擔心父親李淵不答應起兵反隋，猶豫了很久也不敢對李淵說。

李世民左思右想，認為可以請裴寂去幫助自己說服父親。因為裴寂和李淵一向關係很好，二人

還經常在一起宴歡交談。裴寂聽了李世民的請求後，很爽快地就答應了。於是，裴寂去找李淵，將李世民反隋的計策告訴了他。李淵聽後很心動。其實，李淵看到人民困苦不堪，怨聲載道，心中早有反意，但他是隋朝世受皇恩的世襲貴族，覺得自己應該永遠忠於朝廷，所以遲遲下不了決心，還要繼續觀望形勢。

不久後，突厥人入侵馬邑，李淵派高君雅率兵與馬邑太守王仁恭一起抵抗，最後高君雅、王仁恭戰敗。李淵擔心自己一起被朝廷治罪，非常憂慮。李世民趁機勸說李淵：「如今皇上昏庸無道，人民窮困不堪，晉陽城外到處都是戰場，父親如果恪守小節，在下有流寇盜賊、上有嚴刑峻法的情況下，您的危亡就要到來了。您不如順應民心，興兵起義，轉禍為福，這也是上天賜予的時機呀。」李淵聽後，嚴肅地說：「這話你不要隨意說，要謹慎。讓我再好好想一想，明天再說。」

為了讓父親李淵儘早下定決心，當天夜裡，李世民讓裴寂私下用晉陽宮的宮女侍奉李淵，李淵並不知情。待李淵發現後，為時已晚，他害怕得不得了，要知道私會宮女是會被判死罪的。李淵害怕此事一旦敗露，恐怕會與馬邑失守這件事一起被誅殺。於是，他終於下定了反隋的決心。

第二天，李世民又勸李淵：「如今盜賊日益增多，遍布天下，父親您受詔討賊，可賊人能討伐得完嗎？總之，最後您難免是要獲罪的。而且，現在世人都傳言『李氏將得天下』，所以李金才並沒有犯罪，卻在一個早上被滿門抄斬了。所以說，起兵反隋才是上策，希望父親您不要再顧慮什麼了。」李淵感慨道：「經過一夜的思考，我覺得你說得很有道理。」

於是，李淵開始在太原廣樹恩德，結納豪傑，不斷發展壯大自己的力量，準備因勢借力，先取關中，再圖天下。李淵先是用吃喝玩樂的污濁行為打消隋煬帝對自己的戒備之心，暗地裡卻秘密地準備起兵。他從河東召回長子李建成和四子李元吉，並讓李世民繼續到各地招兵買馬。接著他又備下厚禮結交

始畢可汗，解除了塞北突厥對自己的威脅。而後他又極盡謙恭吹捧之能事，使李密心甘情願地充當了為自己「阻擋東都之兵」的角色。然後，李淵趁太原和朝廷失去聯繫之際，秘密地殺死準備向隋煬帝告密的王威，宣布起兵。

李淵自起兵之日起，就將拿下長安作為最終目的。西元617年十一月，李淵開始率兵攻打長安。當時，擋在他面前的第一個障礙就是西河郡，令他喜出望外的是，他的兒子李建成和李世民不到十天就拿下了西河郡。第二道障礙是霍邑，當時由隋朝大將宋老生把守。李淵先擺出攻城牆的架勢引宋老生出戰，然後讓李建成和李世民領兵搶占了霍邑的東門和南門，切斷了他的退路，接著在隋軍中散布謠言，說宋老生已死。隋軍軍心渙散，以致全軍覆沒。李淵很快占領霍邑。隋朝大將屈突通布重兵鎮守河東，他拆毀黃河河面上的所有浮橋。但是對隋煬帝的暴政早就深惡痛絕的關中百姓紛紛幫助李淵的軍隊過河，李淵順利地占領了關中地區。

李淵占領長安後，立代王楊侑為皇帝，自封為唐王。次年（西元618）五月，李淵廢掉楊侑，自立為帝，史稱唐高祖，改國號唐，定都長安。不久唐朝統一了全國。

一次讀完資治通鑑 故事

唐紀

李世民奪取洛陽

隋煬帝死後，東都洛陽還在隋煬帝的孫子楊侗和大臣王世充的手裡。王世充把楊侗立為皇帝（史稱「皇泰主」），繼續打著隋朝的口號，對抗起義軍。而後不久，王世充又殺掉了楊侗，自立為帝，改國號鄭。

這時，新建立起來的唐朝已經消滅了西北的幾個豪強割據勢力，穩定了後方。西元620年七月，唐高祖命秦王李世民率兵進攻洛陽。李世民的軍隊一出關，河南的許多州縣便紛紛投降，唐軍很快就包圍了洛陽。

王世充見勢不妙，就向李世民求和，但遭到了李世民的拒絕。求和失敗後，王世充只得全力迎戰，卻接連失敗，正面打不過，他便使用偷襲。王世充知道李世民喜歡在夜間只帶少數人到前線查看地形，便一直在等待合適的機會，準備將李世民消滅。後來，機會終於來了。一天夜裡，李世民只帶著五百名騎兵到前線查看地形。王世充知

道後，立即親率士兵一萬多人前去突襲。王世充將李世民重重圍住後，他的大將單雄信殺散了李世民的衛士，直接向李世民衝殺過來。眼看李世民就要被殺掉了，突然從側面奔過來一個叫尉遲敬德的人，將單雄信打下馬，救了李世民。隨後，尉遲敬德保護李世民殺出重圍，終於和前來接應的唐軍主力匯合。李世民率軍隨即回身向王世充反擊了過來，結果王世充的部下全軍覆沒，只有他自己逃掉了。

隨後，唐軍就對洛陽城發動了猛烈進攻。但是，洛陽城池的防禦能力極強，在守城的器械當中，還有當時最強大的武器大炮飛石和八弓弩箭機，大炮飛石能將重五十斤的大石擲出二百步，殺傷力極強；八弓弩箭機能同時將八支箭射出五百步。唐軍攻了大半年，也沒有將洛陽城攻下來。

洛陽城久攻不下，唐軍將士疲憊不堪，要求撤回關中。李淵也發來密信，要李世民撤兵。但李世民認為如果此刻撤兵，所有辛勞將功虧一簣，因此堅決不撤。他還號令全軍說：「洛陽城一日拿不下，我

軍一日不還，再有敢說撤兵者，立即處斬。」於是唐軍再也沒有人敢要求撤兵了。

而這時的洛陽城內，由於缺糧，不只是老百姓，就連王公貴族都是吃糠咽菜，餓死者不計其數。情勢困窘，人心離散，使王世充失去了獨自抵抗唐軍的能力。不得已，王世充只好派使者去河北向夏王竇建德求助。竇建德雖然答應來解圍，但遲遲沒有發兵，因為他另有打算，他希望唐鄭繼續交戰，等到兩敗俱傷的時候自己好坐收漁翁之利。

西元621年三月，竇建德認為時機成熟，便率兵前來支援洛陽城內的王世充。王世充的弟弟王世辯也派自己的部下郭士衡從徐州趕來與竇建德匯合。他們一共有十幾萬人，駐紮在了滎陽的東邊，準備和王世充裡應外合，擊退唐軍。

這時，唐軍的一個謀士向李世民建議說：「王世充的兵力還很強，只是缺少糧食。如果讓他和竇建德匯合，洛陽就會得到河北接濟的糧食，那麼我們勝利就沒有希望了。所以，一定要把竇建德的大軍

截住。」李世民聽取了這個意見，把李元吉留在洛陽繼續圍攻王世充，自己則帶三千多名精兵占據了虎牢關，截住了竇建德的道路。

西元621年五月，李世民和竇建德交戰。竇建德認為敵寡我眾，便十分輕視唐軍。竇建德的屬下王琬更是驕傲，他騎著隋煬帝當年的戰馬，穿著戎裝，站在陣前，向眾人誇耀。尉遲敬德看他這個樣子，十分討厭，便向李世民請求出戰擒王琬。不一會兒，尉遲敬德就擒獲了王琬，並牽回了他的馬。隨後，李世民率兵大敗夏軍，攻入竇建德的軍營，生擒了竇建德。

竇建德兵敗後，李世民再率兵回去圍攻洛陽。王世充見大勢已去，只好向唐軍投降。李世民接受了他的投降，並饒了他全家人的性命。而王世充的將相大臣卻沒他這麼幸運了，單雄信、段達、郭善才等人皆被處斬。

玄武門之變

西元618年，唐高祖李淵當上皇帝後，封長子李建成為太子，次子李世民為秦王，四子李元吉為齊王。三個兒子當中，其實屬李世民的功勞最大。從太原起兵到統一全國，他立下的戰功最多，而且他智勇雙全，手下還聚有一批人才。李建成知道自己各方面都不如李世民，只因是長子才得以被立為太子，所以他對李世民一直心懷忌妒和防備。

為了鍛練李建成，唐高祖特意將一些不太重要的事務交給他，並派李綱等人從中協助。可李建成卻喜歡吃喝玩樂，根本就不用心做事。李綱為人正直，他看不慣李建成的行為，便稱病辭去了官職。本來，李建成在朝中就沒有什麼威望，從這以後就更不用提了。

而李世民則正好相反，他本來就戰功顯赫，後來在消滅竇德建和王世充兩股割據勢力的時候，又做出了重要貢獻。之後，文武百官更加崇敬他，他的聲望甚至超過了父

親唐高祖。

眼見李世民的聲望日益增高，太子李建成越來越不放心，於是他拉攏齊王李元吉一起排擠、打擊李世民。他們透過多種手段收買、拉攏唐高祖寵愛的妃子張婕妤等人，讓她們在唐高祖面前講李世民的壞話，使唐高祖逐漸對李世民有了成見並疏遠了他。

李建成和李元吉見李世民失寵，便開始想盡辦法除掉李世民。有一次，李建成邀請李世民和李元吉到太子宮中赴宴。宴會開始前，李建成和李元吉在酒中下了毒。結果絲毫沒有防備的李世民剛喝了幾杯酒就腹部劇痛，嘔吐不止。若非陪席的淮安王李神通救護及時，李世民那次恐怕就要命赴黃泉了。後來，李建成看一計不成，又施一計，他知道秦王府有很多驍勇善戰的部將，想用重金將他們拉攏過來，這樣既可以讓他們為自己效命，又可以架空李世民。但那些曾和李世民一起衝鋒陷陣的部將們都對李世民忠心耿耿，使李建成的計畫又沒有得逞。

西元626年，突厥侵犯中原。李建成覺得又一個除掉李世民的機會來了。於是他提議讓李元吉領兵出征突厥，並且請求讓李世民手下的尉遲敬德、秦叔寶、程咬金三員大將以及所有精兵都隨軍出行。他以為把李世民身邊的將士都調開後，就可以放手將其殺害。有人把這個計謀報告給了李世民。形勢危急，秦王府的幕僚們強烈要求李世民立即採取措施，不如先發制人，除掉李建成和李元吉。

對於太子的挑釁和迫害，李世民一再忍讓。但是這次已經到了忍無可忍的地步，他終於聽從了眾人的勸告。於是，李世民深夜入宮，向唐高祖密奏李建成、李元吉淫亂後宮，並將自己的冤屈一一訴來。李淵看完奏章後十分驚愕，讓李世民明早與太子和齊王一起來朝參。張婕妤暗中派人將奏章內容告知太子，李元吉原想託病不上朝，但是李建成認為兵防具備，盡可以放心入朝察看情況。殊不知，李世民早已布下天羅地網，單等他們前來。

西元626年七月二日，李建成和李元吉從東面走進玄武門時，看到守門的正是自己的人，其實，當

值將軍常何已經投靠了秦王陣營。他們到來臨湖殿，覺察情況異常，立即掉轉馬頭想奔回宮府，但是已經來不及了。李世民的伏兵殺氣騰騰地包圍了他們。李世民在後面呼叫。李元吉想開弓射殺李世民，但是由於心裡緊張，拉了幾次都沒把弓拉開。李世民發箭射殺了李建成。李元吉則被尉遲敬德帶來的兵士亂箭射死。當時，唐高祖正在皇宮裡等著三兄弟來朝見，只見尉遲敬德手拿長矛氣喘吁吁地衝進宮來，說：「太子和齊王發動叛亂，已經被秦王誅殺了，我是遵秦王之命，前來保衛陛下安全的。」唐高祖這次知道外面出了事，嚇得不知該怎麼辦好。宰相蕭瑀等大臣說：「太子與齊王本來就妒忌秦王，並多次施用奸計謀害秦王。現在他們被秦王消滅，這是好事。陛下把國事交給秦王，就沒事了。」事到如今，唐高祖也沒有別的辦法，只好聽了大臣們的話，宣布太子和齊王罪狀，命令各府將士全部歸秦王指揮。三天後，唐高祖封李世民為太子。這就是歷史上有名的「玄武門之變」。

兩個月後，唐高祖讓位給李世民，自己情願做了太上皇。李世民即位，就是唐太宗。

▌ 魏徵諫諍

魏徵（西元580—643年），字玄成，唐初傑出的政治家、思想家、史學家。曾任諫議大夫、左光祿大夫，封鄭國公，以直言敢諫著稱，是中國歷史上最負盛名的諫臣。

魏徵是河北鉅鹿人，很小就成為一個孤兒，家境十分貧寒。他很喜歡讀書，但為生活所迫，曾出家當過道士。隋朝大業末年，魏徵被隋武陽郡丞元寶藏任為書記。後來，他隨元寶藏歸降了李密。魏徵對李密提出了十條用兵的計策，李密看後大加讚賞，就任命他為元帥府文學參軍，專管文書卷宗。後來，魏徵對李密很失望，認為他成

不了大業。

西元618年，李密兵敗降唐，魏徵也跟隨了過去。但到了長安後，他很久都沒有得到重用。於是他請命去山東地區做安撫工作。得到准許後，他又寫信勸降駐守黎陽的李密部將徐世勣。後來竇建德攻占黎陽，魏徵成了俘虜。竇建德失敗後魏徵再次回到長安，李建成聽說他很有能力，非常器重他，召他做了東宮幕僚。魏徵看到秦王的勢力太大，多次勸太子早作準備，先發制人。

玄武門之變後，唐太宗找到魏徵，責備他在太子面前挑撥兄弟關係。魏徵說：「太子要是早聽了我的話，也不會落到今天這個地步。」唐太宗敬佩他的膽識，不但沒有怪罪他，還任命他為諫議大夫。

唐太宗登基伊始，想有所作為。他多次將魏徵請到內室，就朝廷大事、政事得失等徵求他的意見。魏徵性情耿直，只會面折廷爭，從不諂媚悅主，所以他的意見，唐太宗大都會欣然採納。魏徵也很高興自己能夠遇到賢明的君主，更是殫精竭慮、一心一意地輔助唐太宗。有一次，唐太宗問魏徵何謂昏君明君，魏徵說：「兼聽則明，偏聽則暗，秦二世身居內宮，偏信趙高，所以絲毫不知天下大亂；隋煬帝偏信虞世基，江山易主還獨自不知。這樣的君王都是昏君啊。」唐太宗聽了他的這番話，讚不絕口。

貞觀元年（西元627年），魏徵被升任為尚書左丞。這時，有人在朝中彈劾魏徵，說他私自提拔自己的親戚為官。唐太宗立即派溫彥博去調查此事，結果查出是誣告。唐太宗派溫彥博去責備魏徵，讓他以後多注意影響，不要再惹出這樣的麻煩。魏徵上奏說：「我覺得君臣之間應該和諧默契如同一體，如果為了避嫌而置公道於不顧，那麼國家興亡也就沒有定數了。我不願做忠臣，請陛下讓臣做良臣。」唐太宗問這二者的區別。魏徵說：「皋陶之類的良臣，能讓君主獲得美名，自己也可以安享福祿；比干之類的忠臣雖有其名，但是卻給自己帶來了殺身之禍，還會給君主留下罵名，這二者大有不同。」唐太

宗點頭表示贊同。

　　貞觀二年（西元628年），魏徵又升為秘書監，並參與掌管朝政。不久之後，長孫皇后聽說京城一個姓鄭的官員家有一個年方十六歲的女兒，此女才貌出眾，全城無人能比。於是她就向唐太宗請求，將其納入宮中做嬪妃。唐太宗便下詔將這個女子聘為妃子。魏徵聽說這位女子早已有了婚配，夫家姓陸，便立即入宮向唐太宗進諫道：「陛下身為百姓的父母，應當父愛百姓，以他們的憂為憂，以他們的樂而樂。自己居住在宮殿中，要想到百姓是否有安穩的房屋；自己吃著美味，要想到百姓是否在忍受饑寒；自己嬪妃滿院，要想到百姓是否有家室之歡。現在鄭家的女兒，早已許配給了陸家，陛下沒有調查清楚，就將她納入宮中，如果傳出去，大家會說難道這是為民父母應該做的嗎？」唐太宗聽後，大吃一驚，當即深表內疚，並決定收回成命。但有的大臣卻認為鄭家女兒已有婚配這件事，是子虛烏有，便堅持詔令有效。陸家人知道後，也派人遞上表章，聲名兩家雖常有來往，但並無定親一事。唐太宗半信半疑，又召來魏徵詢問。魏徵直截了當地說：「陸家之所以否認這件事，是害怕陛下日後借此加害他們。其中的緣故十分清楚，沒有什麼好奇怪的。」唐太宗這才恍然大悟，於是堅決收回了詔令。

　　魏徵敢犯顏直諫，即使唐太宗大怒之際也敢於據理力爭，從不退讓。所以，唐太宗有時對他也心懷敬畏。有一天，唐太宗想要去山中打獵取樂，行裝都裝備停當，卻遲遲未行。不日，魏徵問及此事，唐太宗笑著說：「原先是想出去，但害怕你又要直言進諫，現在已經不想去了。」有一次，唐太宗得到了一隻訓練有素的鷂鷹，他非常高興，拿到手裡把玩不止。他看見魏徵從遠處向他走來時，趕忙把鳥藏在懷中。魏徵故意借奏事拖延了很久，等他走後，唐太宗發現鷂子已經悶死在懷中了。

　　魏徵不但在國事上對唐太宗多有進諫，而且在皇帝的家事上也敢於盡到一個諫官的責任。長樂公主出嫁，唐太宗想多送點陪嫁，但是魏徵說禮度是原先都有的，最好不

要越禮。長孫皇后聽後，派人賞給他錢四十萬、絹四百匹。

貞觀十六年（西元642年），魏徵染病在床，唐太宗派去探視的人絡繹不絕。魏徵一生節儉，住所簡陋，唐太宗下令用建偏殿的材料為他建房屋。次年，魏徵病逝於家中。唐太宗親自至其靈前痛哭，感歎說：「以銅做的鏡子可以讓人正衣冠，以史為鏡可以讓人知興亡，以人為鏡可以讓人知得失。為了防止自己犯錯誤，我時常保留這面鏡子。現在魏徵死了，我失去了一面鏡子。」

魏徵在貞觀年間，先後上書二百餘條，強調「兼聽則明，偏聽則暗」，這對唐太宗開創的為世人千古稱頌的「貞觀之治」起了重要作用。而魏徵本人，由於直言敢諫而萬世流芳，被稱為良臣的典範。

■ 便橋會盟

武德九年（西元626年）的玄武門之變後，唐太宗剛剛即位，東突厥的頡利可汗乘唐朝內亂，大舉興兵，入侵中原。頡利可汗率領十餘萬兵馬，首先南下進攻涇州，而後一路挺進到武功，直接威脅到了帝國的都城長安。

八月二十四日，突厥軍隊已經進攻到了高陵。唐太宗任命勇將尉遲敬德為涇州道行軍總管，率兵到涇陽阻擊突厥。尉遲敬德抵達涇陽後，立即組織反攻，與突厥軍隊打了一場惡戰。結果，尉遲敬德勇不可當，生擒敵軍將領阿史德烏沒啜，並且擊斃突厥騎兵一千餘人，頡利可汗大敗而逃。但是，頡利可汗賊心不死，沒過幾天，又再次率兵入侵大唐，而且一直進抵渭水便橋邊，直逼長安城。突厥二十萬大軍，在便橋北岸列陣，數十里皆飄著他們的旌旗。京城兵力空虛，長安城雖然已經戒嚴，但還是人心惶惶。頡利可汗仗著人多勢眾，便不把大唐放在眼裡，竟然派親信到京城去拜見唐太宗，以打探唐朝的情況。

頡利可汗如此囂張，讓唐太宗十分氣憤，於是他親自帶著幾位大臣，騎馬出了玄武門，徑直來到了渭水河畔。頡利可汗見唐太宗來了，也領著兵將列隊站在了河邊。隔著河，唐太宗騎在馬上對頡利可汗高喊道：「頡利可汗，我們之前已定下盟約，說好了互不侵犯。如今你為何背信棄義，前來進犯我大唐？」唐太宗的聲音洪亮，表情威嚴，一下子就將突厥士兵給震懾住了，他們開始害怕起來。不一會兒，大唐的軍隊也陸續趕來。一時間，旗幟飄揚，漫山遍野都是大唐的士兵。頡利可汗見唐太宗親自出馬，而且唐軍陣容強大，也感覺不安起來，心裡有點恐慌。

唐太宗讓自己的軍隊在後面排列布陣，自己仍留在原地和頡利可汗交談。有位大臣怕突厥兵暗算唐太宗，就趕緊上前拉住唐太宗的馬，神色緊張地再三勸他往後退。唐太宗卻笑著對他說：「不用害怕，朕已經全部安排好了，難道你看不出我的用意嗎？頡利可汗之所以敢傾盡全國的兵力，前來侵擾我大唐，這是因為他們以為我國出現

了內亂，朕又剛剛即位，就沒有抵抗能力了。」唐太宗頓了一下，繼續說道：「現在，如果我們緊閉城門，只在城內抵禦，突厥人必定會以為我們軟弱可欺，就會出動大批人馬，對我們發動進攻。這樣的話，到時候，我們就很難抵抗了。因此，我才會親自到前線來，做出一副看不起他們的樣子，並向他們炫耀我軍的陣容，就是讓他們相信我們一點都不害怕，而且會全力迎戰。朕所做的這些，已經出乎突厥人的意料，會使他們失去主張。這就是心理戰。」那位大臣聽後，連贊唐太宗英明。唐太宗又說：「突厥士兵長途跋涉來到這裡，人生地不熟，心裡肯定有所恐懼，現在又看到我們這麼有信心，他們必定更加膽怯。因此，如果雙方交戰，結果勝利的一定是我們，這一點他們也知道。所以，只要我們提出言和，他們就一定會同意。但是，現在還不是談言和的時候，我要再等一等。」

過了沒多久，頡利可汗就坐不住了，他派使者前來拜見唐太宗，請求言和。這早在唐太宗的意

料之中，而且他當時也不想國家有戰爭，因為他剛剛即位，應以休養生息為主，便答應了突厥的請求。幾天後，唐太宗又到了渭水河畔，就在便橋上與頡利可汗定下了盟約。這就是歷史上著名的「便橋會盟」。

訂立盟約之後，頡利可汗就撤兵回去了。就這樣，一紙盟約竟避免了一場大戰。

東突厥滅亡

突厥汗國被隋朝分裂以後，變成了東、西突厥兩部分。兩部分大體上以金山（今阿爾泰山脈）為界，劃分汗國原來的疆域。但是，隨著兩國勢力的消長，它們所管轄的範圍也時有伸縮。從木杆可汗統治期間（西元553—572年），東突厥開始迅速強大起來。

西元560年，東突厥打敗了契丹，勢力擴張到了遼河西岸。西元581年，東突厥沙缽略可汗即位，但西突厥達頭可汗拒絕承認沙缽略可汗名義上的宗主地位，所以東西突厥正式分裂，並引發內戰。西突厥聯合遼西的契丹一起攻打東突厥。當時，隋文帝立國不久，因害怕突厥可能重新統一，他就派兵支援東突厥，在打退西突厥之後，他又在東突厥內部不斷地製造混亂。西元587年，東突厥都藍可汗即位後，突利反叛，得到了隋文帝的支持。突利失敗後，隋文帝承認了他的可汗地位，並讓他在河套地區做隋的盟邦，東突厥自此分裂。之後，東突厥內亂一直不斷。

西元629年，處於分裂狀態的東突厥更是內外交困。這時，和東突厥之間一直處於守勢的大唐開始轉守為攻。唐太宗冊立薛延陀夷男為真珠毗伽可汗，請他與大唐一起共擊突厥。唐太宗任命李靖為行軍總管，張公謹為副總管，一起率兵前往。

時年十一月，大將李靖、徐世勣、李道宗、柴紹、薛萬策等，共率兵十萬，由李靖統一指揮，分路

一次讀完資治通鑑故事

征討突厥。

西元630年春，李靖率領三千名精銳騎兵從馬邑出發，一直進發到惡陽嶺，才駐紮了下來。當天夜裡，李靖率領士兵對定襄城發動了偷襲，並大勝而歸。東突厥的頡利可汗十分震驚，他對部下說：「唐朝肯定是將全國的兵力都派出來攻打我們了，否則李靖怎敢孤軍深入呢？」頡利可汗的部下也非常恐慌，便請頡利將軍帳往大沙漠裡遷移了很遠。

突厥在與唐軍的交戰中，接連失敗，不得已，頡利可汗領著幾萬殘兵敗將逃到了鐵山。頡利可汗走投無路，只好派人向唐太宗請罪，請求歸附。唐太宗接受了他的請求，並派唐劍前去安撫，又命李靖去接應。

李靖知道頡利可汗之所以要歸順，主要是暫時走投無路，其實他並不死心，以後一旦有機會，他還會重整旗鼓，侵擾大唐。於是，李靖便與徐世勣商議道：「現在，頡利可汗雖然戰敗了，但他還有很多兵力，如果讓他穿過大沙漠跑到了北邊，那麼以後就很難再追上他

了。他表面上歸順，其實是想藉機逃走，我們不能讓他的陰謀得逞。當陛下所派的使節帶著詔書到達他們營地時，他們肯定放鬆警惕。這樣的話，我們只要帶領一萬精騎兵，趁其不備進行偷襲，肯定就會輕易地抓住頡利可汗。」兩人商議之後，把這個計畫告訴了張公謹。張公謹一聽，立刻反對道：「現在陛下的詔書已經到達了他們那裡，我們怎敢違抗皇命呢？」

李靖聽後笑著說：「這你就不懂了，這就是過去韓信破書的方法。」張公謹覺得有道理，便不再反對。於是，李靖和徐世勣就率領著軍隊出發了。到了陰山後，他們遇到了一千名突厥兵，很快就將其全部俘虜了。

頡利可汗見到唐朝的使節後，果然放下心來，也放鬆了警惕。但就在這時，李靖的部下蘇定方率領的二百名先頭軍已經趕到了離頡利的軍帳只有七里遠的地方。突厥人發現唐軍來了，又是吃驚又是害怕，紛紛騎著馬逃走了。當李靖率領大軍趕到後，突厥兵早已四散而逃。李靖率兵斬殺了突厥兵一萬

多，俘虜了突厥人十萬多，並繳獲牲畜幾十萬頭。但頡利可汗卻向沙漠裡逃了過去。不過，他並沒有逃掉，因為唐軍早有防備。當頡利可汗率領著一萬多殘兵，準備穿越大沙漠向北逃去的時候，卻遇到了早已等候在那裡的徐世勣。最後，頡利的手下不戰而降，頡利也被活捉，並被押到了長安。

西元630年四月，頡利可汗被押到了唐太宗面前。唐太宗最後饒他一死，並讓他住在了太僕寺，還賜給他優厚的待遇。從隋朝起就一直威脅中原的東突厥汗國終於滅亡了。

■ 長孫皇后

長孫皇后（西元601—636年）是唐太宗李世民的皇后。她的祖先為北魏皇族拓跋氏，父親長孫晟是隋右驍衛將軍，平突厥的功臣。她的母親是北齊皇族後裔，名臣高士廉的妹妹。長孫皇后，自幼愛好讀書，為人通情達理，十三歲時嫁給李世民為妻。李世民即位後，她被冊封為皇后。長孫皇后生性節儉，溫柔賢淑，是中國歷史上最為著名的賢后，堪稱母儀天下的榜樣。

自從嫁給李世民後，長孫皇后就跟著他東征西戰，一直是他的賢內助。李世民當上皇帝以後，夫妻倆跟從前一樣經常在一起談古論今。但是只要一涉及朝政方面的事，長孫皇后就會立刻岔開話題，不管唐太宗如何堅持要聽聽她的意見，她每次到最後也不回答。她常常說：「身為女人，我怎麼能對朝政大事說三道四呢？」由此可見，長孫皇后是個很講原則的人。

不過，該說話的時候她還是會說的。她常常會採用一些巧妙的方式，對唐太宗進行溫柔而不傷體面的提醒。有一次，唐太宗退朝後非常生氣，長孫皇后問他是為什麼，他說：「還不是因為魏徵那個老小子，朕要出去狩獵，他卻堅決反對，當眾跟我過不去。總有一天

一次讀完資治通鑑故事

我要殺掉他才能洩心頭之恨。」長孫皇后聽後，什麼也不說，只是悄悄地回到室內換上朝服。然後莊重地來到唐太宗面前，叩首下跪。皇上驚訝地問她原因，她說：「我聽說只有英明的君主手下才有正直的臣子，魏徵剛正不屈，可見陛下英明。」唐太宗一聽，覺得很有道理，滿腔怒火也煙消雲散。也許正是因為有了這樣一位賢明的皇后，時常在唐太宗和魏徵之間進行調節，才使唐朝有了一位偉大的諫臣，也成就了一位聖明的君主。

作為後宮的掌權者，長孫皇后深知自己肩上的重任，面對關係複雜、微妙的後宮，她知道最好的治理辦法就是以身作則，用嫻熟無私、公正廉明的德行默默感化，為後宮做表率。長孫皇后在宮中實行節儉制度，她便先從自己做起。因此，她生活非常簡樸，一切服飾什物和所有使用物品，都以夠用為限，從不鋪張浪費。同時，她還要求自己的孩子，也要克制物欲。她與唐太宗的長子李承乾很小就被立為太子，當時東宮的日用開支皆由太子的乳母遂安夫人掌管。太子宮中的費用也不寬裕，於是遂安夫人時常在皇后面前說太子是未來的君王，現在的生活過於寒酸，實在不是皇家的樣子。但是長孫皇后並不因為鍾愛太子就有所破例，她說：「作為未來的君王，所患的應該是德不立名不揚，而不是器物短缺和用度不足。」她的公正廉明，使她深得宮中各類人的愛戴，人人都以聽從她的安排為榮。但是，對於後宮的嬪妃和宮人，她又極其寬容。每逢後宮有人惹怒了皇上，她會先按照皇上的意思暫時將其「繩治」，等皇上氣消的時候，她又會向皇上求情，不讓任何人受冤。不管哪個宮人生了病，她都會派人送去藥品，還親自前去慰問。後來，有個妃子生下豫章公主後不久便去世了，長孫皇后就將豫章公主收養在身邊，視為己出。在長孫皇后的治理下，後宮不再冰冷無情，而是呈現出一派溫馨、祥和的氣氛。

長孫皇后雖身為國母，但她從來不依仗權勢為自己的娘家人謀取私利。她的兄長長孫無忌從太原起兵之日，就為唐太宗出謀劃策，奔走效勞。後來位居凌煙閣二十四功

臣之首。但是長孫無忌在長孫皇后在世時始終沒有掌握大權的原因就是因為長孫皇后。長孫皇后多次告誡長孫無忌，漢代呂家專權，給江山社稷帶來無窮的災難，身為皇親國戚，應嚴於律己，一心為公，自己已經身居高位，實在不願哥哥再步入朝堂，成為萬人矚目的焦點。在長孫皇后的告誡下，長孫無忌曾多次向皇上辭官。為此李世民專門向皇后解釋，長孫無忌得到重用，是因為他的才幹超群。不過在長孫皇后的堅持下，李世民最終答應了他的請求。

貞觀八年（西元634年），長孫皇后隨唐太宗出巡，在路上受了風寒，病情日漸加重。太子李承乾請求以大赦囚徒來為她祈福，群臣連聲附和。但是長孫皇后自己堅決反對，她說：「生老病死非人力所能左右，赦免囚徒是國家大事，何必因我一婦人，而亂天下法度。」眾人聽了都感動得落下淚來。

貞觀十年（西元636年），長孫皇后因病去世，年僅三十六歲。在彌留之際，她還不忘囑咐唐太宗要善待百姓，重用賢臣，不要讓外戚專權，還要求喪事一切從簡。同年十一月，長孫皇后葬於昭陵。其初，唐太祖賜她諡號文德，後來又改為文德順聖皇后。

■ 賢相房玄齡

房玄齡（西元578—648年），別名房喬，字玄齡，漢族，是唐朝初期的著名良相、傑出功臣，大唐「貞觀之治」的主要締造者之一。貞觀年間，他連任宰相二十年，智慧超群、功勳卓越、地位顯赫，他善用偉才、自甘卑下、常行讓賢，堪稱一代賢相。

房玄齡出身官宦世家，曾祖父做過南宋時的太守，祖父也做到了郡守的職務，父親房彥謙官至郡司馬。其父房彥謙為官清廉，被評為「天下第一」。也許正是因為有這樣的父親，房玄齡才會成為一

位英明賢能的宰相。房玄齡從小博覽經史，工書善文，十八歲就考上了進士。少年時，房玄齡跟隨父親去了京師，當時隋文帝當政，天下安寧，一片大好的太平景象。但小小年紀的房玄齡已經對世事有精到的分析，他私下裡對父親說：「隋文帝不為國家長遠著想，諸子嫡庶不分清，最終會互相傾軋誅殺。現在國家太平，但滅亡之日也不遠了。」後來，父親常年臥病在床，房玄齡一直殷勤侍奉，極盡孝道。

隋朝末年，天下大亂，李淵率兵入關，房玄齡在渭北投奔了李世民。此後，他屢次跟隨秦王李世民出征，出謀劃策，立下了不少功勞。每平定一個地方，別人都爭著尋求金銀珠寶，只有房玄齡卻四處為秦王府收羅人才。因此，府中的很多謀臣猛將都十分感念房玄齡的推薦之恩，紛紛表示必定全力報效他。唐武德九年（西元626年），房玄齡參與玄武門之變，與長孫無忌、尉遲敬德、杜如晦、侯君集五人並功第一。

唐太宗李世民即位後，論功行賞，房玄齡被任命為中書令。李世民的堂叔李神通不服，說：「剛起兵反隋的時候，是臣率領兵士最先到達的。現在房玄齡這個只會弄筆寫字的文官，反而功居第一，臣不服氣。」李世民也不客氣，立即反駁道：「剛起義時，人人各懷私心。叔父您雖然率兵前來，也是因為害怕被株連殺掉，而且從未上陣打過仗。與竇建德交手，您全軍覆沒；後來劉黑闥起兵，您又望風而逃。現在論功行賞，房玄齡運籌帷幄，幫助穩定社稷，功勞堪比蕭何，雖然不是什麼汗馬功勞，但能以獻出大計而居功第一。叔父您是皇親國戚，朕並不是吝嗇封賞，但不能因為私情將您和功臣一同獎勵。」一番話，說得李神通慚愧不已，啞口無言。

貞觀二年（西元628年），房玄齡被封為魏國公，任尚書左僕射，監修國史。貞觀十一年（西元637年），改封梁國公，與杜如晦、魏徵等同為唐太宗的重要助手。房玄齡掌管政務後，參與制定了典章制度，使唐朝律法比前朝顯然寬鬆很多，律條也比較完備，對後世影響極大；他監修國史，主編

了二十四史中的《晉書》；他善於用人，不求備取人，也不分貴賤，隨才授任；他恪守職責，從不居功自傲。因此，後世史學家在評論他時，無不稱讚他為良相。

房玄齡位高權重，而且他的女兒是韓王妃，兒子房遺愛是高陽公主的駙馬，但他常常自甘卑下，從不恃才傲物。貞觀十八年，唐太宗率兵親征遼東高句麗，命房玄齡留守京城，將朝政大事全權交托給他。儘管如此，房玄齡依然不驕不傲，盡心竭力為國為民。房玄齡不但嚴格要求自己，還一直告誡兒子們不要仗勢欺人，切勿驕奢沉溺，並且他還彙集了很多古今聖賢之家的戒律，親自動筆寫在了屏風上，分發給房氏子嗣，對他們說：「如果誰能按照上面所說的去做，就足夠保身成名了。」

貞觀二十三年（西元648年），房玄齡舊病復發。當時唐太宗身在宮中，聽說後立刻命人用自己的擔輿把他抬到御座前。兩人一見面，都感慨流涕，說不出話來。唐太宗命太醫給房玄齡治療，還每天都命人送御膳給他吃。唐太宗聽說他病情有所好轉，就非常歡喜；而聽說他病情加重了，就馬上變得愁眉不展。

房玄齡臨終時對兒子們說：「如今天下太平，只是皇上不斷地東征高句麗，正是國家之患呀。皇上心意已決，大臣們都不敢反對，怕觸怒龍顏。我知道這件事卻不告訴皇上，就會含恨而死呀！」

於是，房玄齡冒死上表進諫，請求唐太宗以天下蒼生為重，停止征討高句麗。唐太宗看完奏表後，感動不已，對房玄齡的兒媳高陽公主說：「這人病危得都要死了，還能夠為國事擔憂，真是太難得了。」

房玄齡臨終的時候，唐太宗親自到他的病床前與他握手訣別，並當即授命他的兒子房遺愛為右衛中郎將，房遺則為中散大夫。唐太宗之所以這樣做，是希望房玄齡在生時能看見兒子顯貴，可放心而去。房玄齡去世時，終年七十歲。唐太宗為他罷朝三日，追贈他為太尉，次諡號文昭，陪葬於昭陵。

唐太宗更立太子

唐太宗李世民一共有十四個兒子，其中長子常山王李承乾、四子魏王李泰、九子晉王李治，都是長孫皇后所生。長孫皇后是正宮，為人極其賢德，在朝中也很有威望，唐太宗對她也是十分敬重。因此，在立太子的時候，唐太宗自然會先從她的兒子當中挑選。

李承乾是長子，且自幼聰敏，深受唐太宗喜愛。唐太宗即位後不久，就將只有八歲的李承乾立為太子。起初，唐太宗對李承乾十分信任。唐太宗居喪期間，國家的許多政務都交由他決斷；唐太宗每次外出巡視，也讓他留守長安，代行處理國政。然而，隨著時間的推移，李承乾的習性逐漸變壞，他愛好聲色，生活奢侈，漫遊無度。見李承乾變成這樣，唐太宗當然很痛心，但也知道自己作為他的父親，也是有責任的，於是開始加強了對他的管教。

在隨後的幾年，唐太宗特意為李承乾選派了許多有學問的老師。首先，右庶子李百藥做了太子的老師。他見李承乾留心典籍和愛好嬉戲，便寫了一篇名為《贊道賦》的文章，以自古以來儲君成敗的事蹟對李承乾進行諷諫。但是兩年過後，李承乾還是毫不覺悟，李百藥無奈，只好向唐太宗辭了職。接著，唐太宗又讓中書郎杜正倫當了太子的老師。當時李承乾正犯腳病，不能上朝。唐太宗特意囑咐李正倫說：「太子有病不來上朝不算什麼，可他不能成才卻令人擔憂。如果太子不聽教導，你可以來告訴我。」李承乾果然不聽杜正倫教誨。為了給太子施加壓力，杜正倫便用唐太宗的話嚇唬他。誰知李承乾上表唐太宗，反告了杜正倫一狀，詞語中還連帶了唐太宗本人。事後，唐太宗責備杜正倫說：「你怎麼能在太子面前洩露我的話呢？」就這樣，杜正倫也沒有成功。後來，唐太宗又先後派光祿大夫張玄素、散騎常侍于志寧去教育太子，但由於太子不服從管教，他

們也都失敗了。因此，唐太宗對李承乾越來越失望，漸漸產生了廢儲之心。

要是廢掉了李承乾，那麼改立誰為太子呢？這時，唐太宗想到了魏王李泰。李泰自幼也非常聰明，而且特別喜歡詩文，對經籍、地理之學也很感興趣。當唐太宗對李承乾不滿後，便開始有意識地培養李泰。貞觀十年（西元636年），唐太宗藉口李泰喜愛文學，對士大夫非常講究禮節，便命人在魏王府建造文學館，讓李泰自由選擇學士。唐太宗這樣做，顯然是為李泰當太子創造了條件，但這也為皇子之間的兄弟相爭埋下了隱患。

李泰見有機可乘，便漸漸地產生了奪儲之志。在其謀士的策劃下，李泰請求唐太宗讓他主持編纂《括地志》一書。唐太宗大力支持，撥了許多經費，給撰寫人優厚的待遇。《括地志》一書編成後，李泰在朝廷中獲得了好名聲。不僅如此，李泰獲得的賞賜也越來越多，到貞觀十六年，他每月所得的賞賜已經超過了當時還是太子的李承乾。

李承乾知道唐太宗的心思後，逐漸對唐太宗產生了忌恨之心，後來又見唐太宗對李泰的寵愛超過了自己，便制定了暗殺和政變的兩套計畫，想除掉唐太宗。他先派遣刺客去謀殺唐太宗，沒有成功，於是決定發動政變，逼唐太宗退位。參加李承乾政變的主要是李元昌（唐太宗的弟弟）、侯君集、杜荷等人。這些人都曾受過唐太宗的指責，心懷怨恨，所以極力主張謀反。不料，政變還沒有開始，唐太宗就知道了他們的陰謀。唐太宗下令斬首了李元昌、侯君集等人，並廢除了李承乾，將其發配到黔州（今貴州彭水）。

廢掉李承乾後，唐太宗自然想立李泰為太子，但卻遭到了朝中重臣長孫無忌、褚遂良等人的激烈反對。他們的理由是：「魏王李泰心計過重，生性兇險，恐怕他即位以後，會對自己的兄弟下手。而晉王李治一向善良，性格好，又有才能，只有他以後做了皇帝，才會保全陛下您的這些兒子們哪！」唐太宗聽後覺得很有道理，他也不想在自己死後兒子們之間發生骨肉相

殘的悲劇，但是他認為李治有些軟弱，並不適合做皇帝，於是就猶豫不決。

而李泰這邊，則表現得過於心急。他跑去暗示李治，不要和他爭太子之位，否則就對李治不客氣。

不料，這話很快就傳到了唐太宗的耳朵裡，他非常憤怒，便下定決心立李治為太子。

貞觀十七年（西元643年），唐太宗立晉王李治為太子。

唐太宗征高句麗

貞觀末年，大唐消滅了東突厥以後，四夷威服，但位於朝鮮半島的高句麗卻一直占據著我國的遼東地區。

貞觀十六年（西元642年），高句麗發生內亂，國王高建成和一百多名大臣都被其西部酋長泉蓋蘇文殺害。隨後，泉蓋蘇文立高藏為國王，自己把持朝政大權，用嚴刑酷法來樹立自己的威望，致使高句麗內部四分五裂。

貞觀十七年，新羅派遣使者到大唐來，說百濟攻占了他們四十餘座城池，而且又與高句麗圖謀斷絕新羅與唐朝的通路。唐太宗聽後，立即派人出使高句麗，請其停止爭戰，但遭到泉蓋蘇文的拒絕。於是，唐太宗決定發兵東征高句麗。

貞觀十九年（西元645年）初，唐太宗親自率兵向遼東進軍。在路上的時候，唐太宗對部下說：「如今，四方都基本安定了，就剩下遼東這塊地方了，趁著我還健在，各位良將們也都還有精力，一定要將其平定了。」將士們都說：「不求晉爵加賞，但求為國效力。」

三月，徐世勣使用疑兵之計，突然攻到玄菟城下，高句麗士兵驚恐萬分，趕忙緊閉城門防守。四月，營州都督張儉和遼東道副大總管李道宗也率兵進入新城，很快就擊敗了高句麗士兵，斬下了好幾千個首級。之後，徐世勣和李道宗率

兵攻打高句麗蓋牟城，很快也攻了下來，俘虜兩萬人，繳獲糧食十萬石。五月，張亮率領另一路唐軍從山東渡海攻破高句麗卑沙城，俘虜八千人。不久，徐世勣和李道宗兩部就緊逼到了遼東城下。

這時，高句麗派遣的四萬士兵也到達了遼東，李道宗率領四千騎兵與他們交戰。有人對李道宗建議說，高句麗軍多唐軍少，應該堅守。但李道宗卻說：「高句麗人仗著人多勢眾，以為我們不敢拿他們怎麼樣，我們就是要攻擊他們，殺殺他們的銳氣。徐世勣說：「我們被派來就是負責替皇上清理道路的。現在道路不乾淨，我們怎麼能躲呢？」於是，唐軍雖然處於劣勢，卻猛烈出擊，高句麗兵始料不及，被衝亂陣形大敗而歸。不久之後，唐太宗率大軍到來，把遼東圍得水洩不通，日夜攻打。乘著刮南風的機會，唐太宗指揮士兵點燃城池西南樓，順風放火。高句麗軍抵擋不住了，遼東陷落。唐軍殺高句麗兵一萬多人，俘虜一萬多人，此外還有百姓四萬多人。

攻破遼東之後，唐太宗率兵繼續向白岩城進發。高句麗派出一萬士兵前來支援，被唐軍擊退。六月，白岩城不戰而降。

隨後，唐軍繼續向安市進發。高句麗將領高延壽率十五萬士兵前來救援，結果也被擊敗了。高延壽向唐軍乞降。

唐太宗對他們說：「東夷少年，怎敢與天子交戰？」高延壽無言以對。唐太宗將高句麗軍官、酋長三千餘人虜往中原，其餘高句麗人全部釋放。然後，唐軍繼續攻打安市，不料此城雖小但非常堅固，圍攻了數月也沒有攻克。當時已接近深秋，草枯水凍，士兵、戰馬難以久留，於是，唐太宗被迫於九月十八日班師還朝。

此次唐太宗征討高句麗，攻占遼東等十城，獲七萬餘俘虜，斬殺高麗兵四萬餘人，唐軍陣亡數千人，戰馬也損失十之七八。此戰雖重創高句麗，但是戰事持續時間太長，耗費巨大，最終沒有達到征占高句麗的預期目的。因此，唐太宗覺得十分不值，痛心地說：「如果魏徵還活著的話，肯定會阻止我進行這次遠征的。」

但此戰的意義還是比較重大的。因為，這是自三國時期以來，我國對高句麗戰爭的第一次真正的勝利，並收復了遼寧一帶很多在南北朝時期被高句麗奪取的土地，為今後唐朝徹底征服朝鮮打下了基礎。

▌ 大將薛仁貴

薛仁貴（西元614—683年），名禮，字仁貴，漢族，山西人，唐朝著名將領，從軍四十年，為大唐立下了赫赫戰功。

薛仁貴出身於河東薛氏沒落的貴族，他的祖先是南北朝時期名將薛安都。薛仁貴早年喪父，從小家境貧寒，但是他喜歡習文練武，刻苦努力，且天生臂力過人。然而生逢亂世，他始終得不到發展，長期在家種田，娶了一名妻子叫柳氏。到了三十歲的時候，他由於窮困不得志，便想遷移祖墳，希望可以轉運。但他的妻子卻說：「真正有本事的人，要善於把握時機。現在皇上親自領兵出征遼東，正是用人的時候。你如果抓住這個機會，報名參軍，求取功名之後，再為父母遷墳也不晚啊。」薛仁貴聽後，就辭別妻子，到了城中，加入了張士貴的隊伍。從此，他開始了馳騁沙場四十年的傳奇經歷。

剛參軍不久，薛仁貴就憑藉著自己的勇猛立下了不少戰功，很快嶄露頭角。貞觀十九年（西元645年），唐太宗於洛陽領兵出發，出征高句麗。部隊到達安地的時候，高句麗軍隊前來應戰。唐朝將領劉君邛被敵軍團團圍住，無人能救，情勢危急。薛仁貴看到後，手握方天畫戟，挺身而出，只一下就將一員高句麗將領刺於馬下。他在敵軍中橫衝直撞，所向披靡，直殺得敵軍膽戰心寒。唐軍士氣大振，緊隨其後，齊心協力將敵人殺退。事後，唐太宗李世民立即召見了薛仁貴，對他厚加賞賜，還提升他為游擊將軍。從此以後，薛仁貴聲名遠

揚。後來，唐軍在遼東歷經百餘仗，薛仁貴立下無數戰功。

唐軍從遼東班師時，唐太宗對薛仁貴說：「對我來說，得到遼東不算什麼，得到將軍才是最讓人高興的。」在唐太宗心裡，自己的百萬之兵和遼東的廣闊土地都比不上一個薛仁貴，可見薛仁貴本領超群，深得唐太宗賞識。

回到京城後，唐太宗又提拔他為右領軍中郎將，派他駐守玄武門。之後的十二年，天下太平，因為沒有什麼戰事，薛仁貴就這樣守了十二年的玄武門。

唐高宗永徽五年（西元654年），一天夜裡天降大雨，山洪暴發，洪水直沖到了玄武門。為了救唐高宗，薛仁貴冒死衝向皇宮大呼「洪水來了」。事後，唐高宗感激他的救命之恩，賜給了他一匹御用之馬。

顯慶三年（西元658年），唐高宗命程名振征討高句麗，以薛仁貴為其副將。薛仁貴在這次征戰中為大唐立下了汗馬功勞。金山之戰中，薛仁貴身先士卒，全力衝殺，帶領唐軍取得大勝，將高句麗的精

銳部隊全部殲滅。

石城大戰時，有個高句麗戰士是神箭手，他一連射死了十多個唐朝士兵。很多唐朝士兵看到後都非常害怕，畏縮著想往後退。薛仁貴看到後大怒，一個人騎馬向敵陣衝去。他在馬上一箭將那名神箭手射倒，然後又活捉了他。自此，薛仁貴威震遼海。他帶兵攻下扶餘城後，一連幾天，有四十多座城市直接向唐軍投降。唐高宗聽到後，親自寫詔書讚賞了他。

薛仁貴不但能征善戰，還具有優秀的政治才幹。他攻占高句麗後，唐高宗讓他留守平壤。他嚴禁士兵騷擾百姓，還修葺學堂、寺院，贍養老人，撫養孤兒。他發展生產，嚴懲盜竊，平息匪患，還大力提拔和表彰那些才能優異、品德高尚的人。高句麗國上下，對他的所作所為都敬佩不已。

龍朔元年（西元661年），回紇的九個部落聯盟舉兵進犯唐邊，薛仁貴奉命征討。出發前，唐高宗宴請眾將士時對薛仁貴說：「我聽說古代的神射手能射穿由七層鐵片鑄就的鎧甲，今天你可以用五層的

射射看。」薛仁貴應命張弓，一箭就將鎧甲射穿了。唐高宗大驚，趕快命人拿出更加堅固的鐵甲賞賜給他。

九個部落聯盟率十萬精兵占據天山，想憑藉有利的地勢抗拒唐軍。他們先派幾十員驍將氣勢洶洶地前來挑戰，薛仁貴見他們來勢兇猛，連發三箭，射死了三個人。其餘的人嚇壞了，趕緊勒馬回奔。敵軍見此情景，立即陷入混亂之中。薛仁貴趁機領兵掩殺過去，九姓鐵勒抵擋不住，只好投降。後來薛仁貴征討躲進沙漠深處的鐵勒殘部，同樣大勝而歸。當時軍中流傳著這樣的歌謠，「將軍三箭定天山，壯士長歌入漢關」。

在將士們的口中，薛仁貴僅憑三箭就將威脅唐朝邊境十多年的鐵勒族蕩平，可見其功勳卓著，深得人心。

薛仁貴一生南征北戰，很少吃敗仗，他最大的一次失敗是青海大非川之戰。薛仁貴與副將郭待封商量好，讓其帶兩萬人看守糧草，自己率軍衝破敵軍後，再迴旋與其匯合。薛仁貴帶兵打到烏海，大獲全勝。但是郭待封違反薛仁貴的命令，帶著糧草前進，被吐蕃大軍阻擋，丟了糧草。薛仁貴見前無救兵，後無糧草，只好退兵大非川。後來吐蕃舉全國之兵前來圍攻，薛仁貴只好與吐蕃講和。朝廷追究責任的時候，認為薛仁貴指揮失當，將其貶為平民。

薛仁貴晚年，吐蕃勢力向西北擴張，同時，突厥也不斷地侵擾大唐。這時，唐高宗念及薛仁貴的功勞召見了他，並再次賦予重任。西元682年，已經六十九歲的薛仁貴受命擔任了瓜州長史，領兵反擊突厥。突厥將士聽聞對手是薛仁貴，都非常害怕，不敢充當先鋒，很快就跑散了。薛仁貴乘勢追擊，大敗突厥。

永淳二年（西元683年），薛仁貴因病去世，終年七十歲。薛仁貴死後，朝廷追封他為左驍大將軍、幽州都督，還特派官兵護送他的靈柩還歸家鄉。

武則天封后

武則天（西元624—705年），名曌，字明空，漢族。父親武士彠原本是一個商人，後來發跡，官至工部尚書。武則天天生貌美，從小愛好文史，聰慧過人，善弄權術。十四歲那年，被唐太宗納入宮中，封為才人，賜名「武媚娘」。

武則天最初深得唐太宗的寵愛，但不久就被冷落到了一邊。她做了十二年的才人，地位始終都沒有得到提升。唐太宗病重期間，她和太子李治常同時在一旁伺候。後來，兩人漸漸地有了感情。貞觀二十三年（西元649年），唐太宗病逝，按照規定，武則天和部分沒有子女的嬪妃們一起被送到感業寺當了尼姑。但此後，她和新皇唐高宗李治一直藕斷絲連。當時，唐高宗專寵他的妃子蕭淑妃，對王皇后和其他嬪妃都非常冷落。王皇后知道武則天和唐高宗的事情後，把武則天接回了宮中，企圖「以毒攻毒」，削弱蕭淑妃受到的寵愛。

武則天為人聰慧，有心計，剛入宮時，她對王皇后卑躬屈膝，很快就博得了王皇后的信任。王皇后就常在唐高宗面前為武則天美言，沒多久，武則天就很受唐高宗的寵愛，被封為昭儀。之後，唐高宗就不再那麼寵愛蕭淑妃了。王皇后起初很高興，認為蕭淑妃失寵後，自己便可以重新獲寵，但後來眼見武則天越來越受寵愛，而自己卻依舊備受冷落，心裡就特別後悔。於是，她開始聯合蕭淑妃，反過來一起對付武則天。

為了爭寵，王皇后、蕭淑妃和武則天經常進讒言互相誹謗，但唐高宗不相信王皇后和蕭淑妃的話，只相信武則天。王皇后和蕭淑妃兩人生性直率，不會處理人際關係，宮中很多人都不喜歡她們。武則天卻工於心計，想盡辦法收買人心，所以王皇后和蕭淑妃身邊的人大多成了她的耳目，經常向她彙報二人的情況。於是，王皇后和蕭淑妃的一舉一動，武則天都瞭若指掌，只要她們有什麼不好的，她都會報告

給唐高宗。

後來，武則天不滿昭儀的位置，開始動起了當皇后的念頭。於是，她開始尋找機會，除掉王皇后。不久，武則天生了一個女兒，有一天王皇后來看孩子，和孩子玩了好大一會兒才離開。王皇后剛離開，武則天就偷偷地把孩子掐死了，然後又若無其事地將孩子用被子蓋好。後來，唐高宗過來看孩子時，發現孩子早死了。武則天放聲大哭，唐高宗也非常傷心。他問宮人都有誰來過，大家都說只有王皇后來過。皇上大怒：「皇后何故如此惡毒！過去她和蕭淑妃不和，現在又做出這等壞事。」武則天看到這裡，趁機又在唐高宗面前說了王皇后很多壞話。

唐高宗決定廢黜王皇后，又擔心大臣們不同意，就和武則天一起前往太尉長孫無忌家。宴席上，唐高宗委任長孫無忌的三個兒子為朝散大夫，又贈送給他十幾箱金銀財寶和綾羅綢緞。接著，唐高宗便談到了王皇后沒有兒子，以暗示長孫無忌他想廢后的念頭。但長孫無忌總是用其他的話岔開話題，始終不順著唐高宗的意思說話，唐高宗和武則天很不高興地離席而去。之後，武則天又讓母親楊氏前去長孫無忌家，向長孫無忌強求了好多次，長孫無忌始終都沒有答應。

中書舍人李義府為人狡詐，是個笑裡藏刀的小人。長孫無忌很厭惡他，欲貶其為壁州司馬。敕令還沒有下達，李義府就已經暗中知道了，於是他向同僚王德儉求助。王德儉對他說：「皇上想立武昭儀為皇后，之所以猶豫不決，只是擔心大臣們反對罷了。現在你如果順著皇上的心意，建議立武昭儀為皇后，那麼你就能轉禍為福了。」李義府認為王德儉說得很對，就立刻進宮，向皇上呈上奏表，請求罷黜皇后，另立武昭儀為后，以滿足眾人的願望。皇上很高興，賜給他一斗珍珠，讓他留在原職。武則天知道這件事後，又暗中派人送去了很多錢財，以慰勞和勉勵他。不久，李義府就越級升任為中書侍郎。其他一些官員見李義府得到了好處，也暗中對武則天表達扶持她的誠意。

長安令裴行儉聽說要立武昭儀

為后，認為國家必定要從此大亂，因此就去找長孫無忌和褚遂良，共同商議對策。武則天聽說後，就向唐高宗告了裴行儉的狀。不久，裴行儉就被貶為西州都督府長吏。

一天退朝後，唐高宗把長孫無忌、褚遂良、于志寧、韓瑗、來濟等人召入內殿。在見皇上之前，褚遂良對長孫無忌和于志寧說：「今天皇上召見我們，多半是為了廢後之事，看來皇上心意已決，那麼違背聖意的人必定會獲罪。太尉是皇上的舅舅，司空（于志寧）是功臣，我不能讓皇上落個殺死親舅和功臣的罪名，而我沒有什麼功勞，且受先帝所托照顧王皇后，現在若不冒死抗爭，以後還有什麼顏面到地下見先帝呢？所以，到時候，你們不要說什麼，就讓我來說吧。」

長孫無忌等人來到內殿，唐高宗果然說道：「如今，皇后沒有兒子，武昭儀有兒子，我想另立昭儀為皇后，你們覺得怎樣？」褚遂良說：「皇后出身名門，是先帝為陛下所娶的。先帝臨死前，囑託我要照顧好他的這個好兒媳，如今皇后並沒有什麼過錯，為什麼要廢除她呢？」唐高宗很不高興，但也無話可說。

後來徐世勣對唐高宗說：「這是皇上的家事，何必管外人怎麼看呢？」唐高宗覺得這話很有道理。於是在永徽六年（西元655年）十月，唐高宗廢除王皇后，改立武則天為皇后。

武則天終於如願以償，當上了皇后。隨後，她殘忍地殺害了王皇后和蕭淑妃；接著，她幫助自己的兒子李弘當上了太子；然後，讓唐高宗罷免了褚遂良、韓瑗、來濟等人；最後，又除掉了長孫無忌。

■ 長孫無忌獲罪

長孫無忌（西元597—659年），字輔機，河南洛陽人。他是北魏鮮卑族拓跋氏後裔，唐太宗李世民的內兄，長孫皇后的哥哥。他

是唐朝的開國功臣，輔佐過唐太宗李世民和唐高宗李治兩任皇帝，皆盡心竭力，堪稱賢臣。當初，正是由於他的堅持，李治才得以立為太子，並最終成為皇帝。但後來，因為反對唐高宗立武則天為皇后，得罪了武則天，從而在武則天得勢後被迫自縊。

西元617年，李淵在太原起兵後，長孫無忌進諫，李淵欣賞他的才華和謀略，便任命他為渭北行軍典簽。從此以後，長孫無忌開始輔佐李世民。在建立唐朝的過程中，長孫無忌立下了不少功勞，成為唐朝的一名開國功臣。西元626年，長孫無忌參與發動玄武門之變，幫助李世民奪得帝位。貞觀年間，歷任尚書僕射、司空、司徒，為人謹慎，為官賢能。西元649年，唐高宗即位，被封為太尉，自此盡力輔佐新皇李治。

在這期間，長孫無忌除了幫皇上分擔朝政以外，他又主持修撰了《唐律疏議》三十卷，系統論述並詮釋了《唐律》的各項條文。這部法典不但對完善唐朝法規起了重要作用，而且也是我國現存的一部最完整的古代法典。

長孫無忌雖德高望重，功勞顯赫，而且對唐高宗有恩，但他從不居功自傲，對唐高宗仍是畢恭畢敬，盡力協助，因此起初，唐高宗對他也十分敬重和信任。但後來，在更立皇后這件事上，兩人產生了矛盾，最終還激化到了不可調和的地步。

而武則天當上皇后以後，因長孫無忌當初不肯幫自己便對其懷恨在心，並伺機陷害他。禮部尚書許敬宗曾多次規勸長孫無忌，要他順著皇上的意思立武則天為皇后，但都被長孫無忌疾言厲色地反駁了。因此，許敬宗也開始怨恨長孫無忌。就這樣，在除掉長孫無忌這件事上，許敬宗與武后不謀而合，成了同黨。

西元659年，有人將太子洗馬韋季方、監察御史李巢等人結成朋黨的事上報給了朝廷，唐高宗命許敬宗前去查辦。因為許敬宗查辦得很緊，韋季方見逃不過就想要自殺，結果自殺未遂。武后覺得這是一個陷害長孫無忌的好機會，便和許敬宗密謀，要他藉機向唐高宗

誣告長孫無忌。於是，許敬宗便對唐高宗說：「韋季方要和長孫無忌合謀陷害朝中的忠臣和皇親，好使大權全集中在長孫無忌身上，之後再找機會叛亂。如今韋季方見事情敗露，知道必死無疑，這才會自殺。」當時，唐高宗雖然與長孫無忌有了矛盾，但他知道長孫無忌的為人，便說：「不會吧，舅舅是被小人陷害，他同我是有些隔閡，但怎麼會反叛呢？」許敬宗又說：「這件事情，我已經查得很明白了，如今事情已經敗露，陛下卻還懷疑，恐怕會危害到社稷呀。」

唐高宗於是便傷心地流下了眼淚，說：「我家不幸，親戚間總是有反心。前幾年高陽公主謀反，現在舅舅又要謀反，這些事真讓我無顏面對天下。我該怎麼辦呢？」許敬宗見唐高宗已經相信了自己的話，便趁熱打鐵地說：「高陽公主乃一代女流，謀反註定是要失敗的。而長孫無忌就不同了，他早年幫助先帝奪得了皇位，滿朝文武都敬佩他的才智；他後來又做了三十年宰相，天下人都畏懼他的權勢；一旦他反叛，陛下又能派誰去抵擋

呢？再說了，臣擔心長孫無忌知道韋季方自殺未遂後，心裡一害怕，就會提前發動叛亂。到時候，他一聲令下，將所有作惡的同黨聚在一起，勢必會帶來朝廷覆亡的憂患。」唐高宗聽了這話後，開始害怕起來，便命許敬宗再仔細查一查。

第二天，許敬宗又向唐高宗稟告道：「昨天晚上韋季方已經承認要和長孫無忌一同造反。他還說出了原因，原來是韓瑗曾對長孫無忌說，長孫無忌曾主張立梁王為太子，如今太子被廢了，皇上你也對長孫無忌起了疑心，因此把高履行（長孫無忌的表兄弟）外放為官。

從此以後，長孫無忌就擔心害怕，慢慢做些自保的計畫。後來，見長孫祥又被外放，韓瑗也獲罪了，就更加害怕起來，於是開始和韋季方等人圖謀造反。」唐高宗聽後大吃一驚，竟然沒有找長孫無忌對質，就將他的太尉官銜和封邑都給罷免了，讓他改做揚州都督，到黔州去，按一品官供給俸祿。隨後，長孫無忌的兒子及宗族也被株連，不是被流放，就是被殺害。

三個月後，唐高宗又命許敬宗等人複合此案，許敬宗竟然按照武后的旨意，背著唐高宗派人去逼迫長孫無忌，使其自縊身亡。可憐長孫無忌一代忠臣，最終也成了皇權鬥爭的犧牲品。

酷吏得志

武則天上臺後，總擔心有人會危害自己。於是她出重金鼓勵人們告密，那些上告的人，即使被查出是誣告，也不追究責任。同時，她還重用酷吏，被告密的人一經逮捕，立即酷刑加身，屈打成招，於是歷史上開始了酷吏得志的時代。這時候，出現了很多有名的酷吏，其中最臭名昭著的就是來俊臣和周興。

來俊臣和周興從小不務正業，為人陰險狡詐。來俊臣因告密得到武則天的賞識，因為他善於揣摩武則天的心意，從而獲得了武則天的信任；同時周興也和他一樣，成為武則天的爪牙。

他們為了升官發財，經常網羅罪名，陷害無辜。他在陷害某人前，必先向武則天進奏，得到允許後，就將人逮捕入獄，並沒收其家產。當時，因為他們的誣陷，很多人被秘密逮捕，受到連累的多達上千家，許多無辜的人冤死獄中。別說平民百姓朝不保夕，就連那些身居高位的大臣們也惶惶不可終日。很多官員上朝前，因為出了家門就生死未卜，都會淒淒慘慘地和家人含淚告別一番。

他們在審訊犯人的時候，手段更是殘忍。周興發明了很多新的刑具和審訊方法，有固定在腰上的夾板，套在脖子上的鐵圈等。在審訊犯人的時候，以刑訊逼供為樂，經常用刀刮、火燒、割鼻、剔筋、灌醋等方法讓犯人求生不得，求死不能。來俊臣也好不到哪裡去。為了顯示自己的聰明，來俊臣每次審訊犯人之前，都會得意洋洋地領著犯人參觀自己的刑具陳列室，很多膽小的人看過後，當場都嚇得半死，

接下來無論是讓他們自己認罪還是誣陷別人都非常容易了。這其中還有一個非常有意思的典故，就是「請君入甕」。

武則天接到一封告密信，內容是周興與人謀反。周興與來俊臣一樣，也是武則天的鷹犬。武則天看到信後非常生氣，下令來俊臣將此事查個清清楚楚。來俊臣知道周興陰險狡詐不亞於自己，僅憑一封書信，他是不會低頭認罪的。他苦思冥想，終於想出了一條妙計。來俊臣請周興過來飲酒，兩人喝到酒酣耳熱之時，來俊臣問周興：「我手上有一個案子非常棘手，但是人犯就是不招，我也不知道怎麼辦，還請老兄指教一二。」周興得意地說：「此事好辦，你準備一個大甕，用爐火烤熱，人犯要是不從，你就把他請進去，我保管他服服帖帖的。」來俊臣連連稱是，然後，他讓手下人按照周興說的那樣準備好一口大甕，對周興說：「有人告你謀反，我也是奉命嚴查，請君入甕吧。」周興一聽，腿都軟了，乖乖地低頭認罪了。

即便是周興已經認罪，但是武則天還是將周興的死罪免了，改成流放，在路上周興被人刺殺。而來俊臣也因為編寫《羅織經》，開始讓武則天對他起了殺心。結果還沒等到武則天處死他，他自己恃寵而驕，得罪了太平公主，就丟掉了自己的性命，死後屍身被仇家分食，骨頭被牲畜踐踏，不得善終。

但是酷吏時代並沒有因為他們倆的死亡而結束，後來還有很多酷吏，雖然沒有像他們那樣有名，但是一個個也不是省油的燈，其中最具代表性的就是索元禮、郭霸。

索元禮是一個胡人，徐敬業在揚州起兵時，他猜中了武則天想用威勢威嚇天下人的心思，就大肆誣告別人。武則天就讓他在洛陽設置機構，專門審理「謀反者」。索元禮生性殘忍，常常對謀反者施以各種酷刑，審一個犯人必定要牽連出好幾十個人出來才肯放手。經他誣陷致死者多達上千人，所以人們談起他來無不膽戰心驚。索元禮因為陷害別人受到武后賞賜，很多人爭相效仿，就連來俊臣和周興也是步了他的後塵。

郭霸不但性情殘暴，還厚顏

無恥，他因陷害別人被武則天提拔為御史大夫。武則天召見他時，他吹噓說：「我對徐敬業恨之入骨，恨不得抽其筋、食其肉、飲其血、挖其髓！」武則天聽了他的這番奉承話分外開心，好好地賞賜了他。魏元忠生病，很多人都去看望他，郭霸故意等別人走了之後才去。他見到他的上司魏元忠之後，表現出一副很擔心的神情，他請求看一下病人的大便，魏元忠答應了。誰知郭霸竟然親口嘗了一下大便，然後又高興地說：「要是大便是甜的，那病情就嚴重了。現在大便是苦的，說明大人您很快就要好了！郭霸想用這種方式取悅自己的上司，不過魏元忠是一個耿直的人，看他這樣，反而更加厭惡他了。後來郭霸重刑招人致死，夢見犯人前來索命，自己驚嚇過度，瘋癲致死。

雖然這些酷吏們平時作威作福、高高在上，但他們也不過是武后的一枚棋子而已，一旦武后達到了自己的目的，他們就作用全無。天下太平以後，武后為了收買人心，反而將他們一一除掉，這時酷吏時代才結束了。

▋ 徐敬業謀反

徐敬業的祖父是唐初著名的將領李勣，原本是姓徐的，賜姓李。在他的祖父死後，徐敬業就繼承了他祖父的爵位，後來成長為反抗武則天專政的軍事首領。

西元684年，武則天廢掉唐中宗李顯，讓他成為廬陵王，把自己的第四個兒子李旦扶上了皇位。之後武則天就開始壯大自己家族的勢力，不斷地給武氏家族的人加官晉爵，還給了他們很多賞賜。這樣一來，李氏家族的人都很不滿，這不是明擺著要壯大武氏嗎？但是他們也不敢多說，生怕受到武則天的迫害。

就在武則天全力建立自己的勢力的時候，眉州刺史被降為柳州司馬。他的弟弟和唐之奇、駱賓王

以及杜求仁等人都因為一些莫名其妙的原因，被貶的被貶，丟官的丟官。這時候已經兩次罷官的魏思溫也在揚州，所以他們就聚在一起，對朝廷這樣的做法感到非常不滿，所以想以恢復盧陵王的皇位作為藉口，興兵造反。可以說魏思溫是這場叛變的主要策劃者，而徐敬業就算是參與最積極的人了。

在魏思溫設計將揚州長史陳敬之送進了監獄之後，徐敬業很快就來到了揚州，假裝自己是揚州司馬派來的人，還說已經拿到了武則天的密詔，要鎮壓叛軍。

當地的地方官員竟然相信了，馬上打開倉庫，將裡面所有的囚徒和工匠都放了出來，還給每一個人都發了鎧甲和武器，這個陣勢還真的有去鎮壓叛軍的架勢，很快他就讓人把監獄裡面的陳敬之殺死了。揚州的官員都被他的做法嚇壞了，徐敬業就這樣掌握了整個揚州的兵權。

隨後他就改了年號，仿照中央機關設置了自己的官制，還封自己為匡復大唐江山的上將，同時還是揚州的大都督。不到十天的時間裡，徐敬業就已經擁有了十幾萬的兵馬。

為了增加自己的威信，徐敬業不知道從哪裡找了一個和李顯非常相像的人來冒充，說太子並沒有死，現在太子想復位，把武后趕走，所以下令他們起兵。三國時期的曹操是「挾天子以令諸侯」，而徐敬業則是「扶太子以令天下」。雖然有點區別，但總體上還是換湯不換藥的。

到此為止，一切進行的都還算順利，但是之後對於是馬上進攻還是以退為首的問題，徐敬業集團開始了爭論。魏思溫建議說：「既然已經打出了匡復社稷的旗號，就應該馬上向洛陽進軍，這樣天下人就會認為你是救援天下的，都會回應你。」

但是薛忠璋卻認為金陵有帝王之氣，還有長江天險，易守難攻，可以先打下常州和鎮江兩地，以此來作為帝業開始的基礎。這樣進可攻，退可守，比貿然進攻要好得多。魏思溫又說：「天下的豪傑都不滿武氏的專政，聽說你要起兵恢復大唐江山，都已經準備好了乾

糧，就等著大軍的到來。你卻只顧著修築巢穴，只會令天下豪傑失望的。」儘管魏思溫苦口婆心地勸說，但是徐敬業並沒有聽從。這就已經為他後來的失敗埋下了隱患。

隨後，徐敬業就讓唐之奇鎮守揚州，自己率兵去攻打鎮江地區。這讓魏思溫看了止不住地歎氣，徐敬業已經犯了兵家大忌了。好不容易聚集起來的兵力就這樣被他分散了。現在他不聚集兵力趁勢招撫山東的兵馬，一舉攻下洛陽，反而分散了兵馬去攻打鎮江，這樣註定是會失敗的。

果然不出魏思溫所料，朝廷馬上就任命李孝逸率領三十萬大軍去討伐徐敬業，在此之前，武氏將徐敬業祖父和父親的官爵全部削去了，還挖了他們的祖墳。徐敬業聽說朝廷大軍來了，立刻從鎮江返回來，讓自己的弟弟去攻打淮陰，韋超和尉遲昭鎮守梁山。這樣兩軍就形成了對峙之勢。

李孝逸讓自己的助手馬敬業領兵攻打梁山，不知道是徐敬業的兵力太不堪一擊，還是李孝逸的兵馬太強悍，總之一句話，馬敬業的進攻出乎意料地順利，還將尉遲昭殺死了。這一下徐敬業的弟弟和韋超都開始逃跑了，徐敬業馬上率領軍隊隔著下河溪來進行防守。

李孝逸和馬敬業的進攻都沒有那麼順利，打了好幾次都是鎩羽而歸，兩軍成膠著的狀態。時間一長，李孝逸開始擔心了，心裡萌生退意。於是召集屬下一起來商量。他屬下的行軍管記劉知柔和魏元忠獻計說，現在這裡到徐敬業的營地正好是順風的時候，而且河裡面都是乾燥的蘆葦，乾脆就效仿周瑜火燒赤壁，也來一個火燒徐營。李孝逸一聽非常高興，馬上對徐敬業發動了火攻，這一下徐敬業真的和當年在赤壁的曹操一樣了，士兵不知道被燒死了多少，徐敬業大敗而逃。

後來徐敬業帶著自己的家眷開始逃往高麗，但是途中被大風阻擋。他的部將看到大勢已去，隨即殺了徐敬業，投降朝廷。餘下的徐敬業的黨羽也都被砍頭了，徐敬業的謀反就此失敗。

唐紀

一代賢相狄仁傑

狄仁傑，字懷英，唐代并州太原（今山西省太原南郊區）人。他是唐朝傑出的政治家，武則天當政時期，狄仁傑先後兩次任宰相，他敢於直諫，以不畏武后的權貴而著稱。

狄仁傑出生於官宦世家，後來，他通過明經考試踏入仕途。他在出任汴州判佐料的時候，被下屬誣告，工部尚書閻立本負責調查他的案子。閻立本在審案時不但弄清了案件的是非曲直，還發現狄仁傑是個不可多得的人才。於是他上書朝廷，推薦狄仁傑為并州發曹參軍。

唐高宗年間，狄仁傑升任大理丞，他神機妙算，斷案如神。僅用一年的時間，他就將很多積壓的案件審理得一清二楚，案件涉及的人數多達一萬七千人，但是人人都對審判結果心悅誠服。於是，狄仁傑聲名大噪，成為備受朝野推崇的「神斷」。

武則天當政後，她看到狄仁傑才幹過人，就任命他為宰相。狄仁傑雖然身居要職，但是謙虛謹慎，嚴於律己，寬以待人。有一天，武則天召見他時說：「你在汝南兢兢業業，但是朝中還有人在背後詆毀你，你想知道是哪些人嗎？」狄仁傑說：「陛下知道我沒有過錯，這就足夠了。那些背後詆毀我的同僚，我不想知道。」武則天聽後，對他的豁達和坦蕩甚為佩服。

武則天後期，皇儲位置未定之時，狄仁傑多次向武則天提議立廬陵王李顯為太子。因此，武承嗣將狄仁傑視為自己被立為皇嗣的主要障礙。於是他勾結來俊臣，誣陷狄仁傑謀反。當時朝廷有令，凡是造反者，一經審問就承認罪行的可以減輕刑罰。狄仁傑見情況緊急，被逮捕入獄後，立即服罪。來俊臣拿到他「謀反」的口供後，就放鬆了警惕，將他收押在獄，打算等到合適的時候再行刑。狄仁傑在獄中將被子的裡子拆掉一塊，給家人寫信，申明了自己的冤枉，然後他將

一次讀完資治通鑑故事

布塊縫在棉衣中，讓獄吏轉交給家人。他的兒子狄光遠拿到冤狀後，立刻上書為父親申冤。武則天召見狄仁傑時問他：「你既然承認造反，為什麼又要喊冤？」狄仁傑說：「如果我不承認造反，臣早就被人打死了。」武則天知道他沒罪，最終赦免了他，僅將他貶為彭澤令。狄仁傑憑藉智謀死裡逃生後，武承嗣不甘失敗，又多次上表誣陷他，但是都被武則天擋了回去。

武則天晚期，狄仁傑也身老力衰，但是他仍然盡職盡守，為國家前途和命運獻言獻策。武則天想立武三思為太子，狄仁傑知道後說：「立自己的孩子為太子，千秋萬代之後，自己還能被列於太廟，享受子嗣祭奠。但是，如果立侄子為天子，他是絕對不會將自己的姑姑列於太廟之中的。」武則天聽了不高興地說：「這是我的家事，你不用多說。」狄仁傑說：「王者以四海為家，天下之大，哪一件不是陛下的家事？既然君臣一體，做臣子的為什麼就不能預先知道陛下的決定呢？」狄仁傑又從母子親情的角度勸說武則天，武則天終於被感動了，將盧陵王叫到跟前，對狄仁傑說：「我把太子還給你！」狄仁傑趁機勸武則天昭告天下，將太子復位之事確定下來。武則天一一答應了。

狄仁傑作為一名精忠為國的宰相，在慧眼識金、選賢任能方面常有出人意料之舉。契丹猛將李楷固曾多次率兵打敗周武的軍隊，後來他兵敗來降時，有人主張將其斬首，狄仁傑力排眾議，為其請授官職。後來，李楷固率軍討伐契丹餘眾，大勝而歸，武則天親自設宴款待了他。在席上，武則天舉杯對狄仁傑說：「這一切都是你的功勞。」

狄仁傑曾對武則天說荊州長史張柬之才幹超群，可出將入相。武則天於是任命張柬之為洛陽司馬。後來她讓狄仁傑推舉將相之才時，狄仁傑說：「我推薦張柬之就是想讓他做宰相，不是做司馬。」在狄仁傑的大力推薦下，張柬之被朝廷任命為秋官侍郎。後來，張柬之趁武則天病重之時，擁護唐中宗復位，為匡復李唐社稷做出了巨大

的貢獻。武則天時期，很多中興之臣，例如，桓彥範、竇懷貞、敬暉、姚崇等都是經過狄仁傑的推薦，才被朝廷重用的。這些人上任後，剛正嚴明，兢兢業業，使政治風氣大為改善，並且他們都成為唐朝中興的名臣。

在狄仁傑任宰相期間，武則天非常倚重他，常常叫他「國老」，即使他有和自己不同的意見，也多數會聽從他的建議。後來狄仁傑因為年事已高，多次請求告老還鄉，但是武則天都沒有准奏，還叫朝中的大臣如果沒有軍機要事就不要去打擾他，可見武則天是非常信任狄仁傑的。

可惜的是，狄仁傑沒有等到唐中宗復位，就在久視元年（西元700年）因病去世。他去世之日，朝野上下哀聲一片，武則天哭著說：「從此以後，朝堂上再無可用之人。」她下詔厚葬狄仁傑。後來，唐中宗即位，為了感謝狄仁傑對自己的扶持之恩，他下詔追贈狄仁傑為司空。在睿宗的時候又被追封為「梁國公」，所以後世也有人叫他「狄梁國」。

▌ 中宗復唐

武則天在廢除了兩個皇子之後，自己坐上了皇位，成了中國歷史上第一個也是唯一的一個女皇帝，並將唐朝的國號改成了「周」。在她的統治之下，老百姓的生活還算是不錯的，不得不承認的是武則天雖然是個女人，但是的確擁有治國的雄才大略。

可是人都會老的，武則天就算很想讓自己的地位屹立不倒，但是終究還是抵不過歲月的魔力，漸漸地她年紀也大了，帝位由誰來繼承已經成為了不得不考慮的問題。雖然武則天有四個兒子，但是因為有兩個兒子阻礙她成為女皇，已經被她殺死了，現在只剩下兩個小兒子李顯和李旦。

這時候武則天開始猶豫了，自

己的兒子如果繼承皇位，那麼李唐的江山就恢復了，自己辛苦建立起來的政權又要落入他手，而且她知道李唐一旦恢復，武氏家族很可能就面臨著身死族滅的下場，所以她更傾向於讓武家的人繼承皇位，這樣就能讓她建立起來的武家江山能夠長久地統治下去，因此，他的侄子武承嗣和武三思都請求立他們為皇位的繼承人。

但是大臣們都希望武則天能夠立李家的子孫為皇位繼承人，這樣就能夠恢復李家的江山，很多大臣都這樣來勸說武則天，但是其中起著重要作用的還是狄仁傑。

之後，武則天做了一個很奇怪的夢，她夢見一個燒了兩隻翅膀的大鸚鵡，於是讓狄仁傑幫她解夢。狄仁傑認為這是一個勸諫的好時機，於是他說：「鸚鵡就是指皇上，因為皇上姓武。鸚鵡的翅膀就相當於皇上的兒子，現在您的兩個兒子得不到重用，就等於鸚鵡沒有了翅膀，如果您能重用兩個兒子，鸚鵡就能夠重新振翅飛翔。」

武則天若有所思。狄仁傑見狀開始採用親情的戰略來打動武則天，繼續說道：「皇上自己的兒子繼承了皇位，您作為母親自然而然地就會被供奉在太廟，但是自己的侄子是不會把姑姑供奉在太廟的，從古至今就沒有這樣的道理。」

這樣在狄仁傑的勸說之下，武則天終於打消了立自己的侄子為皇位繼承人的想法。但是要她立李家子孫為繼承人，她還不能下定決心，依然在猶豫，當然這也是情有可原的，誰也不願意自己辛辛苦苦建立的基業就這樣沒了。

就在武則天猶豫不定的時候，她最寵愛的張易之和張昌宗兩兄弟開始坐不住了，他們擔心武則天死後，自己就再也享受不到榮華富貴了，所以正在為自己往後的出路想辦法。

這時候一個叫吉頊的大臣就趁機對他們說，如果他們能夠勸說武則天立自己的兒子為繼承人，就等於對未來的皇上有擁立之功，這樣就會有享用不盡的榮華富貴了。張氏兄弟聽了之後覺得很有道理，馬上同意了，開始勸說武則天。但是武則天知道是吉頊的主意，所以在吉頊勸說武則天把自己的兒子立為

繼承人有什麼樣的好處之後，武則天終於下定決心立自己的兒子為繼承人，之後李顯就成為太子。

李顯成了太子之後，本來只要武則天死後李唐江山就能夠自然而然地恢復了，但是因為武則天年紀大了，身體也不好了，把朝廷大事都交給了自己的男寵張氏兄弟，他們手中握著朝廷大權，一旦謀反，後果就不堪想像，所以大臣們都忍不住了，不等武則天死就要開始恢復李唐江山了。

這時候張柬之是朝廷的宰相，他和其他的大臣們一起擁立李顯，準備殺死張氏兄弟。於是找到了禁衛軍的統領大將軍李多祚。告訴他李家的榮華富貴都是唐高宗皇帝給的，現在張氏兄弟想要殺死唐高宗的兒子皇太子李顯，問他打算準備怎麼辦。李多祚說他誓死都會保護皇太子的。這樣張柬之就掌握了整個禁衛軍的指揮權。

隨後張柬之讓楊元琰當上了羽林軍的將軍，暗示他是否還記得當年江中所說的話，官並不是可以白當的。楊元琰馬上就心領神會了。原來之前張柬之和楊元琰曾經一起

坐船過長江，兩個人說起武則天的統治的時候，楊元琰就慷慨陳詞，發誓說他將來一定要恢復李唐江山。之後禁衛軍的將領都換上了張柬之的親信，為了防止張氏兄弟起疑心，還故意讓他們的同黨武攸宜也當上了禁衛軍的將領，實際上他並沒有任何實權，只是一個虛銜罷了。安排好了這一切之後，他們才將計畫告訴李顯，李顯也同意了。

萬事俱備，馬上就要行動了。張柬之帶著幾百名禁衛軍到了玄武門，然後派人去接李顯。李顯因為害怕開始臨陣退縮，在大臣好不容易地勸說下才答應和他們一起行動。禁衛軍隨即從玄武門衝進皇宮，將張氏兄弟殺死了。武則天正在睡覺，被喊殺聲驚醒了，慌忙問道是誰在造反，眾人回答是張氏兄弟，已經被殺死了。

武則天看了一下人群中的李顯，馬上明白了是怎麼回事，對他說，既然張氏兄弟已經死了，你們也可以回去了。隨行的大臣馬上說現在太子不能回去，因為天下的老百姓都在思念唐朝，希望讓太子恢復唐朝，所以請武則天順應民心，

將皇位傳給太子。這時候武則天也沒有辦法，只好答應了。

這一年是西元705年，從西元690年武則天稱帝之後，中斷了十五年的李唐江山終於在唐中宗手裡恢復了。

▌韋后亂政

西元683年，唐高宗病逝，李顯緊接著就繼承了皇位，即為唐中宗。但是他即位之後不久，因為自己的母親武則天貪念權勢，所以很快就被武則天找了個藉口廢掉了，這時才是西元684年，在位還不到一年，他就從高高在上的皇帝變成了廬陵王，被武則天軟禁在現在的房縣地區。

在李顯他們前往房縣的路上，韋氏生下了他們的小女兒安樂。之後他們到達房縣，一住就是十四年，這期間只有韋氏一直陪伴在李顯的身邊，受盡了艱難困苦。而這期間武則天也會經常派一些使臣前來看望他們的情況，每一次使臣前來的時候李顯都會非常害怕，生怕他們帶來的是自己被賜死的消息。而每當這個時候，妻子就會安慰他：「這些事情都是沒辦法預料的，不一定就是賜死，也就不必這樣驚慌了。」就是在韋氏的鼓勵之下，李顯才能在那麼艱難的條件下堅持下來。這一段共患難的經歷，讓他們的感情更加深厚了。所以李顯曾經對韋氏說過，只要他能重新登上皇位，韋氏的任何願望他都會滿足。這一段經歷也成為日後韋氏亂政的鋪墊。

隨著武則天的年紀越來越大，她的繼承人問題日益被提上了日程，也許是她被大臣們說動了，也許是因為她還顧念著母子之情，她並沒有把皇位傳給武家的人，而是將李顯重新立為太子。後來張柬之發動政變，誅殺了武則天的寵臣張氏兄弟，逼迫武氏退位給李顯，就這樣，李顯重新坐上了皇帝的寶座，這一年是西元705年。這時候是他實現對韋氏的承諾的時候了，

這樣就離韋后亂政的日子不遠了。

唐中宗復位後，為了補償十四年間韋氏和安樂陪自己所受的苦，對她們都是有求必應的。他登上皇位不久，馬上就將韋氏冊封為皇后，緊接著又不顧大臣的反對，將她的父親封為王，將武則天身邊的上官婉兒封為昭容，負責起草皇帝的詔令，而這個時候韋皇后也開始慢慢地透過上官婉兒參與了朝政。

當時上官婉兒和武三思的關係很曖昧，所以把武三思推薦給了韋皇后，後來武三思透過皇后就到了李顯的面前，因為是皇后推薦的人，唐中宗非常器重武三思，經常和他一起商議軍國大事，此外，還把自己的女兒安樂公主嫁給了他的兒子武崇訓，這樣韋皇后就和武三思成了兒女親家。這樣一來，武三思和韋皇后來往得就更加頻繁了，他們經常在一起玩賭博的遊戲，而唐中宗竟然毫不懷疑，還在一旁幫他們數籌碼。因為上官婉兒的權力，再加上和韋皇后的關係，武三思的勢力越來越大了。

張柬之等看見武氏又有了復興的趨勢，於是都向皇帝進言，不要再次上演武后那樣的歷史，但是反而被唐中宗殺掉了。唐中宗是靠著這些大臣才能當上皇帝的，但是現在他當上了皇帝反而把他們都殺了，很有一點恩將仇報的意思，這正是政治鬥爭的殘酷之處。

武則天雖然死了，但她的影響還在。韋后和安樂公主就受到了武則天的影響，都想成為女皇帝。為此，安樂公主讓唐中宗封她為皇太女，成為他的繼承人。雖然唐中宗沒有答應，但是也沒有怪罪她。但是這件事情讓當時的太子李重俊知道了，他很擔心自己的地位。再加上他並不是韋皇后親生的，平時在宮裡就受到皇后和安樂的壓迫。同時，武三思也很討厭他，上官婉兒自然也不會向著他，所以他在宮中的日子並不好過，這些都迫使他發動了叛亂。

就在他的軍隊殺死了武三思、武崇訓開始四處尋找上官婉兒時，這時候上官婉兒對皇帝說，李重俊是想先抓到她，然後抓住皇后，再抓住皇上。皇帝信以為真，親自去勸李重俊投降。本來李重俊就是假冒皇帝的名義聚集起來的，現在謊

言不攻自破，軍隊也就離開了，李重俊被亂兵所殺，叛亂就這樣結束了。

在這場叛亂中，安樂沒有了丈夫，隨後安樂就嫁給了能歌善舞的武延秀。仗著父親對她的寵愛，她極度奢華淫逸，住的地方比皇宮還要豪華。甚至還讓唐中宗將長安的昆明湖賞給她，可是唐中宗沒有答應她，於是她自己搶占了百姓的田地修了一個湖，叫定昆湖，表示自己的湖比昆明湖還厲害。

儘管她享盡了榮華富貴，但並不滿足，一心想效仿武則天，成為女皇。所以就將自己的想法告訴了母親，母親也同意。因為在武三思死後，韋皇后又和其他的男人勾搭上了，擔心被皇上知道後會惹來禍端，所以對皇上也起了殺心。就這樣她們一起設計毒死了唐中宗，好像她們馬上就要成為武則天第二了。

但是她們不知道，皇位之爭向來是最殘酷的，武則天能夠當女皇是憑著自己的治國之才，並不是每一個女人都可以和她一樣的。唐中宗死後，韋皇后和安樂就失去了保護。太平公主和李隆基趁機發動政變，將她們殺死了，連同韋氏家族也沒有放過，上官婉兒和武延秀的生命也走到了盡頭。韋氏母女萬萬沒有想到，自己會落得如此下場。

▌李隆基匡扶大唐

西元712年，唐睿宗的第三個兒子李隆基粉碎了太平公主的陰謀，登上了皇帝的寶座，廟號玄宗，就是他，勵精圖治、選賢用能開創了「開元盛世」的繁榮，同時也是他貪圖享樂、任用奸臣而招致了「安史之亂」，使唐朝開始走向衰落。可以說，李隆基的一生充滿了戲劇色彩。

他出生之時，正是他的祖母武則天為女皇的時候，所以他從小就在經歷著不斷的宮廷政變。從小他就非常有主見，在他七歲的時候，朝廷裡面要舉行一次祭祀的儀式，

當時因為一個侍從護衛不小心出了點錯，武懿宗就開始大聲地訓斥。李隆基忍不住了，睜大眼睛對著武懿宗就大聲喊道：「這是我們李家的朝廷，和你有什麼關係？你是憑什麼來訓斥我家的護衛？」一下子就唬住了武懿宗，武則天知道後不但沒有怪罪他，反而更加喜歡他，在他還只有八歲的時候就成為了臨淄郡王。

武則天死後，他的叔叔唐中宗即位，但是唐中宗性格比較懦弱，使得大權旁落到韋皇后和她女兒手中，之前擁立唐中宗即位的功臣們都被貶或者被殺了。韋皇后還將太子李重俊殺死了，最後連自己的丈夫都不放過，親手毒死了他，於是開始效法武則天，想做第二個女皇帝。正在她們還在準備女皇登基的時候，一直隱忍的李隆基和太平公主搶先發動了兵變，指揮御林軍占領皇宮，消滅了韋皇后的勢力，之後他的父親李旦就成為睿宗，他自己成為太子。

然而李旦也非常軟弱，因為太平公主是自己的妹妹，還是幫助他坐上皇位的功臣，所以即便是太平公主恃寵而驕掌握了朝政大權，唐睿宗也是一直忍讓的。漸漸地，太平公主也想像母親一樣成為女皇帝，但是太子李隆基是她的對手。於是她就開始製造輿論，說李隆基不是長子，根本就沒有資格成為太子，更沒有資格成為日後的皇帝。所以建議自己的皇帝哥哥把李隆基廢除了，此舉的目的就是剷除障礙，為自己成為女皇開路。

但是李隆基也不是那麼好對付的，唐睿宗知道這樣下去李唐的江山又會大亂，所以在西元712年的時候，就讓李隆基繼承了自己的皇位。唐睿宗本來是想用退位來化解矛盾的，但是沒想到，他這樣做反而讓李隆基和太平公主的矛盾更加激化了，他們都在積蓄自己的力量，準備除掉對方。

西元713年，太平公主密謀要除掉李隆基，但是李隆基先下手為強了，很快就除掉了太平公主手下的幾個得力幹將，在太平公主死後，迅速地將公主黨的官員都罷黜了，這樣才算是收回了皇帝所有的權利。之後改國號為開元，馬上就要迎來開元盛世的曙光了。

雖然說李隆基剷除了太平公主的實力，皇權也得到了鞏固，但是並不代表就沒有問題了，因為這一段時期頻繁的兵變已經讓朝廷的元氣大傷，在吏治上面存在著很多問題。所以唐玄宗這時候最需要的就是選賢任能，他選拔了一大批非常有能力的官員，姚崇、宋璟、張九齡等歷史上著名的宰相都是他挑選出來的，尤其是啟用對他提出十事要求的姚崇，說明他在用人方面還是比較有眼光的，但是同樣之後的李林甫、楊國忠、李輔國等一些大奸大惡的宰相也是出自他手，為何前後會出現這麼大的差別就讓人不得而知了。

除了任用賢臣之外，唐玄宗還大力整頓了吏治，採取了一系列的措施來提高官僚機構的辦事效率。首先就是精簡機構，對一些官員進行了裁減，不僅節約了政府開支，也提高了他們辦事的效率，另外重新確立了地方官吏的考核制度，加強對地方官員的重視等。

這些都還只是在吏治上的除舊革新，唐玄宗能夠開創「開元盛世」的局面並不單單只是靠這些就足夠了的，還有他能夠透過抵禦外敵的入侵來鞏固國防，還能夠透過對兵役制度實行改革來增強軍隊的戰鬥力，還能夠透過減輕賦稅讓老百姓的日子過得更加輕鬆。

為了促進經濟的發展，對武則天時期開始盛行的佛教進行打壓等。經過唐玄宗的一番勵精圖治之後，終於迎來了屬於他的「開元盛世」。

可是在這之後，唐玄宗就喪失了勵精圖治的精神，逐漸變得昏庸無道起來了。聽信小人的讒言，將一大批有才幹的官員都貶出了京城，讓李林甫這樣的小人逐漸地把持朝政，之後又沉迷於女色，不問朝政，還任用安祿山這樣陰險狡詐的人為三鎮節度使，掌握著眾多兵馬，這樣最終導致了「安史之亂」的爆發，自己也被迫背井離鄉逃亡蜀地，可以說是喝下了自己釀的苦酒。

從他西元712年即位到逃亡途中，再到西元756年退位，他一共在位四十四年。他一手創造了唐朝的輝煌，又用另外一隻手將它打碎，讓自己所創造的輝煌走向毀

滅。也許他算不上一個成功的皇帝，但是他與楊玉環之間的愛情，可以看成他為了美人，放棄了整個江山，也算是用情之深了。

太平公主權傾天下

太平公主是武則天和唐高宗唯一的一個女兒，因此，各位兄長都十分疼愛她，尤其是武則天，對她更是倍加呵護，她認為太平公主聰明伶俐、足智多謀，不但與自己長得像，並且性格愛好也與自己非常相似，所以更加寵愛她了。正是因為她享盡了天下的榮寵，所以當時有人稱她是「幾乎擁有天下的公主」。

太平公主的婚姻一直是後世及史學家關注的一個重點。太平公主八歲時，吐蕃派使臣來長安，向唐朝公主求婚。唐高宗和武則天不想讓幼女嫁到荒涼的蠻夷之地，但是又不好意思直接拒絕。她藉口讓女兒替自己為去世的母親榮國夫人楊氏祈福，將公主送進了道觀，並為其取道號「太平」。這樣就以公主已經出家作為藉口來拒絕了吐蕃的使者，吐蕃使者一看，事實如此也只好作罷。

太平公主結過兩次婚，這兩次婚姻都是父母一手安排的，都帶有明顯的政治性。太平公主十四歲時，穿上武官的衣服，跑到父母面前跳舞，把唐高宗和武則天都逗笑了。武則天問她：「你又做不了武官，穿這官服做什麼？」太平公主說：「把這身衣服賜給駙馬可以嗎？」唐高宗聽出了她的弦外之音，就讓他嫁給了文武雙全又出身於豪門士族的薛紹。

武則天為了顯示對女兒的寵愛，將她的婚禮操辦得極其隆重，據說她召集了長安城所有的轎夫為女兒抬嫁妝，還下令街上的商鋪都關門去街上觀看婚禮。太平公主的第一個婚姻持續了七年，她與薛紹共生育了四個孩子。不過，武則天對唐高宗選的女婿並不十分滿意，她曾因為薛紹哥哥的妻子不是貴族

而不高興地說：「我的女兒怎麼能跟村姑做妯娌呢。」後來，薛紹捲進琅琊王李沖通謀反案中，本來武則天就不滿意這個駙馬，所以武則天毫不留情地將其「杖一百，餓死獄中」。

這時候，太平公主最小的兒子才剛剛滿月。為了安慰太平公主，武則天破例將她的封戶加到了一千二百戶，要知道按照慣例，唐朝所有公主的封戶都不能超過三百五十戶的。由此可見武則天對她的寵愛程度了。

薛紹死後，武則天打算將公主嫁給武承嗣，結果因為武承嗣的身體不好，所以又將太平公主許配給了武攸暨。一方面這段婚姻是武則天為了稱帝而藉機取得武氏家族支持的手段；另一方面也是為了保護太平公主，因為在她登上帝位之後就開始對李氏子弟進行打壓，而太平公主這時候成為武家的兒媳避免了危險。這雖然又是一樁政治婚姻，但是維持的時間卻也不短，直到她去世的前一年才結束。

武則天掌管朝政後，太平公主時常渴望與母親一樣，參與朝政。但是武則天出於對她的保護，從不允許她公開參與朝政。武則天後期，太平公主才開始參與朝政。由於她的處事態度與武則天高度一致，所以，武則天在處理很多大事時，都讓她在幕後出謀劃策。武則天晚年，寵信張易之、張昌宗兄弟，後來二人將其軟禁，準備謀權篡位。太平公主與宰相張柬之、大將李多祚等人聯手，誅殺張氏兄弟，擁立唐中宗即位。太平公主擁立唐中宗有功，被封為「鎮國太平公主」，權勢日盛。

性情懦弱的唐中宗即位後，皇后韋氏和女兒安樂公主專權。韋皇后後來也想效仿武則天，君臨天下。她與安樂公主一起毒死了唐中宗，準備立溫王李重茂為皇帝，容納後再將其毒死，自己臨朝。李隆基洞察其野心後，聯合陳玄禮，殺死韋皇后和安樂公主。太平公主與李隆基一起參與了這場行動，她來到皇宮，看到年幼的溫王還高坐在龍椅上，就對李隆基的父親相王李旦說：「這個位子是你的，這個小娃娃不該坐在那裡。」於是，她走上前，將溫王從龍椅上提了下來，

將相王扶上王位。唐睿宗即位。

唐睿宗對將自己扶上王位的妹妹極其溺愛，對她的話言聽計從。太平公主向朝廷推薦了很多人，唐睿宗都將他們封了官。一時間，依附太平公主的人越來越多，太平公主的權勢變得炙手可熱，時有云「宰相七人，五出公主門」「在外只聞有公主，不聞有皇上」。

李隆基被立為太子後，為了握緊大權，他讓自己的兄弟宋王等人統領禁軍。太平公主對他的做法很不滿，她將宰相召來，說太子不是長子，要廢掉他。姚崇、宋璟等人建議皇上讓太平公主遷到洛陽去住，唐睿宗沒有答應，還降了他們的職。太平公主見天子對其已有防備之心，就想趁太子羽翼未豐，廢掉太子。

唐睿宗先天二年（西元713年），太平公主與竇懷貞、蕭至忠等人密謀，讓元楷率羽林軍去武德殿誅殺太子，然後大家在外面群起相應。李隆基得到消息後，決定先發制人。他在政變的前一天，讓人去宮內以領馬匹為由，打開宮門，誅殺左、右羽林軍將軍，粉碎了了太平公主的計畫。兵變失敗後，太平公主逃亡南山山林之中，過了三天才出來。李隆基派兵包圍了太平公主的住宅，然後將其賜死。可憐曾經富擁天下的公主因為權力之爭而命喪黃泉，不能不讓人惋惜。

姚崇拜相

姚崇本名是元崇，字元之，因為要避開玄宗的年號，所以改名為姚崇。他出生於一個官僚家庭，年輕的時候喜歡玩樂，和他父親一樣崇尚武藝，以練武為功課，每天堅持鍛練，練就了一身強健的體魄和英勇無畏的精神。直到後來有人鼓勵他說將來可以成為宰相，才開始潛心讀書，最後高中進士，屬於大器晚成的一類。但是正如當初鼓勵他的人說的一樣，姚崇果然成為武則天、唐中宗、唐睿宗和唐玄宗四

朝的宰相，先後三次登上相位，更被後人冠以「救時宰相」之稱，成就了自己的一番功業。

姚崇第一次登上相位是在武則天時期。姚崇進入仕途之後可以說是平步青雲，很快就做到了兵部郎中，在契丹屢次進犯中原的時候，兵部的事情變得非常繁多，姚崇的才幹這個時候就充分顯露出來了。本來一件很複雜的事情，到了他手中很快就利索地處理好了。武則天知道後非常欣賞他的才幹，立刻被提升為兵部侍郎。這下子他開始直接參與朝政，幫助武則天清理了不少冤假錯案，深得武則天的歡心，所以緊接著就任命他為宰相了。這是他初登相位，可以說和武則天的知遇之恩是分不開的。

後來因為他得罪了武則天的寵臣，武則天受到蠱惑，將姚崇調離京城，只是成了一個掛名的宰相，在臨行之前，推薦張柬之做了宰相。之後張柬之和桓彥範互相串通，除掉了張易之和張昌宗兩兄弟，逼迫武則天傳位給唐中宗，這時候姚崇剛好回到洛陽，也參與了這次事變，並且在其中發揮了重要作用，因此唐中宗封他為梁縣侯。就在眾人相互慶賀的時候，只有姚崇一個人在為武則天默默流淚，因此而獲罪離開京城，做了亳州刺史。他的第一次相位因武則天而成，也因武則天而退。

再來說說他的第二次拜相，這時候已經到了唐睿宗年間了。唐睿宗知道姚崇的才幹，再加上他也曾經在唐睿宗的府上做過長史，所以唐睿宗登基之後就將姚崇任命為宰相了。這一次姚崇的相位坐的有點不安穩了。因為當時太平公主得勢，漸漸干預朝政，朝廷中不少大臣都是她的黨羽。又因為太平公主是武則天的女兒，行事作風像極了武則天。姚崇擔心太平公主會走上武則天的老路，所以向皇上上奏說建議公主去洛陽居住，並且將幾個掌握兵權的將領派到洛陽去做刺史。可惜唐睿宗竟然將這些話都說給了太平公主，於是公主怒了，指責姚崇挑撥皇家兄妹之間的關係，再次被貶，只不過這一次是同州刺史。

就在他被貶到同州之後，太平公主的活動越來越囂張，當時的太

子李隆基忍不住了，瞞著自己的父親一舉將太平公主的勢力徹底清除了，隨即在唐睿宗去世之後，登上了皇位。他的即位是姚崇第三次拜相的前奏。

西元713年，唐玄宗到臨潼關東北出巡，按照慣例，方圓三百里之內的州郡官員都要去朝見皇上，姚崇所在的同州就在範圍之內。等到姚崇按照規定去朝見唐玄宗的時候，唐玄宗正在打獵。興之所至就問姚崇會不會打獵，姚崇從小就習武，哪裡有不會的道理？現在雖然上了年紀，但是也還行，隨即就跟著唐玄宗一起打獵去了，他在獵場上的風采和技法讓唐玄宗十分佩服。等到打獵之後，唐玄宗徵求他對國家大事的一些意見，姚崇說得頭頭是道，讓唐玄宗一點疲倦感都沒有，完了之後唐玄宗就讓姚崇擔任了他的宰相。這就是他第三次登上相位的契機。

儘管知道唐玄宗是個治國之才，但是姚崇並沒有當即謝恩，等到唐玄宗問他為什麼的時候，姚崇說只要皇上能做到他提出的十點建議，他就可以做宰相，但是如果不能做到的話，他就不會答應做宰相的。這時候姚崇就提出了歷史上著名的「十事」，歷數自武則天以來的朝中弊病，總結了歷代興衰的原因和教訓，為唐玄宗的開元之治奠定了基礎。姚崇擔任宰相後，實施了很多有利於社會發展和人民生活安定的措施，例如，整頓吏治、選拔地方官員、減免賦稅、發展農業生產、清理佛教寺院、強迫僧人還俗等。他採取的這些措施整頓了吏治，發展了農業生產，消除了社會隱患，當時的人們稱他為「救時宰相」。

姚崇除了是四朝宰相之外，也是一個積極能幹的實幹家。開元四年，也就是西元716年，山東爆發了大規模的蝗蟲災害，因為百姓相信迷信，所以都只是一味地燒香拜佛，不敢捕殺，眼看著莊稼都快被吃完了。這時候姚崇上書說蝗蟲是完全可以殺死的，所以用了很多方法來驅趕蝗蟲，取得了不錯的效果。

後來山東又發生蝗蟲災害的時候，朝廷裡面就有了一些不和諧的聲音。聲稱蝗蟲成災是上天的旨

一次讀完資治通鑑 故事

意，只有修習德行才能驅趕蝗蟲，連唐玄宗都開始猶豫了。姚崇說那些大臣都是一些迂腐的書生，不懂得變通的道理。並對唐玄宗說，如果不能成功地解除蝗災，那麼他會請求將他所有的官爵都削去，這樣終於說服了唐玄宗。

最後儘管姚崇取得了滅蝗的勝利，但是什麼功勞和賞賜都沒有，並且很快就因為他包庇自己的下屬逃脫罪責，後來皇上的矛頭終於開始指向姚崇。這時候姚崇已經看出來了，所以趕緊辭去了宰相一職，推薦宋璟代替了自己的宰相之職。雖然他走了，但是他確實為創立「開元盛世」立下了汗馬功勞。

張九齡被貶

張九齡，字子壽，韶州曲江人。他是一位詩人，他的詩風比較恬淡，尤其是他的五言詩，更是以樸素的語言來寄託對人生的感悟，一掃初唐士氣奢靡的詩風，寫出了「海上生明月，天涯共此時」這樣的千古絕唱，被譽為「嶺南第一人」。但是他又不僅僅是一個詩人，他還是一個卓有遠見的政治家，作為唐朝開元年間的宰相，他選賢任能，不畏權勢，可以說，之所以能有「開元之治」的盛世，他也有很大的功勞。

張九齡的出生頗具傳奇色彩，相傳他的母親已經懷胎十月了，但是一點分娩的跡象都沒有，他的父親看見自己的老婆身體粗胖，而且面色發黃，身體極其虛弱，還以為得了黃腫病。直到遇見一個能看病也能算命的老頭，給他母親看病之後告訴他的父親，說他母親肚子裡面懷的是一個將來有著非凡成就的人，這個地方太小，根本就裝不下他，所以一定要到一個大點的地方分娩。

因為這個原因，張家才搬到韶州，果真在那裡生下了張九齡這樣一個非凡的人物。後來張九齡官至宰相，果真應了自古帝王將相皆異象這句話了。不管傳說是真是假，

張九齡後來的確成了老先生口中所說的非凡人物卻是一點也不假的。

言歸正傳，說起來張九齡生於官宦世家，他的祖先就是西漢鼎鼎大名的留侯張良，是西晉開國元勳張華的第十四代孫，可以說是名門之後。自小他就很聰明，七歲的時候就寫一手好文章。唐中宗年間，張九齡剛好到了弱冠之年，於是就去參加了科舉考試，一下子就中了進士，被任命為秘書省的校書郎，可謂前途無可限量。

時間很快就來到了唐玄宗年間，張九齡多次向唐玄宗建議，希望能夠重視地方官員的選拔，不能只靠朝廷的內臣，對官員的選拔也不能僅僅憑藉他的資歷。雖然他的初衷是好的，但是卻不被唐玄宗所重視。在唐玄宗四年的時候，因為母親病故，自己的身體也不好，所以辭官返鄉，對母親盡孝道去了，這只是其中的一點，更多的是因為自己的政治想法和統治者多有不同，使他無法施展自己的抱負。即便是如此，他在家鄉也沒閒著。在他養病的這一段時間裡，他修築了梅關古道上的驛道，這樣就使南北

要道的交通更加暢通了，於國於民都是好事一件。

等到唐玄宗六年的時候，因為當時的張說很重視他的才幹，並說他的文章是所有詩人裡面最好的。由於得到張說的賞識，所以張九齡的仕途之路似乎平坦了一點，也有了施展自己才華和抱負的空間。可是這樣的順境持續的時間並不長久，似乎是老天爺故意用各種艱難困苦來考驗他一樣，僅僅過了五年還不到，因為張說遭到奸人誣陷，無奈罷相返鄉，而張九齡也因為此事受到朝廷權力之爭的風波波及而被調到外地，也就是我們常說的貶官，這是張九齡的第一次貶官。

可是因為張九齡的才華和他在民間的聲望，很快，唐玄宗又再一次啟用了他，這一次張九齡的政治仕途達到了他人生中最輝煌的時刻：拜相。這一年是開元二十一年，唐玄宗任命他為中書侍郎，開始主持朝政，同時因為他建議在河南屯田種植水稻，所以兼任河南稻田使一職。張九齡終於有機會一展自己的抱負了。

他封相的這一段時間，正是歷

一次讀完資治通鑑 故事

史上所謂的「開元盛世」年間，唐朝正處於全盛的時期。全盛，並不代表沒有問題，張九齡就在這繁華的背後看到了潛藏著的社會問題。於是，他向唐玄宗進言說現在不能再像以前那樣大肆興兵了，應該著重休養生息，減輕刑罰、扶持農業生產，減輕徭役的負擔，從「霸道」轉換到「王道」。此外，在開元之時他提出的選拔官員的標準在他手裡也得以實現，一大批德才兼備的有識之士開始了他們的仕途之路，這和張九齡選賢任能的施政方針是分不開的。經過張九齡的努力，緩解了社會矛盾，同時對維護「開元盛世」的局面起到了重要的作用。由於他的政績突出，讓唐玄宗更加賞識和信任他了。

但是所謂「伴君如伴虎」，由於唐玄宗對他的器重，讓很多人都非常嫉妒他，又因為張九齡一向是直言敢諫的，所以平日裡也沒少得罪一些權貴，這其中就包括唐玄宗的寵妃武惠妃。當時武惠妃仗著唐玄宗對自己的寵愛，就想廢掉當時的太子，讓自己的兒子登上寶座，繼承大統。於是就想籠絡張九齡，派遣宮中的官奴去遊說他，但是卻被張九齡一頓訓斥給罵回去了，並且及時地勸阻唐玄宗，這才讓這場宮廷內亂平息下去，穩定了當時的政局。不僅如此，對於安祿山和李林甫的行為，張九齡更是厭惡至極，多次揭穿他們的陰謀，所以很多人都嫉恨他。

唐玄宗想任命節度使張守珪為丞相，張九齡不同意；想任命牛仙客為丞相，張九齡還是不同意，唐玄宗就不高興了。李林甫趁機就說張九齡想自己獨攬朝政大權，所以才屢次不同意的，唐玄宗信以為真，就將張九齡貶為右丞相，很少讓他參與政事。

後來張九齡舉薦的周子諒彈劾牛仙客，終於使龍顏大怒，指責張九齡「舉非其人」，把他貶為荊州長史，這是張九齡第二次被貶，也是最後一次被貶，因為他不久就死在任上了。

後來，果然不出張九齡所言，安祿山發動了讓唐朝由盛而衰的「安史之亂」，給唐朝帶來了滅頂之災，這時候唐玄宗才想起張九齡之前的話來，悔恨不已。

後來凡是經過推薦的宰相，唐玄宗總會問一句「風度和九齡是一樣的嗎」。張九齡病逝之後，被賜諡號「文獻」。

李林甫口蜜腹劍

唐玄宗即位後，在群臣的輔助下，勵精圖治二十多年，終於開創了大唐的另一個盛世「開元盛世」。隨著國家的興盛，唐玄宗的自滿情緒也越來越大。後期，他貪圖享樂，寵信並重用奸臣李林甫，導致社會腐敗，國家也走向衰落。

李林甫，出身於李唐宗室，沒有才學，但是精通音律，善於專營。李林甫任御史中丞時，最受唐玄宗寵愛的妃子是武惠妃。李林甫暗中派人告訴武惠妃：「我願盡全力助壽王（武惠妃之子）成為天子。」因此，武惠妃對他非常感激，時常在唐玄宗面前誇獎他。後來，唐玄宗任命他為黃門侍郎。開元二十二年，李林甫官拜禮部尚書。

李林甫知道，自己要想永保無憂，就必須得把皇上哄開心了。他收買了皇上身邊的宦官和妃子，讓他們為自己搜集情報。所以唐玄宗的喜好、動靜和想法他都知道得一清二楚，每次在朝堂上議事的時候，李林甫都能準確無誤地說出讓皇上滿意的話，因此，唐玄宗越來越欣賞他。

李林甫依靠投機，進入李唐高層統治集團之後，更是將自己信奉的官場厚黑學進一步發揚光大。他表面為人和順，滿嘴甜言蜜語，其實內心陰險毒辣。他挖空心思，厚顏無恥地對唐玄宗和他的寵妃們曲意逢迎，對於那些和自己關係不好的人，當面好話說盡，背後壞事做絕。儘管李林甫總是裝得很巧妙，但是時間長了他的陰謀詭計還是被人們看穿了，所以當時人們形容他「嘴上說的話跟蜜一樣甜，但是肚子裡卻藏著一把劍」，這就是口蜜腹劍的來歷，就跟現在人們常說的笑面虎差不多。

當時的宰相張九齡是一個博學、正直的人，深受唐玄宗信任。李林甫地位雖高，但是沒有才學，他對有才能的人非常忌恨，就想方設法地排擠張九齡。張九齡常常因為朝中大事與唐玄宗爭論，但是唐玄宗已經變成了一個聽不進去任何忠言的人，所以，唐玄宗每次同張九齡爭論之後，李林甫就在旁邊說張九齡的壞話，唐玄宗逐漸被李林甫的讒言迷惑，對張九齡的成見越來越大，最終罷免了他，任命李林甫為宰相。後來，張九齡病死在韶州曲江。

李林甫當上宰相後，更是使出渾身解數阿諛奉承皇上，排擠那些對自己地位有威脅的人。當初唐玄宗廢掉太子李瑛，準備另立儲君，李林甫推薦壽王李瑁，唐玄宗卻選擇了忠王李亨。李林甫害怕李亨執政後降罪於自己，就一直密謀陷害太子。他接近太子妃的哥哥韋堅，推薦他擔任要職，鼓動他恣意妄為，然後再向唐玄宗彈劾韋堅，說他與太子圖謀不軌，妄想借此動搖太子的地位。好在李亨洞悉了他的陰謀，斷絕了與韋妃的夫妻關係，

才沒有讓李林甫的陰謀得逞。

唐玄宗在勤政樓大宴群臣之際，看到兵部侍郎盧絢騎在馬上姿勢威武，讚賞不已，李林甫在旁邊將一切都看在眼裡。次日，他對盧絢說：「你威名遠揚，皇上想派你去兩廣之地任職，那是偏遠荒涼之地，你要是不想去，現在就可以辭官回家。」盧絢聽了非常害怕，就向皇帝請行，於是皇上將他貶到華州做刺史去了。李林甫還害怕皇上有朝一日會想起他來，最後削去了他的全部官職，將其貶為庶人。

還有一個叫嚴挺之的，之前受到他的排擠被貶到外地，後來唐玄宗突然想起他是一個很有才能的人，還可以委以重任，於是向李林甫詢問他的情況。於是李林甫趕緊找來嚴挺之的弟弟對他說，如果他哥哥想進京見皇上就可以稱自己生病，想回京看病。嚴挺之的弟弟信以為真，但是卻被李林甫利用了。當唐玄宗再次詢問嚴挺之的情況的時候，李林甫就拿出嚴挺之弟弟的奏摺說，嚴挺之現在已經病重，不是能幹大事的人了。最後唐玄宗也只能惋惜歎氣了。

唐紀

咸寧太守趙奉章對李林甫的所作所為深惡痛絕，冒死向皇上揭發李林甫的罪行。由於唐玄宗將一切政事都交與李林甫處理，奏章還沒到皇帝跟前就被李林甫秘密扣下了。李林甫火冒三丈，他暗中指使御史臺將趙奉章逮捕入獄，不經審問就打死了。與他同在宰相之列的牛仙客和陳希烈見他如此囂張，都不敢過問政事。朝中那些小官，更是如此。李林甫從此獨攬朝中大權，示淫威於朝野。有一次他得意洋洋地對群臣說：「你們看那些朝堂外作儀仗用的馬，不吭一聲就有吃有喝，要是不安分守己亂叫一聲，立馬就會被逐出去。」群臣聽後，膽戰心寒。

李林甫也知道自己壞事做盡，結怨甚多，因此他時刻擔心有人行刺、報復自己。他的住所壁壘森嚴，警衛眾多，他為了安全，晚上常常會在幾個地方睡覺，就連他的家人都不知道他在哪裡睡覺。

口蜜腹劍的李林甫做了十九年宰相，他在位時將正直的大臣排斥遺盡，重用的都是那些會溜鬚拍馬的小人，唐朝的政治經濟在他的手中由興旺走向衰敗，「開元之治」的繁榮景象已消失，他的繼任者楊國忠更是引發了讓唐朝走向沒落的「天寶之亂」。

安祿山獻寵

安祿山，營州（今遼寧朝陽）人，幼時喪父，後來，其母阿史德氏改嫁突厥將軍安波注的哥哥安延偃，安祿山就跟了安姓。因為從小就生活在人口複雜的胡地，安祿山學會了九種語言。他長大後，膀闊腰圓，性情奸詐，善於揣摩人意，與史思明兩人以兇狠好鬥而聞名。

安祿山年輕的時候因為偷羊被別人追殺，遇到了當時的節度使張守珪，因為看他的氣度不凡，所以就放了他。因為安祿山非常勇猛，屢次立下戰功，所以很快就被提拔為偏將，成了張守珪的義子。後來

他討伐契丹失敗，當時的宰相張九齡覺得他日後一定會成為禍害，請求皇上殺了他，但是唐玄宗沒有聽進去，留下了安祿山這條命，他萬萬想不到，他今日留下的這條命差點毀掉他的整個江山社稷。

僥倖死裡逃生的安祿山並沒有悔改，在御史中丞出使河北的時候，他趁機賄賂了他，所以很快地朝廷還升了他的官，之後他就更加猖獗了，幾乎將所有皇帝派遣的使者都賄賂遍了，所以他的官也越做越大，最後成了四府的經略使。這也可以看做是安祿山獻寵的開始。

安祿山入朝後，想方設法取悅唐玄宗。他對唐玄宗說：「營州境內去年爆發了蝗災，莊稼都被吃光了。臣向天禱告，若是臣對朝廷一心忠誠，老天就要把蟲害自行散去。結果禱告剛結束，就來了一大群紅頭鳥，將害蟲吃得乾乾淨淨。」唐玄宗聽到這裡，非常開心。

安祿山陰險狡詐，城府很深，但是在人前卻常表現出一副憨厚傻氣的模樣。他見楊貴妃深受唐玄宗寵愛，而楊貴妃又沒有孩子，於是不顧自己比楊貴妃還大十八歲，非要做她的養子。唐玄宗與楊貴妃都非常高興，就答應了他的請求。於是安祿山就視楊貴妃如母，處處諂媚獻寵。他每次見楊貴妃和唐玄宗在一塊兒時，總是先給楊貴妃行禮，再向皇帝行禮。唐玄宗問他為何如此，他故意傻裡傻氣地說：「我們胡人都是以母為尊。」唐玄宗聽了，被逗得哈哈大笑。

安祿山體態肥胖，在皇帝面前跳胡旋舞時，卻「其疾如風」。有一次，唐玄宗問他那肥胖的肚子裡面都有什麼，他厚顏無恥地說：「什麼都沒有，只有一顆赤膽忠心而已。」皇上聽後，對他更是深信不疑。

安祿山自恃皇帝恩寵，輕蔑群臣，但是他對老謀深算的李林甫卻怕得要命。原先李林甫為了鞏固自己的地位，認為胡人目不識丁，難成大器，所以才主張朝廷對他們大加重用。誰知安祿山那麼會來事，很快就青雲直上，李林甫看到眼裡，計上心來。有一天，安祿山前來拜見李林甫，李林甫見其態度傲慢，托故將王　叫來問事。當時，

王□身兼二十餘職，見到李林甫卻恭順謙卑如同奴僕。安祿山看了大驚，對李林甫也恭敬起來。

安祿山在京時，將朝廷的情況摸得一清二楚。他看到唐玄宗昏庸，朝政腐敗，心中就想取而代之。他離開長安後，開始招兵買馬，為奪取天下做準備。他以禦敵為名，建築雄武城，在裡面儲備大量的糧食和兵器。他知道唐玄宗好大喜功，於是，他鼓動手下人濫殺契丹百姓，然後他又割取百姓首級向朝廷邀功請賞。

楊國忠上臺後，安祿山看到楊國忠才能平庸，非常鄙視他。楊國忠對他也非常惱火，因此，他借安祿山在外招兵買馬之事，在唐玄宗面前說安祿山有謀反之心。此時，太子也發現安祿山有不臣之心，也上奏說他欲反。

唐玄宗聽後，就命安祿山進京朝見。楊國忠本以為安祿山做賊心虛，不敢前來。誰知，安祿山早已猜透唐玄宗的心思，他飛馳進京，向唐玄宗哭訴道：「臣承蒙皇上錯愛，感恩不盡。但是楊國忠嫉妒我，屢次使人在皇上面前讒言，臣現在只是等死矣。」唐玄宗對他好言相勸，為了寬慰其心，將那些「誣陷」他的人都交與安祿山處置，並且還厚賞了他。事已至此，楊國忠也無計可施。當時，人人皆知安祿山有反意，但是再無敢言者。

安祿山打消唐玄宗的疑慮，離開長安後，如漏網之魚，疾速趕回范陽。他到達自己的大本營後，就以討伐楊國忠為名，舉兵反唐。安祿山的大軍一路直下，取太原，過河東，所向披靡。後來，李光弼、郭子儀先後出兵井陘，大敗叛軍，張巡在睢陽也誓死抵抗，安祿山的部隊，數月不能前進。等到哥舒翰潼關失守，唐玄宗逃往成都，安祿山才得以進入長安。叛軍進入長安後，大肆殺戮、搶掠，整個長安城一片狼藉，慘狀驚人。

安祿山原先就有眼病，起兵之後，視力逐漸不佳，後來竟至失明。他性格暴躁，對左右非打即罵，因此，人人怨恨。

安慶緒為安祿山的長子，後來安祿山的寵妾段氏生下一子，名叫安慶恩，安慶恩深受安祿山喜愛。

安祿山稱帝後，安慶緒時刻擔心自己被廢，因此，他與安祿山的親信嚴莊、李豬兒等人一起，謀殺了安祿山。陰險狡猾的安祿山一世梟雄，僅憑一人之力，就將大唐國勢扭轉，可憐的是，最後他還是死在自己的兒子手裡。

▌ 安史之亂

西元755年十二月十六日是歷史上著名的「安史之亂」爆發的時間，就在這一天安祿山趁著朝廷內部空虛，聯合其他的少數民族共二十萬兵馬，打著討伐楊國忠的旗號在范陽起兵，標誌著安史之亂正式爆發。這場戰亂持續了八年的時間，使當時的唐朝盛況不復存在，轉而走向衰落，現在一般認為安史之亂就是唐朝由盛而衰的轉捩點。

安史之亂之所以爆發並不是由於安祿山的貪欲一手造成的，而是和當時唐朝社會的各種矛盾分不開的。開元十年，唐玄宗開始在邊境設了十個兵鎮，有九個節度使和一個經略使來管轄。這樣就便於加強朝廷對邊境的控制。本來這是一個不錯的想法，但是在實施的過程中，每一個節度使不僅僅是進行軍事管理，幾乎還囊括了所有的行政權等大權，原來的地方長官成為這些節度使的部下，這樣他們就失去了制約的力量，割據一方，尾大不掉，成為威脅唐朝統治的隱患，這是其一。唐玄宗設立節度使，改變了原來外輕內重的軍事格局，變成外重內輕了，安祿山任三個地方的節度使，手裡有二十萬兵馬，而中央只有八萬還不到，這樣安祿山當然能夠乘虛而入，這是其二。唐玄宗晚年的時候已經喪失了年輕時候的鬥志了，改成天寶之後，更是不理朝政，政治上更加腐敗，而且任用李林甫和楊國忠等奸臣，更重要的是這兩個人和手握重兵的安祿山不和，唐玄宗也沒有起到很好的調節作用，所以激化了這種矛盾，最終導致了安祿山以討伐楊國忠的名

義起兵造反，也是情理之中的事情。

　　安祿山起兵之後，唐玄宗非常生氣，馬上就開始任命安西節度使封常清兼任范陽和平爐的節度使，準備防守。緊接著任命榮王擔任元帥，高仙芝為副元帥開始東征。但是由於國家承平日久，軍隊的戰鬥力大不如前，很快安祿山的軍隊就攻占了洛陽，封常清和高仙芝退守臨潼關。但是唐玄宗聽信讒言，錯殺了高仙芝和封常清兩員大將。

　　雖然安祿山他們的軍隊進展很順利，占領了洛陽，但是由於他對部隊根本不加管束，任由他們在沿途殺燒搶掠，這引起了老百姓極大的不滿，所以各個地方都開始起兵來反抗叛軍。最先起兵的就是顏真卿和他的哥哥，之後河北的各個地方都開始回應他們，很快就有了二十萬之多的兵馬。而當時大將郭子儀和李光弼已經開始攻打河北的叛軍了，每戰告捷，真是大快人心，這時候安祿山已經沒有退路了，因為已經被唐軍切斷了。然而就在這時候，傳來了臨潼關失守的消息。原來處死高仙芝和封常清之

後，唐玄宗馬上派哥舒翰鎮守臨潼，本來還可以憑藉臨潼險要的地勢死守，等待其他的部隊增援，這樣還可以暫時地保衛京師。但是由於求勝心切，楊國忠根本不過問當時的實際情況強迫哥舒翰出兵迎敵，導致慘敗，臨潼關就這樣失陷了。唐玄宗因為害怕叛軍，已經開始逃往蜀地，但是途中士兵發動了著名的「馬嵬坡之變」，殺死了楊國忠和楊玉環，自後太子李亨在靈武稱帝，就是唐肅宗。

　　唐肅宗即位的時候，叛軍的兵力正受到張巡的牽制。他指揮軍隊在雍丘和商丘和叛軍激烈地交戰長達六百天，要知道張巡手上只有六千名唐軍，但是叛軍多達十多萬。張巡憑藉著自己的智謀和勇武，每一次交戰都能取得勝利，一共殲滅了叛軍十四萬。

　　儘管張巡最後戰死沙場，但是他為唐朝爭取了寶貴的時間，在他犧牲的時候，各地的援軍都已經到達了唐肅宗所在的靈武，而且回紇也派了援兵過來，形勢開始朝著有利於唐朝的方向發展著。

　　這個時候，叛軍的內部開始出

現爭鬥，安祿山的兒子安慶緒殺死了自己的父親，接替了他的王位，而史思明又將安慶緒殺死了，之後他也被自己的兒子殺死了。儘管如此，叛軍的力量依然還很強大，之後雙方的戰事又持續了七年，最後還是借助回紇的兵力才最終平定了安史之亂。

戰亂雖然平息了，但是卻對唐朝整個社會造成了嚴重的影響，生產力大大地下降，人口也從最開始的五千萬只剩到當時的一千七百萬了，由「貞觀之治」到「開元盛世」所創造的輝煌已經如同黃鶴一樣，一去不復返了，唐朝也開始了它的遲暮之旅。

▍唐玄宗西逃

西元755年安史之亂爆發，一路上叛軍勢如破竹，直逼長安而來，而保衛長安的天險臨潼關也失陷了，所以西元756年，唐玄宗為了逃命，聽信楊國忠的建議開始向西逃跑。叛軍逼近長安是迫使唐玄宗逃跑的主要原因，而為什麼叛軍會如入無人之境的逼近國都呢？這還要從臨潼關的失守開始說起。

安史之亂爆發之後，很快就占領了黃河以北的大部分地區，唐玄宗匆忙命令安西節度使封常清去洛陽募兵來抗敵，然後慌忙地部署對安祿山的全面防禦。到了十二月份的時候，安祿山渡過了黃河，所到之處生靈塗炭。這時候和安祿山正面交鋒的是封常清，雖然他手裡的兵力並不少，但都是一些市井之徒，根本不能和安祿山的精銳部隊相抗衡，所以節節敗退，使得安祿山很快就攻下了洛陽。

封常清退兵到陝郡的時候和當地的守軍將領高仙芝商量，雙方實力懸殊太大，不如先退到臨潼關，再依靠臨潼關的天險來死守，這才是最明智的舉動。於是他們馬上率兵開始朝臨潼關方向撤退，將太原的倉庫打開，把裡面的東西全都分給了將士，燒了倉庫之後向臨潼關方向退去。

他們退到臨潼關之後就馬上開始整頓隊伍，完善所有的守備工作，依靠著天險，抵抗了叛軍的幾次進攻之後，唐軍的士氣也逐漸地振作起來，安祿山知道臨潼關一時之間是難以攻破的，所以留下了崔乾佑圍攻，自己退到陝郡。儘管當時的形勢非常惡劣，很多地方軍都投降了，而且其他的援兵也還沒到，但是安祿山正忙於洛陽稱帝的事情，所以也沒有全力攻打。而且高仙芝和封常清在臨潼關已經做好了迎敵的準備，關中地區暫時還算是平安的。

正當這個時候唐玄宗聽說封常清打了敗仗，丟了洛陽，盛怒之下就削去了他的官爵，讓他以平民的身分在高仙芝的部隊中效力。但是高仙芝很器重封常清，讓封常清巡查左右廂諸軍。當時有一個叫邊令誠的人，曾經在高仙芝東征的時候作為他的監軍，多次提出建議，但是高仙芝都沒有採納他的建議，所以一直對他懷恨在心。這一次高仙芝退守臨潼就給了他一個把柄。邊令誠以此為藉口，向皇上說他們兵敗，放棄了很多地方，還私自削減官兵的糧食和賞賜。唐玄宗聽後非常生氣，也不經調查，就派遣邊令誠到臨潼將高仙芝和封常清斬首。

邊令誠先是將封常清殺了，隨後邊令誠不顧全軍將士的呼喊把高仙芝也殺了。他們都是當時的名將，遭到冤殺之後嚴重動搖了軍心，臨潼關一時之間無人鎮守。同時朝廷也失去兩員抗敵的大將，對平定叛亂產生了非常不利的影響。

後來，為了守住臨潼關，唐玄宗馬上派了哥舒翰率重兵把守，這一下叛軍打了半年也沒能攻破。只要臨潼關還在，哥舒翰就派人每天晚上在烽火臺上燒一把火，作為平安的信號，讓關內一座一座的城池將這平安的信號帶到長安，讓長安的人們都安心。

可是楊國忠卻不斷地蠱惑唐玄宗，讓他命令哥舒翰帶兵出關迎敵。他只想到了自己的私利，根本就不知道這是犯了兵家大忌。

在哥舒翰接到出關迎戰的命令之後，明知道出關只能讓臨潼關面臨更加危險的局面，但是又不能違抗聖旨，只能掩面痛哭之後率領二十萬兵馬迎敵去了。結果出去之

一次讀完資治通鑑故事

後就再也沒能回來。叛軍設計打敗哥舒翰之後，馬上俘虜了他，隨後臨潼關不攻自破。這樣臨潼關上再也沒有象徵平安的火把了。

長安城看不到平安的信號，慌了；唐玄宗也慌了，因為叛軍已經快要打到長安了。無奈之下，楊國忠建議唐玄宗逃往蜀地。這時候唐玄宗也別無選擇，只能按照他的意見帶著皇室成員連夜逃出了皇城，向西逃去。他們走後，京城似乎跟往常沒有什麼區別，該值守的仍然在值守，可是當清晨的宮門一打開，無數的宮女和太監都逃了出來，老百姓才知道他們的皇帝已經逃走了，這一下京城就要保不住了。所以也都慌忙地準備逃走了。

在逃到便橋之後，後面已經跟了無數逃亡的老百姓，這個便橋是通往蜀地的必經之路，在他們過橋之後，楊國忠下令燒毀此橋，但是唐玄宗想到老百姓，還想著給他們留下一條活路，又命人將火撲滅了。本來想著一路上會有官員接待，但是誰知道一個個早就逃跑了，唐玄宗走到馬嵬坡的時候就開始斷糧了，當地的百姓知道後，主動給他們送來了糧食，雖然不是什麼山珍海味，可是能夠填飽肚子已經很不錯了。

想著堂堂的一國之主淪落到現在的地步，唐玄宗和老百姓都悲不自勝，就在這時候，楊國忠被群情激奮的士兵所殺，發動了兵諫，要求處死楊貴妃，唐玄宗迫於無奈下令絞死了楊貴妃，這才平息了這場兵變。隨後唐玄宗和太子李亨兵分兩路，自己繼續向西逃到了成都，而李亨則留下來安撫百姓，防禦叛軍。

馬嵬坡之變

安史之亂爆發之後，由於楊國忠的蠱惑，天險臨潼關失守，叛軍一路直攻到長安城下。在楊國忠的建議之下，唐玄宗帶著皇室成員逃往四川方向，在馬嵬坡，楊國忠被將士以叛亂之罪殺害，唐玄宗迫於

壓力，無奈處死了楊貴妃，歷史將這場兵變稱之為「馬嵬驛兵變」。

安史之亂爆發之後，叛軍一路逼近長安。為了保住長安，唐玄宗下令重兵把守臨潼關，由哥舒翰掌管。因為臨潼地勢險要，易守難攻，是長安的門戶。叛軍在臨潼之外駐紮軍隊，打了半年也沒能攻破臨潼關。

憑藉著天險擋住叛軍的時候，唐朝的內部卻出了問題，給了叛軍可乘之機。守城的哥舒翰認為只要依靠天險堅守不出，就可以等到時機殲滅叛軍，同時李光弼和郭子儀也認為臨潼應該堅守不出，他們率兵去攻打安祿山的老巢。但是楊國忠聽說如果哥舒翰得勝還朝，就要將他的宰相之位奪去。楊國忠為了保住自己的相位，堅決反對這樣做，還對唐玄宗說臨潼的叛軍早就已經不堪一擊了，如果再堅持按兵不動的話，就會失去殲滅叛軍的機會。唐玄宗聽信了他的話，命令哥舒翰馬上帶兵出關攻打叛軍。

結果這一出關就中了敵人的埋伏，哥舒翰也被俘虜了。就這樣臨潼關失陷，叛軍攻入了關內，而臨潼關之後，關內再也無險可守，再加上各地官員都只顧自己保命，都棄城不顧，所以叛軍很快就到了長安腳下。這下唐玄宗急了，楊國忠提出建議說現在長安已經不安全了，乾脆逃到蜀地去。雖然大家覺得這個建議不妥，但是也提不出更好的辦法了，所以當天晚上唐玄宗就帶著楊貴妃等皇室成員，在陳玄禮和禁衛軍的保護下西行而去。

儘管之前就派了很多宦官到沿途的各地，吩咐準備迎接皇上，但是剛剛出了咸陽城才知道，宦官和各地的官員早就逃得無影無蹤了。唐玄宗等皇室成員走了大半天，連一個送飯的人都沒有，他們已經餓得不行了。

沒辦法，隨行的侍從只好找當地的老百姓要了一點高粱餑餑，這些平日裡衣食無憂的皇家子弟一開始還嫌棄這樣的糧食太難以下嚥了，根本不知道戰爭的殘酷和百姓的疾苦，能夠拿出這些糧食來已經很不容易了。最終，他們還是抵不過饑餓，也顧不上什麼皇家尊嚴了，直接用手撈起來就開始狼吞虎嚥了，不一會兒就全部吃完了。

唐玄宗想到自己的處境，只吃了幾口，就難過地直掉眼淚。有個老百姓到唐玄宗跟前說：「很早安祿山就想造反了，也有很多人向朝廷揭發，可是不是被關就是被殺，您身邊的臣子都是只會奉承您的，您根本就瞭解不到外面的情況啊，百姓的意見就更聽不到了，要不是今天，我也不可能站在您面前說話了。」唐玄宗這才開始後悔，但是大錯已經鑄成了，後悔也於事無補了。

他們走到馬嵬坡的時候，他們又沒有了糧食，將士們也非常疲憊了，想到現在的處境都是由於楊國忠一手造成的，心裡面的氣就不打一處來。這時候隨行的吐蕃使者也餓得不行了，去找楊國忠要糧食，還沒等他說出話來，周圍的士兵就大叫說他要造反，還用箭來射殺楊國忠。楊國忠慌慌張張地要逃走，被士兵一刀給砍死了。

楊國忠死後，士兵們群情激奮，包圍了唐玄宗的行館。此時唐玄宗還不知道楊國忠已經死了，當他得知之後，走出行館想慰勞戰士，讓他們都回去休息，可是士兵們根本不聽命令。陳玄禮說：「楊國忠謀反已經被殺了，貴妃也要一起死。」

唐玄宗不忍心將他最心愛的妃子殺了，找出理由來為她開脫，但是士兵們強烈要求殺死楊貴妃，唐玄宗為了平息眾怒，只好命令高力士將楊貴妃帶到別處處死了。這樣士兵們才終於回到了自己的營地。這場兵變就是歷史上的「馬嵬驛兵變」。

唐玄宗受此驚嚇之後，一路逃亡到成都，再加上他自己親自下的命令處死楊貴妃，內心充滿了悲憤之情，於是宣布退位，太子李亨繼承皇位，就是後來的唐肅宗。而唐玄宗之後就一直生活在悔恨和憂愁之中，難以自拔，直到他死去。

表面上看起來是由於士兵忍受不了楊國忠而引起的一場兵變，但是實質上是由李亨和其他的權臣一起策劃出來的奪位之爭。因為李亨一直受到李林甫和楊國忠的壓制，本來唐玄宗在安史之亂的初期就想把皇位讓給李亨，但是楊國忠極力反對而沒能成為現實。如果他們真的逃到了巴蜀之地，那就是楊國忠

的勢力範圍了，李亨這輩子就別想出頭了，所以在途中藉機除掉了楊國忠，也就有了讓美人斷魂的馬嵬坡之變了。

李光弼平叛

安史之亂能夠平定，那些優秀的將領功不可沒。當時最出名的將領有兩個人，一個是郭子儀，另一個就是李光弼。

李光弼，營州柳城（今遼寧朝陽）人。其父楷洛原為契丹酋長，武則天當政時，歸附唐朝。李光弼很小就喜讀書，善騎射，年輕時已經是武藝超群。他在王忠嗣手下任兵馬使時，很受喜愛。王忠嗣常對人說：「日後能代我統兵的，只有李光弼。」安史之亂時，經郭子儀推薦，李光弼擔任河東節度使。

李光弼接受任命後，率兵直出井陘（河北境內），與各地唐朝武裝一起，參與平定戰亂。他先後在常山（今河北正定）、九門、趙郡（今河北趙縣）等地大敗叛軍。天寶十五年（西元756年），李光弼與郭子儀在常山會師。不久，他率部與安祿山手下大將蔡希德、史思明、尹子奇在嘉山展開會戰。他身先士卒，將敵人殺得鎩羽而歸。史思明為了逃命，連鞋子都沒來得及穿。這一仗，李光弼聲名遠揚，唐軍聲威大震，河北有數十個郡縣的人們紛紛起來圍剿叛軍，歸順唐軍。

李光弼很有謀略，即使身處險境也能臨危不亂。至德二年（西元757年），史思明率十萬大軍進攻太原。此時，李光弼的精銳部隊都在南方，留守太原的士兵還不滿萬人。有人建議李光弼加固城牆來防禦敵軍，李光弼不以為然。他率領士卒在城外深挖壕溝，用挖出的土造了幾十萬塊土坯。敵人攻城時，他就用大炮還擊。叛軍使用大炮轟擊時，他就用土坯來修復毀壞的城堡。他還讓人深夜挖掘地道，趁著夜色，不斷襲擊叛軍。史思明不斷受創，疲憊不堪。眼看久攻不下，

一次讀完資治通鑑 故事

史思明宣布退兵，就在這時，李光弼主動出擊，殲敵七萬餘人，並繳獲大批軍用物資。就這樣，李光弼用他的智謀保住了太原，也讓唐軍的左翼免於受到傷亡。因此，這次大勝後，李光弼被朝廷封為鄭國公。

李光弼愛兵如子，他立下赫赫戰功，朝廷給予了很多賞賜，他卻將封賞全部拿來與士兵們分享。但是他也嚴於治軍，只要犯了軍法，不論是誰，都嚴懲不貸。他曾不顧聖命，斬了不服軍令的御史崔眾和兵馬使張用濟等。因此，有人說，李光弼治軍有方，古往今來都不多見。

李光弼和其他九位節度使一起保衛鄴城（今河南安陽）時，撤退的途中，他看到其他部隊的士兵肆意搶掠百姓財產，甚為憂慮。於是，他下令嚴禁自己的士兵搶劫百姓。沿途的民眾看到他軍紀嚴明，都非常敬佩。

在乾元元年的時候，李光弼和郭子儀以及其他的九個節度使一起在相州圍攻安慶緒，史思明馬上就派兵前來增援，儘管唐軍被打得七零八落，但是李光弼的軍隊始終都保持著整齊的軍容。後來李光弼任兵馬大元帥，進入洛陽。這個時候安慶緒已經被史思明殺害，自己在洛陽稱大燕皇帝。因為自己的兵力和史思明相差太大，難於防守，所以將城中的百姓和官員都撤退到了河陽，只留下一座空城給史思明。因為李光弼的軍隊鎮守河陽，對史思明的側翼是一個嚴重的威脅，史思明也不敢貿然西進，所以他們形成了兩軍對峙的局面。李光弼趁機出戰，在河陽打敗了史思明的進攻，殲滅敵人兩萬，並乘勝收復了懷州。後來唐肅宗命令李光弼強攻洛陽，但是失敗了，好在皇上並沒有因此過於責備他。

李光弼接替郭子儀為朔方節度使後，史思明決定與其決一死戰。他帶領軍隊浩浩蕩蕩地向汴州開來，並一鼓作氣拿下汴州。李光弼聽說後，絲毫無所畏懼。他先敵軍一步進入河陽城，然後整頓人馬開始組織防禦。他先派手下猛將守住易守難攻的要塞，然後對部下說：「看我們的旗幟行動，連揮三次之時，諸位務必要全力進攻，退後者

格殺勿論。」於是，士兵們全力向前。一個士兵不戰而退，他命令將其斬首；一個士兵作戰勇敢，他命人賞其五百匹絹。不久，他最鍾愛的部下郝玉也退了回來，李光弼馬上命人去斬郝玉的人頭。郝玉大叫：「我不敢違抗命令，是因為馬匹中箭才退回來的。」李光弼給他換了馬，讓他繼續作戰。後來他連揮三次旗幟，全軍上下奮勇出擊，史思明大敗而歸。

李光弼為安史之亂的平定立下了不世功勳，朝廷為了表彰他，在凌煙閣上添上了他的畫像，還讓他擔任了天下兵馬副元帥一職，封臨淮郡王。但是，唐代宗李豫即位後，重用宦官程元振、魚朝恩。這兩個人都與李光弼不合，因此，時常在皇上面前中傷他。自從被強命進攻洛陽失敗之後，自己率兵鎮守臨淮，兩、三年不敢入朝一次。待到他五十七歲病死徐州時，還將自己積攢的財務拿出來分給部屬。他去世後，朝堂上下都哀悼不已。

▌李輔國專政

李輔國是唐肅宗當政時期的一個宦官，原來的名字叫靜忠，輔國是後來才改的名字。可以說四十歲是他的一個人生轉捩點，四十歲之前他都是毫無作為的，之後他進入東宮服侍太子，並成為太子的心腹，這樣他的人生就發生了天翻地覆的變化，而整個唐王朝也隨之發生了翻天覆地的變化。

安史之亂爆發，臨潼關失守，唐玄宗匆忙地逃出皇城。這時候李輔國跟隨太子也在逃亡之列。在走到馬嵬坡的時候，參加將士殺死楊國忠的兵諫之中。之後唐玄宗繼續向西逃去，但是李輔國希望太子能夠留下來和大家一起抗敵，這樣就順應了當時的民心。就這樣太子北上靈武，到達靈武之後，李輔國要求李亨儘快稱帝，當時正值唐玄宗心灰意冷的時候，所以就將皇位傳給了李亨，自己則做了太上皇。

李亨在靈武登上了皇位，但是

他性格軟弱，因為他登上皇位李輔國一直都是擁護他的，所以就把李輔國看成自己的左膀右臂，甚至把軍政大權都交給他。這時候李輔國還不是叫現在的名字，是唐肅宗將「護國」之名賜給他之後不久改成「輔國」的，意思是輔佐國家的棟梁之才。現在看來，不管是靜忠，還是輔國，都是對他一個莫大的諷刺。

等到安史之亂平定之後，唐玄宗作為太上皇又回到了長安，雖然沒有了奏摺和公務，顯得有一點無所事事，但是還算是比較自由的。他回到長安之後，最擔心的人就屬唐肅宗和李輔國了，他們擔心唐玄宗重新復位，所以在唐肅宗的默許之下，李輔國開始了對唐玄宗的壓迫。先是把唐玄宗最喜歡的幾百匹馬都收回去了，僅僅只留下了十幾匹，隨後又對唐玄宗說是皇上的旨意，要唐玄宗搬到皇宮內宮的太極殿居住，在這個過程中他將對唐玄宗忠心耿耿的親信高力士流放了，還強迫陳玄禮辭官還鄉，只留下幾個老弱病殘的人伺候唐玄宗，平時任何人都不讓進去。就這樣直到唐玄宗病重，唐肅宗想去看一下自己的父親，也因為李輔國的阻撓沒能實現，相當於唐玄宗搬進皇宮之後就被軟禁起來了。

唐肅宗對李輔國非常信任，將所有的事務都交給他去處理，這樣就使得李輔國掌握了朝廷的所有大權。後來發展到大臣們要有什麼事情向皇帝啟奏，都要先經過他的同意，然後才能告訴皇帝。為了更好地監視朝中的大臣，排除異己勢力，他專門派十幾個人負責監視朝中的官員，只要一發現有大臣對自己不滿，就會馬上動手除掉。因為唐肅宗的不理朝政，使得李輔國越來越囂張，甚至連皇上的詔書還要署上他的名字才能生效，處理政事的時候他完全根據自己的喜好，還動不動就拿皇上來說事。連節度使這樣重要的職位也是由他一個人說了算。

雖然很多大臣都對他不滿，但是由於害怕他的打擊報復，都不敢說話。這時候終於有一個叫李峴的皇室成員看不下去了，經常在皇帝面前舉報李輔國的一些不法行為，但是由於李輔國隻手遮天，最後唆

使唐肅宗將李峴趕出了皇宮，貶到了京城之外。李輔國妄想以自己的宦官身分成為唐朝的宰相，這件事情是極其荒誕的，也是不符合祖上規定的，所以遭到了宰相蕭華的強烈反對，導致李輔國最後也沒能坐上宰相的職位，創立歷史的新紀錄。為此他懷恨在心，幾次三番的在皇上面前誣陷蕭華，甚至威逼皇上用自己的親信取代蕭華的位置，最終蕭華也被趕出了京城。

為什麼李輔國能這麼囂張、肆無忌憚呢？除了依靠皇帝的信任之外，他還和張皇后相互勾結，他們互為照應，控制了整個政權。只要是對他們不利的人，不管是達官顯貴還是皇親國戚，都會用盡各種手段來消除他們。後來唐肅宗病重，張皇后和李輔國在由誰繼承皇位的問題上產生了分歧，張皇后想讓越王登上皇位，這樣便於以後自己插手朝政；但是李輔國為了能繼續把持朝政，擁立太子李豫登上皇位。

為此張皇后想要殺掉太子，幫助越王登上皇位。但是還沒等他們開始行動就被李輔國的黨羽發現了，李輔國馬上派人保護太子，之後派人進入皇宮，抓住了越王，張皇后倉皇之中逃往唐肅宗的寢宮，還是不能免於被抓的命運。此時，唐肅宗已經病重，又受到這件事情的驚嚇，馬上就死了。於是李輔國趁著皇宮大亂的時候處死了張皇后和越王等人，隨後擁立太子李豫登上皇位，即唐代宗。

雖然唐代宗念在他擁立有功的分上，冊封他為司空兼任中書令，幫助他實現了自己的宰相夢，但是李輔國不僅不知道收斂，反而更加囂張和狂妄，還對唐代宗說讓他把朝廷的事情交給他處理就夠了，皇上只需要坐在那裡就可以了。他的這個舉動使唐代宗對他非常不滿，但礙於他掌管軍權，所以只能忍氣吞聲，但是已經有了殺李輔國之心了。後來程元振開始掌握了部分禁軍的軍權，也打算除掉李輔國。唐代宗也開始逐漸削弱李輔國的實權，最後將他趕出京城，之後不久，李輔國就遭人暗殺身亡。可憐他一生機關算盡，斂財無數，最後卻落得一個流落街頭、身首異處、曝屍荒野的結局，不能不說這是他應得的下場。

一次讀完資治通鑑　故事

郭子儀單騎退回紇

郭子儀是山西汾陽人，年輕時，身高臂長，武藝超群，後來成為唐朝著名的軍事家。他的仕途開始於武舉。在安史之亂爆發前夕，他已經官拜太原太守，安史之亂爆發之後，他馬上就被任命為朔方節度使，負責平定安史之亂事宜。平定叛亂之後他被封為汾陽郡王，之後又幫助唐代宗平定僕固懷恩的叛亂，借助回紇的兵馬，打退吐蕃。他一生戎馬，建功無數，使唐朝得享二十多年的和平時代，是歷史上罕見的「權傾天下而朝不忌，功蓋一代而主不疑」的大臣。除去平定安史之亂不表，只說郭子儀單騎闖回紇，說服他們幫助自己攻打吐蕃。這還要從僕固懷恩的叛亂開始說起。

安史之亂爆發之後，為了滿足北方鎮壓叛軍的需要，所以唐朝開始抽調西部的軍隊，這時候西部的邊防能力下降，吐蕃也開始乘虛而入，進攻唐朝，很快就要打到長安城下了。就在這個時候，僕固懷恩也開始叛亂了，並且和吐蕃、回紇聯合起來，一起攻打唐朝。這時候唐朝同時面對內憂外患，已經岌岌可危了。

說到這個僕固懷恩，他是鐵勒族人，在安史之亂中和郭子儀、李光弼一起多次立下戰功，但是一直都沒有得到封賞和加官晉爵，所以對朝廷很不滿，也因此他與朝廷之間互相猜忌，最後終於發動叛亂，在汾州屯集了自己的軍隊，並將汾州以下的各個縣作為自己的屬地。

在他發動叛亂的第二年，和吐蕃、回紇和黨項一起率領數十萬的兵馬開始南下，京城上下一片惶恐。這時候皇上召見郭子儀，詢問他是否有什麼抵禦敵人的妙計，當時郭子儀就從容地回答皇上說僕固懷恩是不會有所作為的。他這樣說，皇上當然會詢問緣由，於是郭子儀將自己的看法講給皇上聽：「僕固懷恩雖然驍勇善戰，但是並不得人心，他曾經還是我的偏將，他身邊的部隊有很多人也曾經都是

我的部下，我曾經對他們也算還不錯。現在我是大將，他們一定不會忍心對我刀鋒相向的。」

隨後他們開始進攻汾州（今山西隰州），郭子儀讓自己的兒子率兵趕去救援，自己則緊閉城門堅守不出，等到僕固懷恩的先鋒部隊到達豐田的時候，不斷地在城外挑釁，郭子儀的部下都紛紛要求出戰，但是郭子儀卻說，他們的兵馬遠道而來，鋒芒正盛，而且他們的優勢就在於速戰速決。但是他們其中有很多都是我以前的部下，如果拖住他們，時間一長，他們就會叛離。如果現在出戰逼迫他們，只會加速他們的戰鬥，這樣勝負就不好說了，如果再有說要開戰的人就以軍法處置。按照郭子儀的策略，對方果然不戰而退，僕固懷恩的第一次入侵就這樣被打敗了。

但是他仍然不死心，很快又帶著吐蕃、回紇和其他的部隊一共三十萬軍隊捲土重來了。這一次他們直取長安，唐代宗趕緊命令郭子儀前往救援，郭子儀率兵駐紮在長安北邊的涇陽。這時候郭子儀只有一萬兵馬，被敵方重重包圍，明顯地處於不利地位。他命令四面都要死守，自己則率領兵馬去偵察敵情。

這個時候僕固懷恩已經身染暴病，在途中病死了，敵人已經群龍無首，於是各自為戰。看到這種局面，郭子儀心中暗自高興。但是由於雙方的實力相差太大，這場仗依然沒有取勝的把握。特別是回紇的士兵，不僅人數是他的五倍還多，而且個個都驍勇善戰。所以回紇王非常不可一世。

面對這樣的局面，只能智取，不能力敵，所以郭子儀派得力幹將前去遊說。回紇王一聽是郭子儀派來的，非常驚訝，說僕固懷恩對他們說唐朝皇帝已經逃跑了，郭子儀也死了，所以他們才決定和他一起的。得知郭子儀還活著的消息，回紇王非要見郭子儀一面。郭子儀知道只有爭取回紇和唐軍聯盟，才有可能打退吐蕃，取得戰爭的勝利，所以他馬上就下定決心到回紇的營地走一遭。

他的部下都勸他不要去，但是他決心已下。部下看說不動他，又勸他要去的話也要帶上幾千精兵一

一次讀完資治通鑑故事

同前去，但是又被他拒絕了，說那樣只會招來禍患。他決定只帶幾名親兵單騎去會回紇，就是他的兒子也沒能攔住他。

回紇的將領害怕唐軍耍什麼陰謀詭計，做好了射擊的準備。郭子儀一看，將盔甲和槍都扔了。回紇首領看清楚之後，趕緊將郭子儀迎了上來。因為郭子儀在平定安史之亂的時候曾經向回紇借兵，有共同戰鬥的情誼，在回紇中的威信很高。看見郭令公來了，他們都向他跪拜，郭子儀將他們扶起之後和他們暢談起來。這時候郭子儀趁著氣氛和諧，就向回紇提出和唐軍重歸於好，回紇也答應下來了。就這樣郭子儀憑藉著自己的機智和勇敢，讓回紇重新變成了自己的戰友。

吐蕃知道郭子儀和回紇會師之後，就連夜逃走了。回紇部隊負責追擊，郭子儀負責斷後，在西原地區大破吐蕃，殲滅五萬吐蕃軍隊，還俘虜了上萬人。

▌ 永貞革新

永貞革新，發生在唐順宗永貞年間的一次變革。這次變革由王叔文、王伾、劉禹錫、柳宗元等人領導，以打擊宦官勢力為主要目的，也涉及懲治貪官、削弱藩鎮勢力等方面。

宦官俱文珍等人發動宮廷政變，囚禁了唐順宗，擁立太子李純為帝。這樣，前後持續一百多天的永貞革新就宣告失敗了。

唐代宦官專權的現象非常嚴重，始於唐玄宗高力士，唐中後期以後，宦官更加有恃無恐。西元805年（永貞元年），唐順宗聽從大臣王叔文等人的建議，宣布罷免宮市和五坊小兒，以削弱宦官的勢力，揭開了改革的序幕。

唐朝皇室的日用所需是由民間提供的，朝廷設立宮市負責採購皇室日常用品。最初，宮市由專門的官員負責。採購的時候，朝廷根據貨物的價值付給百姓相應的費用。

由於宮中每日所需的物品很多，而且付給百姓的價錢也不少，所以百姓還可以從中獲得可觀的收益。當時長安分為東、西兩市，這兩個場所有固定的開門和關門的時間，每天來往買賣的人很多，非常熱鬧。

後來，宮市被宦官掌控，宦官開始把宮市作為他們謀取利益的方式。經常有宦官派來的人駐守在東西兩市，這些人四處張望，看看哪裡有人在賣東西，他們就是所謂的「白望」。就是說，只要他們看到的好東西，就走過去說自己是宮中派來採購的人，搶奪百姓的東西，但是從來沒有人敢和他們講價。從此，百姓曾經以為獲利的宮市就變成了宦官搜刮財富的手段，東市和西市也變得蕭條了。

當時有不少文章是反映宦官們的貪婪蠻橫的，如白居易的《賣炭翁》。文章描述一個賣炭的老翁被自稱是宮中採購的人欺凌的事情。這位老翁以賣炭為生，由於燒炭，他的臉烤得非常黑。有一次，老翁拉著一車炭來到宮市上。老翁打算把這車炭賣了，用這些錢買一件棉衣避寒。雖然是冬天，老翁身上仍然穿著一件單衣。不幸的是，老翁遇到了宮中的太監，他們假借皇帝的名義，不顧老翁的苦苦哀求，搶走了老人的炭。這些人只是在老翁的牛車上掛了半匹紗和一丈綾，就大搖大擺地走了。

除了宮市，還有一個讓百姓深惡痛絕的事情，就是五坊小兒。五坊小兒，即專門為皇上飼養鳥的人。他們平時仗勢欺人，橫行霸道。最初，他們在路上撒網，只要有人衝撞了他們，他們就以衝撞了鳥兒為名，對路人進行敲詐勒索。後來，他們乾脆在百姓家門口或者公眾場所撒網，比如，水井旁邊。他們經常威脅打水的百姓，使百姓們既不敢回家，也喝不到水，百姓恨透了他們。

此外，五坊小兒在飯館吃飯的時候，從來不付錢。每當他們表明身分，熟習他們的一些飯店老闆就誠惶誠恐地招待他們。一些不瞭解他們的飯店老闆向他們要錢，不但要不到錢，還要被五坊小兒毒打一頓。

永貞元年，王叔文等人看到這種情況，認為必須進行改革。於

是，王叔文等人就向唐順宗建議革除這些弊端，唐順宗就下令廢除了宮市和五坊小兒。百姓聽說以後，非常高興，紛紛為此歡呼雀躍。不但如此，唐順宗還下令裁撤宮中多餘的人員，從一定程度上抑制了宦官勢力的壯大。

除了打擊宦官，革新人士還主張削弱藩鎮的勢力，懲治貪官污吏，這些建議都被唐順宗採納。為此，唐順宗下令改革各個地方向朝廷進貢的制度。

當時許多人為了討好皇上，在一般的進貢之外，仍然向皇上進貢。有的人每月進貢一次，即「月貢」。還有的人每天進貢，稱為「日貢」。這樣一來，受苦的卻是廣大的貧苦百姓。此時，貪官橫行，百姓的生活越來越艱難。王叔文等革新人士紛紛上奏唐順宗，唐順宗就下令廢除了除一般進貢以外的其他進貢，還廢除了一些苛捐雜稅，極大地減輕了老百姓的負擔。朝政漸漸地清明起來，百姓的生活也向好的方向發展。

既然是變革，肯定會觸及一些人的利益。王叔文等人發起的永貞革新不可避免地觸犯了宦官俱文珍等人的利益，在宦官俱文珍、大臣武元衡等人的阻撓下，這場革新舉步維艱。

同年六月，王叔文被俱文珍免去翰林學士之職，後來自知無法維持革新的王叔文稱病回家，不再過問政事。同年七月，俱文珍等人逼迫唐順宗退位，擁立太子李純為皇帝，即唐憲宗。

俱文珍等人還任命和他們關係密切的袁滋、杜黃裳為宰相，將唐順宗囚禁在興慶宮，將王伾貶到外地做官，劉禹錫被貶為連州刺史，柳宗元被貶為邵州刺史，韋執誼被貶為崖州司馬。後來劉禹錫又被貶為朗州司馬，柳宗元被貶為永州司馬。

經過一系列的謀劃和實施，俱文珍等人將革新人士徹底排除在朝廷政權之外。至此，這場轟轟烈烈的永貞革新也失敗了。

韓愈諫佛骨

韓愈諫佛骨，是一次發生在唐憲宗時期的事件。佛指骨在當時象徵著皇權，唐朝皇帝多次迎奉佛指骨。佛教在漢朝的時候傳入中國，歷代統治者都非常重視佛教。唐朝時，佛教的發展更加迅速，不少皇帝舉行了盛大的禮佛活動，最有名的是唐朝舉行了七次迎奉佛骨的盛事。

西元819年，唐憲宗下令宦官杜英奇帶人去法門寺恭奉佛骨。杜英奇領命，朝廷規定沿途各個地方必須舉行盛大的儀式迎接佛骨。各地要搭建五彩繽紛的彩棚，用紅毯鋪地，黃布纏裏沿途的樹木，以表達對佛骨的尊敬。於是，在從法門寺到長安城的二百多里路上，各個地方的寺院都建有高臺。佛骨所到之處，都有成千上萬的人跪拜，聲勢非常浩大。

當這支隊伍浩浩蕩蕩地進入長安之後，城內許多有錢有勢的人紛紛爭著迎奉佛骨，處處可以見到用金銀堆砌的高臺、樹。城內迎奉佛骨的場面非常壯觀，街道上人山人海，幾乎達到了萬人空巷的地步。為了表示敬佛，很多人使用了非常殘忍的手段。有的人砍斷自己的胳膊，以此表示自己非常尊敬佛；而有的人卻獻出自己的兒女，也是為了表達敬佛。最殘忍的是，一個老婦人在貞潔坊前，硬生生地讓女兒喝掉一壺水銀，導致女兒當場死亡，竟然也說是為了禮佛！這種行為殘忍到了令人髮指的地步。

得知佛骨到了長安以後，唐憲宗就在大明宮建立道場。唐憲宗率領文武百官、後宮嬪妃乃至天下百姓向佛骨行叩拜禮儀，整個場面頗為壯觀。然後，佛骨就被安放在了皇室中。為了表示自己虔誠的敬佛之心，唐憲宗還決定天天吃素、焚香，而且經常不去上朝。看到皇上如此敬佛，許多貴族也爭先恐後地拜佛，生怕落在別人的後面。

看到整個長安城中的百姓這麼瘋狂，甚至皇上也沉迷於佛骨的事情，刑部侍郎韓愈再也忍不下

去了。韓愈非常憤慨地寫了一篇文章，上奏朝廷，這就是有名的《諫迎佛骨表》。

首先，韓愈陳述佛教的存在對統治的影響。韓愈說，上古時候帝王在位的時間很長，但是自從佛教在漢代傳入中原以後，這種情況就發生了改變。韓愈認為應該歸咎於佛教，並說人們本來想借助佛教求得庇護，不料卻招來禍患。韓愈縱古論今，陳述佛教的弊端。

接著，韓愈又說唐高祖曾經與大臣商議廢除佛教，但當時大臣們沒有遠見，不懂得利弊，因此禁佛這件事情就沒有實行。由此看來，只有文武大聖皇上英明神武，剛登基的時候就下令不許百姓出家，也不許建立寺院。

現在聽說全國臣民都進行浩大的禮佛活動，弄得長安城內一片混亂。百姓們都說：「天子這樣的人都敬佛，何況我們這些平民百姓呢？」人們紛紛斷指斷臂賣兒賣女，只為了敬佛。本來我以為皇上會繼承高祖的志向，進行限佛，沒有想到是現在這個樣子。如果皇上不立刻制止，任由這種情況發展下去，國家不久就會受到影響的。

最後，韓愈說佛祖本來就是夷狄人。佛祖和我們漢人的語言不通，服飾不一樣，不說漢話，不穿漢人的衣服，不懂得君臣父子之禮。如果佛祖還活著的話，來到我們大唐，也只能是接受陛下的接見。然後，陛下賞賜他一些財物，並且派人護送他回國。如果是這樣，佛就不會禍亂人民。現在，象徵佛祖的他，是一個死人，只有腐朽的骨頭，這怎麼能允許進入皇宮呢？先師孔子對於鬼神，都是敬而遠之。古代諸侯國祭祀的時候，都是讓巫師用桃木符咒除掉不祥的事情。現在，陛下對於這樣骯髒的東西，不但不用桃木符咒鎮壓，反而親自到近旁觀看。即使其他大臣們不說什麼，我都認為這是不妥當的。所以，我請求陛下下令把這個佛骨燒毀，以斷絕後人敬佛的禍患。只有這樣，百姓才會覺得這是聖人應該做的。因為得到民心才是最重要的事情啊。如果佛祖怪罪的話，所有的罪過都由我一個人承擔，我毫無怨言。

正沉迷於禮佛的唐憲宗，看到

韓愈的上表，氣得差點昏過去。然後，唐憲宗下令要殺了韓愈。但是在大臣裴度等人的極力勸阻之下，韓愈才沒有被殺，只是被貶到潮州做刺史。韓愈雖然沒有勸諫成功，但是不斷地迎奉佛骨的唐朝也很快滅亡了。

▌ 朋黨之爭

朋黨之爭是指封建大夫為了奪取權力，結黨營私，不同集團之間展開的爭鬥。爭權奪利的事情，各朝各代都有，而唐朝的時候，影響較大的一次是牛李之爭。這場權力爭奪戰竟然持續了數十年，從唐憲宗開始，中間經過了唐穆宗、唐敬宗、唐文宗、唐武宗，直到唐宣宗才結束，嚴重影響了唐朝的統治。

唐朝時期的牛李之爭起始於一場科舉考試，唐憲宗元年（西元808年），朝廷如期舉行科舉考試。在這次考試中，有三個考生的試卷得到了考官楊於陵、韋貫之的讚賞，這三個考生是牛僧孺、李宗閔、皇甫。牛僧孺等人在考卷中評論當時的朝政，他們的許多言論是對宰相李吉甫的指責，這一切都惹怒了李吉甫。

李吉甫決定報復牛僧孺等人，就對皇上說：「這次科舉考試中，翰林學士王涯等人閱卷時作弊，他們推薦的人陛下要慎用啊。」唐憲宗非常氣憤，就下令分別將裴、王、楊、韋等四人免職了。牛僧孺等三人也沒有受到重用，只是被朝廷派到地方上任幕僚。很多人都覺得牛僧孺等人被冤枉了，認為這是宰相李吉甫嫉妒牛僧孺他們的才能。有人就對唐憲宗說了這些話，唐憲宗覺得有道理，於是就下令貶李吉甫為淮南節度使，還提拔裴為宰相。

從此，牛僧孺等人與李吉甫就結下了仇恨，雙方的爭鬥一直持續了幾十年。雙方就像蹺蹺板一樣，此起彼落，從未停止。一旦一方得勢，就想馬上把另一方的勢力趕出

朝廷。

李吉甫死了以後，他的兒子李德裕憑藉父親的勢力，被任命為翰林學士。當時，李德裕與李宗閔同朝為官，一直想找機會替父親報仇。唐穆宗時期，朝廷又按期舉行科舉考試。當時，朝中的兩個大臣受朋友之托，賄賂考官錢徽，但錢徽沒有答應他們。恰好李宗閔的親戚也參加了這次考試，而且被選中。為了報復錢徽，這兩個大臣就到唐穆宗那兒誣告錢徽收受賄賂。唐穆宗問李德裕，李德裕也證實有這件事。唐穆宗就生氣地貶了錢徽，也把李宗閔貶到了外地做官。

被貶官後，李宗閔非常不服氣，覺得這是李德裕有意報復自己，牛僧孺也表示支持李宗閔。從此，牛僧孺、李宗閔以及一些靠進士出身的官員就聯合起來，成為一個集團，有人稱為「牛黨」。李德裕也拉攏一些士族出身的官員，被稱為「李黨」。從此，兩個集團展開了長達幾十年的鬥爭。

兩黨最初因為政見不合，長期鬥爭。李黨首領李德裕出身名門士族，李黨一致認為出身名門士族的人從小就有很好的教養，朝廷官員應當由名門望族擔任。但是牛黨牛僧孺等人卻不這麼認為，他們認為應當透過科舉取士選拔官員。

唐穆宗死後，唐文宗繼承皇位。李宗閔極力地巴結宦官，不久就被朝廷任命為宰相。借助李宗閔的推薦，牛僧孺也被任命為宰相。李宗閔和牛僧孺掌握朝政之後，開始極力排擠李德裕。不久，李德裕就被貶為西川（今四川成都）節度使。

隨著鬥爭的激烈化，兩黨的爭論已經不僅僅局限於政見了。只要是一方支持的事情，另一方就堅決反對。兩派的爭鬥漸漸地不再是單純地政見不同，逐漸地演變為意氣之爭了。

李黨主張削弱藩鎮割據勢力，統一中央集權；牛黨因為與藩鎮有密切的關係，就建議朝廷承認割據的既成事實。後來，在對待吐蕃的問題上，李黨主戰，牛黨就主和。

在任西川節度使期間，李德裕率軍收回了唐朝重鎮維州（今四川理縣）。這本來是一件大功，卻被牛僧孺歪曲了。牛僧孺對唐文宗

說：「收復維州之後，唐朝與吐蕃的關係變得很僵，這不是值得慶賀的事情。」並且牛僧孺還請求唐文宗下令把維州讓給吐蕃。李德裕知道這件事以後，非常生氣。

後來，有一位大臣對唐文宗說：「陛下，收復維州是我朝一件值得高興的大事，況且我朝有實力收復失地，不應該從維州撤兵啊。這些事情只是牛僧孺壓制李德裕使出的計策而已。」唐文宗聽了，非常後悔，漸漸地疏遠了牛僧孺等人，並且感慨平定河北容易，平定朝廷朋黨爭鬥卻很難。

總的來說，牛黨李黨雙方輪流掌握朝政。唐穆宗時，李黨得勢；唐文宗時，牛黨占上風；唐武宗時，李德裕出任宰相，李宗閔等人都被貶官，牛黨被排擠出朝廷；唐武宗病死（西元846年）後，唐武宗的叔父李忱即宣宗繼承皇位。宣宗極力反對唐武宗的政策，採取了與唐武宗截然不同的統治策略，剛剛繼位就罷免了宰相李德裕。於是，牛黨掌權，李黨遭到排斥。沒過多久，李德裕被朝廷貶到了崖州，後來死在了崖州（今三亞崖城鎮）。不久，牛僧孺生病死去，長達四十年的兩黨鬥爭才宣告結束。

這次朋黨之爭，嚴重影響了唐朝的統治。

裴度中興

裴度（西元765—839年），河東聞喜（今山西聞喜）人，為人正直，廉潔奉公，是唐朝時有名的大臣。裴度曾經多次出任宰相，分別擔任過唐憲宗、唐穆宗、唐敬宗、唐文宗四朝的宰相，非常有功績，死時被封為晉公。裴度一生功勞卓著，鎮壓藩鎮，支持唐朝加強中央集權，立下許多戰功。裴度曾四次登師垣，五次擔任節度使，三次擔任平叛的將帥，活捉叛賊吳元濟，結束了淮西十多年藩鎮割據的局面。唐朝出現了自唐肅宗以來的統一，史稱「元和中興」，裴度也被

稱為「中興之相」。

唐憲宗極力主張削弱藩鎮勢力，曾經得到毒黃裳、裴度、李吉甫、武元衡等幾位宰相的支援，其中以裴度的功勞較大。在擔任宰相之前，裴度就主張削藩。西元812年八月，魏博節度使田吉安死後，田吉安手下的將士擁護田興。朝廷大驚，就派裴度去安撫田興。裴度到達魏博以後，先對田興陳述了叛亂的利害關係，並且用君臣綱常禮義說服他。田興被說服，並且接受朝廷的安撫。同時，裴度下令賞賜給魏博士兵錢財一百五十萬，宣布赦免魏博的囚犯。裴度還走街串巷，詢問百姓的生活疾苦，這讓魏博的軍民大受感動。此後，田興對朝廷一直忠心耿耿。

裴度擔任宰相以後，最大的功績在於平定淮西的叛亂。西元814年，淮西節度使吳少陽死去，他的兒子吳元濟領兵攻打周圍的各個地方。吳元濟侵略魯山、襄陽等地，朝廷非常吃驚。多數大臣主張講和，並請求皇上封吳元濟為淮西節度使。裴度卻不同意，並向皇上說明其中的利害關係。裴度認為淮西

軍軍心並不穩固，淮西勢力也不強大，如果朝廷發動大兵討伐的話，一定可以平定的，唐憲宗同意了裴度的建議。

此時，為了幫助吳元濟，恒州、鄆州等藩鎮勢力派刺客暗殺裴度等大臣。大臣武元衡被殺害，裴度也因此受了重傷。許多大臣為了自保，陸續上書唐憲宗，請求撤回鎮壓淮西的軍隊，更有人要求唐憲宗撤裴度的官職，以此來安撫藩鎮勢力。這時，面臨多方壓力的裴度仍然堅持平定淮西叛亂，他對唐憲宗說：「淮西是朝廷的心腹大患，不能不討伐，況且朝廷已經在征討叛軍了。兩河藩鎮勢力雖然飛揚跋扈，但如果見到朝廷討伐淮西，也會收斂一些的，所以朝廷不能撤兵啊。」唐憲宗認為有道理，就聽從了裴度的建議。

西元817年，朝廷與淮西作戰已經四年了，朝廷屢屢戰敗，軍隊糧草的運送也比較困難。朝中主和的大臣們紛紛說朝廷的軍隊不中用了，而且朝廷國庫已經虧空了，都上書勸諫唐憲宗停止討伐。裴度仍然堅持作戰，並且認為淮西吳元

濟的情況並不好，不久就會戰勝淮西的。同時，裴度還請求親自去前方督戰，得到了唐憲宗的同意。裴度臨走之前唐憲宗說：「我和淮西叛軍有不共戴天之仇，如果叛賊被滅了，我就會搬兵回朝；如果叛賊沒有死，那麼我也不會活著回來了。」唐憲宗聽了非常感動，就任命他為彰義軍節度使、淮西宣諭處置使去前線督戰。

同年八月，裴度到達前線，帶兵駐守在郾城。裴度撤除了中使監軍，將兵權集中到將領們手中，大大提高了將領們作戰的積極性。同時，裴度大力整頓軍紀，每次出戰都能勝利，改變了朝廷節節戰敗的局面。十月初，裴度採用了節度使李朔的建議。趁著大風雪，唐軍火速前進了一百二十餘里，一舉攻破了蔡州，活捉了吳元濟。進入蔡州城後，裴度下令廢除吳元濟的一些政策。吳元濟不許百姓在夜間點蠟燭，不許他們在路上說話等。進城後，裴度就廢除了這些不合情理的規定。當時蔡州城內的許多士兵都是被逼著當兵的，裴度就讓他們自己選擇，願意回家的就讓他們回

家。裴度的這些政策贏得了蔡州的民心，有利於蔡州的發展。

至此，朝廷討伐淮西的戰爭宣告勝利，這次勝利極大地警示了其他各地的藩鎮割據者。其他的藩鎮勢力也有自動歸順朝廷的，如橫海節度使程權。西元818年，程權看到淮西的爭戰，就非常害怕被朝廷征討。於是，程權派人上奏朝廷，表示願意歸順朝廷。也有不少藩鎮割據者雖然內心害怕，卻沒有行動，只是持觀望態度，如恒州的王承宗。後來，裴度就派柏耆去恒州招降王承宗。王承宗被迫送兒子到朝廷做人質，並且獻出德州、棣州，按時向朝廷繳納租稅。當然也有出爾反爾的人，如鄆州的李師道。裴度上書唐憲宗，請求出兵討伐李師道。西元818年七月到次年二月，朝廷終於誅殺了李師道，李師道曾經管理的淄州、青州等十二州也劃歸朝廷管轄。

這樣，許多藩鎮勢力被朝廷或者消滅，或者招降。唐朝的勢力達到了自從唐肅宗以來非常強盛的時期，歷史上稱這個時期為「憲宗中興」。在這個中興的過程中，大臣

裴度起到了至關重要的作用。裴度任職二十多年，名聲四海皆知。唐朝周邊的吐蕃、回紇政權都害怕裴度，只要有裴度在唐朝，他們就不敢侵犯唐朝。

當時有人寫了一首詩稱讚裴度的功績，詩的內容是這樣的：崇勳厚秩極人臣，社稷安危繫一身，還帶因功昭日月，平淮顯績勒星辰，湖園著作者英美，綠野明堂寵賜頻，父老於今尚拜祀，涓涓不斷在河濱。

甘露之變

甘露之變，發生在唐文宗時期。大和九年（西元835年），唐文宗為了削弱宦官的力量發動了一次事變。這次甘露事變失敗了，共有一千多人受到牽連被殺害。

唐朝中期以來，宦官專權，把持朝政，並且掌握了禁軍。官員的任免要徵得宦官們的同意，皇帝的廢與立也要聽他們的。自從唐憲宗之後，許多皇帝都是由宦官擁立的，唐文宗李昂就是由宦官梁守謙、王守澄、楊承和等人擁立的。

唐文宗即位以後，見宦官們在朝政上說一不二，非常氣憤，一直想壓制他們的氣焰，重振大唐李家的威名。一次，唐文宗在讀《春秋》的時候，讀到「閽弒吳子餘祭」。唐文宗心裡明知道這句話是什麼意思，偏偏問身邊的翰林學士許康佐：「閽是什麼人呢？」許康佐知道皇帝的意思，但又懼怕宦官的權勢，就不敢回答，推說不知道。後來，許康佐知道皇帝想除掉宦官的心思，但害怕引火焚身，就謊稱自己生病，被唐文宗貶為兵部侍郎。朝廷中許多大臣都和許康佐一樣懼怕宦官，紛紛選擇明哲保身，不敢參與唐文宗的計畫。朝中這麼多的大臣，唐文宗竟然找不到一個有勇氣可以為他拼死賣命的人。唐文宗感到非常傷心，內心也非常苦悶。

恰恰在這個時候，李訓進入了唐文宗的視線。李訓是名門之後，

是唐肅宗時期宰相李揆的族孫。李訓能言善辯，精通權術，曾經擔任過太學助教，後來在河陽節度使府中做幕僚。後來，李訓攀附宦官王守澄，經過王守澄的推薦，見到了唐文宗，善於言辭的他很快贏得唐文宗的好感。唐文宗不顧宰相李德裕的反對，任命李訓為翰林院侍講大學士。後來，李訓又升為翰林學士、禮部侍郎同平章事。李訓得知唐文宗要殺宦官的消息以後，李訓和同僚鄭注紛紛表示同意，並且積極謀劃這件事。

李訓利用宦官之間的爭權奪利，實行分化瓦解的策略，提拔不受王守澄重用的宦官仇士良擔任中尉，劃分了王守澄的一部分勢力。另外，處死了和王守澄有仇的宦官韋元素、楊承和等人，這讓王守澄很高興。

最初，因為李訓、鄭注與王守澄關係密切，所以兩個人的密謀並沒有引起王守澄的懷疑。漸漸地，李訓把王守澄逼到了絕境。隨後，唐文宗聽從了李訓的建議，賜給王守澄一杯毒酒。就這樣，曾經飛揚跋扈的宦官王守澄倒臺了。暫時取

得勝利以後，李訓和鄭注開始密謀誅殺所有的宦官。接著，兩個人商量了一個對策，在王守澄出殯的那天，命令中尉以下的所有宦官都要去滻水為王守澄送葬，然後一舉斬殺這些宦官。這個計策具有可行性，但李訓想獨占這個功勞，擅自改變了計畫，偷偷地聯合了宰相舒元輿、將軍韓約等人。

計畫被改變以後，這次甘露事變也正式開始了。西元835年十二月，唐文宗上朝。金吾將軍韓約上奏說，金吾左仗院內的一棵石榴樹在夜裡降下了甘露，並說這是吉兆。預先知道計畫的唐文宗，假裝很吃驚，還派左軍中尉、右軍中尉以及仇士良、魚弘志等宦官去查看詳情。等這些人走了以後，李訓馬上調來兵馬，安排斬殺宦官的事情。不久，仇士良等人來到金吾左仗院內。此時，仇士良察覺到韓約的表情很怪異，就非常疑惑。非常巧的是，院內突然吹來一陣風，仇士良馬上發現帷幕後面埋伏的士兵，知道情況不妙。宦官們就想逃走，這時守門人想關閉大門，但已經沒有時間了，仇士良他們逃到了

大殿。

就在這時，京兆少尹羅立言率領三百多人從東面趕來，御史中丞帶領二百多人從西面趕來。羅立言等人與金吾軍聯合起來，斬殺了數十名宦官。

情急之下，仇士良等人劫持了唐文宗。許多勇士被李訓派去營救唐文宗，李訓自己也抓住唐文宗的輦車死死不放，仇士良與他打在一起。到宣政門時，李訓被宦官郗志榮打倒了。於是唐文宗被宦官們劫持到了東上閣，閣門被緊閉。此時，李訓認為沒有希望勝利了，就換上了隨從的衣服，騎馬逃了出來。途中，李訓大聲說：「我沒有任何罪！」竟然沒有人敢阻攔他。

這個時候，宦官仇士良命令數千餘名禁軍大肆殺害城中的官員和將士，有六百多人被殺死。一時間，皇宮內遍地是屍體，到處染紅了鮮血，城中一片狼藉。宰相舒元輿等人被宦官下令囚禁起來，被宦官們嚴刑逼供，並且背上了謀反的罪名。

李訓雖然出逃了，但他的家人卻遭遇了劫難，李訓的家被宦官派兵洗劫。一些地痞流氓也見縫插針，跟著作亂，弄得長安城混亂不堪。李訓在逃往鳳翔的途中被捕。在被押解京城的途中，李訓不願意到京城受酷刑，就憑著自己的三寸不爛之舌說服押解官殺了他。這樣，押解官只是帶著李訓的頭回到了京城。不久，和這起事件沒有任何牽連的宰相王涯等數千人也被宦官們殺害了。

這就是歷史上有名的甘露之變。這起事變以唐文宗的失敗而告終。

晚唐中興

唐宣宗統治時期，朝政比較清明，國家實力比較強大，這被稱為晚唐中興。唐宣宗李忱，原來叫李怡，登基後改名李忱。小時候的李忱一直沉默寡言，呆頭呆腦，每次宴會都不說話，別人以為他智力有

問題。但正是這個李怡，透過自己過人的政治才能，一度實現了唐朝的中興。

李忱生於西元810年，西元846年登基。這幾十年間，李忱一直隱忍不發。李忱的侄子唐武宗死後，宦官仇公武、馬元贄等人以為他什麼也不懂，就篡改了遺詔，打算扶持他做一個傀儡皇帝。在仇公武等人擁立唐宣宗以後，他們曾經非常得意於這個計策，以為從此可以控制朝政了。但是令宦官們萬萬想不到的是，李忱竟然是一個非常有作為的皇帝。當唐宣宗開始處理朝政的時候，仇公武等人馬上傻眼了，原來李忱一點也不瘋！可事情已經無法改變了，李忱已經登基了。這些宦官們蓄謀已久，就是為了奪權控制朝政，沒想到最後卻敗給了唐宣宗。

唐宣宗剛剛即位，就開始改革朝政，做事雷厲風行，好像要把幾十年忍辱負重積蓄的力量都爆發出來。首先，李忱開始處理牛李之爭的事情。登基的第二年，唐宣宗就宣布免了李德裕的官職。不久，李忱又把李黨的全部官員都貶到了外地，實行與唐武宗完全不同的政策。李忱還提拔了一些年輕的官員，培養了許多親信。

李忱勤於朝政，下令把《貞觀政要》刻在屏風上，經常誦讀，並且以身作則。一次，李忱問大臣令狐綯：「我想知道所有官員的名字和官職。」這讓令狐綯非常為難，全國那麼多的官員，不可能都統計在朝廷中啊。令狐綯就說：「陛下，六品以下的官員因為官職低，人數眾多，所以都是由吏部授予官職的。五品以上的官員才會登記在朝廷的官員簿上，由宰相推薦，朝廷任命。」於是，李忱就命令宰相把官員的任職情況編訂成冊。總共五本，稱為《具員御覽》，李忱經常翻看《具員御覽》。

有一次，李忱在渭水打獵，經過一間祠堂。李忱看見醴泉縣（今山西醴泉）的百姓們正在禱告，這些百姓祝禱任期已滿的縣令李君爽能夠繼續留在當地做縣令。李忱就把這個人的名字記在了心裡，不久懷州刺史的位置空出來，李忱就親自寫了密令給宰相，讓李君爽擔任刺史。大臣們都很驚訝，都在想一

個小小的縣令怎麼能夠受到皇上這樣的重用。在李君爽進京謝恩的時候，李忱在朝堂上說出了事情的原委，大臣們這才明白是怎麼回事。大臣都明白了，原來李忱不是真的去打獵，而是四處走訪民情，考察地方官員的政績，這些都是李忱不同於其他皇帝的地方。但是偌大一個天下，李忱不可能每個地方都親自去察看。於是，李忱又想到了一個辦法。李忱秘密地命令翰林學士韋澳把各個地方的風俗民情整編成書，命名為《處分語》。李忱經常翻閱這本書，這樣一來，就不用去每個地方親自察看了。鄧州刺史薛弘宗進京上奏，薛弘宗下朝之後，就對別人讚賞皇上十分瞭解鄧州的事務和民情，只有韋澳知道其中的原因。

李忱的英明神武不但表現在治理朝政上，還表現在日常生活中。李忱的記憶力非常好，對於宮中的雜役，李忱只要見過一次就可以清楚地記得他們叫什麼、幹什麼。所以每次當皇上準確地喊出雜役們的名字，吩咐他們做事的時候，宮中的雜役們都感到很吃驚。

更重要的是唐宣宗統治的時候，持續四十餘年的牛李之爭也畫上了句號，這要得益於唐宣宗過人的智謀和心機。這也說明唐宣宗不允許在自己統治的時候，朝中官員結成黨派。

但偏偏有人心存僥倖，妄圖結黨營私，掌握政權，這個人就是馬植。西元848年，馬植擔任宰相，兩年之後突然被貶到了外地，任天平節度使。不久，人們才知道事情的始末，這次貶官起源於一條寶玉腰帶。這條腰帶象徵著尊貴的榮耀，是皇上賞賜給左軍中尉馬元贄的。但是有一天，李忱卻發現這條腰帶繫在了馬植的身上。李忱非常驚訝，就問馬植是怎麼回事，馬植只好說出實情。第二天，馬植就被貶到了外地。在唐宣宗李忱看來，馬元贄和馬植本來就是同宗，而且兩個人都位高權重。李忱非常有理由相信馬植和馬元贄的關係非常密切。因此，李忱認為這兩個人有結黨營私的嫌疑。唐宣宗馬上將馬植貶官，把可能有的禍患扼殺在了萌芽之中。

唐宣宗在處理國內政事的同

時，也沒有忘記對外的事務。正是在唐宣宗統治期間，唐朝收復了河湟。唐宣宗即位以後，唐朝的國力漸漸恢復，而吐蕃的勢力卻正在衰退。於是被吐蕃控制的「三州七關」（即秦州、原州、安樂州、石門、驛藏、制勝、石峽、木靖、木峽、六盤）在很短的時間內被唐朝收復了，這在大唐子民看來，真的是一個奇跡。而更不可思議的卻是兩年之後，所有的河湟失地也被唐朝收復了，這些都讓李忱在歷史上受到人們的稱讚。

安史之亂以後，唐朝的國力漸衰。直到唐宣宗時，唐朝才得以揚眉吐氣。儘管是晚唐時期，但仍然在大唐的歷史上留下了不可磨滅的一道光彩。不少人作詩作文稱讚唐宣宗，北宋蘇軾就曾賦詩《北寺悟空禪師塔》描述唐宣宗：已將世界等塵微，空裡浮花夢裡身。豈為龍顏更分別，只應天眼識天人。

總之，唐宣宗明察秋毫，秉公無私，善於納諫，愛惜人才，崇尚節儉，能夠為天下百姓著想，有人稱他為「小太宗」，這就是歷史上有名的「晚唐中興」。

黃巢起義

黃巢起義發生在唐朝末年，是王仙芝起義的後續。乾符五年（即西元878年）到中和四年（即西元884年），冤句（今山東菏澤市西南）人黃巢領導，是歷史上著名的一次反抗唐朝黑暗統治的農民起義運動。

黃巢出生在一個鹽商家，精通騎馬射箭，略懂文采。黃巢五歲時曾作詩：颯颯西風滿院栽，蕊寒香冷蝶難來。他年我若為青帝，報與桃花一處開。從詩中可以看出黃巢的偉大志向，但一直考不中進士。

當時，唐朝統治黑暗腐朽，關東地區發生了大旱，百姓仍然被官府逼著繳納賦稅和服兵役。百姓苦不堪言，多次與朝廷發生衝突。乾符二年，王仙芝、尚讓等人在

長垣（今河南長垣東北部）發動叛亂。黃巢和子侄黃揆、黃恩鄴等人起兵反唐，與王仙芝呼應。黃巢最初與王仙芝聯合，後來朝廷派裴偓對王仙芝進行誘降，黃巢堅決反對招安。後來兩軍分裂，王仙芝領兵三千進攻蘄州，黃巢率領兩千人北上。乾符五年，王仙芝在黃梅（今湖北黃梅西北）戰敗被殺。王仙芝餘部投奔黃巢，並擁立黃巢為黃王，進攻長江下游一帶。

起兵之後的黃巢，開始轉戰江南各地。乾符五年三月，黃巢率軍攻打汴州（今河南開封）、宋州（今河南商丘），途中被朝廷派來的行營招討使張自勉阻攔。隨後，黃巢改變方向，攻打衛南（今河南滑縣東北）、葉（今河南葉縣）、陽翟（今河南禹縣）等地。唐朝派河陽軍隊數千人趕到東都，和宣武、義成軍隊一起守衛京城。朝廷又派三千義成兵守衛東都附近的伊闕、武勞等地，一時間，東都的力量壯大了很多。當時，朝廷在江南的防守相對薄弱，黃巢就率領軍隊南下，與王仙芝舊部王重隱遙相呼應。王重隱攻陷了洪州（今江西南昌），黃巢攻占了虔州、吉州等地。

乾符六年九月，黃巢帶兵攻克廣州，控制了嶺南，自稱「義軍都統」。黃巢軍隊在廣州大肆搶劫，殺害了不少無辜的百姓。軍中很多人無法適應嶺南濕熱的天氣，不少人都得瘴疫病死。很多將士勸黃巢：「我們無法適應南方濕熱的天氣，不能長久地待在這兒，請將軍下令北上吧。」看到士氣低落，黃巢就下令北上。朝廷知道以後，就派兵在途中攔截。朝廷任命宰相為南面行營招討都統，駐紮在江陵。同時，朝廷還任命李系為行營副都統兼湖南觀察使，率兵十萬駐紮在潭州（今湖南長沙）。此時，黃巢軍已經攻克了永州（今湖南零陵）、衡州（今湖南衡陽），並且到達了潭州。李系非常害怕，不敢開城門作戰。不久，潭州被黃巢軍攻陷。後來黃巢轉戰江西，攻占了饒州（今江西波陽）、信州（今江西上饒）、池州（今安徽貴池）、宣州等十五個州。

廣明元年（西元880年）三月，大將高駢派張璘順江南下，攔

截黃巢的軍隊。多次戰敗以後，黃巢只好退守饒州，後來又退守信州。損傷慘重的黃巢假裝投降，並且賄賂了張璘、高駢等人。高駢就上奏朝廷說不久就可以掃平黃巢軍，不需要諸道兵的幫助，於是朝廷就遣散了諸道兵。黃巢看到朝廷援軍撤退，馬上與高駢翻臉，並率軍北上。不久，黃巢軍攻占了睦州（今浙江建德）等地，又接連占領池州、宣州等地，同年七月，黃巢起義軍渡過長江之後，兵力大大增強。同年十一月，黃巢起義軍攻陷了洛陽。十二月初四，黃巢率軍到達霸上。第二天，唐僖宗率眾慌忙逃向四川成都。

西元881年，黃巢率領起義軍攻入長安。黃巢在含元殿登基，建立大齊政權，年號金統。剛剛進入長安的時候，起義軍軍紀嚴明，黃巢不許士兵侵犯百姓。黃巢對百姓說：「黃王起兵征戰，本來就是為了老百姓，不像唐朝天子不愛惜你們，起義軍是不會欺負你們的。」後來，唐軍攻入長安，黃巢軍隊傷亡很多。黃巢恨百姓幫助官兵，打退唐軍之後，黃巢就縱容部下燒殺搶掠，胡作非為。但是，黃巢卻沒有派兵追趕唐軍，讓唐軍有了喘息的時間，也導致了後來的失敗。

西元882年，退守四川的唐僖宗領兵反攻。起義軍一直採用流動戰術，所以他們控制的區域僅限於長安城附近。黃巢軍終於不敵唐軍，被迫從長安撤出。撤出長安的起義軍，節節失利。後來，起義軍被圍困在瑕丘（今山東兗州）。黃巢至死不降，在泰山虎狼谷自殺。

這次轟轟烈烈的農民起義運動雖然失敗了，但卻給了唐朝致命的一擊。不久，唐朝也衰亡了。

一次讀完資治通鑑 故事

後梁紀

朱溫篡唐

朱溫（西元852—912年），宋州碭山（今安徽省碭山縣）人，是歷史上後梁的建立者，稱帝後改名為朱晃。朱溫的家族世代為儒，他的祖父朱信、父親朱誠都是教書先生。朱溫早年的時候就沒有了父親，家境貧寒。為了維持生計，朱溫的母親王氏就到蕭縣劉崇家做工。成年後，朱溫和兄弟朱存經常惹是生非，仗著力氣大橫行霸道，村裡很多人都討厭他們。

乾符四年，朱溫參加了黃巢起義。因為戰功赫赫，朱溫被晉升為大將。後來，朱溫在攻打河中時，經常戰敗。朱溫擔心遭到懲罰，就投降了唐朝，為河中節度使王重榮做事。因為有功，唐僖宗任命朱溫做左金吾衛大將軍，還賜給朱溫名字「全忠」。西元883年，朱溫又被封為宣武軍節度使，率兵打敗了黃巢起義軍。西元889年，朱溫殺死黃巢餘部秦宗權等人以後，被朝廷加封為東平王。隨後，朝廷又命朱溫率軍討伐時浦和朱瑾朱宣兄

弟。朱溫帶兵攻陷徐州，時浦和家人自焚而死。朱宣被殺，朱瑾逃走，投奔楊行密。這樣，朱溫征戰多年，憑藉過人的軍事才能，打敗了一個個對手，控制了黃河以南淮河以北的地區，勢力甚至超過了勁敵李克用。此後，朱溫的野心更大了，他開始謀劃如何奪取唐朝政權了。光化三年，宦官劉季述等人囚禁了唐昭宗，擁立太子李裕。第二年，劉季述等人被殺，唐昭宗回朝。

宰相崔胤與朱溫關係很好，想借助朱溫的勢力除掉宦官韓全海等人，但是韓全海等人卻有鳳翔（今屬陝西）李茂貞、邠寧（今彬縣、寧縣）王行瑜等人的援助。於是，崔胤就假傳聖旨，命令朱溫領兵趕到京城。朱溫抓住了這個機會，帶兵七萬，攻克了同州、華州，軍隊直達長安城附近。驚慌失措的韓全海等人劫掠了唐昭宗，投靠了鳳翔的李茂貞。朱溫率兵追到鳳翔，要求韓全海歸還唐昭宗。韓全海假借皇帝的名義，命令朱溫撤退。朱溫撤兵後，曾一度返回，攻打鳳翔，多次打敗了李茂貞。李茂貞派人請

求鄜坊節度使李周彝援助，李周彝在救援途中被朱溫攔下。後來，李周彝也投降了朱溫，朱溫的勢力更強大了。

圍困鳳翔是朱溫稱帝野心中的一個步驟，鳳翔城被圍困了很多天之後，城中的糧草早已不多了，到處可以見到凍死或者餓死的人。西元903年，守將李茂貞沒有辦法，只好殺掉宦官韓全海等二十餘人，與朱溫講和。朱溫帶著唐昭宗回到長安城，開始「挾天子以令諸侯」，唐昭宗處境堪憂。唐昭宗無奈地對朱溫說：「江山社稷是朱愛卿打下來的，我和大臣的性命也是朱愛卿救的，我不會忘記這些的。」於是一切朝政都聽朱溫的，唐昭宗儼然成了一個傀儡皇帝。

朱溫覺得宦官勢力太大，就殺掉了七百多名宦官，徹底打破了唐中期以來宦官專權的格局。由於這些功勞，朝廷對朱溫加官進爵，晉封朱溫為梁王，而且還賜給朱溫「回天再造竭忠守正功臣」的頭銜，以及御賜《楊柳制》五首，足以說明朱溫當時的影響力和權勢之大。

唐昭宗希望用這些賞賜籠絡朱溫，但並沒有奏效，反而讓朱溫加緊了奪權的步伐，朱溫更加嚴厲地控制唐昭宗。有一次，群臣商量諸道兵馬元帥正元帥的人選，皇上認為濮王比較合適。而崔胤受朱溫的暗中指使，極力推薦輝王祚。後來，朝廷還是任命了輝王為正元帥。為了進一步控制唐昭宗，朱溫多次上表請求遷都洛陽。當唐昭宗的車輦到達華州的時候，老百姓都出來歡迎他，並高呼「萬歲」。唐昭宗感動地哭著說：「不要再喊萬歲了，我已經不是你們的國主了。」唐昭宗又對身邊的隨從說：「我怎麼淪落到今天這個樣子啊！」為了徹底控制唐昭宗，朱溫竟然撤換了唐昭宗身邊的人。朱溫殺掉了唐昭宗身邊的二百多人，又找來相貌和這些人很像的人安插到唐昭宗身邊。唐昭宗最初沒有發覺，後來雖然知道了，卻也沒有什麼辦法。從此，唐昭宗身邊都是梁王的親信了。

經過圍困鳳翔、控制唐昭宗以後，朱溫奪權的步伐更加快了。都城遷到洛陽以後，朱溫擔心年輕的唐昭宗（當時三十八歲）日後重整旗鼓，就派朱友恭、氏叔琮、蔣玄暉等人殺死了唐昭宗。朱溫逼迫皇后下令立十三歲的李柷為皇帝，即昭宣帝。為了掩人耳目，事變前，朱溫帶兵討伐剛剛依附於李茂貞的楊崇本。回京後，朱溫假裝震驚，號咷大哭，並說：「這分明是教我背上千載的罵名啊！」然後，朱溫誅殺了朱友恭、氏叔琮等人滅口。西元905年，朱溫殘忍地殺害了唐昭宗的兒子李裕等九人。同年，朱溫又殺害了裴樞、獨孤損等三十名大臣，並且把他們的屍體都扔到了黃河裡。

這時的朱溫已經急不可待地稱帝了，他下令讓宰相柳璨、樞密使蔣玄暉等人籌畫。柳璨、蔣玄暉認為自古以來稱帝者，都是先受封為相國，授九錫禮儀之後，才可以登基為帝。所以建議朱溫按照這些程序依次進行，昭宣帝果然封朱溫為相國。此時，朱溫再也等不及了，他認為柳璨、蔣玄暉兩人故意拖延時間，所以不接受昭宣帝的任命，並且還殺了柳璨、蔣玄暉。

此時，朱溫覺得沒有人可以

阻礙自己了。西元907年四月，朱溫登基，並改名朱晃，國號大梁。同時改元開平，把汴州定為都城，建為東都（唐朝洛陽為西都）。不久，朱溫把年僅十七歲的昭宣帝貶為濟陰王，並囚禁在曹州濟陰。第二年（西元908年），朱溫派人殺死了昭宣帝。朱溫穩穩地成為大梁國的皇帝，唐朝的江山被朱溫一步步地篡奪了。

張承業惹怒李存勗

張承業，字繼元，同州（今山西大荔）人。張承業本來姓康，是唐朝末年的一名宦官，後來成為內常侍張泰的養子，就改名為張承業。

因為張承業很有才幹，李克用認為他不同於其他的宦官，非常賞識他。朝廷後來任命張承業為河東監軍，唐昭宗本來想借此去李克用的駐地避難，唐昭宗最終沒有去。張承業在李克用的勸說下留在了河東做監軍，一心一意地輔佐李克用。當時，崔胤正在剷除宦官的勢力，不但將宮中的宦官全部殺害，還命令各地首領殺害駐地宦官。接到命令的李克用並沒有殺張承業，只是用一名死囚代替了張承業。為此，張承業非常感激李克用，更加忠心耿耿地為李克用做事。在李克用和朱溫征戰中，張承業發揮了非常重要的作用，他為李克用主持河東政務，為前線籌集運輸糧草，功勞很大。

晉王李克用病重，臨死之前，他將兒子李存勗託付給張承業，張承業答應他一定盡心輔佐李存勗。李存勗以對待兄長的禮儀對待張承業，就連太后也非常敬重他。在李存勗與梁軍征戰的十多年間，張承業恪盡職守，一心處理好河東政務，從來沒有一點鬆懈。只要是積累來的金銀財寶，張承業都命人用來招兵買馬。同時，張承業還大力發展農業，壯大李存勗的實力。可以說李存勗登基，很大一部分是張承業的功勞。張承業為人剛正不

一次讀完資治通鑑 故事

阿，不懼權貴。即使張承業自己的族人犯罪，他也毫不姑息，依然按照法律辦事。

張承業盡心輔佐李存勗，也經常提醒李存勗。李存勗喜歡賭錢和看戲，一次從魏州回來看望母親的時候，他想弄些錢用來賭博和看戲時賞賜給伶人。但是錢財都掌握在張承業手裡，張承業一心為國家辦事，沒有給李存勗很多錢，李存勗就想到了一個辦法。李存勗在國庫裡擺酒宴招待張承業，並且讓自己的兒子繼岌給張承業跳舞，想藉這個機會要點錢。等到繼岌跳完了，張承業就把自己的腰帶、馬匹和身上的錢作為禮物送給了繼岌。李存勗指著錢庫裡的錢對張承業說：「和哥（繼岌的小名）缺少錢花，你可以將這一堆錢送給他啊。繼岌還是一個孩子，要腰帶和馬有什麼用呢？」

聽到這兒，張承業就說：「這些錢，是國家用來打仗的，我不能私自拿來作為贈禮送給任何人。」李存勗立刻就不高興了，不停地用言語侮辱張承業。張承業想到自己兢兢業業地為晉王做事，從不敢徇私枉法。如今，張承業卻遭到這樣的侮辱，就生氣地說：「大王，我是一個宦官，沒有什麼子孫，我要這些錢沒什麼用，這個錢庫裡的錢是用來幫助大王成就大事的！這些錢是大王的，如果大王想用，也沒有必要詢問我的意見。只是到時候，錢財耗盡，軍隊解散，受害的是整個國家，也不只是我一個人啊。」

李存勗非常氣憤，就命令身邊的元行欽拿寶劍來，想殺了張承業。張承業一邊拉住李存勗的衣服，一邊哭著說：「我受先王的遺命，奉命輔佐大王您，曾下定決心要殺了先王的仇人。如果今天因為國庫的財物被殺，我也沒有愧對先王啊！」

就在這時，一個叫閻寶的大臣走過來拉開張承業的手，想讓張承業退下。張承業反而大罵閻寶道：「閻寶，你曾經是朱溫的同黨，蒙受晉王的厚恩，卻不知盡忠。你現在卻不進諫，難道是想靠著諂媚苟活一世嗎？」說著就舉拳頭狠狠地打閻寶。

這件事情驚動了太后，太后聽

說兒子要殺張承業，就非常擔心。太后知道，這幾年很多事情都是依賴張承業才能做得這麼好，如果沒有張承業，晉王很可能沒有今天，就派人召見李存勖。

李存勖聽說母親知道了這件事並且召見他的時候，平時非常孝順的李存勖非常害怕。李存勖馬上喝了兩杯酒，向張承業道歉說：「剛剛我喝醉了酒說了不該說的話，我還因此被太后怪罪。請您喝了這杯酒，替我求求情吧。」張承業堅決不肯喝。等到太后見到兒子，問清楚了情況，就派人對張承業說：「是我兒子做得不對，冒犯了您，我已經懲罰過他了。」

第二天，太后和李存勖一起來到張承業的府上安慰張承業。後來李存勖多次提拔張承業，封他為開府儀同三司、左衛上將軍、燕國公等職位，張承業堅決不接受。

一次讀完資治通鑑故事

後唐紀

重誨其人其事

安重誨，應州（今山西應縣）人，是後唐時的大臣，生年不知，卒於西元931年。他最初為李嗣源做事，驍勇善戰。後唐同光四年，魏州兵變，後唐莊宗李存勖派李嗣源平叛。李嗣源卻利用這次兵變，與魏州士兵聯合討伐李存勖，李存勖被殺，李嗣源登基，即後唐明宗。安重誨因為立了大功，被李嗣源升為左領衛大將軍、樞密使等職，後來又升為侍中及中書令之職。安重誨不但受到李嗣源重用，還和後唐明宗結為莫逆之交。安重誨官居要職，曾被任命為護國節度使，掌管朝政，後來被李從璋殺害。

安重誨頗有些才能，後唐明宗靠武力得天下，許多事情都依賴安重誨。在這期間，安重誨不斷革除前朝弊政，把朝政治理得井井有條。一時間，後唐朝政清明，人民安居樂業，這種局面被稱為「小康之局」。

此外，安重誨還想盡辦法削

弱藩鎮勢力。當時藩鎮勢力比較強大，安重誨覺得這對後唐的統治極為不利，就下定決心削弱這些勢力。安重誨得知西川節度使孟知祥、東川節度使董璋早就有謀逆之心，就想對這兩人下手。正值兩川守將更戍，安重誨就任命親信李嚴做西川的監軍，準備一點點地蠶食他們的地盤。安重誨的意圖被孟知祥、董璋兩人察覺，孟知祥他們多次殺死安重誨派來的官員。安重誨的削藩計畫雖然沒有成功，但對於維護後唐的統治還是起到了一定的作用。

安重誨還經常告訴後唐明宗不要過於殺戮，不要太過輕率。一次，馬牧軍使田令方餵養的馬不但瘦弱而且頻繁死亡，按規定應當斬首。安重誨卻對李嗣源說：「陛下，如果您因為馬的緣故就殺了田令方，這件事一旦傳出去，天下人會認為您重視馬卻輕視人，這樣對您的統治是不利的。」後唐明宗才沒有殺田令方。

後來，安重誨覺得自己是功臣，行為逐漸變得驕橫起來，朝中的事情，他都要過問一遍。安重誨

曾經做了一些有利於百姓的事情，但是也無法掩蓋他做過的一些獨斷專行的事。對於犯罪的人，或者是得罪他的人，安重誨經常先斬後奏。有一次，一個叫馬延的官員得罪了他，他立刻將馬延殺了，然後才去稟告後唐明宗。

安重誨把持朝政，功高震主，就連後唐明宗也有些怕他。夏州李仁福知道後唐明宗李嗣源喜歡鷹鶻，就送來了一隻白色的鷹鶻，卻遭到安重誨的阻攔。後唐明宗無奈，只好等安重誨走後，私下裡派人將鷹鶻拿來，帶到宮外賞玩。後唐明宗還告訴手下人不要讓安重誨知道，可見安重誨的權力之大。

對待皇上，安重誨非常苛責；對待自己的親信，安重誨卻十分放縱。有一次，副供奉烏昭遇和韓玫奉命出使吳越。韓玫仗著是安重誨的親信，就肆意欺侮烏昭遇，藉酒醉用馬鞭抽打烏昭遇。吳越國王錢鏐打算將這件事情告訴安重誨，烏昭遇顧及到後唐國的尊嚴，堅決不讓錢鏐告訴安重誨。不料，回國後，韓玫竟然惡人先告狀，誣衊烏昭遇行為不端。韓玫告訴安重誨：

「烏昭遇在出使吳越的時候，對錢繆卑躬屈膝，他的行為有損後唐國的尊嚴。」安重誨沒有經過調查就輕信了韓玫的話，下令拘捕烏昭遇，致使烏昭遇冤死獄中，釀成了一起冤案。

除了縱容手下恣意妄為以外，安重誨也不約束自己的行為。當時的宰相任圜就看不慣安重誨的一些做法，加上兩個人財政觀點上的分歧，兩人之間產生了嫌隙。後來任圜被迫辭職，在磁州定居。安重誨聽說任圜家裡有一位歌妓，這位歌妓不但容貌姣好，而且善歌善舞。安重誨就向任圜提出要納這位歌妓為妾，任圜沒有答應，兩人之間的矛盾更加激化。不久，藉著朱守殷謀反的時機，安重誨假傳皇帝的命令，誣衊任圜和朱守殷是同黨，還逼迫任圜和他的全族人自殺，這件事情在當時使安重誨遭到很多人的非議。

安重誨的許多行為也讓後唐明宗非常不滿，兩人漸漸有了隔閡。後唐明宗漸漸地不信任他了。更主要的是，安重誨對待李嗣源義子李從珂的態度，惹怒了後唐明宗。安重誨覺得李從珂畢竟不是李嗣源的親生兒子，一味地允許他這樣手握兵權，遲早會出問題的。於是，安重誨就計畫借調潞王李從珂到京城為名，伺機奪取李從珂的兵權。李從珂知道以後，就指使手下將領叛亂。李嗣源打算派人誘降叛軍，安重誨則請求誅殺叛軍。安重誨派精銳部隊討伐叛軍首領楊彥溫，並將叛軍殺害。接著，安重誨又上書後唐明宗，陳述李從珂許多失職的地方，請求李嗣源免去李從珂節度使的職務。這些做法，在後唐明宗李嗣源看來，非常偏激。因此，後唐明宗就沒有聽從安重誨的建議，結果兩人之間的矛盾也更深了。安重誨不久就被罷免了樞密使的職務，以太子太師致仕（致仕，指古代官員正常退休，也用致事、致政、休政等名稱，用來指官員辭職歸家）。

但是，後唐明宗仍然擔心安重誨會謀反，就派李從璋擔任河中節度使，負責監督安重誨。李從璋帶兵衝進安重誨的府中，用大棒狠狠地擊打安重誨的頭部。臨死之前，安重誨仍然大聲喊著：「我死本身

沒有什麼遺憾，只是沒有為皇上殺了潞王，以後，潞王必定是朝廷的禍患啊！」這一點，安重誨猜對了。李嗣源死後，他的兒子李從厚繼承皇位。沒有多久，一直想謀反的潞王就廢掉了李從厚，自己登基做皇帝了。

後唐莊宗其人其事

後唐莊宗李存勗，沙陀族人，生於西元885年，卒於西元926年。最初李存勗被封為晉王，西元923年滅後梁帝，並定都洛陽。李存勗為人殘忍暴虐，濫殺無辜，兇狠貪婪，重用伶官和宦官，同光三年時在魏州兵變中被殺。

李存勗年少時有勇有謀，受到李克用的寵愛。李存勗成年後，長得高大雄偉，熟習《春秋》，還擅長歌舞音律。開平二年（西元908年）正月，李克用病死，李存勗承襲晉王。李存勗的父親臨死之前，交給他三支箭，讓李存勗完成三件事，第一征討劉守光；第二討伐契丹；第三打敗朱全忠，李存勗答應了。剛剛辦完父親的喪事，李存勗的叔父李克寧就以李存勗年幼為名，逼迫他讓出晉王的位子。最終，李克寧被李存勗設計殺死。

李存勗認為上黨（潞州）是軍事要塞，可以作為河東的天然屏障，就帶兵解救潞州。李存勗率軍從晉陽出發，趁上黨大霧天突襲梁軍，獲得勝利。這使得朱全忠大驚失色，並說：「李克用因為有李存勗這樣的兒子才沒有滅亡，而我的兒子卻像豬一樣笨！」

潞州之戰後，李存勗聲名大振。掌管鎮州的王容、掌管定州的王處直見勢不妙，就和李存勗聯手，共同對付後梁。李存勗他們與後梁在柏鄉展開了激戰。後來，李存勗率軍誘敵。梁軍中計，李存勗率軍全力出擊。李存勗等人突然分兵數路襲擊梁軍，梁軍大敗。從此，朱全忠再也不敢貿然行動。

柏鄉之戰以後，李存勗論功行

賞。同時，李存勖開始一心經營河東，改革吏治，懲治貪官，減少賦稅，這些舉措極大地促進了河東的發展。李存勖繼承父親李克用的遺志，滅掉燕國，掃平後梁，大破契丹兵，活捉劉守光。經過十多年的征戰，李存勖基本上完成了李克用的遺願。西元923年，滅掉後梁以後，統一北方。同年四月，在魏州稱帝，國號為大唐，後來將都城遷往洛陽。年號同光，史稱後唐。

自此，李存勖以為可以高枕無憂了，就開始琢磨如何享樂。李存勖喜愛歌舞音律，並且寵信伶人。稱帝前，就寵信一個叫周匝的伶人，後來在戰爭中，周匝不見了，李存勖以為他死了，每次想起來就傷心。等到李存勖滅了梁國，卻意外地見到了周匝。李存勖很高興，就問是怎麼回事。周匝哭著說：「陛下，小人今天能見到您，全靠前朝教坊使陳俊和內園栽培使儲德源的幫助，請您封他們做刺史吧。」李存勖答應了。當時許多在戰爭中立功的將領都還沒有得到賞賜，手下大臣郭崇韜就對李存勖說：「陛下，您剛剛打敗梁國，許多功臣還沒有得到封賞，您卻先封賞陳俊他們，恐怕會失掉人心啊。」李存勖覺得有道理，這件事就暫時被擱下了。但經不住周匝的多次請求，李存勖還是封陳俊、儲德源兩人做了刺史，許多將士對此非常不滿。

但是，伶人中也有為人正直的，如敬新磨。李存勖喜歡看戲，甚至為自己取了一個藝名──李天下。一次，李存勖玩到忘乎所以，就大聲喊李天下在哪兒。身邊的人正不知怎麼辦的時候，敬新磨卻上前打了李存勖一個耳光。身邊的人很驚訝，都以為他肯定要被殺頭的。敬新磨卻說：「陛下，您就是李天下啊，天下也只有一個李天下，您到底在喊誰呢？」李存勖聽了，不但沒有治敬新磨的罪，反而獎賞了他。

李存勖喜歡外出打獵，一次打獵時，馬踩壞了莊稼。縣令上前進諫，勸皇帝不要踩壞莊稼。李存勖惱羞成怒，下令將這個縣令斬首。敬新磨走過來說：「你這個無知的縣令，沒有看見陛下在打獵嗎？陛下在這兒打獵，你就不應該讓百姓

在這兒種莊稼。你應該為你的失職感到自責，更應該制止百姓在打獵的地方種莊稼。你真是該死啊！」聽到這兒，李存勖也意識到自己錯了，就下令釋放了縣令。

稱帝後的李存勖不但寵信伶人，在人才的任免上也沒有做到任人唯賢。李存勖任用酷吏孔謙等人，弄得朝政一片混亂。這些貪官污吏橫徵暴斂，實行苛政，使百姓怨聲載道，民不聊生，整個國家也幾乎陷入混亂。

除了用人不當，李存勖還多次殺害重臣良將，製造了不少冤案，如郭崇韜一案、朱友謙一案。郭崇韜本是滅梁的功臣，曾幾次進諫皇帝，惹惱了李存勖。伶人們也幾次三番地進讒言說郭崇韜擁兵自重，隨時準備謀反。就在李存勖拿不定主意的時候，皇后卻派人殺了郭崇韜。事後，李存勖也未加懲戒，默

認了這件事情。後來，李存勖又聽信伶人景進的讒言，誅殺了功臣朱友謙全家，弄得朝廷大臣們個個驚慌失措，朝廷君臣離心離德。

大將康延壽打著為郭崇韜、朱友謙報仇的旗號，在四川發動叛亂。大將元行欽不敵叛軍，此時，李存勖卻發現無將可用，只好派李嗣源去魏州平亂。李嗣源為形勢所迫，與叛軍聯合，舉兵攻打李存勖。李存勖兵敗撤回宮中，此時宮中的將士大都逃跑了，皇后和元行欽等人也逃離了皇宮。受了箭傷的李存勖不久就死了，死時只有一個伶人撿了一些破爛樂器蓋在他的身上，將他焚燒了。

難怪歐陽修這樣評價後唐莊宗：「方其盛也，舉天下之豪傑，莫能與之爭；及其衰也，數十伶人困之，而身死國滅，為天下笑。」

後唐明宗納諫如流

李存勖被殺後，李嗣源登基做了皇帝，史稱後唐明宗。稱帝之

前，李嗣源家境貧寒。李嗣源的俸祿有時竟然不足以養家糊口，還要

靠養子李從珂賣馬得來的錢養活。因此，他深知百姓疾苦。稱帝後，他沒有忘記這些，經常以身作則，還下令減少賦稅，減免災區百姓的賦稅，不准為難商人，維持國內安定，為百姓減輕了不少負擔，使百姓暫時有了喘息的機會。

李嗣源經常以天下百姓為己任，下令廢除了一些苛捐雜稅，如「省耗」，減輕了賦稅，百姓的生活逐漸好轉。西元926年，即後唐天成四年，後唐農業收成很好，國內呈現出一片安寧祥和的氣象。李嗣源覺得是自己治理有方，開始有點沾沾自喜了。大臣馮道勸誡後唐明宗說：「陛下，我任河東書記的時候，奉命出使中山。途中要經過險隘的井陘，我非常害怕馬會失足，就小心謹慎地握住馬的韁繩，所以一直平安無事。等我到了平地的時候，就覺得一點也不用擔心了，哪知卻跌倒受傷了。如果我一直小心翼翼地騎馬，考慮周全就會平安無事的。我認為治理國家也是這樣，陛下時刻要居安思危，才能更好地治理國家。」後唐明宗又問：「今年是一個豐收年，這些糧食能解決百姓的溫飽嗎？」馮道答道：「無論收成好不好，百姓的生活都不好過。災年，百姓餓肚子；豐年，糧食賤，也會影響百姓生活。」接著就給後唐明宗朗誦了文人聶夷中的《田家詩》。這首詩是這樣寫的：「二月賣新絲，五月糶新穀。醫得眼下瘡，剜卻心頭肉。」後唐明宗聽了，就讓身邊人記下這首詩，經常拿出來誦讀，而且頒布法令減少賦稅，以減輕百姓的負擔。

李嗣源善於聽取大臣們的諷諫，一定程度上可以說是一個明君。李嗣源看到前朝有丹書鐵券，也想效仿，就問大臣趙鳳什麼是丹書鐵券。趙鳳回答說：「陛下，丹書鐵券是帝王頒發給臣子的獎賞，有了這個憑證，無論臣子犯了什麼錯誤，朝廷都要予以赦免，而且這個憑證是世代承襲的。」李嗣源聽了，就說：「從前朝廷只給三個大臣頒發了丹書鐵券，我也是其中之一。但後來另外兩個大臣就被殺害了，我也差點遇害。這又怎麼說呢？」趙鳳就說：「只要陛下宅心仁厚，把仁慈放在心裡就可以了，

根本不需要雕刻在鐵券上。因為一旦有了這個鐵券，一些人就會恃寵而驕，胡作非為，做事有恃無恐，這樣很容易惹出一些禍端。如果有丹書鐵券的人犯了罪，按照法令，必須處置；但他們有丹書鐵券，朝廷又不能處置他們，否則就會讓陛下失去威信。所以說，丹書鐵券的頒發弊大於利，對於朝廷的統治非常不利，還請陛下不要向臣子們頒發這個丹書鐵券。」李嗣源覺得很有道理，就聽從了趙鳳的建議，沒有頒發過丹書鐵券。

李嗣源沒有稱帝之前，曾經有一位算命的江湖術士周玄豹對他說：「看你的面相，以後肯定會無比尊貴的。」當時李嗣源並沒有多想，等到他登基以後，就覺得這個人預測得非常準確。李嗣源想派人把周玄豹找來，並且打算委以重任。趙鳳知道後，表示反對，他進諫說：「陛下，您是一國之君，是全天下臣民的表率，您的喜好厭惡會影響天下人的，所以您的一言一行都要小心謹慎。如果您因為周玄豹的相術非常準確，就召他到京城做官，百姓知道以後，就會爭先恐後地去找周玄豹算命。如果他胡亂說話，就很容易引起混亂的啊。」於是李嗣源打消了召周玄豹進京做官的念頭，只是派人給他送去了很多的賞賜而已。

後唐明宗李嗣源的許多政策都很得民心，而且他又善於聽取大臣的意見。李嗣源在位期間，很好地做到了從善如流，後唐的朝政也越來越清明。

■ 皇甫遇勇戰契丹軍

皇甫遇，是五代常山真定人，生年不詳，卒於西元947年。有勇有謀，善於騎射。後來皇甫遇為後唐明宗做事，任武勝軍節度使。每經過一個地方，皇甫遇都要實行嚴酷的暴政，經常殺人。這使皇甫遇身邊的許多人都辭官逃走，逃避禍亂。後晉高祖的時候，皇甫遇歷任

義武、昭義、建雄、河陽四個地方的節度使，並被任命為神武統軍。

當時，契丹侵犯後晉，並攻陷了晉國的貝州。晉出帝大驚，任命高行周做北面行營都部署，任命皇甫遇做馬軍右廂排陣使。這個時候，青州將領楊光遠起兵叛亂。晉出帝石重貴派大將李守貞和皇甫遇分別帶兵駐守鄆州。等到皇甫遇率領軍隊到達馬家渡的時候，契丹軍隊正打算渡河去援助楊光遠。皇甫遇就率軍擊敗了契丹軍，使契丹軍淹死數千人。皇甫遇因為擊敗契丹有功，被封為義成軍節度使以及馬軍都指揮使。

被皇甫遇打敗的契丹軍並沒有甘休，開運二年，契丹又侵犯晉國的西山。契丹國主派先鋒趙延壽圍困鎮州。見契丹軍來勢洶洶，鎮州的首領杜重威嚇得不敢出城作戰。韓延壽兵分數路進行燒殺搶掠，不久就攻破了晉國的欒城、柏鄉等九個縣，往南一直到達了邢州。

這時正是一年中的除夕，晉出帝石重貴與親信高興地喝醉了酒，不幸得病了。石重貴不能親自出征，就派遣北面行營都監張從恩和馬全節、安審琦、皇甫遇等將領去抵禦契丹軍。張從恩率軍到達相州以後，在安陽河南面紮下軍營，同時命令皇甫遇和慕容彥超率領數千騎兵去勘察敵情。皇甫遇率軍前進，渡過了漳河。不料卻遇上了數萬名契丹軍，皇甫遇率軍與契丹大戰。皇甫遇率軍轉戰數十里到達一片榆樹林，被契丹軍包圍。這時候，皇甫遇提醒慕容彥超說：「敵眾我寡，看今天的情形，我們只有兩種選擇，或者作戰，或者逃跑。作戰有可能活下來，逃跑肯定是死。與其等死，不如拼死作戰，拼命作戰，還可以報效國家。」

不久，皇甫遇的戰馬被箭射傷，皇甫遇也跌倒了。皇甫遇的手下張知敏把自己的馬讓給了皇甫遇，於是皇甫遇乘著他的馬繼續作戰。但是不幸的是，張知敏卻被契丹軍俘虜了。皇甫遇對慕容彥超說：「張知敏是一個講義氣的將士，是一個義士，我們不能丟掉他不管！」隨後，皇甫遇和慕容彥超騎上馬，衝進契丹軍隊，硬是把張知敏救了回來。契丹軍和皇甫遇等人連續作戰，雙方從午時一直打到

未時。皇甫遇幾次解圍又被契丹軍包圍，皇甫遇的軍隊傷亡很多，契丹軍卻越戰越勇，士氣更強盛了。

而後方的張從恩和手下將領都非常疑惑，奇怪皇甫遇見到契丹軍為什麼不來報告，張從恩等人都認為皇甫遇已經被契丹軍包圍了。正在這時，有人來報告說皇甫遇將軍被敵人包圍。將領安審琦等人想率兵去援助皇甫遇。安審琦說：「皇甫遇等人被敵軍包圍，如果我們不去解救，他肯定會被俘虜的！」張從恩卻懷疑報告軍情的人是奸詐小人，不能聽信，就說：「敵人氣焰正盛，我們沒有多少軍隊，將軍前去又有什麼用呢？」就不想去援救皇甫遇。

安審琦生氣地說：「自古以來，戰爭成敗在於天命，我們應當和皇甫遇將軍共患難啊。我請求領兵救援，如果我沒有戰敗契丹，就和皇甫遇將軍一同戰死！就算契丹軍隊沒有來，將軍您丟失了皇甫遇和我兩員將領，還有什麼面目去見陛下呢！」然後，安審琦率軍渡河，將士們都跟隨他向北前進。安審琦和契丹軍相隔十多里地的時候，被契丹軍發現了。契丹軍看到皇甫遇的援兵到了，很快撤退了。

此時，侵犯晉國的契丹軍已經深入中原地區了，因為遠途作戰，人困馬乏。不久，契丹國主就下令撤退了。在契丹軍撤退的時候，皇甫遇等人也沒有能追上契丹軍。張從恩於是率軍退回了守城黎陽，契丹軍也撤走了。當時將士們都說這三個人都是猛將啊！指的就是安審琦、皇甫遇、慕容彥超三人。

西元947年，契丹軍再次南下侵犯中原，晉軍首領杜重威因為懼怕契丹軍的氣勢，投降了契丹。皇甫遇心中非常悲憤，堅決不投降契丹，並對手下人說：「我身上肩負著保衛國家的重任，如果不能戰死在疆場上，還有什麼臉面去見皇上呢！如今，我又被契丹派去攻打皇上，心裡非常不忍。」第二天，軍隊到達趙郡，皇甫遇對身邊的人說：「我病了，已經幾天不能吃東西了，皇上受辱，做臣子的應當以死謝罪，不能再繼續前進了。」於是皇甫遇割斷喉嚨而死。

等到劉知遠登基做皇帝以後，追封皇甫遇為中書令。

高平之戰

高平之戰發生在五代十國時期非常重要的一次戰役，西元954年，後周和北漢、契丹聯軍之間的戰爭，最終後周世宗贏得了這場戰役。

五代時，後漢隱帝不滿朝中幾位重臣的驕橫行為，逐步地將他們殺害。大將郭威由於事先得到消息，沒有被殺，可是郭威的家眷卻被漢隱帝殺了。憤怒的郭威在手下將士的擁護下，帶兵攻打京城。漢隱帝被郭允明殺害以後，太后和大臣們決定立後漢高祖劉知遠的義子為帝，也就是河東節度使劉崇的兒子劉贇。劉贇剛剛到達宋州，郭威就已經攻入了京城。郭威逼迫太后廢掉了劉贇，封自己為「監國」。後來郭威稱帝，定國號為周。得知這些消息後，劉崇自立為帝，史稱北漢。

三年後（西元954年），郭威死去。郭威的養子柴榮繼位，史稱後周世宗。北漢見柴榮剛剛繼位，認為後周的實力有所減弱，覺得這是攻打後周的最佳時機。北漢國力微弱，就結交契丹，與契丹共同攻打後周。同年二月，契丹派武定節度使、政事令楊袞率領萬餘騎到達晉陽。北漢國主劉崇決定親自出征，領兵三萬親自前往，並任命義成節度使白從暉為行軍都部署，武寧節度使張元徽為前鋒都指揮使，和契丹軍隊共同向潞州進發。

當時，北漢駐紮在梁侯驛，後周昭義節度使李筠命令手下將領穆令均出城迎敵。北漢將領張元徽與穆令均作戰時，假裝戰敗逃走。不明真相的穆令均下令追趕，中了張元徽的埋伏。穆令均被殺，後周的一千多名士兵也被俘慘遭殺害。李筠只好退回城中，死守潞州。

周世宗聞訊後，就想親自帶領士兵作戰。大臣們都勸他：「陛下，萬萬不可啊。自從劉崇回到領地後，勢力一直未見壯大，他肯定不敢親自前來進犯我朝。而陛下您剛剛繼位，民心還不穩定，不能輕舉妄動啊，應該派朝中將領去殺

敵。」柴榮說：「劉崇趁著我國辦國喪期間，欺負我年輕沒什麼經驗，肯定有吞併天下的野心，一定會親自來進犯我周朝的。這樣的話，我就必須親自出戰。」大臣馮道據理力爭，極力勸說皇帝不要親征。皇帝生氣地說：「昔日唐太宗平定天下的時候，也曾親自出戰，我怎麼能安心地待在宮中呢！」馮道又說：「陛下能成為唐太宗那樣的君主嗎？」柴榮說：「憑藉我朝強盛的兵力，打敗劉崇的軍隊就像大山壓碎鳥卵一樣！」馮道又說：「陛下能像大山一樣強大嗎？」柴榮大怒，只有王浦勸柴榮出戰。

此時，北漢軍隊進逼潞州。柴榮命令天雄節度使符彥卿率兵從磁州出發，鎮寧節度使郭崇作為副將；命令河中節度使王彥超從晉州領兵出發，保義節度使韓通作為副將；命令寧江節度使樊愛能等人領兵前往澤州。癸末，周世宗命令馮道趕往山陵，並任命鄭仁誨為東京留守。已酉，周世宗率軍從大梁出發。到達懷州後，柴榮命令加快行軍速度。

北漢國主劉崇不知道柴榮親自出征，看到一時難以攻下潞州，就繞過潞州，領兵南下。不久，北漢到達高平南部。北漢的前鋒部隊與後周的部隊相遇，北漢不敵後周，被擊退。柴榮擔心北漢軍隊逃走，率領大軍急速地追趕。

北漢國主劉崇親自率領中軍駐紮在巴公原，命令驍將張元徽率領軍隊在東，楊袞率軍在西，布局頗為合理。當時，援軍河陽節度使劉詞還沒有到來，後周將士都有些懼怕北漢軍隊。但是柴榮卻一點也不害怕，反而鬥志昂揚。柴榮命令白重贊和侍衛李重進率軍攻打西面，樊愛能、何徽率軍攻東，向訓、史彥超率領精銳部隊居中。殿前指揮使張永德率領禁衛軍保護皇帝，柴榮親自出馬作戰。

劉崇見後周軍隊人少，後悔聯合了契丹。劉崇大聲對手下將領說：「我只用漢軍就可以打敗柴榮，不需要契丹的幫助！等到我今天戰勝柴榮，也讓契丹軍隊知道我們漢軍的厲害。」將士們都覺得很對。契丹將領楊袞騎馬登高看了看周軍，對劉崇說：「將軍，柴榮的軍隊是勁敵，不能輕舉妄動。」劉

崇捋了捋鬍鬚，神情激憤地說：「這是千載難逢的機會，將軍不要再說什麼了，你看我怎麼戰勝柴榮吧。」楊袞就不再說話了。本來吹東北風，忽然轉為東南風，北漢副樞密使王延嗣派司天監李義告訴劉崇：「是時候作戰了。」劉崇聽從了建議，但是樞密直學士王得中卻進諫說：「陛下，風向轉變了，怎麼還能作戰呢？李義壞我軍啊。」劉崇不聽勸告，並說：「你不用再說了，我已經決定了。如果你這個老書生再說什麼的話，我就殺了你！」劉崇率軍前進，張元徽率軍攻打周軍的右軍。後周樊愛能、何徽等人見北漢軍隊來勢很凶，就帶騎兵逃走了，剩下的步兵都投降了。

柴榮見情勢危急，親自帶兵冒著流箭前去作戰。趙匡胤當時是宿衛將，對身邊的人說：「陛下都能冒著這樣的危險作戰，我們難道不能嗎？」於是趙匡胤率領軍隊從右翼奮勇殺敵，請求張永德率軍從左翼攻打敵軍，張永德照做了。後周將士以一敵百，北漢軍隊望風披靡。

知道柴榮親自出征，劉崇派人命令張元徽乘勝追擊，一定要殺掉柴榮。張元徽奉命前進，不料因為戰馬跌倒，張元徽被周軍殺死。驍將被殺，北漢軍隊的士氣馬上低落了。周軍則越戰越勇，北漢大敗。儘管劉崇揮舞旗幟指揮漢軍，但仍然沒有挽回失敗的命運。楊袞也覺得周軍氣勢很盛，而且惱怒劉崇的驕橫，率軍撤退，並沒有幫助劉崇。

經過這場高平之戰，柴榮提拔了一些有功將領，也斬殺了逃跑的將士。他開始整頓軍紀，壯大周朝的實力，也為後來趙匡胤建立宋朝奠定了很好的基礎。

後唐紀

後晉紀

契丹犯晉

後晉為石敬瑭所建，石敬瑭認契丹國主為父。石重貴繼位後，後晉與契丹的關係發生變化，契丹幾次進犯後晉，後來滅掉了後晉。

五代十國時期，後唐明宗的女婿石敬瑭覬覦帝位，後唐末帝猜疑他有謀反的意圖，於是派兵攻打石敬瑭所在的晉陽。石敬瑭無奈之下，派大臣桑維翰向契丹求援。最終達成了協定：契丹同意幫助石敬瑭，扶持他建國；但石敬瑭要以父子之禮對待契丹君主耶律德光，並

且將燕雲十六州割讓給契丹國，每年都要向契丹進貢布帛三十萬匹。為了早日登基，石敬瑭全部答應了這些條件，但卻遭到許多人的恥笑。在契丹的幫助下，石敬瑭建立了晉國，史稱後晉。石敬瑭即後晉高祖，年號天福，西元936到942年間在位。

兒皇帝石敬瑭死後，大臣馮道和將軍景延廣擁護石敬瑭的侄子石重貴繼承帝位，石重貴是一個毫無治國才能的君主。石重貴登基的時

候，並沒有派人告訴契丹，而且在後來的奏表中，石重貴對契丹君主只稱孫而不稱臣，表示後晉和契丹不再是君臣的關係了。

石重貴聽從親信景延廣的建議，逐漸地與契丹脫離關係。景延廣開始從雙方貿易著手，負責接管契丹與後晉經濟往來的契丹官員喬榮被景延廣派人抓起來，所有的貨物均被沒收。這一行為讓後晉許多大臣惶恐不安，他們都認為景延廣不該逮捕喬榮，破壞兩國的關係。許多大臣紛紛上表石重貴，要求放了喬榮，否則可能會引來禍端。在一些大臣的堅持下，喬榮被釋放了。在喬榮回契丹之前，景延廣得意洋洋地對喬榮說：「回去告訴你們的君主，我們晉國的皇帝與契丹沒有任何的關係。不錯，先帝在你們契丹人的幫助下建立了晉國，但現在的天子卻沒有依靠契丹國。而且你們也應該看到了，我們晉國的實力已經變得很強大了，兵力充足，百姓富裕，國家富強，我們不怕任何敵人的。如果你們的國主耶律德光不服氣的話，儘管發兵來吧。只怕到時候你們戰敗被天下人

恥笑，不要怪我現在沒有提醒你們啊！」面對景延廣的囂張氣焰，喬榮忍氣吞聲地說：「景大人，我記性不大好，能麻煩你把剛剛說的話記錄下來嗎？也方便我稟告我國國主。」景延廣二話不說，寫了下來，交給喬榮。有了這些事件後，晉國的群臣都覺得惶惑不安。大將劉知遠雖然知道晉國和契丹的失和對於晉國十分不利，但他卻沒有向石重貴說明這一點，而是抱著坐收漁人之利的心態看晉國和契丹爭鬥。晉國根本不像景延廣吹噓的那樣，石重貴又不懂得治理國家，整個晉國已經腐敗不堪了。

從喬榮得知事情的全部經過後，耶律德光大怒，舉兵進犯中原。西元944年春（後晉開元元年），契丹君主耶律德光兵分兩路，從幽州和大中南下進攻，途經河北時遇到當地起義軍「鄉社兵」的抵抗。西元945年，耶律德光再一次進犯晉國，晉國與契丹在陽城（河北望都、安國附近）展開激戰。晉軍主帥杜重威阻撓將士抵抗契丹，晉國將士不顧他的阻撓，整編隊伍後，奮勇殺敵，重創契丹軍

隊，耶律德光無法在中原存身，匆忙逃走。但是契丹並沒有就此甘休，在西元946年秋，契丹又進犯晉國，大兵南下，大有滅晉國之勢。此時，幽州節度使趙延壽早已投降了契丹，成為賣國求榮的叛徒。趙延壽妄想借助契丹的力量覬覦皇位，所以盡心竭力地幫助契丹軍進攻晉國。後晉少帝石重貴派大將杜重威帶兵迎敵，不料，杜重威也想藉此機會篡奪晉國帝位，故此，晉國一再地延誤戰機，再加上軍隊作戰不力，在西元947年一月十七日，契丹攻下晉國都城大梁，後晉滅亡。同年二月，耶律德光在晉國稱帝，改國號為大遼，年號「大同」。

雖然耶律德光攻取了晉國，進駐了中原地區，但卻仍然用統治契丹的方式統治中原地區，導致了中原地區的經濟遭到破壞，而且任由契丹軍隊在中原地區胡作非為，不得人心。當地百姓奮起抵抗，契丹的處境極為艱難。契丹軍僅僅進軍中原三個月後，耶律德光就下令撤走了。契丹君主耶律德光在撤退途中病逝，至此，晉國滅亡，但契丹也沒能在中原建立自己的統治。

▎ 兒皇帝石敬瑭

歷史上被稱作兒皇帝的石敬瑭是後晉的建立者，他生於西元892年，卒於西元942年，葬於顯陵（今河南宜陽縣西北）。世人記住石敬瑭，是因為他認契丹君主耶律德光做父親。

石敬瑭發跡以前，在李克用的養子李嗣源的手下做差事。由於石敬瑭多次救過李嗣源，深得李嗣源的信任。李嗣源還把自己的女兒永寧公主許配給石敬瑭，並讓石敬瑭成為左射軍的統領，石敬瑭的實力漸漸地壯大起來。

後唐同光四年，即西元926年，指揮使趙在禮起兵叛亂，李存勗派李嗣源前去平叛。李嗣源還沒到達目的地，手下將士就一起發動兵變，紛紛要求李嗣源做皇帝。不

知所措的李嗣源只好詢問同行的石敬瑭。石敬瑭表現得非常鎮靜，他勸道：「將軍，縱觀以前各個朝代，手下將士發動兵變的將領大都不得人心，統治不力。如果您回京城向皇上請罪，皇上是不會相信您的。不如趁著現在這些將士擁護您，成就一番大事業。現在大梁的防守最弱，但是卻有國家大量的糧草，這是個千載難逢的機會啊。一旦占領大梁，距離統一天下也就不遠了。我請求帶兵攻打大梁，請您放心，我保證攻下大梁。」驚魂甫定的李嗣源只好聽從石敬瑭的建議，派他率領三百名驍勇善戰的騎兵攻取大梁。後來，石敬瑭又攻陷洛陽。李嗣源在洛陽稱帝，即後唐明宗。

石敬瑭立了大功，李嗣源封他為河東節度使，掌管太原。李嗣源死後，李嗣源的三兒子李從厚繼承皇位。李從厚兄弟之間互相猜忌，導致了爭奪政權的流血事件的發生。各地將領奉命勤王（即幫助皇帝），但石敬瑭使詐，沒有勤王，卻派人抓住了李從厚，並送到了李從厚的兄弟李從珂那裡。李從珂登

基為帝，即後唐末帝。雖然石敬瑭立了大功，但李從珂擔心他功高震主，而石敬瑭也懷疑後唐末帝要對自己下毒手，君臣之間互相猜忌起來。

此時，李從珂打算聽從手下大臣的建議，派人帶著禮物向契丹求助。這時另一位大臣反駁說：「陛下，您萬萬不可這樣做啊，您是一國之君，怎麼能屈尊向北方夷狄示好呢？自古以來，中原是用和親來維持與夷狄的關係的。現在您卻要千方百計地討好夷狄，這樣不是不合禮法嗎？」

李從珂也就打消了這個念頭，但仍然派兵討伐石敬瑭。石敬瑭卻一點也不顧忌自己是中原子民，不但向契丹求和，而且還厚顏無恥地認賊作父，同時答應了許多賣國求榮的條件。當時石敬瑭手下的將領劉知遠就曾勸四十七歲的石敬瑭不要認三十七歲的耶律德光為父，但石敬瑭不聽。在契丹的支持下，石敬瑭順利地做了皇帝，建立後晉國。萬般無奈之下，後唐末帝李從珂帶領全族自焚而死。

登基後，石敬瑭一一兌現了自

己的諾言，稱契丹君主為父，割讓燕雲十六州給契丹，每年向契丹進貢布帛三十萬匹。燕雲十六州，自古就是禦敵的一道長城，而後晉國竟讓給契丹。不但使當地百姓遭到了奴役，更使得中原地區的經濟受到嚴重破壞，石敬瑭對這一切卻視若無睹。

石敬瑭雖然認賊作父，但他的確有過人的政治才幹和較強的治國之能，不但有勇有謀，而且有韜略。他稱帝前，崇尚節儉，以身作則，躬行節儉，在地方上辦過不少案子，被人們稱讚；稱帝不久後，開始變得奢侈起來。石敬瑭將都城由洛陽遷往汴京（今河南開封），並且大肆建造宮殿。

作為耶律德光的「兒子」，石敬瑭可以說是非常孝順。石敬瑭每次上表都自稱兒臣，經常款待契丹使臣。

每年都按時進貢布帛，經常送耶律德光一些珍奇異寶討好他，以表示自己十分熱衷於盡孝道。但人心不足蛇吞象，石敬瑭的「父皇帝」越來越貪婪，一再地向石敬瑭索取財物。為了滿足契丹更多的要求，石敬瑭不顧百姓的死活，大肆搜刮百姓，引發了民眾的不滿。石敬瑭為人善於辯察，精於權術，好大喜功。為了鎮壓民眾的反抗，石敬瑭制定了許多嚴酷的刑罰，如割掉舌頭、肢解、灌鼻子、蒸煮等駭人聽聞的酷刑，這種嚴酷的統治讓石敬瑭漸漸地失去了百姓的擁護。

晚年的石敬瑭疑心越來越重，不再信任士人，開始重用宦官。宦官之風盛行，朝政廢弛，民怨沸騰。而且，石敬瑭手下的許多將領也覬覦皇位，發動叛亂。最終叛亂被平息，但石敬瑭也痛失兩個愛子。受到嚴重打擊後，石敬瑭一病不起。

石敬瑭一生鑽營權術，因為軍功被委以重任，後來靠賣國求榮立國，屈辱地度過了晚年。契丹君主日益膨脹的野心讓石敬瑭憂心不已，卻又無可奈何，兒子的死讓他非常痛心，這些憂慮使石敬瑭急火攻心，最終抑鬱而死。

述律平

述律平，生於西元879年，卒於西元953年，小字月理朵，平是她的漢族名字，十四歲時嫁給了耶律阿保機。阿保機即汗位後，述律平被尊為「地皇后」，一生致力於權謀，幫助阿保機父子治理契丹。

在幫助阿保機成就大業的過程中，述律平多次顯露了過人的軍事謀略。當阿保機在外作戰時，述律平憑藉自己的軍事才能打敗了前來偷襲的敵人，為阿保機解除了後顧之憂。

當時契丹共有八個部落，而耶律阿保機的部落日益壯大起來。兄弟之間的爭鬥在所難免，在阿保機出兵黨項的時候，他的幾個兄弟紛紛聯合起來攻打阿保機的部落。述律平臨危不亂，預先設好埋伏，在敵人進攻時，將敵人一舉消滅。這件事傳出去之後，述律平名聲大振。

後來，其他七部的貴族又聯合起來，在阿保機返回途中埋伏，逼迫阿保機辭去可汗之職。阿保機夫婦帶著部落遷往灤河一帶發展勢力，準備東山再起。其他各部的鹽、鐵都由阿保機的部落提供。述律平利用這一點，將各部落首領騙到迭剌部，擺了一場鴻門宴。趁著各部落首領酒醉的時候，阿保機夫婦派事先埋伏好的殺手將他們全部殺害了。

阿保機剛剛稱帝的時候，為了聚斂財富，一直想侵犯中原地區。有人送給阿保機一種猛火油，並對他說，這種油遇到水就會燃燒得更旺。於是阿保機決定用這種油攻打幽州。

述律平知道後，極力反對，並說：「您剛建立政權，不能這樣貿然發動戰爭。我們可以先進攻幽州周邊的地區，久而久之，幽州的一切供給就會被切斷，到那時，我們就有勝算的把握了。」這個計策果然收到了很好的效果，但阿保機仍然想儘快地吞併中原，於是在西元922年發動了戰爭，僅僅三個月就被迫撤退了。

述律平不但有軍事謀略，在政治上也善於玩弄權術。為了鞏固阿保機父子的統治，述律平不斷地剷除異己，為人有心機，而且殘忍。阿保機死後，述律平擔心有人謀反，將手下大將的妻子全部召來，對她們說：「我現在是寡婦了，你們怎麼能有丈夫呢？」並對這些大將說：「請你們替我向先帝傳幾句話」，述律平就用這種堂而皇之的理由將他們殺害了。

述律平身邊的人只要犯了錯誤，就會被送到阿保機的墓地木葉山，每次都是以「向先帝傳話」為由。大將趙思溫，是中原人，因為才能受到阿保機的器重。

有一次，趙思溫因為一件事情得罪了述律平。述律平故技重施，讓他到先帝那兒傳話，趙思溫不肯去。述律平就說：「你不是先帝的親信？是先帝最信任的人，怎麼能不去見一見先帝呢？」

趙思溫回答道：「太后，和先帝最親近的人是太后您啊！您為什麼不去呢？」述律平說：「我本來也想追隨先帝的，但是因為我的兒子還年幼，朝中有很多事需要處理，所以還沒有去。既然這樣，那麼我就砍掉我的一隻手臂，讓它和先帝在一起吧。」身邊的許多人都勸說她不要這樣做，但述律平還是這樣做了，只是放過了趙思溫。

作為一個妻子，述律平盡心地輔佐；作為一個母親，述律平卻不是一個好母親。述律平偏愛次子耶律德光。因為耶律德光的謀略才華與自己很符合，而且又娶了述律平的外孫女（也是內侄女），這讓述律平一直對耶律德光青睞有加。按照祖制，阿保機死後，皇太子耶律倍（圖欲）繼承皇位，但耶律倍已經被任命為東丹國國主了，被封為「人皇帝」。

述律平召來大臣，讓他們選擇由誰繼承。大臣們都知道她偏愛次子，就都選擇了耶律德光，傷心的耶律倍在母親和兄弟的百般刁難後逃到了後唐。

雖然述律平很疼愛耶律德光，而耶律德光也一直謹小慎微地侍奉母親，母子之間還是產生了矛盾。耶律德光和父親一樣，也一直覬覦中原地區，想占為己有。得知石敬瑭來求助後，就對母親說：「孩兒

昨晚夢見有後晉國使者來，今天果然來了，說明這是天意啊！」後來後晉國與契丹失和，耶律德光想攻打晉國。述律平問：「我們的國家可以讓漢人做主人嗎？」耶律德光答：「不能。」述律平又說：「既然這樣，那麼即使你得到中原，也不能占有。還是打消這個念頭吧，否則後悔就來不及了。」

耶律德光不顧母親的反對，一意孤行，最終病死在了回朝的半路上。等到耶律德光的屍體被運回來，述律平沒有掉一滴眼淚，只是恨恨地說：「等我將國家治理得井井有條之後，再來安葬你。」

這個時候，曾經出逃的契丹皇太子耶律倍自立為帝，派人告訴母親述律平。述律平氣憤地說：「我兒耶律德光攻打後晉國，靠戰功取得皇位，而耶律倍卻背叛了契丹，實行漢制，這樣的『人皇帝』怎麼能繼承皇帝的位置呢？」

於是述律平派兵攻打耶律倍。耶律倍率軍與述律平戰於石橋，那些被述律平的殘暴行為嚇壞的將領們紛紛投奔耶律倍，述律平戰敗。述律平被兒子耶律倍囚禁在阿保機墓所在的祖州，後來死在木葉山上。

後晉紀

後漢紀

劉知遠入梁

沙陀部人劉知遠（西元895—948年），以漢室後人自居，於西元947年稱帝，建都開封，這就是歷史上的後漢。劉知遠即後漢高祖，稱帝後改名為暠。

小時候的劉知遠就很有心機，加上體弱，從來不和別人嬉笑打鬧，沉默寡言，總是給人一副嚴肅的樣子。迫於生活，劉知遠入贅到李家。因馬誤闖入寺廟的莊稼，劉知遠遭到僧侶的毒打。

不久，劉知遠便投奔李克用的養子李嗣源。劉知遠由於善戰，被任命為偏將，和石敬瑭一起做事。

在後來的幾次作戰中，劉知遠兩次捨命救了石敬瑭，頗得石敬瑭的好感，被石敬瑭委任為馬步軍都指揮使，即兵馬總管。劉知遠治軍嚴格，軍紀嚴明。

石敬瑭稱帝前，後唐末帝一直對劉知遠有猜忌，想除掉他。石敬瑭一方面派劉知遠守衛晉陽，另一方面派桑維翰向契丹求助。但援助的條件中有石敬瑭認契丹國主為

父一項，遭到了劉知遠的反對。劉知遠說：「稱臣就可以了，奈何以兒子居之！」石敬瑭氣憤地吼道：「這件事不需要將軍費心！」

果然，契丹援助了石敬瑭，並封他為兒皇帝，得到了燕雲十六州。石敬瑭建立晉國，以大梁（今河南開封）為都城。石敬瑭封劉知遠為河東節度使，執掌太原，後唐末帝也被石敬瑭派人殺害。

由於不屑與杜重威同時被封為同平章事，劉知遠在家稱病不赴任。後來，經他人勸說，劉知遠才出任，加上他的權力越來越大，石敬瑭開始削弱他的實力。這樣，兩個人漸漸有了嫌隙。

劉知遠開始一心經營河東，並款待當年毒打自己的僧人，許多人讚賞他的仁義，劉知遠漸漸地贏得了當地的民心。

等到後晉少帝石重貴即位後，後晉國與契丹發生了矛盾。劉知遠自知後晉國是依靠契丹建國的，一旦有了矛盾，後晉國肯定會有外患的。不久，契丹與後晉開戰，而劉知遠卻一直擁兵不動，持觀望態度。等到契丹打敗後晉，把後晉

併入契丹，建立遼國時，劉知遠才派大臣王峻上表契丹。劉知遠恭賀遼國打敗後晉，並說由於太原一帶各族雜居，自己需要維持安寧，一時無法離開太原，而且自己已經準備了大量的財物，只等太原通往契丹的大門打開，便可以運送給契丹了。這些做法為劉知遠爭取到了不少時間，劉知遠一直不肯去契丹惹怒了契丹皇帝耶律德光。

這時，大將郭威對劉知遠說：「雖然契丹現在氣焰很盛，但我們不需要畏懼他們，他們任性胡為，不會待很久的。」

有人勸劉知遠進取契丹都城大梁，劉知遠卻說：「現在還不是最佳時機，況且契丹人忍受不了中原的天氣，不久就會撤兵的。等到了那時，我們再打他個措手不及，不是更有勝算麼？」

果然，契丹人的恣意妄為遭到了當地民眾的反抗。契丹人在中原百姓的反抗中潰敗，加上契丹內部陷入政權的紛爭，內憂外患的契丹被迫撤出中原，耶律德光只留下大將蕭翰駐守大梁。劉知遠覺得時機成熟，就率軍進取晉陽。一個月之

內，劉知遠攻下洛陽、汴京，並定都汴京，準備進攻大梁。

此時大梁守軍將領蕭翰自知城中兵力不足，想棄城逃走，又怕造成大梁的混亂，就想出了一個萬全之策。蕭翰派人把後唐明宗李嗣源的妻子王淑妃和兒子李從益抓到大梁，以契丹的名義逼迫李從益稱帝，留下一千五百名士兵後就離開了大梁。

王淑妃對大臣們說：「我們母子是被迫的，現在，劉知遠的軍隊很快就兵臨城下了，城中的士兵無論如何也抵擋不住的，你們還是投降吧，我們母子不會有怨言的。」大家很感動，不少人主張誓死抵抗劉軍，等待援軍的到來。大臣劉審言站出來說：「我以為不可死守，大家想一想，剛剛經歷戰爭的大梁，哪裡還有多餘的物資抵抗劉軍？如果拼命抵抗，不但大梁可能陷落，就連城中的百姓也可能無一倖免啊。」

其他大臣也想不出更好的對策，只能開城投降劉軍。就這樣，劉知遠不費一兵一卒，輕而易舉地占領了大梁。在占領大梁後，劉知遠仍然下令處死了所有投降的士兵以及王淑妃母子。從這一點上看來，劉知遠是殘暴的。

劉知遠很有心計，並未馬上稱帝，而是在手下將領多次勸說後才稱帝的，史稱後漢。為了爭取後晉官員的支持，劉知遠稱帝後仍然沿用後晉石敬瑭的年號天福。劉知遠頒布命令，犒勞軍隊與各地的起義軍，而且規定不許軍隊騷擾當地百姓，這些都為他贏得了民心。在犒勞軍隊時，劉知遠打算允許士兵搶奪百姓財物，但他的妻子李皇后卻勸他說：「陛下，您剛剛建立國家，怎麼能允許掠奪百姓呢？這樣對您的統治很不利。宮中還有不少財物，不如用這些東西犒勞士兵吧。」劉知遠聽從了李皇后的建議，把後宮中的財物都拿出來分給軍隊，百姓們都稱讚劉知遠仁厚無比。

稱帝後的劉知遠，馬上頒布法令。劉知遠下令革除契丹人的一切弊政，斬殺所有在中原的契丹人，而且中原人再也不用被迫給契丹人做苦力了。這樣，劉知遠得到了許多人的擁戴。

入主大梁後，同年十二月，即西元947年，劉知遠最疼愛的兒子劉承訓，也就是太子，病死。由於傷心過度，劉知遠患重病，臥床不起。次年正月丁卯日，劉知遠去世，年僅五十四歲。

後漢隱帝聽信讒臣

後漢皇帝劉知遠死後，其子劉承祐繼承帝位，沿用劉知遠的年號「乾祐」。劉承祐生於西元930年，卒於西元950年，在位僅兩年時間。

劉知遠死前把劉承祐託付給幾個心腹大臣，楊邠總攬朝政，身兼樞密使、右僕射、同平章事之職；大將郭威掌管軍事，又被委任樞密使、侍中郎之職；史弘肇負責維持京城安定，身兼歸德節度使、侍衛親軍都指揮使之職；文臣王章執掌財政大權，同時身兼三司使、同平章事之職。正是有了這幾個大臣的輔佐，後漢才得以存在。

這幾個大臣雖然有才能，人品卻良莠不齊。楊邠為人清正廉潔，從不收受賄賂，盡職盡責，對後漢隱帝很忠心。大臣王章為人則異常苛刻，想盡辦法搜刮百姓。根據以前的法令，每逢秋夏季節，百姓每上交一斛（斛，古代計量單位，一斛為十斗）的賦稅，需另外再交兩升的損耗稅，即「雀鼠耗」，指被麻雀老鼠吃掉的那一部分。後來，王章改雀鼠耗為省耗，繳納量增加到兩斗，弄得百姓苦不堪言。王章又改變了錢幣的收入與支付的規定。以前收支皆以八十錢為一陌（一陌為一百文）。王章規定收入以八十錢為一陌，支付為七十錢為一陌，這分明是壓榨老百姓的血汗，是不公平的交易。王章透過這些政策的實行，不斷地積累財物，但所有的財物都用來充實國庫、軍隊糧餉，這樣，後漢的國力漸漸地壯大起來。另外，當時，許多物品的買賣都由朝廷掌管，如鹽、礬、酒等。王章規定凡是私自買賣鹽、礬、酒者，都要處死。這些暴政，

使後漢的人們處於水深火熱之中，民間怨聲載道。

這幾個大臣的關係並不好，文臣武將各自為政，有很深的矛盾。負責京城安危的史弘肇，雖然將京城管理得無比清明，但手段卻極其殘忍。每當史弘肇在京城巡邏時，只要抓到盜賊或者形跡可疑的人，都要處以極刑。為了逼迫犯人招供，史弘肇無所不用其極。這樣一來，城中的治安的確得到了有效控制，但也枉殺了不少無辜的人。史弘肇一直就瞧不起文官，曾說：「這些文臣就像將死的木塊一樣，不通事理，對國家大事一點也沒有用處！」後來被後漢隱帝殺害。

這幾個大臣的矛盾越來越激化，有一次，王章宴請大臣們，有人提議劃拳行酒，但史弘肇卻不懂這個遊戲，於是閻晉卿就教他。看到這兒，時任宰相的蘇逢吉就半開玩笑地說：「史大人，幸好您身邊有姓閻的啊。」

說者無心，聽者有意，史弘肇的妻子恰好也姓閻，曾做過酒家妓女。史弘肇以為蘇逢吉以此嘲笑自己，提劍就想法追殺蘇逢吉，被楊邠勸住，這使得他們之間的隔閡越來越深了。

成年後的後漢隱帝想培植自己的親信，壯大實力，掌握實權。後漢隱帝打算封自己的舅舅李業為宣徽使，遭到了楊邠等人的極力反對。另外，後漢隱帝的親信閻晉卿、聶文進、匡贊、郭允明等人苦於楊邠等人的阻攔，無法晉遷，也十分憎恨楊邠他們。有一次在朝堂上議論國事時，後漢隱帝提醒楊邠等人要小心行事，不要有錯誤，以免招來禍患。哪知，楊邠不以為然地說：「有我們在，你不需要開口！」這讓後漢隱帝很沒面子。

後漢隱帝劉承祐十分寵愛妃子耿夫人，想立她為皇后，遭到了楊邠的反對。等到耿夫人死後，後漢隱帝為了表達哀痛，打算以皇后之禮厚葬耿夫人，楊邠等人又出來反對。就這樣，不但朝政，就連後宮的事情，後漢隱帝也無法做主了，這讓後漢隱帝更加仇恨楊邠等人。寵臣閻晉卿等人利用後漢隱帝對楊邠他們的厭惡，不時地向後漢隱帝進讒言，更加挑撥了他們的君臣關係。他們經常對劉承祐說：「陛

下，楊邠等重臣手握重權，如果不加制止，他們遲早會篡奪您的大權的。」同時，劉承祐夜間經常聽到有人在打造兵器的聲音，更加相信楊邠等人有謀反之心了，於是就找機會想除掉他們。

劉承祐找來親信聶文進、閻晉卿、郭允明等人，共同商量除掉楊邠等人的計策。太后知道後不同意後漢隱帝誅殺那些大臣，但沒能說服劉承祐。於是，劉承祐在一次上朝時，設計殺害了楊邠、王章、史弘肇等人，又派人殺害了他們的親屬。大將郭威由於帶兵在外，又得到消息，才沒有被殺害，但郭威的家人卻無一倖免。

誅殺了眾多大臣後，後漢隱帝自以為可以獨攬朝政，高枕無憂了。此時郭威也已被逼而起兵叛亂，大軍圍困了汴京。劉承祐指揮不力，兵敗後趁亂逃走。劉承祐逃至趙村時，看見後面塵土飛揚，以為是追兵。而同行的郭允明則趁機刺死了劉承祐，準備向郭威謝罪。其實後面來的不是追兵，而是劉承祐的軍隊，郭允明也自盡了。

後漢隱帝劉承祐死時僅二十歲，一切只因他任意殺戮功臣，缺乏英明的決策才導致了後漢的滅亡。

後周紀

▌郭威自立

郭威原是後漢隱帝時的大將，可謂重兵在握。當時正逢契丹大軍侵擾邊境，後漢隱帝派郭威帶兵出征作戰。孰料，此時京城中出現了變故。為了能夠獨斷專權，後漢隱帝在京城中對不少大臣進行了慘無人道的殺害。這些大臣被冠以謀逆犯上的罪名，就連大將郭威的家眷也無法倖免。

更嚴重的是，後漢隱帝連出征在外的郭威與王殷都要派人前往軍中進行刺殺。事有湊巧，王殷得到

了這個消息，不但囚禁了使者，而且還向郭威通風報信。聽到這個消息後，郭威並沒有一絲的慌亂，為了變被動為主動，開始了苦肉計的施展。郭威將京城的情況告訴了軍中將領，並且語帶哽咽地說：「京城中許多大臣和我郭威一起忠心耿耿，為保大漢江山鞠躬盡瘁，可是這樣的忠心卻得不到皇上的信任。許多大臣都被處死了，我不久也要步他們的後塵了。」頓了頓，郭威接著說：「現在我也沒什麼用處

了，還請諸位把我的頭割下來，進京去吧，這樣也不枉費我們共事一場，也可保全你們的身家性命。」聽到這兒，將領們個個感動不已，一個將領站出來，含著淚說：「郭將軍，事情也許還沒有到那種地步，國君尚年少，殺戮大臣的行徑可能是皇上身邊的奸臣所為。您要挑起鋤奸的重擔，否則就會背上謀逆的千古罵名啊！」郭威知道時機於自己是有利的，仍然沒有作聲。這時，軍中文官趙修已出來說：「將軍，現在軍中士氣高昂，就等您發令進京城除掉小人了，您還等什麼呢？」郭威覺得士氣已足，便以清君側為名，率軍向京城進發。

郭威進軍京城的消息不久便傳到了後漢隱帝那裡，皇上升殿議事。將軍侯益獻策說：「啟稟皇上，叛軍雖然來勢洶洶，但有一點對我們是有利的，那就是叛軍的家眷都在京城中。等叛軍兵臨城下的時候，我們可以利用他們的家屬對他們進行勸降。到時候我們再打他個措手不及，相信叛軍定會不堪一擊的。」這個計策立刻遭到另一位名叫慕容彥超將軍的反駁，他說：

「皇上，侯將軍所說分明是庸才鼠輩之行為，我們應該立刻整頓人馬，出城迎敵啊！否則就有可能城池不保啊，還請皇上明鑑。」於是後漢隱帝派侯益帶兵出戰。

軍中密探告知郭威這個消息後，郭威又一次使用了苦肉計。攻下滑州後，郭威命人將州中官府倉庫的財務悉數分給將士，並對他們說：「你們跟隨我這麼久，眼看就要進京了，但前方朝廷的軍隊正朝我們趕來。迎戰，我們就是作亂；不迎，我們就是魚肉刀俎。為今之計，只有你們奉命斬殺了我，帶著我的首級，進京謝罪，我是不會怪你們的。」聽到這兒，將領們無不動容，一致說：「將軍，您沒有錯，是國家對不起您。您放心，我們誓死都會追隨將軍，絕不反悔，兵來將擋，水來土掩，他們來一個，我們殺一個，來兩個，我們殺一雙！」郭威很滿意自己的表演。為了進一步籠絡軍心，郭威許諾士兵：一旦攻下京城，士兵可以任意搶掠幾日。這個許諾讓將士們受到了前所未有的鼓舞，更加的為郭威賣命。軍隊鬥志昂揚，所向披靡。

這樣一來，侯益帶領的軍隊便害怕應戰了，侯益更是在私下裡投靠了郭威。四面楚歌的後漢隱帝只能御駕親征，即便如此，也沒能挽回他兵敗身死的悲劇命運。

剛剛攻下皇城的郭威為了鞏固軍心，兌現諾言，下令士兵可以在城中隨意搶奪。京城中士兵開始燒殺搶掠，無惡不作，曾經的皇城由天堂瞬間變為人間地獄。原吏部侍郎張允因棉衣被搶走，活活被凍死在街頭；原義成節度使白在榮不但家財被洗，更是落得性命不保的慘劇。有壓迫就有反抗，大將軍趙鳳就是其中一位，他手持弓箭，坐在巷口的一張床上，射殺前來搶掠的士兵，保護了整條巷子的百姓。這種掠殺洗劫的行徑也遭到了郭威軍中將領的反對，其中郭崇威和王殷兩人對郭威說：「將軍，這是強盜行徑，違背了我們清君側的初衷，請您下令停止屠城。」於是一場浩劫總算告一段落了。

此時，郭威心想，我出兵是為清君側，如今後漢隱帝也喪命了，又不能貿然自立。只能暫時立劉家子孫為帝，靜觀其變，從長計議了。於是下令迎遠在山西太原的後漢高祖劉知遠的侄子劉贇為帝。恰在此時，契丹又開始進犯後漢邊境。郭威只好率軍前往邊境，抵抗契丹入侵。

可此時的軍心已不是先前了，士兵們無不擔憂：一旦劉贇登基，自己攻克京城後的燒殺行為，便會被怪罪下來，到時候不但自己性命不保，連家人也無法倖免。於是他們商量後一致認為，只有郭威當上了皇帝，他們的罪行才是合法的，他們便是開國的功臣了。於是，當郭威率軍行至澶州時，軍中士兵圍困了郭威的住所，郭威下令緊閉房門。有不少士兵越牆而入，對郭威說：「將軍，我們不得不這樣做啊，您必須登基做皇帝。否則我們就是弒君的罪人，日後劉贇登基，一定會將我們斬殺的。」這時，軍中的黃旗被撕裂，披在郭威的身上。士兵們擁著郭威，所有人都高呼萬歲，響徹雲霄。

一朝黃袍加身，郭威便是後周的開國皇帝，都城設在開封，改元廣順。尚被蒙在鼓裡的劉贇也在趕往京城的途中被郭威派人殺害了。

周太祖治國

郭威建立後周後，吸取歷代前朝亡國的教訓，開始勵精圖治，專心治理國家。郭威從政治、經濟、社會、教育等各個方面著手，使得國家漸漸富強起來。

政治上，革除弊端，安定民心，尤其表現在刑法上。郭威首先下令廢除各種嚴厲的刑法。唐朝覆滅後，五代始建，建國之初的各朝各代為了穩固政權，紛紛實行嚴酷的刑罰。這些法律中包括一些太過殘酷的規定，如偷盜三匹絹以上者便要判死刑，後晉時，這一標準改為五匹；男女關係方面，無論通姦或強姦，男女雙方皆判死刑。到了後漢時，刑法更加嚴厲。偷盜一錢者就要被處以死刑，即便不是謀反等叛逆之舉，也要受到株連九族、家產充公的處罰。郭威為了穩定統治，一一廢除了這些過激的刑罰。同時，郭威也嚴格地依法辦事，對於犯下重罪之人絕不姑息，以此鞏固國家的統治。跟隨郭威多年的手下將領葉仁魯，官拜萊州刺史。葉仁魯因為巨額貪污而獲罪，總計五萬匹絹和一千緡錢（緡，古代貨幣單位，一千緡約等於一千錢）。郭威下令處以死刑，行刑前，郭威派人送去一桌酒菜，並說：「葉仁魯，王子犯法，與庶民同罪。如果我不懲罰你，將來會有更多的人懷著僥倖的心理犯罪，這樣，國家是無法長存的。但你放心，我會善待你的老母親的。」這一舉措感動了葉仁魯，也起到了殺一儆百的作用。

郭威還重視大臣的諫言，他認為自己出身行伍，對於治理國家，有很多不懂的地方，因此頒布詔書，專門徵集大臣的建議和意見，但不能說空話、套話，要對朝廷有實際用處。

經濟上，郭威最重要的措施就是廢除了禁止牛皮買賣的政策。五代時，多用牛皮做盔甲、戰鼓等戰爭物品。故此，朝廷歷來禁止民間買賣牛皮，並告示天下，百姓所得牛皮只能賣給朝廷。朝廷用其他物

品作為補償，如後唐時用鹽。而後晉時，則變為無償地獻給朝廷了。這樣一來，百姓的生活就受到了嚴重影響，朝廷也無法禁止民間私下裡牛皮的買賣。

後漢時，朝廷頒布了凡買賣一寸以上牛皮者判處死刑的法令。郭威聽取了大臣的建議，廢除了這個嚴酷的法令，並頒布了新的牛皮法令。新法規定：朝廷按照每戶擁有的土地徵收牛皮，每十公頃繳納一張牛皮，民間上繳總量減為原來的三分之一。允許百姓上繳所剩牛皮的買賣，但禁止賣給敵國。這樣，民眾買賣牛皮就變成合法的了，百姓的生活也變得更加方便了，從而也為郭威贏得了民心。

社會風氣方面，郭威一改前朝的奢靡之風。對於各地進貢的美食，郭威都交由大臣王峻處理。為了徹底改變奢侈的風氣，郭威下令廢除各地進貢的制度。郭威對大臣們說自己不能以天下人的利益滿足自己，否則就違背了自己做天子的初衷，須知民為水，「水能載舟，亦能覆舟」。

郭威廢除進貢法令後，很大程度上減輕了百姓的負擔。對於宮中的珍貴古玩，郭威經常當著宮人的面摔碎它們。他認為這些東西容易使人玩物喪志，後漢隱帝就是前車之鑑。郭威反復申明自己的使命是治理國家，不是收集賞玩這些珠寶，並把這一點作為立朝之本。為此，郭威也頒布法令禁止帶珍奇異寶進宮，這個舉措贏得了朝廷上下的好評。

教育上，郭威也極為重視。他敬重儒家創始人孔子，曾經到山東曲阜孔子祠堂跪拜過，甚至到孔子的墓前跪拜。當時有個大臣勸郭威：「皇上，您是一國之君，孔子乃一介臣民，您不需要這樣做啊！」

郭威卻說：「你錯了，孔子不只是一個臣子，還是帝王的老師啊。我雖是一國之君，卻也是老師的學生，學生向老師行禮有何不妥呢？」聽到這兒，大臣們對孔子都敬重不已。不但如此，郭威還頒布法令修葺祠堂，更不許任何人砍伐孔家碑林。此外，郭威還下令讓孔子和顏回的後人做曲阜的縣丞和主簿，為郭威贏得了很好的名聲。

教育的重視，還在於對人才的使用，郭威也極其重視人才。郭威做將軍時，每次向朝廷請示的時候，都覺得朝廷的奏章每次都用語得體，決策也極其合情合理。郭威當時就下定結交此人的決心，幾經打聽才知道寫奏章之人為翰林學士范質。

郭威回到京城就找到了此人，贈送袍子，並讚范質有宰相之才。後來，郭威登基後，果然任范質為宰相。此外，朝中不少人才都是郭威提拔和信任的，如宰相李穀和老臣王峻。郭威在做皇帝之前，就對轉運使李穀極為賞識，曾多次向李穀詢問登基的人選。而每次李穀的回答都合情合理，後來被郭威任命為宰相。老臣王峻跟隨郭威多年，郭威對他特別信任。

因王峻善於治軍，通曉軍事，郭威便把軍隊的一切事務都交於他，王峻將軍中的一切治理得井井有條。朝中的文臣武將都各得其所，各盡其能，後周的朝政漸漸步入正軌，政治也越來越清明。

另外，郭威除了禁止奢侈浪費之風，還主張薄葬。郭威死前告訴養子柴榮，「鑑於前朝歷代帝王的墳墓都無一倖免地被盜墓賊挖開的事實，我的喪事要一切從簡，不要用珍器珠寶隨葬。而且，用紙縫製壽衣，用土燒製棺槨，用磚堆砌墳墓。死後立即下葬，不可在宮中鋪張浪費地做喪事。至於修建墓穴的工人，要給予工錢。墓穴中不要再修建地下宮室，不能委派宮人們守陵，在陵旁找三十戶人家就可以了，但一定要免去這幾十戶人家的賦稅。

另外，陵墓旁邊也不需要用石頭雕刻人、馬、羊、虎之類的塑像，只要立一塊石碑就可以了。石碑上的內容可以這樣寫：周朝天子一生勤儉，今遺詔以紙為壽衣，土製棺材，今後即位的皇帝也要謹遵此命。」郭威再三囑咐柴榮一定要按照自己的遺命辦事，只有這樣才能保周朝平安。

郭威一生克勤克儉，儘管在位時間很短，卻為後人留下了許多治理國家的寶貴方略，更為以後宋朝的建立奠定了堅實的基礎。

馮延巳

馮延巳是五代十國時南唐的一代重臣，雖非忠臣，卻是一個頗具文采之人，他最初在南唐太子李璟的門下做事。

馮延巳一直鑽營於權術，一旦有誰的官職比他高，他就想盡一切辦法也要將這個人殺掉，這讓不少人嫉恨他。馮延巳曾經嘲笑孫晟，「孫晟，你小子有什麼能耐做中書侍郎呢？只是一介書生而已！哈哈！」孫晟不卑不亢地答道：「馮大人，我的確是一個愚不可及的山東書生，論文才，不如您；論溜鬚拍馬，阿諛奉承，我更是自歎弗如。但我是用仁愛道義侍奉太子殿下，而您的恣意妄為卻只能教壞殿下！」羞得馮延巳無言以對。大臣常夢錫聯合其他大臣一起向皇上諫言，說馮延巳是奸邪佞臣，沒有盡到做臣子的本分，無法擔當輔佐一國儲君的重任，應該撤職。

南唐烈祖李昪漸漸地看清了馮延巳的行為，就在他打算頒布命令將馮延巳撤職的時候，李昪卻病重身亡了。按照祖制，太子李璟登基為帝，繼承大統。

深得李璟歡心的馮延巳不但沒有被撤職，反而受到重用。皇帝李昪病逝後，馮延巳、馮延魯兄弟開始把持朝政，首先從遺詔下手。兩人起草詔書時，為了滿足私買小妾的欲望，馮延巳竟然不顧先帝意願，公然廢止了以前禁止買賣人口的法令，允許民間自由買賣子女。

法令頒發後，就遭到了不少大臣的反對，老臣蕭儼就憤憤然地說：「先帝是不會允許百姓買賣人口的，禁止買賣人口的法令在以前的法律裡是有的，現在被馮延巳兄弟膽大妄為地刪去了，這是在藐視先帝，是大不敬，理應處罰啊！從前馮延魯就上書請求廢除這個法令，先帝當時還徵詢微臣的意見，我向先帝說明了這個法令的來歷，先帝本也沒打算廢除這個法令。先帝未登基之前，特別重視人心向背。凡是遇到有人買賣子女的，先帝都要用自己的錢將這些孩子贖

回，並給予適當安排，所以先帝絕對不可能允許人口買賣。當先帝要懲治馮延魯時，我還說馮大人不過是暫時糊塗而已，過幾天就會明白過來的。於是，先帝只是塗抹了幾下奏章，就放在了一邊，並未降罪於馮延魯。你們有誰不信的話，現在就可以去宮中查這個奏摺，一定可以找到的，若是沒有，老臣情願領罪！」

李璟只好派手下人去查找，果不其然，不但找到了摺子，而且就連先帝的批閱也和蕭儼說得一模一樣。只是天子一言既出，法令已經佈告天下，再無更改之說，這樣，買賣兒女的不良風氣開始在南唐蔓延開來。

和馮延巳、馮延魯同時受到重用的人還有陳覺、魏岑、查文徽等三人。他們五人沆瀣一氣、臭味相投，經常勾結起來徇私枉法，貪婪無比，欺壓百姓。於是民間就嘲笑他們是「五鬼」，漸漸地也成了他們的代稱。

新皇李璟生平愛好文學，喜歡舞文弄墨，而馮延巳在文學方面確實有過人之處。馮延巳便投其所好，甚得李璟的喜歡，馮延巳甚至因此而晉升為宰相。這讓同為宰相的孫晟嗤之以鼻，曾經嘲笑馮延巳是玉碗誤裝了狗屎，弄得馮延巳毫無顏面。

馮延巳是一個貪婪之人，為了掌握更多的權力，他虛情假意地對李璟說：「皇上，您把國家治理得這麼好，做臣子的都沒有什麼事情可做了，不如您適當休息一下，也讓我們這些大臣替您分憂解難。不然，我們每天無所事事，愧對朝廷的俸祿啊！」李璟聽了很受用，認為有道理，就把政務都交給馮延巳處理。哪知，馮延巳根本就沒有治國之才，好吃懶做的他經常把公文丟給下屬去寫，就連軍中事務也讓別人去做，這遭到很多人不滿，卻也無可奈何。時間一長，本來清明的朝政被馮延巳搞得混亂不堪，弄得朝廷烏煙瘴氣。意識到問題嚴重性的李璟收回了政權，重新總攬朝中的一切事務。

馮延巳還是一個喜愛說大話的人。曾經有一次跟隨李昪作戰時，兩千多名南唐士兵犧牲，為此，李昪傷心地寢食難安，並且以後不再

帶兵作戰了。這讓馮延巳很是瞧不起，就諷刺說：「成大事者，不拘小節，區區兩千人陣亡就傷心成這個樣子，將來怎麼成就千秋霸業呢？看看當今萬歲，率領幾萬士兵，也是從容不迫，吃喝玩樂，一切如常，這才是明君所為啊！真是長江後浪推前浪啊！」這讓李璟聽了很受用，也更加器重馮延巳。馮延巳的話很多是空話、大話，經常把實現中國的統一掛在嘴邊，動輒就是大一統之類的話。曾經向李昇建議把馮延巳撤職的大臣常夢錫再一次向李璟進言，說：「陛下，馮延巳並非忠臣良將，而是一個巧舌如簧的小人，不值得您如此重用，希望皇上為了江山社稷著想，三思啊！」

被蒙蔽的李璟對此充耳不聞，仍舊聽任馮延巳的甜言蜜語。此時，中原的後周日益壯大。李璟仍然不予理睬，終於慘敗於後周。為了苟延殘喘，南唐自降身分，對後周稱臣。於是在馮延巳的口中，經常有「大朝、小朝」之別，大朝自然是指後周。為此，常夢錫奚落他，「馮大人，你那統一中國的志

向呢？難道忘了您曾說過讓我們的陛下成就千秋帝業的話了嗎？忘了您曾說讓百姓像崇拜堯舜禹一樣崇拜我們的君王嗎？」一番話，說得馮延巳和他的同黨無地自容。

但是馮延巳也有功勞，他曾救過老臣蕭儼。蕭儼因為誤判了一個女子死刑，幸好遇上朝廷大赦，女子才得以倖免。為此，朝中不少人都建議皇上處死蕭儼。而馮延巳卻不以為然，雖然常常受到蕭儼的打擊和敵視，卻仍為蕭儼求情。馮延巳對李璟說：「皇上，蕭儼誤判了一個案子，確實不對，但我以為罪不至死。理由有二，一蕭儼是朝中重臣，曾輔佐先帝，有過功勞，而且蕭大人一生恪盡職守，為國家出了不少力，是一代功臣；二雖然誤判，然而幸喜遇上大赦，並未釀成大錯，所以還請陛下從輕發落。」於是，蕭儼逃過了死刑。馮延巳的行為也得到不少人的認可與欣賞。

政治上的奸佞小人不為朝中許多大臣所容，遭到非議，但馮延巳的文采卻更多地為後世所熟知，如名句「淚眼問花花不語，亂紅飛過秋千去」。

李昇建南唐

南唐開國之君李昇是江蘇徐州人，先後兩次被人收養。八歲的時候，李昇被節度使楊行密的部下搶走，被楊行密收養，甚得楊行密的喜愛。然而這種喜愛卻讓李昇遭到了楊行密親生兒子的嫉恨，他們一直看不起李昇。後來，楊行密覺得自己再也無法保護李昇了，就找來部下徐溫，並說：「我很喜愛李昇這個孩子，他聰明異常，無奈楊渥卻處處與他作對，一直想趕他走，不如就送給你做養子吧，也算給他找了個好歸宿。」徐溫欣然接受，並給他更名徐知誥，於是李昇再次被人收養。

徐知誥非常聰明，而且好學，文韜武略，騎馬射箭，樣樣精通，文武全才的他受到楊行密的讚賞。他不但聰明，胸懷大志，而且十分孝順，像對待親生父親一樣孝順徐溫。曾經有一次，徐知誥犯錯，徐溫狠狠地將他打了一頓，一氣之下把他趕出徐家。事後，徐溫為此懊惱不已。幾天之後，徐溫卻見徐知誥恭敬地站在門口迎接自己，便問這是怎麼回事。徐知誥眼中含著淚說：「您是我的父親，我除了您，還有誰可以依賴呢？您生氣的時候，我不能跟您頂嘴，就去母親那兒躲避了幾天。現在您的氣消了嗎？我一生都要報答您的養育之情的啊！」聽到這兒，徐溫更加喜愛這個養子了。徐溫生病時，徐知誥衣不解帶地在養父床前伺候，幾天幾夜都不曾合眼。徐溫曾拿此事詢問自己的幾個親生兒子。哪知，徐溫的兒子徐知訓、徐知詢卻因此憎恨徐知誥，並且處處排擠他，唯獨徐溫的小兒子徐知諫與徐知誥關係較好。

徐溫因為外出作戰，便把家中事務交給徐知訓打理，徐知訓開始找機會除掉徐知誥。有一次徐知訓宴請各個兄弟，而徐知誥因為有事未能參加。徐知訓生氣地罵道：「一個臭要飯的竟然敢不來，難道是想找死麼？」於是，徐知訓便在一次宴席中設下埋伏。徐知諫得知

後，在酒宴上暗示徐知誥逃走，徐知誥便以如廁為由，偷偷溜走了。徐知訓知道後，大怒，並派手下刁彥能追殺。哪知，刁彥能愛惜徐知誥的才能，以未追上為由騙過了徐知訓。徐知訓平時就恣意妄為，不理政事，終於在一次政變中被殺。

兒子死後，痛心不已的徐溫將家裡的事交給徐知誥，徐知誥將家中的一切打理得有條不紊。楊行密的兒子由徐溫扶持，建國，立國號為吳。此時楊行密的舊部李遇因不服徐溫掌權而起兵叛亂，徐溫率兵平息了叛亂。在這次平叛中，徐知誥的功勞最大，被委任升州刺史一職。其他許多刺史都是行伍出身，不懂得如何處理政務，而徐知誥卻不失時機地任用一批廉潔奉公的官員，改革吏治，廣納賢才，吸引了不少人才來輔佐他。

徐知誥處理政務也是恰到好處，一改徐知訓的作風，上敬吳王，禮賢下士；嚴以律己，寬容對人；廢除苛捐雜稅，減輕百姓負擔，裁撤冗員，任用賢德之才，贏得了民心。以前吳國百姓無論男女老幼，都要上繳人頭稅，民怨沸騰，徐知誥頒布法令予以廢除。法令觸犯了一些人的利益，他們對徐知誥說：「人頭稅不能廢啊，否則國庫就會虧空的。」這時，一位叫宋齊的大臣站出來怒道：「人頭稅的廢除是有利無害的事情，沒有了人頭稅，人丁就會興旺起來，勞動力也會增加，百姓的生活會越來越好，民富了，國還能不強大嗎？」徐知誥廢除了人頭稅，百姓都為之叫好。南唐人丁越來越興旺，這為南唐經濟的發展提供了大量的勞動力，許多荒地被開墾用於種植農作物，一直綿延到長江淮河流域一帶的區域，吳國也漸漸地壯大了。

雖然徐知誥取代徐知訓處理政務，而且徐知誥處理得也極為妥當，但他養子的身分卻無法更改，徐溫手下的許多將領都勸徐溫改由徐知詢掌管事務。徐知詢多次跑到徐溫那裡說：「父親，您怎麼能讓一個外人接替政務呢？這本該由我來掌管的啊！」徐溫斥道：「無知小兒，你哪裡懂什麼治國之道，徐知誥雖然是我的養子，但他的文韜武略，是你無法企及的！」每次徐溫都拒絕徐知詢的請求。徐溫倚重

的大臣嚴可求、徐玠也幾次三番地勸說徐溫讓徐知詢管理政務，徐溫的夫人也認為不該在這個時候拋棄徐知誥。此時，深知自己處境的徐知誥越發孝順徐溫，更加地勤勉於政，讓徐溫不忍替換自己。徐溫病重後，也覺得由徐知誥管理有些不妥，準備下令讓徐知詢替換徐知誥。不料在命令頒布之前，徐溫就病死了。於是，徐知誥便順理成章地掌握了政權。

掌權後，徐知誥開始覬覦吳王的位子。徐溫對吳王特別忠心，從未有過謀逆之心。而徐知誥則不停地向手下人暗示自己想做皇帝的意思，經常感慨國家安定了，自己卻老了。不久，徐知誥就取代了吳王，自稱皇帝。

稱帝後的徐知誥重新用回了李昇這個名字，象徵著自己是唐朝皇室李家的後人，以唐室後代自居，定國號為唐，以此明志。後世為了與李淵建立的唐朝區分，稱此為南唐，李昇便是南唐的開國之君。李昇也和許多皇帝一樣，迷戀長生不老之術。一直致力於尋找長生不老藥。可悲的是，只有五十七歲的李昇因誤服丹藥而喪了性命。

古學今用 140

一本書讀懂
資治通鑑故事

作者　　　　張靈慧
美術構成　　騾賴耙工作室
封面設計　　斐類設計工作室
發行人　　　羅清維
企畫執行　　林義傑、張緯倫
責任行政　　陳淑貞

出版　　　　海鴿文化出版圖書有限公司
出版登記　　行政院新聞局局版北市業字第780號
發行部　　　台北市信義區林口街54-4號1樓
電話　　　　02-27273008
傳真　　　　02-27270603
e－mail　　　seadove.book@msa.hinet.net

總經銷　　　創智文化有限公司
住址　　　　新北市土城區忠承路89號6樓
電話　　　　02-22683489
傳真　　　　02-22696560
網址　　　　www.booknews.com.tw

香港總經銷　和平圖書有限公司
住址　　　　香港柴灣嘉業街12號百樂門大廈17樓
電話　　　　（852）2804-6687
傳真　　　　（852）2804-6409

出版日期　　2020年12月01日　二版一刷
定價　　　　380元
郵政劃撥　　18989626戶名：海鴿文化出版圖書有限公司

國家圖書館出版品預行編目資料

一本書讀懂資治通鑑故事／張靈慧著--
一版，--臺北市：海鴿文化，2020.09
面；　公分. －－（古學今用；140）
ISBN 978-986-392-326-8（平裝）

1. 資治通鑑　2. 歷史故事

610.23　　　　　　　　　　　　　109011657